EXTREME ECONOMIES

極端經濟

當極端成為常態，反思韌性、復甦與未來布局

RICHARD DAVIES

理查·戴維斯——著
林奇芬、洪世民、劉道捷 譯

謹向

理察・博伊德博士
（Dr Richard Boyd）

安東尼・庫拉基斯先生
（Anthony Courakis）

致上謝意

目次
Contents

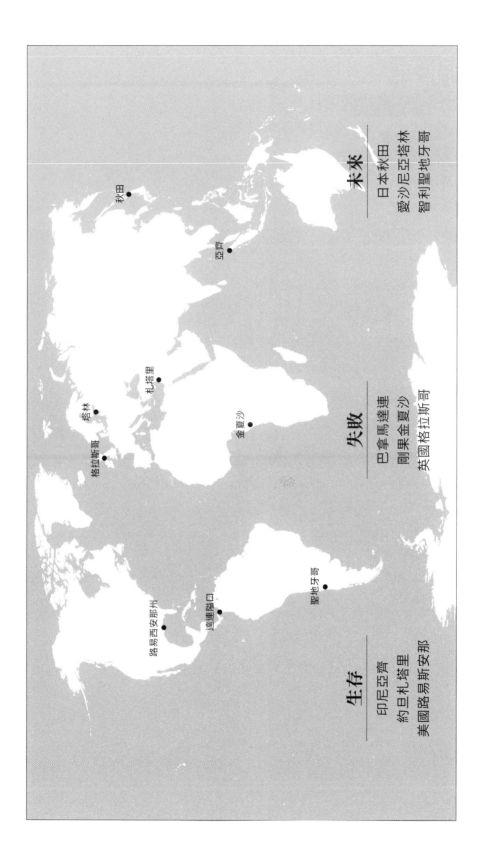

生存
印尼亞齊
約旦札塔里
美國路易斯安那

失敗
巴拿馬達連
剛果金夏沙
英國格拉斯哥

未來
日本秋田
愛沙尼亞塔林
智利聖地牙哥

秋田
亞齊
札塔里
格拉斯哥
塔林
金夏沙
路易西安那州
達連隘口
聖地牙哥

前言
極端環境的經濟學

Introduction
Economics in Extreme Places

大自然習於挑選人跡罕至之處，
公開展示其鬼斧神工之妙。

威廉·哈維（William Harvey）《心血運動論》
（*De Motu Cordis*），1628 年

在海灘上見證韌性

　　蘇利安迪（Suryandi）回想起 2004 年 12 月 26 日上午，最深刻的記憶莫過於海嘯發出的駭人聲音。當天正逢星期日，他忙著張羅餐廳開門前的大小事，畢竟他的餐廳正好位於印尼亞齊省（Aceh）蘭普克（Lampuuk）海灘的黃金地段。忽然間，蘇利安迪聽到一位漁民嚇得大喊，得知有片濃霧正從海面升起，便趕緊跑到海邊看騷動的源頭。平時的水下礁石露了出來，兩艘漁船擱淺在理應屬於深水區的海灣邊緣。他繼續站在原地觀望，直到瞧見巨浪打到北邊一哩（約合 1.6 公里）處的岬角，發出宛如炸彈爆炸的聲響，蘇利安迪才明白自己身陷險境。他衝向自己的摩托車、催下油門，飛快沿著村落窄巷往內陸騎去。他表示，當時耳邊迴盪著尖叫與祈禱聲，自己根

本沒時間停下來確認親友安危，只能兀自拚命往高處直衝。他聽得到後頭進逼的巨浪濤濤，活像有架飛機緊追在後。

　　亞齊省的生還者記得海嘯共來了三波，其中又以第二波海嘯造成的傷害最為嚴重。蘇利安迪飆車到內陸後，爬上當地電視台的天線發射塔上目睹了慘況。他表示，第一波海嘯就已吞沒了一切，但房子與花園仍在原地，商家與牛舍完好無損。第二波海嘯同樣雷霆萬鈞，但伴隨更加刺耳的破壞聲，諸如響亮的劈啪與碾壓聲，樹木連根拔起、建物全遭摧毀。第三波海嘯就安靜許多，浪花的拍打聲很快就被海水回流的嘩嘩聲所取代。隨著海水退去，當地清真寺露出頭來，但其餘卻什麼也不剩。房子全部消失、商家夷為平地，每艘漁船都被沖毀，牛群全遭大浪捲走。接著，蘭普克迎來最後的聲音，蘇利安迪說那是他這輩子最可怕的體驗：完完全全的死寂。

　　如今在蘭普克海灘上，蘇利安迪重新開了一家餐廳，名叫亞昆（Akun），同樣位於灣頭的絕佳地點。他的拿手好菜是鮮魚料理：魚肉置於椰子殼內烹煮，下方閃著熠熠火苗，再搭配當地的醃菜上桌。蘇利安迪跟其他亞齊省生還者一樣，無視外界要他們搬離海岸的建議，反而迅速返回自己的村落重建生活。他剛起步時一無所有，當初得用飄流木建造簡陋小屋，如今卻是生意興隆。說起海嘯來臨的那天，自己失去了母親、未婚妻和許多朋友，滿是悲傷與哀戚。但他與其他亞齊人還要告訴世人另一個故事：自己如何憑著創意、決心，進而成功站穩腳步。蘇利安迪面臨了常人無法想像的挑戰，卻憑著過人的韌性與適應力克服難關。我在亞齊省的任務，就是要了解當地居民何以能快速重建家園、他們驚人韌性反映的經濟原理，以及值得我們學習之處。

三大極端：極端的生存、極端的失敗與極端的未來

　　科學家普遍抱持一項觀點：極端的生命寫照往往能帶給我們許多收穫。醫學先驅威廉・哈維博士是 17 世紀駐倫敦的解剖學家，他體認到研究罕見病例的價值，休・蒙哥馬利 (Hugh Montgomery) 的人生故事就是很棒的例子。小時候，蒙哥馬利在騎馬時受傷：當時他從馬背上摔了下來，軀幹左側受到重傷，導致胸廓整個移位，部分心肺露出體外。但他居然奇蹟生還，醫師在他體內裝了塊金屬板，用以代替肋骨保護重要器官。哈維小心翼翼地取下金屬板，得以仔細檢查蒙哥馬利的身體，並記下心臟跳動與手腕脈搏同時出現。這不僅是他了解人體構造的難得機會，也支持了他企圖證明的爭議論點：血液在人體內部不斷循環。

　　哈維當時飽受同行譏笑，但數百年過去了，血液循環這項舉世聞名的發現，其重要性已不言自明，當初研究方法的價值也備受推崇。其他醫生也證明，從身受重傷但倖存下來的患者身上，可以獲得寶貴的洞見。1822 年，年輕的加拿大男子亞歷西斯・聖馬丁 (Alexis St Martin) 遭流彈擊中，雖然保住一命，但腹部留下一個洞，醫生得以直接觀察他消化系統的運作，奠定了胃部生理學的重要基礎。1848 年，美國佛蒙特州一名鐵路工人菲尼亞斯・蓋奇 (Phineas Gage) 在一場爆炸中遭金屬棒刺穿頭骨，卻奇蹟般活了下來；他在事故後的生活紀錄，包括能力與情緒的轉變，成爲了大腦運作的珍貴研究素材。這些極端病例（即指受傷極重卻能存活的人）所展現

的神奇韌性，帶給醫學界不同的啟發，有助探究一般健康人體的運作方式。

　　工程領域也有類似的傳統，可追溯至 1800 年代中期，當時發生了一連串的工業與交通事故，肇因於工業革命高估了原物料使用的極限：英國的工廠倒塌、鍋爐爆炸；法國有列火車因車軸斷裂而出軌，奪走了 52 條人命，震驚當時社會。這些災難成了人盡皆知的醜聞，主導了政治圈的論述，從而催生全新的科學鑑定領域，工程師開始深入研究造成重大悲劇的原因。蘇格蘭人在這個領域表現亮眼，其中最重要的當屬大衛・柯卡迪 (David Kirkaldy)。工程師出身的柯卡迪畢生致力於研究各種材料在壓力下彎曲的原因。他在檢視材料破損時，發現其中龐大的價值，因此設計了一台大型液壓機，可對金屬樣品施壓、直到其斷裂。他還創辦小型博物館來展示這些金屬碎片。1879 年發生的泰橋 (Tay Bridge) 坍塌事故堪稱英國 19 世紀最重大災難，當時正是請柯卡迪來查明問題真相。

　　大衛・柯卡迪認為，我們可以從極端失敗經驗中學習。穿越倫敦哈默史密斯橋 (Hammersmith Bridge) 或密西西比河伊茲橋 (Eads Bridge) 的每個人，都得仰賴他所設計的試驗機來確保兩座橋的構件安全無虞。當代科學家在評估全新材料時也會進行同樣測試：把樣品放在類似柯卡迪研發的裝置中，加以破壞後再挑揀碎片。材料的核心特性稱作「勢能」(potential)，可指負重或受壓的能力、彎曲與拉伸的能力、導熱或隔熱的能力。特定材料破損時，這些潛在特性就會消失──橡膠失去彈性、金屬失去強度──勢能也會不復存在。柯卡迪的理念是，為了充分了解勢能，包括勢能極限、喪失條件與保護方法，我們需要蒐集與檢視破損的碎片。

研究極端狀況的最後一項動機源自經濟學家約翰·梅納德·凱因斯 (John Maynard Keynes) 於 1928 年提出的觀點。凱因斯憂心社會普遍瀰漫著對經濟前景悲觀的氛圍，因此對未來提出了以樂觀為基調的長期願景。他的論點中有部分是這麼說的：假如我們把眼光放對方向，就可以在今日瞥見未來的曙光，箇中訣竅是找出長期趨勢，即多數人依循的道路，再看看處於極端情況的人生經驗。當時，凱因斯認為的長期趨勢是物質財富會持續增加、工作需求不斷減少。他表示若要把眼光放遠，我們得鎖定生活已達理想樣貌的那些人，即同時擁有大量財富與閒暇時間的人。凱因斯把這些形塑經濟趨勢的極端案例稱作「先遣部隊」，有助於思考未來經濟的走向，因為那些人「在替包含我們在內的其他人探勘應許之地，率先在該處紮營體驗」。

九個經濟體

本書九個地點所代表的社會中，前述三類極端經驗——生存（再生）、失敗與未來——都在人類的生活中扮演舉足輕重的地位。本書第一部的靈感源自威廉·哈維的故事，描述各地居民遭逢極端破壞與創傷時，所展現的過人韌性。我當初在亞齊省認識蘇利安迪，而亞齊正是 2004 年 12 月 26 日海嘯肆虐最嚴重的地區，村民失去了一切，但當地經濟卻能迅速反彈。我在約旦北部札塔里

(Zaatari) 遇到的敍利亞家庭拋下原本的家園與生意，只爲了逃離國家內戰；然而，他們也在札塔里爭議不斷的龐大聚落重新展開朝氣蓬勃的生活，而札塔里儼然已是全球最大、成長最快的難民營。我在全美關押人數居冠的路易斯安那州所認識的受刑人，在搬進最大監獄這個新家的那一刻起，便揚棄了過去的一切。但即使在監獄，依然有自成一格的經濟韌性，因爲受刑人會把以物易物當作生存方式。對前述這些人而言，天災、戰爭與坐牢抹除了以往的人生。然而在這三個地方，人們都能生存下來，甚至茁壯成長，這往往是仰賴經濟來實現。

接著，我走訪了三個失敗的經濟體，假如大衛‧柯卡迪是經濟學家，想必也會前去一探究竟。本書第二部始於達連隘口 (Darien Gap)，此處地理位置優越、自然資源豐沛，自 16 世紀以來一直是創業家覬覦的目標。現今，該處仍然是無法可管的眞空地帶，號稱全球數一數二的危險地區，而且環境退化情況嚴重。剛果民主共和國首都金夏沙 (Kinshasa) 的潛力無窮，理應是非洲首屈一指的巨型城市，但也是破敗之都。雖然金夏沙擁有 1,000 萬人口，卻是全球最貧窮的主要城市。20 世紀初，格拉斯哥 (Glasgow) 在科學、工程和藝術領域突飛猛進，一度與倫敦競逐「英國龍頭之都」的封號，堪稱最爲宜居的城市。但格拉斯哥後來分崩離析，失去了原有的一切，淪爲英國最動盪不安的城市，至今依然問題重重。這三個地方原本具有巨大潛力——無論是自然、人文或工業潛力——卻不知爲何付諸東流，而經濟往往是問題的核心

最後造訪的三個地方，假如凱因斯仍然在世，絕對也會對這些地方深感興趣，進而按照他自身建議去一探經濟未來的樣貌。隨

著 2020 年的來臨 *，世界彷彿再度陷入了經濟悲觀主義的泥沼。全球多數國家都面臨著三大趨勢：人口老化、新科技的變革與貧富差距擴大。這些趨勢一般認為難以避免，足以重創當地經濟與考驗韌性，最終可能導致部分經濟體的失敗。因此，我聽從凱因斯的建議，盡可能尋找歷史最悠久、科技發展最先進與貧富最懸殊的城市。日本北部秋田是高齡之都、愛沙尼亞首都塔林 (Tallinn) 是科技重鎮、智利首都聖地牙哥 (Santiago) 則是貧富不均的代表。再過不久，這三座城市現今面對的壓力與機會，世界上多數人將會有程度不一的體驗。這意味著，這些「先遣部隊」經濟體的生活，得以讓我們窺視自己可能迎接的未來。我走訪了這些城市，藉此明白其經濟動能，對照先前展現韌性與慘遭失敗的案例，再檢視這一切究竟是會讓人對未來產生希望，還是引發恐懼。

---

* 　編按：原文書於 2019 年上市。

本書引用資料說明

由於要找到全球各地的極端經濟體實屬難事，因此我在挑選自己造訪的地點時，盡可能秉持著量化與客觀的原則，確保各類別中最顯著的案例。每章都會說明各個經濟體的細節、檔案、數據與挑選方法。我也儘量運用從國家官方統計單位或國際機構所下載的資料。書末一併統整了我的附註、參考文獻與補充閱讀清單。部分互動式圖表、附註與資料來源也可到本書網站查看，網址為：www.extremeeconomies.com。

SURVIVAL

THE ECONOMICS OF RESILIENCE

PART 1

韌性經濟學

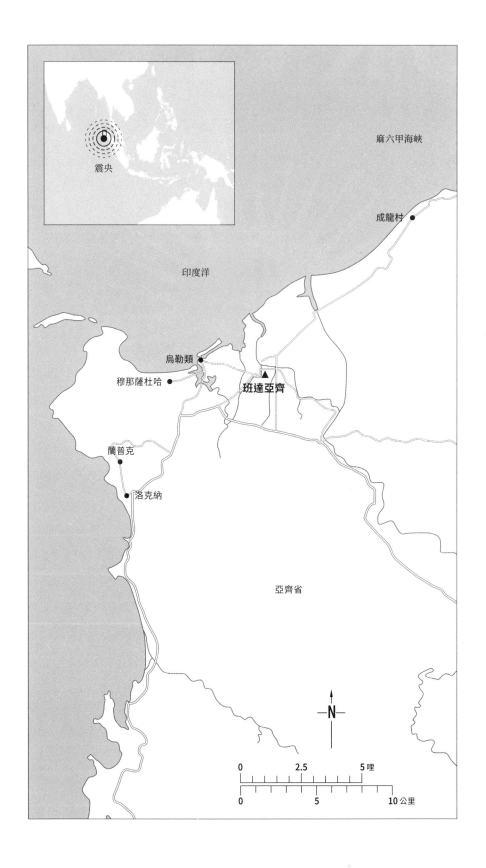

麻六甲海峽

成龍村

印度洋

震央

烏勒類

穆那薩杜哈

班達亞齊

蘭普克

洛克納

亞齊省

N

0　　　　2.5　　　　5 哩

0　　　　5　　　　10 公里

印尼亞齊

Aceh

南亞大海嘯肆虐後的經濟韌性

敵人放火揮劍將整個國家夷為平地，
幾乎摧毀或掠奪了該國所有帶得走的
財產，人民無一倖存；豈料數年後，
一切恢復原狀。

約翰·司徒·彌爾（John Stuart Mill），《政治經濟學原理》
（*Principles of Political Economy*），1848 年

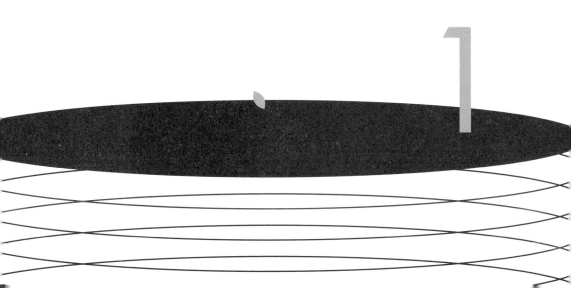

毀天滅地

丟掉所有鑰匙

「地震本身感覺沒那麼嚴重，」尤斯妮達 (Yusnidar) 表示，「但是我兒子尤迪 (Yudi) 跑到海邊看，說整片海灘躺著一大堆魚，還說有大浪要打過來了。」尤斯妮達的家位於印尼亞齊省偏遠的西北岸洛克納村 (Lhokgna) 中心，距離海岸線僅 500 公尺，因此知道全家得儘速逃離。年近七旬的尤斯妮達說，他們家算是很幸運了：她是當地小學的校長，所以收入還算像樣，而家人以當地標準來看均屬小康，都有自己的摩托車；兒子尤迪飛車前去載住在附近的姊姊，尤斯妮達當時不曉得事態有多嚴重，還不慌不忙地抓了一些貴重物品，其中包括一個小袋子，裡頭裝著家族經營民宿的客房鑰匙。她手拿著提袋，跳上丈夫達里安 (Darlian) 的摩托車後座，兩人便一股腦地往高處衝去。

尤斯妮達回憶起這段往事，真的幸虧有這些摩托車，他們才得以保住性命，否則 2004 年 12 月 26 日早上把洛克納村夷平的海嘯，勢必也會讓全家人滅頂，像許許多多的鄰居一樣難逃死劫。尤斯妮達現已退休，依然舒服地過著中產階級的生活。她身穿直挺挺的襯衫，以白色髮帶紮著一頭黑髮，一邊描述當時海嘯的衝擊，一邊把玩著垂掛於前臂的金手環。由於多年來與觀光客打交道，使她練就了一口流利的英語：「我們是村裡第一家民宿。」她說起夫妻兩人於 1981 年接待第一批客人時，僅是免費提供住宿給衝浪好手。不久後，他們將此當成事業經營，趁景氣好時擴大規模、多蓋了幾

棟房子。多虧有民宿賺進的額外收入，他們得以供孩子讀高中與大學。

　　你只要往內陸移動，便會發現地勢迅速變高，很快就遇到茂密的叢林。他們那天逃上來的足跡仍在：沿著那條路往前走，兩三分鐘就可以抵達海拔數百呎的地方。這意味著尤斯妮達、達里安與三個孩子安全無虞。但由於山坡被叢林所遮蔽，因此看不到海灘和村子。躲了數小時後，夫妻倆決定走回山下，評估災損。尤斯妮達回憶說：「我拿起那一袋鑰匙，想去看看我家和民宿的情況。」但當時22歲的尤迪早已率先下山跑到村子邊緣，回頭便阻止她前往。她停頓一下並嘆了口氣：「兒子朝我大喊：『媽媽別去了！』他說村子什麼都不剩了，屋子沒了、民宿沒了，家家戶戶都消失了。」

　　任誰都可能低估村子受災的嚴重程度。但這可不是普通的天災──當天早上地震的威力之大、連地軸都動搖，摧毀了500萬棟住宅，奪走近23萬條人命。洛克納村、姐妹村蘭普克與班達亞齊鎮的居民首當其衝，災情最為慘重。當天早上發生在這三處的悲劇駭人聽聞。但接下來的故事中，居民卻展現了頑強求生、不屈不撓與努力重建的意志，在在闡明了經濟學的基礎。

　　尤斯妮達說完受災的經歷時，用手做出一個拋擲的動作，彷彿在扔掉什麼東西。她那袋寶貴的鑰匙象徵多年的辛勞與投資，成了已逝生活、村子與經濟的遺物。她把袋子扔進叢林裡，走回洛克納重新開始。

地球變形的那天

　　板塊運動通常極度緩慢，一年最多移動八公分（冰川則快上數千倍，一年可以移動 15 公里以上）。但當天早上八點剛過，一切來得措不及防：距離亞齊西海岸約 50 公里處，印度板塊被相接的緬甸板塊擠到下方，數秒內驟降了 30 公尺。震央出現一條細長裂縫，宛如一條巨大拉鏈在海底拉上，迅速地把板塊收攏在一起。這條裂縫從亞齊海岸開始向北延伸 400 公里，以近 10,000 公里的時速移動，相當於音速的九倍。

　　這些震動產生的地震稱作「大型逆衝」(megathrust)，震度為 9.1，釋放出 40 皆焦耳 (zettajoule) * 的能量，足以供應全球 80 年的能源，相當於五億顆廣島原子彈。震央僅僅距離亞齊海岸 50 公里，強度大到足以撼動地軸，甚至導致其改變形狀（現今的地球是比以往更圓的球體，自轉速度略為增加，因此白晝略為縮短）。這是 500 年才會發生一次的大事。

　　地震本來就常引發海嘯，因此這種等級的強震會掀起滔天巨浪乃意料中事。但研究海床的科學家最近發現為何這次的情況如此極端：主要斷層旁邊有一連串的次要破裂 (secondary rupture)，迫使大塊海床抬升到原本海洋占據的空間，才引發了規模與速度都破歷史紀錄的大海嘯。亞齊西北岸的洛克納與蘭普克兩座漁村直接位於海嘯路徑上；無論在世界上哪個地方，海浪都會隨著海水變淺而逐漸升

---

*　譯註：一皆焦耳相當於 10^{21} 焦耳。

高、速度減慢，亞齊掀起的巨浪高達 90 呎（約合 27 公尺）。

海嘯橫掃 14 個國家，共造成 227,898 人死亡，其中又以首當

圖 1.1 ｜奪命巨浪：排名前 20 的海嘯災情

1900 年以來死亡人數最高的 20 次海嘯

資料來源：緊急災害事件資料庫（Emergency Events Database，簡稱 EM—DAT）

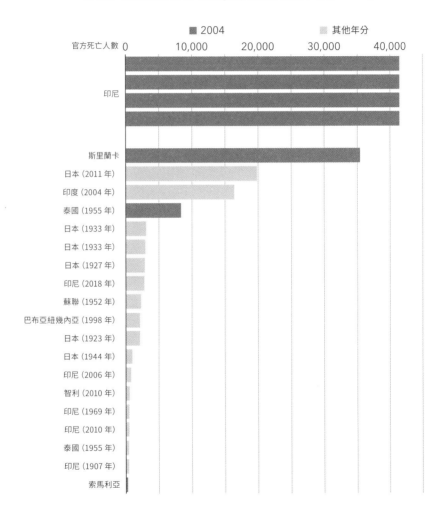

其衝的亞齊省災情最慘重（請見圖 1.1）。洛克納和蘭普克有超過九成村民不幸罹難，從 7,500 人銳減至 400 人。同一段海岸線上，僅有拉瑪杜拉 (Rahmatullah) 清真寺屹立不搖，其餘的住宅、青年旅館與餐廳都被大浪摧毀。但在短短數個月內，亞齊人就逐漸重建日常生活與經濟，復原力快得驚人。現今，類似蘇利安迪的故事十分普遍：居民都回到海灘，生活一如往常。

本書第一部的極端情況，指的是撐過困境而欣欣向榮的地方經濟。按此定義，亞齊便十分具有研究價值。位於印尼鮮為人知的角落，亞齊人承受難以想像的壓力，當局也鼓勵居民搬離殘破不堪的海岸線。但他們堅持不離開，迅速重建家園，不久後便蓬勃發展起來。我前往亞齊認識當地居民，想藉此了解重建背後的動力與衡量經濟實力的方式，同時也想問問遭逢如此重大災變的亞齊人，何以保有人性的強韌。

亞齊的故事

在首都班達亞齊的岬角周圍一帶，海嘯造成巨大的災難：近17 萬人（約占人口 55%）喪生。現在的烏勒類 (Ulee Lheue) 是漂漂亮亮的市郊，一排排整齊的房子四周栽種熱帶樹木、蕨類植物與棕櫚樹，而且地勢低窪、靠近大海又完全平坦。海嘯繞過岬角後，浪頭在此仍有十公尺高，摧毀了鄰近每戶住宅。然而，如今街道仍與當年並無二致，與當地清真寺腹地平行，一路延伸到海岸邊。道路盡頭的房子離水最近，頂多高出海平面一公尺，想必率先被海浪夷為平地。屋主沒變，依然是一名爽朗的當地警察，名叫穆罕默德‧

伊克巴爾（Mohammad Iqbal）。

不難看出這一家人為何喜歡住在此地：清真寺周圍熱鬧非凡。我們談話當下，穆罕默德的姐夫騎著腳踏車過來。他打造了一種移動展示櫃，擺在掛邊車上頭，再把車箱裝在腳踏車一側，當作販售水果與珠寶的攤位，像是現切鳳梨、香瓜和芒果，還有鑲嵌大顆寶石的玉髓戒指、堪稱亞齊男人的最愛。他的兒子也叫穆罕默德‧伊克巴爾，操著一口流利的英語，說自己在海嘯中失去了母親和兄弟姊妹。這位年輕的穆罕默德跟我說了一句話，後來我也常常聽到：「歡迎來到亞齊。記得喔，亞齊的字母分別代表了阿拉伯（Arabic）、中國（Chinese）、歐洲（European）和印度（Hindu）。」這點反映出亞齊奠基於貿易的特殊地位，並且深深烙印在亞齊人的腦海中。他們了解自己土地的歷史，視其為獨一無二的存在。

胡椒之都與通往麥加的走廊

亞齊因其地理位置在 2004 年遭受毀天滅地的重創，但歷史上卻享有得天獨厚的經濟優勢。*15 世紀時，海上貿易開始繁榮，班達亞齊成為麻六甲海峽的門戶；麻六甲海峽連接太平洋和印度洋，是印度以西、中國與日本以東的主要航道。香料群島（Spice

---

* 譯註：印尼是幅員遼闊的共和國，亞齊位於蘇門答臘島的最北端。首批定居者是北方的占族人，祖先來自現今越南部分地區，語言逐漸演化成亞齊語，算是現代越南語的分支。而蘇門答臘島上的鄰居有著不同的種族起源，他們是從南方經爪哇島而來的巴塔克人，祖先最早來自菲律賓或台灣，語言（印尼語）目前在印尼全國通用。亞齊人宛如外來者，在族群認同與語言方面雙雙遭受孤立。

Islands，即印尼摩鹿加群島〔Moluccas Islands〕）的貨物，諸如胡椒、肉豆蔻、豆蔻皮、丁香、生薑和肉桂紛紛運到麻六甲海峽，再前往斯里蘭卡和印度的港口，一路向西朝歐洲前進。香料的重量很輕，常用於醃製肉類和製作藥物，因此彌足珍貴：在英國，肉豆蔻的價值超越相同重量的黃金，而倫敦碼頭工人也十分樂意收取丁香當作酬勞。航行於麻六甲海峽的香料船就像一桶桶浮在水上的現金，凡是能提供安全的港灣便有利可圖，班達亞齊就是如此。

除了控制著戰略港口，亞齊人還成為實力強大的出口商，銷售肉豆蔻、丁香與檳榔，人們可以透過咀嚼檳榔產生咖啡因般的興奮感。但真正賺大錢的莫過於全球繁榮的胡椒貿易。亞齊西岸種植的胡椒藤生長得特別好，到了 1820 年代，該地年產量高達一萬噸，占全球供應量的一半。當地農民不再種植水稻，轉而將胡椒運往南方，用來交換價值較低的稻米與黃金，藉此解決作物的價差問題。貿易的興起代表亞齊躍升蘇門答臘最富庶的地區，得以維持一流的海上實力。亞齊人掌控了當地航運與特產後，便逐漸明白自己所處的優越地位。

其他人也看到亞齊的價值，導致數世紀以來亞齊人與企圖控制麻六甲海峽的競爭對手發生多次戰爭。早期敵人是位於海上另一頭馬來半島（現今馬來西亞）上的麻六甲蘇丹國。後來，隨著歐洲列強在東方開拓，英國成為保護亞齊的重要國家，確保亞齊維持獨立，以防戰略地區落入敵人手中。但在 1871 年，英國決定收手，讓荷蘭人侵占整座蘇門答臘島。亞齊人展開抵抗，雙方的對立一直持續到第二次世界大戰結束。戰後，亞齊與蘇門答臘其他地區悉數被併入新成立的印度尼西亞共和國，作為和平進程的一部分。但亞

齊人從未同意此事，於是爭取獨立的抗爭不斷，亞齊獨立運動組織
GAM（Gerakan Aceh Merdeka，又譯「自由亞齊運動」）與印尼軍
隊經常發生戰鬥。

　　我們經濟未來的隱憂是人口老化、科技與貧富差距將導致更大
的分歧：老年人和年輕人之間的代溝、技術勞工和非技術勞工的隔
閡、富人和窮人之間的差距。我造訪亞齊的另一項原因，就是想要
了解這些分歧，以及經濟發展如何擴大或弭平分歧。亞齊具有獨特
的歷史，意味著在海嘯之前就存在著歧異、不同的主張與派系。在
這個充滿田園風光的地方，數次和平談判失敗，大批士兵與活躍叛
軍對峙，居民對亞齊的認同感超過印尼。究竟重建的壓力會加劇這
些分歧，還是所有人會團結起來面對難關？

韌性

咖啡之王

　　「經過這裡的浪頭足足有八公尺。」52 歲的薩努西（Sanusi）邊說
邊指著旁邊一棟兩層樓高的屋頂，強調當時的海浪有多高。他經營
的「薩努西咖啡館」就位於蘭帕瑟（Lampaseh）的中心位置（班達亞齊
的郊區，從西岸騎摩托車大約 15 分鐘）。他打扮時髦，蓄有濃密
的八字鬍，店裡生意好得不得了：主要吧台旁不斷有通勤上班族進
進出出，外帶濃縮咖啡，店外則有顧客啜飲著冰綠茶，享用一盤盤

點心，設有遮陽棚讓人躲避驕陽。薩努西說自己跑得沒海嘯快，而且當時路上壅塞到也無法騎摩托車逃難，他是靠著迅速爬上一棵椰子樹逃過一劫。等到他後來從樹上溜下來，咖啡館早已被海浪沖走，裝著畢生積蓄的保險箱也不見了。薩努西回家發現整棟屋子被夷為平地，妻子與大兒子皆已身亡。他記得當時自己深受打擊，整個人呆坐了快一兩天，什麼事都做不了。

但不出兩天，他就決定要重建自己的咖啡館。「這是我的事業，」他說，「而且我得替還活著的孩子與顧客著想。」在失去了自己的房子、大部分的家人與所有積蓄後，究竟要如何重建一切呢？

所幸海嘯並沒摧毀薩努西對咖啡產業的知識。他從青少年時期就開始一家批發商工作。薩努西說：「我學會了定價的機制，也知道到哪裡找最棒的咖啡豆。」並叫一位年輕助手拿來一袋綠色的生咖啡豆，親自示範挑豆，揀出可進烘豆機的飽滿咖啡豆、淘汰生長不良的瘦扁瑕疵豆。他的供應商位於亞齊省迦佑 (Gayo) 山區，那裡絲毫未受海嘯影響，因此咖啡豆的供應不成問題。我們聊天的同時，他仔細地在袋中區分咖啡豆的良窳。亞齊人不喝酒但嗜喝咖啡，而最熟悉這個產業的人非薩努西莫屬。他下定決心重建後，當務之急就是籌措資金。

若非當時狀況不允許，薩努西絕對是銀行貸款的理想人選：他是對供應鏈瞭若指掌的創業家，具有如何把咖啡豆化為利潤的豐富經驗。但當地銀行全遭摧毀，陸續抵達的國際援助機構專注於收容與衛生設施，而不是企業貸款。他的積蓄全無，新資金也不可能到位。

後來，一位經常造訪亞齊的客人伸出援手。這位客人是來自雅

加達的學者，借給他 500 萬印尼盾（當時約等於 500 美元，即 300 英鎊）。薩努西用這筆錢支付工人薪資、訂購新設備。災難發生後不到五個月，薩努西咖啡館就重新開張。「重建不僅僅是爲了我，你自己看。」薩努西邊說邊得意地指著幾個街頭小販，他們正向他的客人兜售點心（其中又以 peunajoh 最受歡迎，即一種用香蕉葉包裹的飯團）。接著，他指著外面另一個攤位，販售著棕櫚葉包裹的米飯和各種咖哩供客人外帶回家，即所謂的「Bonkus」（亞齊外賣）。這家咖啡館因此成爲學習的榜樣：無論再小的援助，只要結合知識、技能和毅力，都可以發揮細水長流的功用。薩努西咖啡館再度成爲人潮聚集的場所，宛如蓬勃發展的迷你經濟體，不同生意還能相互扶持。薩努西這位咖啡之王算完帳後，終於坐下來休息，露出感慨的微笑。他面前擺了兩堆揀好的咖啡豆：好豆在左，壞豆在右。

救命的傳統

班達亞齊的老市場巴薩亞齊 (Basar Aceh) 是充滿異國風情的購物場所。水果攤位上堆滿了熱帶產品，包括布滿鱗片般的蛇皮果、毛茸茸的紅毛丹，以及亞齊最愛的多刺綠榴槤，活像一個個膨脹的綠橄欖球（據說榴槤是水果之王，但聞起來宛如落水狗，當地旅館都會貼出告示，要求客人切勿帶榴槤進旅館）。現在正逢齋戒月前夕，也是結婚的黃金季節，裁縫用品店擠滿了婦女，她們挑選著禮服的材質和生平第一套窗簾；小巷子內可以看到大批的裁縫師，縫紉機運作時颼颼作響。一位店老闆說，時下流行的是滾著大量蕾絲

的新娘禮服，相較之下，新婚夫妻對窗簾材質的品味歷年差異不大：他們喜歡購買深紅色的布料，讓人聯想起亞齊省旗的顏色。在巴薩亞齊的中心地帶，則是買賣珠寶與黃金的商家。

當地黃金同業公會的負責人哈倫‧凱奇克‧盧米切克 (Harun Keuchik Leumicek) 就在老市場店鋪後頭的私人房間內坐著。此處涼爽、安靜，散發濃烈卻宜人的氣味，角落一個水槽堆滿紅藍相間的百利 (Brylcreem) 髮乳，上頭架子擺放著一瓶瓶古龍水。哈倫現年 70 多歲，除了散發古龍水的香氣，全身上下也極具時尚感：一襲火紅圖案的短袖蠟染衫搭配寬大的黑絲長闊褲，腳踩黑色蛇皮鞋。他的右手無名指戴著亞齊男人常戴的大顆藍寶石，左手則是一枚大鑽戒，但看起來應是假鑽。他的房間牆壁上展示著一張張獎狀，反映自身黃金專業知識與過去在新聞工作所獲殊榮。他一面調校著純金勞力士，一面述說著當地數百年的傳統，何以幫助家家戶戶從悲劇中迅速站穩腳步。

哈倫說：「不管出門的目的是什麼，民眾到市場做的第一件事就是詢問黃金價格。」在亞齊，黃金就是王道；亞齊人對金條有自己的命名方法，也有自己的度量衡制度（基本單位「馬亞姆」〔mayam〕約為 3.3 克）。亞齊人向珠寶店詢問金價時，就像歐美顧客檢查個人銀行帳戶一樣自然。哈倫說亞齊人不太上銀行：「在這個地方，民眾信任的是黃金。」由於通常是以金條或貴重珠寶當作儲蓄，市場價格便反映自身的財富狀況，藉此判斷當天是該省吃儉用還是大肆揮霍。

該市場最繁忙的金店繼承人、36 歲的蘇菲 (Sofi) 表示，黃金就像是非正規的保險機制。男方籌辦婚事前，需要前一天確保黃金已

貯存妥當。這筆費用在當地稱作「結婚的代價」，但不同於一般給予岳父的嫁妝，因為是由妻子來保管。在班達亞齊，這筆費用的行情價是 20 馬亞姆（相當於 4,000 萬印尼盾、2,800 美元或 2,200 英鎊），幾乎足以換取蘇菲和哈倫展示櫃中閃閃發光的一只沉甸手鐲。當地經濟易受農漁業景氣起伏的衝擊，民眾習慣趁作物豐收或捕魚季後購入黃金，之後在景氣蕭條時脫手。基於這樣的文化，女方收到的黃金既是私房錢，又有充當家中經濟緩衝的功能。當地工人年薪約為 3,000 萬印尼盾；凡是戴上金手鐲，就像用手腕展示財力，足以雇用一名建築工人一整年。

以黃金為基準的儲蓄保險歷史悠久，屬於未受規範的非正規體系。在海嘯發生後數個月內，便迅速又有效地運作起來。黃金買賣商是巴薩亞齊第一批重新開張的店家。哈倫與蘇菲的金店在三個月內就恢復營業，他們不賣黃金，而是大量購買金條和珠寶，讓顧客得以籌措重建資金。有些人在海嘯中失去了黃金，但我認識的許多生還者都能出售身上穿戴的首飾，而且還能賣到公允的價格。雖然在許多市場上，大量賣家一窩蜂出清往往會壓低當地價格，但黃金屬於全球流通的商品。哈倫與蘇菲能以國際公定價購入，深信自己能把黃金運給雅加達願意購買的窗口。這般傳統的金融交易讓亞齊自成一格，提供當地創業家快速換取資金的機會。

這樣的傳統體系只是第一個例子，我造訪的每個極端經濟體有著一大共同主軸：非正規的貿易、交換甚至貨幣制度皆至關重要。正規經濟遭到破壞時，率先冒出頭來的往往是貿易、交換與保險等非正規傳統體系，這成為韌性的來源，進而帶來重要的體悟：我們得了解傳統體系，並且予以重視。亞齊的金融體系就是絕佳的例

子。歐美學者專家以往莫不認爲傳統體系過時又缺乏效率，但這次反而迅速、有效地運作；而在歐美金融體系中，銀行自身的借貸（即「槓桿」）往往會放大金融亂流，而不是加以抑制。兩者的對照可說再鮮明不過了。

重返海灘

班達亞齊居民奮力站穩腳步時，餐廳老闆蘇利安迪所在的蘭普克村卻仍斷垣殘壁。他在一家國際慈善組織工作數個月，清理瓦礫、漂流木以疏通道路，後來到鎮上一家餐館工作。沒多久，蘭普克搭起一座座臨時帳篷，原本的村落成了當地人口中的「難民營」。蘇利安迪自覺受到村子的召喚，於是搬回老家，從事當地唯一的工作：捕魚。然而他表示：「我動不動就暈船，而且捕魚實在無聊。」在印度洋上當了三個月的漁夫後，他決定重建自己的餐廳。

他的首要難題是取得許可。海嘯發生當天，當地漁民首領就嚷著是天降懲罰，而這種說法逐漸風行起來，特別是蘭普克村內的者老一致認爲海嘯是在警告海灘上的道德沉淪行爲。蘇利安迪表示：「問題從來就不是歐美觀光客。」大家擔心的是，當地年輕人花太多時間在沙灘上打情罵俏，荒廢工作、學業與祈禱。於是這些者老一聲令下，海灘必須無限期關閉。

爲了放寬新規定，多位海灘創業家以經濟爲理由，主張村裡的工作實在太少，重新開放海灘可以創造就業機會。於是前後開了三個月的會，最後衆者老同意開放，但前提是必須符合一個條件：由於海嘯過後，部分當地罹難者遺體被沖到內陸，埋葬地點離老家很

遠，有違慎終的傳統信仰。為了導正這項問題，創業家必須把這些遺體挖出後，再逐一運回蘭普克村。完成這項難熬的任務後，海灘才重新開放，但仍然存在著不少問題：有些村民依舊迷信，有些是身心受創，有些則單純害怕。海灘以往是村裡最熱鬧的地點，如今卻依然杳無人煙。

蘇利安迪不假思索就回到海灘，由於缺乏金主出資，他只能用沖刷上岸的漂流木重建自己的小屋。出乎意料的是，許多援助機構的外國員工及時幫了大忙。當時，他的餐廳根本沒有援助經費，但仍有好事發生：「那些外國人是我的救命恩人，他們不怕來海邊，成了我第一批客人。」當地居民聽說外國人經常到海邊光顧後，也逐漸鼓起勇氣回去。就這樣，蘇利安迪在簡陋的小屋裡做著生意，好不容易存到 1,500 萬印尼盾，得以開一間像樣的餐廳。如今，他的亞昆餐廳就位於灣頭的絕佳地點，附近就是供人游泳的安全水域，隔壁還新開一家手臂浮力圈與救生衣出租店。海灘再度成為熱門的觀光勝地，景氣大幅轉好。他表示，現在與他餐廳同等級的房子，得花上一億印尼盾才買得到。

破壞後的成長

沒多久，我才明白這裡到處都看得到迅速重建的故事。有天晚上，我在一家咖啡館內認識 61 歲的理髮師尤瑟夫 (Yusuf)，我們邊吃「亞齊麵」(Aceh Mei，即多加了蔬菜和香料的泡麵) 邊聊天。他沒能躲過巨浪而遭潮水吞噬。12 月 20 日下午，他在離家足足八公里的地方醒來，兩邊滿是遺體，原來他被當成罹難者了。他的

右腿有多處骨折，但仍勉強站了起來。他笑著說：「我站起來的時候，當地村民還以為我是活屍咧。」在鬼門關走一遭後，他的理髮店不到一年就重新開張了。

　　當地重建速度之快，加上非正式貿易與傳統金融網絡在外援到來前便先恢復，在在令人刮目相看。更令人驚訝的是，當地經濟不僅反彈，還變得比過去更加繁榮。阿克亞・易卜拉欣（Akhyar Ibrahim）多次創業，目前經營一所私立學校和一家商業培訓機構，同時管理旗下所有稻田的產銷。這位科班出身的工程師現年 61 歲，帶我參觀了他在 1980 年代親手蓋的一棟房子：設計由他一手包辦，跳脫傳統形式，中間有許多梁柱，因而撐過了海嘯的考驗。他一面享用綠茶與餅乾，一面思考著這場災難帶來的巨變。「就經濟來說，現在的情況已經好很多了」。阿克亞本來有五個兒子，海嘯奪走了二兒子的性命，但他卻說：「生活方式也改善了。海嘯雖然帶來龐大的損失，但也帶來了好處。」

　　海嘯居然能帶給該地區任何好處，這聽起來可能讓人難以置信。一切的一切——無論是失去親友造成的個人創傷，或是當地博物館展示著遭受海嘯重創所留下的證據——在在反映該地已被摧毀殆盡、無法復原。然而，海嘯過後，亞齊在許多方面確實有所好轉，主要歸功於更為強勁的經濟。對於經濟學家而言，當地出現短期的繁榮不若大多數人所想的那麼罕見，世界各地都能看到如此費解的事實，即天災反而可以讓經濟加速成長。只要理解其中原因，便有助於解開亞齊奇蹟般復甦的神祕面紗，同時闡明經濟學中最重要的衡量指標。

撼動基礎

威廉‧裴迪 (William Petty) 在 1650 年代率先設法用系統化的方式，衡量經濟體的規模與實力。裴迪學識淵博，身兼牛津大學外科醫師、解剖學教授、農場主、農業與航海發明家等多重身分（他設計了一台全自動穀物播種機與一艘早期雙體船，並提議在船上安裝引擎），同時也是傑出的公僕。（他應該知道亞齊的情況，因為他在世時，英國與荷蘭政府為了爭奪麻六甲海峽在內的海洋控制權，多次發生重大戰役）。1652 年到 1674 年間開打的那三場英荷戰爭所費不貲，支應開銷的稅收落到了裴迪在內的地主頭上。他認為這點有欠公平，因此著手衡量英國的經濟規模，計算出應該由誰來承擔稅務。他的主要論點是，雖然土地、建築等資產是國家財富的一部分，但與勞動產業息息相關的年度金流，譬如工資、企業收入與利潤，才是國家經濟價值的源頭，卻一再遭到忽視。因此他主張企業主與勞工應該繳更多稅。

裴迪認為，決策者需要精準的經濟實力衡量指標，來考量每項收入來源和每個經濟產業，可惜此一觀點從未真正普及。250 年來，經濟學家都針對單一產業個別研究，追蹤工業生產量、煤炭開採噸位或製造業出口價值。經濟分析與政策都是各行其道，沒有全方位的衡量標準。1930 年代，美國經濟遭逢巨大衰退，成為蔓延全球的經濟大蕭條 (The Great Depression)。經濟大蕭條是當代經濟學的關鍵事件，造就後來對經濟成長源頭的詳細研究。當時有必要研擬衡量一切經濟活動的主要指標。劍橋大學一支研究小組提出了解決方案，於 1941 年替英國設置了一套經濟帳戶，可說是當代關注國

內生產毛額 (GDP) 的濫觴。

GDP 是衡量一國經濟貨幣價值的指標，不妨想像成一台照相機透過三個不同鏡頭捕捉經濟的面貌：第一個鏡頭看的是生產，第二個鏡頭瞄準收入，而第三個鏡頭則關注著支出。凡是有東西生產時，GDP 便會上升；收入以勞工工資或公司利潤的形式累積時，GDP 也會上升；個人、公司或政府花錢時，GDP 同樣上升。而 GDP 最大的要點是，三個鏡頭捕捉的是即時的經濟活動，而不是過去的成就，譬如去年蓋好與賣出的工廠、商店或住宅，就不計入今年的 GDP 當中。這一切都是重要的有形資產，但由於非屬今年生產、收入與支出的一部分，只能代表過去的經濟活動。國內生產毛額旨在反映一國居民當前的活動，不管過去的活動。

2004 年那場海嘯大幅摧毀了有形資產。在洛克納和蘭普克這兩個村子中，家家戶戶無一倖免；亞齊共有 139,000 棟房子毀於一旦。大型工廠倒塌，約有 105,000 家小企業、連同公司建築全都被夷為平地。在班達亞齊的港口，漁船被巨浪打成了一塊塊漂流木——當地共有 14,000 艘漁船遭遇逢同樣的命運——漁民用來清理和出售漁獲的河邊小屋全被沖走。海灘上每家咖啡館全遭滅頂，陽傘和衝浪板再也不復見。這一切都十分重要，代表多年努力的成果，但由於是過去生產與購買，不能算作 GDP 衡量的「當前活動」。在海嘯帶來慘重災情的可怕早上，亞齊的經濟規模就 GDP 而言並未縮小。

當然，經濟潛力 (economic potential) 已然喪失。例如，遭摧毀的餐廳與工廠也讓工廠工人與服務生丟了飯碗。生產與增加收入的能力固然沒了，但重建村子或城鎮也促進了大量的全新經濟活動，利弊

相互抵消。就以住宅為例：災難發生後四年內，亞齊共建造了 14 萬棟住宅。每棟住宅都意味著建商需要花錢購買磚塊、木頭、電線等建材，還得支付使用這些建材的工人工資。這些都為公司——建商、混凝土供應商與運輸商——以及砌磚工、木工、電工等工匠創造了收入。一旦工作完成，全新房子就蓋好了。建築反映了增加 GDP 的三大密集活動：生產、收入與支出。正如蘇利安迪和薩努西的自述，亞齊人決心要立即重建家園、學校、商店和道路。這足以說明為何經濟體的 GDP 反而會在天災後出現成長，即使亞齊發生如此極端的災害也是一樣。

援助熱潮

雖然傳統的儲蓄形式有助立即提供資金給一部分創業家，但大規模的重建計畫仍需要外界奧援。只要騎著摩托車在村子裡繞個幾天，不難看到這些外來資金真正的源頭。從南邊來到洛克納，海岸公路穿過一座鋼桁架橋，橋身印有美國國際開發總署 (USAID) 的標誌。進入村子時，所有房子（一塊塊小型土地上的獨棟平房）前牆都有類似的設計：棕櫚樹下有兩把交叉的彎刀，外頭圍著深綠色圓圈。這是住宅資金主要捐助國沙烏地阿拉伯的國徽。往北半哩來到蘭普克，有條路轉入內陸，即蘇利安迪在海嘯當天的逃命路線，兩旁房子門口上都印有土耳其國旗上的星星與新月象徵。當地人說，土耳其人捐贈的房子最棒，因為配有設備齊全的廚房。

海嘯過後四年內，總共有 67 億美元挹注到亞齊省。大量的資金也造成市場亂流，造就迷你的經濟榮景。援助機構帶來了薪水優

渥的員工，這些人花錢毫不手軟；他們雇用許多當地人，爲了重建而談成包含磚頭、混凝土與木材的大批訂單。需求激增連帶拉抬了物價：通貨膨脹率從 2004 年的 5% 左右，上升到 2005 年的 20%，隔年更超過了 35%。企業主至今對此依然抱怨連連，因爲這侵蝕了他們的利潤：糖、米、咖啡等民生必需品的成本急劇上升，卻很難向顧客收取更高價格。但整體來說，那幾年的經濟活動活絡。援助機構的資金不僅支撐了當地的就業市場與薪資水準，同時也流向當地企業。如今亞齊成了援助經濟體，得以蓬勃發展。

現今，那些外國捐贈物上所印的徽章、旗幟和標誌已然褪色，成爲援助工作的重要紀念。經過四年的密集活動後，所有援助機構於 2008 年撤出亞齊。在亞齊的外國工作人員數量從 8,000 人下降到數百人，當地工作機會驟然減少。2009 年，負責監督援助工作的印尼政府單位功成身退。隨著種種援助資金退潮，亞齊的通膨率重回全國平均。

一旦抽掉消費、工資、營建計畫等所有經濟活動，往往會導致 GDP 大幅下降。由於這項經濟衡量標準是基於活動多寡，發展經濟學家原本擔心，重建工作固然帶動短期經濟活動，但就 GDP 而言，當地經濟恐怕會萎縮，隨後陷入衰退。但後來的情況非常神奇：儘管喪失所有援助機構的消費與工作機會，當地經濟成長的力道卻不見削減。在四年的援助熱潮期間，亞齊的經濟成長率爲 19%，接下來四年的成長更達到 23%。這些全新的消費、收入與生產究竟是從哪裡冒出來的？

不只重建，更要求新求變：道路、機器還是理念？

　　假如你打算在洛克納找熱食吃，前往黛安 (Dian) 的餐廳準沒錯。她全年無休，專賣大份量的美味醃魚咖哩。某個安靜的夜晚，她坐在一張餐桌前聊起亞齊蒸蒸日上的經濟，說出了一項聽了會略為反胃的原因：汙水處理。她表示，現在有些事物不若以往：傳統房子的風格比較好（過去是木造建築，二樓以上都附設陽台，現在則是混凝土平房）。但最大的改變就是有自己的廁所。災難發生前，村子缺乏基本的汙水處理系統，不論是乾淨水源或排出汙水，靠的都是鄰近河川。而當代住宅的衛浴都內建管路系統，居民不必再大費周章走到河邊了。

　　隨著重建工作持續進行，「不只重建、求新求變」成了廣為人知的口號，即運用當代設計與建材來改善基礎設施的政策。由USAID 興建的全新海岸公路更為寬廣，經過洛克納時穿越的那座鋼桁架橋，無論是高度或長度都超越以往的石柱橋，而殘餘的舊橋則像斷齒般凸出河面。洛克納與班達亞齊中間有一座家族經營的工廠，以前主要生產椰子泥和食用油，現已改成混凝土工廠，外頭停放了一整排熠熠發光的水泥車。原料來自距離海岸數分鐘車程的一家大型水泥工廠。這家工廠的母公司是法國的拉法基集團 (Lafarge)，2004 年遭到摧毀，2010 年重新開業後產能提升了 30%。雖然住宅精確的設計引發部分爭議，但多虧了援助資金挹注的重建工程，亞齊的道路、橋梁和工廠品質都更勝以往，進而增進貿易與旅遊業的潛力。

　　但援助工作帶來的效益並不只是單純的資金，還有許多非官方

紀錄或無意間出現的好處。以科技的使用為例，倖存的居民表示海嘯過後，科技的使用習慣大幅轉變。對蘇利安迪而言，使用手機的外地人來此後，改善了創業家的處境。海邊餐廳的老闆都砸錢購買了簡單的拋棄式手機，假如海灘上有很多客人，或餐館需要新鮮的食材，就可以打電話求助。尤斯妮達說，摩托車的普及也改善了生活：海嘯前，只有小康家庭才有摩托車，但援助熱潮期間帶來的收入，讓家家戶戶至少都買得起一台摩托車，更有錢的家庭甚至買了汽車。上述種種變化都促進了亞齊的現代化，使居民的工作與交通更為便捷，想去的地方都能快速抵達。

一位名叫祖希爾的村長表示，這場災難也造成許多不易察覺的改變，影響了當地經濟與整體社會。現年 43 歲的祖希爾說，由於村子的耆老多半在海嘯中喪生，導致他的工作窒礙難行。在災難發生前，村內的規矩都是由耆老所定，他則負責執行。諸如有關產權、風俗等重要資訊，以往都是代代口耳相傳，因此現今要解決糾紛難如登天。祖希爾說：「重要資訊隨著耆老沉入了大海。」他跟許多亞齊的小型集合城市居民一樣，因村子特有的傳統就此消失而痛心；過去由耆老維護的傳統，現在已不復存在。

儘管痛失傳統，外來的新觀念與習俗也帶來正向的改變，祖希爾就說：「亞齊人變得更開放了。」我在整個亞齊省經常聽到這種說法。以亞齊人對荷蘭人的態度為例。在海嘯發生前，當地人對荷蘭人要嘛抱持著毫不掩飾的仇恨，要嘛就是充滿敵意的嘲諷（凡是欺騙或狡猾的人，在當地會被罵「很荷蘭人」，係指荷蘭人以前會派間諜到該地與亞齊人共同生活）。現今，大多數居民都很歡迎這個歷史上的宿敵，部分是因為荷蘭人幫忙援助工作，另有部分原因則是

海嘯帶走了種種舊恨。從微觀層面來看也是如此，各村的爭鬥與冤仇逐漸消弭。災難發生前，鮮少有人會在非自己從小成長的村子開業，但現在這種情況已很普遍。

亞齊的變化說明了爲何該地在援助資金的短期刺激消失後，經濟仍然有所增長長。隨著環境衛生、交通和通訊的改善，當地工人的效率也提高了。他們在更平整的道路上駕車，前往配有更安全機器與產能更高的工廠工作，從而提升了生產力與生活水準。但援助影響的範圍不僅止於此，部分還是在無意間所促成。正如亞齊人的經濟韌性最初反映在非正式貿易，後續的動能來自仿效短居援助人員的技術與品味。

當地村長說，社會期望轉變的另一個例子是教育。教育市場已然興起：在班達亞齊，有條與主要幹道平行的一條街，擠滿了亞洲其他國家才看得到的補習班。政府出資的正規教育從上午八點到午一點，然後學生下午就到這些私人機構上課。洛克納一位商人妮娜（Nina）表明有意把家中還在學步的孩子送到這類補習班。她解釋有部分是因爲援助機構的工作讓她了解到學位的重要，部分則是因爲經濟實力增強後，民眾付得起學費了。但這也是因爲當地的輕重緩急發生變化：目睹身處的環境僅僅一個上午就蕩然無存後，當地人更加重視對自己本身的投資。她說：「我們現在以人爲本。」

社會痼疾就此痊癒

亞齊身爲數世紀以來爲了獨立而衝突不斷的地區，海嘯帶來的動盪勢必會產生重大的影響。在海嘯發生後不久，眼見戰鬥似

乎會更加激烈。一群 GAM 游擊隊員在海嘯發生後數小時內，從森林藏匿地點爭先恐後逃到蘭普克。當時 23 歲的叛軍成員阿爾米亞 (Armiya) 就表示，村子被水淹沒的時間不超過 45 分鐘，「我們上午 11 點就在海灘上尋找生還者。」但三天後，大批印尼軍隊趕來幫忙。由於雙方其實仍在交戰狀態，因此印尼軍隊集中火力攻擊已受重創的叛軍。餐廳老闆蘇利安迪說起接連幾天的駭人經歷：他被困在一座位處低窪的村子，那裡的海水並未立即退去，他整天都忙著把遺體綁在僅存的幾棵樹上以免漂走，而周遭的武裝分子卻不斷交火。他說，至少有三名旁觀者被流彈波及而喪生。

但沒多久事態就整個扭轉。凡是討論到亞齊的海嘯，很快就會出現「備忘錄」(MOU) 這個西方詞彙。2008 年 8 月 15 日簽署的備忘錄本質上是一份和平協議，迎來 1870 年代荷蘭首次入侵以來最穩定的時期。隨著全世界的目光短暫投向亞齊，人道援助圈有頭有臉的人物發起了和平談判，不像前人一再破局，而促成了全新協議。叛軍裁減了 3,000 名士兵，繳出 840 件武器，並揚棄了其制服與徽章，交換條件是印尼軍隊從亞齊撤出所有軍隊並釋放政治犯。備忘錄還規定了全新的權利：亞齊得以擁有自己的立法機構、法院體系、代表旗幟與歌曲。亞齊會沿用印尼的貨幣，但官方利率可能不同於該國其他地方。亞齊政府有權在當地提高稅收，並保留出售自然資源（包括石油）的收入。這項協議打造了一個國中之國。雖然當代的亞齊位於印尼領土，卻擁有獨特的主權地位。

和平改善了亞齊的生活，年輕男性對此更是有感。尤斯妮達回想起過去自己有多擔心兒子的安危，她說：「在簽署備忘錄之前，父母都想把兒子關在家裡。」。許多人也同意，年輕男性以往的

日子實在難過：叛軍和印尼軍隊都不接受中立，只要被抓就可能被任一方徵召或審訊。蘭普克與洛克納的男孩都被禁止通過人稱「Keudee Bieng」的交戰熱點，而前往鄰近班達亞齊大學的路線也遭到封鎖。無法在當地任意行動，也就限制了教育程度。

蘇利安迪表示，戰爭的隱憂是拖累經濟的主要原因。亞齊自1990 年以來一直屬於軍事地區，軍警經常隨時關閉餐廳、實施宵禁，導致傍晚生意就此告吹。尤斯妮達持相同看法：由於衝浪愛好者畏懼捲入軍事衝突而不再光顧，導致民宿生意數年間一落千丈。當地人說，外國人從來沒真正遇到問題，但確實曾發生一次插曲：一名衝浪手被懷疑是叛軍而遭印尼軍隊綁架，還被蒙上眼睛帶到山上訊問。 這名男子其實是日本觀光客，遭擄當天就獲釋。但這件事卻引起國際衝浪社群的關注，而這些衝浪好手正是洛克納當地資金的重要來源。

綜上所述，有了更完善的住宅與道路、引自國外的新觀念與長期的和平，便不難理解為何居民儘管仍在哀悼海嘯帶走的人命，卻也寧願選擇海嘯過後的生活。當地首富阿克哈亞爾與妻子帶人參觀他們夫妻設計的住宅，足以抵擋海嘯的衝擊，同時手指著廚房牆上一個刻度，代表海嘯當天的水位（大約是 1.7 公尺）。這位父親得意地拿出家庭照片，跟我說起兒子們在哪裡就學，也指出在海嘯中喪生的那名兒子。回想起來，那天實在太慘了，但日後各項深刻的變化都受到當地居民的肯定，包括更加開放、向外取經的社會，以及消弭冤仇、終結多年戰鬥的和平進程，正如經濟擴張創造了比海嘯前更多的工作、收入與機會。

思想的力量

　　亞齊依然有許多缺失。從報章雜誌上，歐美人士得知伊斯蘭律法 (Sharia Law) 的興起是一大風險。海嘯災難發生前，伊斯蘭的法律制度在此就已愈來愈流行；而災難發生後，對宗教的情感也益發濃厚。2006 年，世俗法 (secular law) 納入實施伊斯蘭律法的責任；2015年，全新的刑法通過，體罰成為矯治手段。從此以後，凡是在亞齊犯法就會被處以公開鞭刑。歐美媒體對此進行報導，刊登了鞭刑現場的照片，而旅遊網站也針對女性的平等待遇與戴頭巾的新規定表示憂心。對於透過上網獲得資訊的歐美人士而言，亞齊儼然是駭人聽聞的地方，不值得造訪。

　　但亞齊不僅示範了傳統何以成為經濟韌性的基礎，也顯示民間非正規的無形力量（即當地的傳說與故事），可以減緩政治或宗教認同的劇烈波動。班達亞齊郊區一所公立高中校長艾卡 (Eka) 說：「你務必要記得亞齊的故事。」校園操場由籃球場占據，周圍是茂密的叢林。附近有座陡峭的山丘，若再有海嘯發生，學生便得往山丘疏散。37 歲的艾卡在洛克納長大，就讀班達亞齊的大學。她頭戴銀色頭巾，衣服外套了件量身定製的細紋夾克。她表示：「這個地區是由女性一手打造，所以保障我們女人可以跟男人平起平坐。」重視形式的全新宗教法律必須與舊有傳統故事爭奪主導地位，包括兩位英雌的生平，正是她們決定了亞齊人的特質。

　　亞齊所屬海域以船舶、貿易和戰爭為核心，而班達亞齊這座

古老港更擁有世界上第一位女性海軍上將拉薩瑪娜‧瑪拉哈雅蒂 (Laksamana Malahayati)。15 世紀末，瑪拉哈雅蒂獲派率領蘇丹艦隊，成功守住麻六甲海峽、擊斃敵方鑑長，樹立了極高的聲譽，甚至直接與英國女王伊莉莎白一世談判英國貿易航線的問題。她在對抗葡萄牙軍隊的戰役中喪生。現今，該地區的主要商港就是以瑪拉哈雅蒂命名。

這位海軍上將的傳奇相當色彩鮮明，但朱月婷 (Cut Nyak Dhien) 是更了不起的軍事領袖。她出生於貴族家庭，1890 年代領導亞齊人抵抗荷蘭軍隊入侵。她的戰蹟聲名遠播，像是躲在林中埋伏、擊敗進逼的大軍。1964 年，朱月婷獲追晉為印尼民族英雄，堪稱該國最高榮譽。她的肖像旋即印在郵票和紙鈔上。在各種思想消長的複雜過程中，這些爭取自由的古老故事似乎與伊斯蘭教義相互融合，形成專屬亞齊的伊斯蘭律法。只要在亞齊住上一段時間，外人對該地的巨大恐懼似乎是假象。艾卡說：「我們的女人無所畏懼，只做自己喜歡的事，宗教在這裡不成問題。」

人類韌性的黑暗面

洛克納與蘭普克讓人見到重建舊村子可以有多神速，但一座人稱「成龍村」的地方卻帶來不同的啟示：打造新村子曠日費時。這座村子正式名稱是「中國印尼友誼村」*，在好萊塢影星成龍到此參訪

★　原書註：印尼文名稱為 Kampung Persahabatan Indonesia-Tiongkok in Indonesian。

重建工作後，「成龍村」這個暱稱便蔚爲流行。許多村子遭海嘯夷爲平地，重建工作只能循序漸進地進行，村民先在自家舊址用木棍與防水布搭起帳篷，後來才慢慢改建成磚瓦住宅。亞齊政府對成龍村的計畫更是雄心勃勃，認爲愈高愈安全，於是挑了一片海拔偏高的土地，最後在 500 公尺高的山坡上，建造了一座全新的村子。

成龍村的藍圖涵蓋所需的各項公共服務與設施。村子氣派入口附近有一座清眞寺，山頂有一所大學校；正中央是大型露天市集，整齊地在陡峭的山坡上層層排列。這座市集位於村子的心臟地帶，預計設計成當地商業中心，有一條通道讓運載農產品的車輛進出，還提供有編號的場地給攤販設點，另有鐵皮屋頂作爲遮蔽。當地村長達爾馬奈 (Darmanain) 坐在一棵樹下的竹凳上乘涼，樹頭長滿了桃紅色的玫瑰蘋果 (jambu air)。他表示，這種由上而下的計畫有其好處，像是由政府嚴格控制預算和建造時程：一個中國承包商帶來旗下 36 名建築師傅，管理由 2,000 名當地人組成的團隊，在短短 14 個月內，就蓋好 600 多棟房屋。不僅速度快、效率高，住宅品質也不錯，他邊說邊指著位於中央市場附近的自宅。成龍村興建的宗旨也是爲了讓亞齊生活更加平等。多數分配到此的居民都不是本地人，而是以前住在班達亞齊狹小租屋內的弱勢家庭。

村長表示，設法打造以平等爲原則的全新村子固然是很好的理念，但對村民而言卻沒有任何改變。村民仍在班達亞齊從事低階工作，現在擁有自己的房子，卻被困在離城鎮經濟活動數哩遠的山上，每天光通勤就需耗費大量時間與金錢。市場荒蕪空曠，本該擺攤的地方長滿了雜草。成年人都通勤上下班，村裡僅剩下一名孤獨的少年，以及一名不懂亞齊語與印尼語的中國老人。早在海嘯之

前，住在這些房子的家庭都十分窮困、缺乏技能且問題重重，這些至今都沒有改變。村長邊說邊邀我們去他家摘些玫瑰蘋果，但由於沒有市場可以販賣，蘋果成熟後久未採摘，早已從外爛到果核了。

重建亞齊

亞齊人在基礎設施灰飛煙滅的情況下卻能快速重建經濟，點明了我們考量經濟的兩個面向。第一個面向是 GDP，即用來追蹤經濟體是否在「成長」的核心概念。許多人對於把 GDP 當作經濟成功的衡量標準不以為然，傾向於使用其他指標，包括社會公平與幸福指數。而且透過 GDP 來衡量經濟實力確實會產生令人困惑的結果，像是一場災難過後，經濟反而會成長得更快。部分人士認為，這種奇怪的現象反映經濟學冷酷無情的本質，但因為 GDP 完全著眼於當前人類活動——即支出、工資、收入與生產商品——而非建築與工廠等有形資產體現的價值。這項眾多經濟學家最愛的衡量標準一點也不刻薄或冷酷，反而是奠基於人性的指標。

我認識的亞齊海嘯生還者說，他們的經濟和社會在海嘯後獲得改善，而且老是提到經濟活動的增加，像是製造新的產品、接下新的工作、購買新的消費商品，這些都是經濟學家所追蹤的成長中經濟指標。然而，雖然 GDP 與經濟成長的好處符合一般人思考與談論經濟的方式，我在亞齊實地採訪時首次看出一項重大問題。許多在洛克納、蘭普克等地發生的事都非屬正規經濟的範疇——從朋友提供的貸款到黃金的現金交易皆然——而且沒有受到量測與評估。正規經濟遭到摧毀時，更容易看到潛在的貿易網絡。我離開亞齊

時認爲，經濟學家用 GDP 衡量經濟成長的角度並沒有錯。GDP 與一般人所認爲的強勢經濟並不相悖，實屬堪用但不全面的衡量標準——其注重的指標正確無誤，但由於左右經濟體的許多活動都隱藏不見，因此我們無法窺得全貌。

亞齊經濟反映的第二個面向，便是提醒我們人類韌性的眞正源頭。哲學家暨經濟學家約翰・司徒・彌爾在 1848 年寫道，在戰爭或災難把經濟「破壞殆盡」之後，其實常會見到社會復甦，這點是大多數人始料未及的。彌爾認爲，這種出乎意料的韌性根源在於建築、橋梁和倉庫等有形資產的重要性，比不上國家或社會人民的思想、技能與付出，因爲正是由人民來重建失去的一切 *。亞齊人失去了一切有形資產，但海嘯生還者仍擁有受災前的技能與知識，因此有辦法迅速重建。全球經濟面臨新一波挑戰的同時，亞齊的經驗說明了一件事：人力資本 (human capital) 受到經濟變革破壞或保護的稀度，將是成功的關鍵因素。

若考量經濟變革可能帶來的社會階級分化，亞齊則帶給我們重要的提醒。2004 年以來，亞齊的經濟和社會出現翻天覆地的革命：新式住宅、道路與橋梁隨處可見；商店販售新品牌與新款商品；民衆約會、休閒娛樂、交易與禱告的方式也產生變化。但咖啡大亨薩努西再度成爲咖啡大亨；餐廳老闆蘇利安迪又在海邊黃金地段賣起了烤魚；洛克納第一家民宿主人尤斯妮達已退休，當地最棒的旅館

---

* 　原書註：1662 年，威廉・裴迪批評徒刑氾濫時提出類似論點：一地之財富源自人民（因此把一堆人關起來只會讓國家更窮。）

現在是她兒子所有。位於經濟底層的當地人同樣如此。曾蝸居於班達亞齊的家庭，如今住在杳無人煙的村子，市場空空蕩蕩，樹上水果任其腐敗。當地生活一方面有徹底改變，另一方面卻無任何改變。人力資本本身具備韌性，這意味著重建經濟比我們想像更加容易，而階級的分化卻也更難改變。

儘管社會還存在著斷層，亞齊仍是充滿樂觀的地方，即使一切看似黯淡無光也不絕望。沿著與成龍村接壤的公路下山時，右邊是一排又一排荒廢的街道，左邊則是一座陡峭的懸崖。接著前方急轉彎，只見山邊嵌著幾個小型露天平台，每個平台都擺著樺架桌與長椅。這座臨時咖啡館的經理走了出來，原來是一名 13 歲的男孩。他每天放學後，都會從山腳下的商店買飲料和零食拿來這裡販賣。這位出生於海嘯那年、自小家境貧困的年輕創業家表示，咖啡館的生意十分不錯：大多數人都住在零海拔的地方，願意多付點錢享受咖啡館居高臨下的景觀。他把雪碧倒在冰塊上時，下方森林的樹梢不斷晃動，有群獼猴正在樹冠玩耍。往遠處眺望，則是援助機構的屋頂，各式各樣的顏色代表著捐助國的旗幟。接著，亞齊低海拔的稻田映入眼簾，綠油油的地毯一路延伸到深藍色的麻六甲海峽。

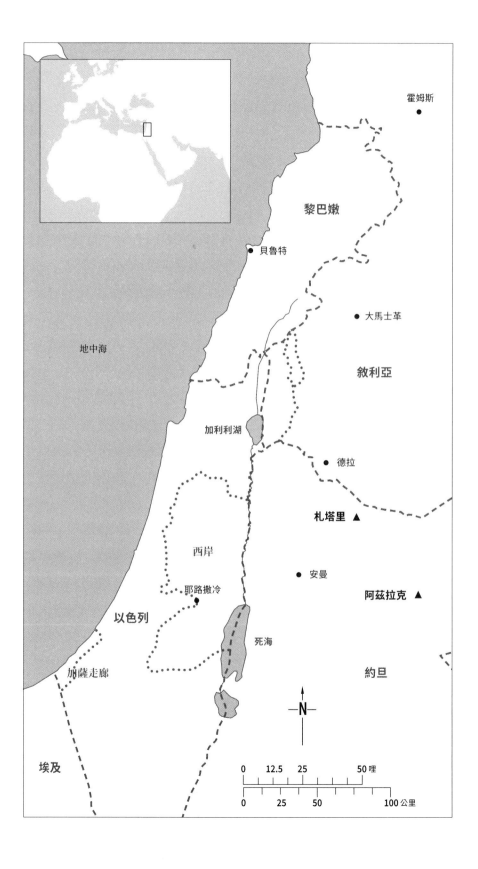

霍姆斯

黎巴嫩

貝魯特

地中海

大馬士革

敘利亞

加利利湖

德拉

札塔里 ▲

西岸

安曼

耶路撒冷

阿茲拉克 ▲

以色列

死海

約旦

加薩走廊

—N—

埃及

| 0 | 12.5 | 25 | | 50哩 |
| 0 | 25 | 50 | | 100公里 |

約旦札塔里

Zaatari 難民營的非正式經濟

> 音樂家就得作曲，畫家就得繪畫，詩人就得寫詩，最終才能安然自處。凡人必須追求自我實現。

亞伯拉罕·馬斯洛（Abraham Maslow），《動機與人格》（*Motivation and Personality*），1954 年

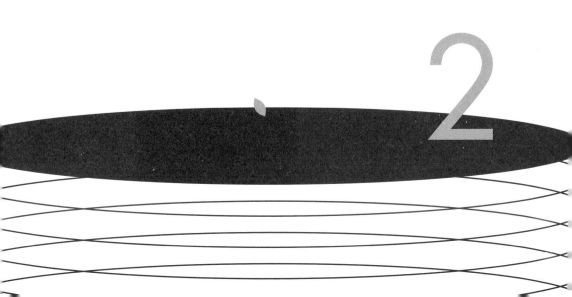

2

札塔里的崛起

狐狸

大家之所以都叫他狐狸，是因為他那雙眼睛：哈力德 (Khaled) 的目光隨時在地平線上游移，留意著各種危險或機會。他必須時時保持警惕。身為非法貿易集團的首領，哈力德的生活每天都處於險境，一旦被抓到，他與同夥可能會被逐出約旦，再遣送到北方去面對敘利亞內戰。

高風險的生活伴隨著優渥的報酬。哈力德每天可以賺得 20 第納爾（約合 28 美元或 22 英鎊），大約是年輕專業人士（譬如 30 歲的工程師）在約旦首都安曼 (Amman) 平均收入的兩倍。這之所以有利可圖，是因為過程全屬非法：他的團隊專營走私交易，運輸的違禁品包括食品、香菸、電子設備和醫療用品。他頻繁穿越札塔里的邊界——札塔里是世界上成長最快的難民營。而哈力德年僅 15 歲。

對他而言，走私算是一件新鮮事。2013 年之前，哈力德都住在敘利亞南部一座名叫代爾 (Dael) 的小鎮上，而且與戰前 94% 的敘利亞孩子一樣，他白天都在上學。相較於約旦缺水又塵土飛揚的環境，敘利亞是水源充足、綠意盎然的國家，代爾的農民則以種橄欖與葡萄聞名。戰前，代爾的人口接近三萬，規模接近美國的伊薩卡 (Ithaca)、英國的七橡樹 (Sevenoaks) 或龐特普里斯 (Pontypridd)，稱不上是大城市。但在 2011 年 3 月，居民群起抗議總統巴夏爾．阿薩德 (Bashar al-Assad)，導致代爾在隨後戰爭中成為猛烈轟炸的目標。他

們別無選擇，只能越過邊境往南逃亡，設法重建過去的生活，一如 2004 年海嘯過後亞齊人求生的故事。

約旦北部的敍利亞難民與亞齊海嘯生還者，不僅個人生活遭到重創，社會與經濟也奄奄一息。札塔里難民營內的人生故事就如亞齊災民的不幸，聽了都讓人倍感震撼與殘酷。然而無論在亞齊或札塔里，只要待上一段時間，就會開始萌生一股對生命的樂觀，相信人具有度過一切困難的能力。札塔里是另一個極端之地，克服重重艱苦而生存下來，成為奇蹟般的貿易據點。此地不僅反映了難民所失去的一切，更代表著快速崛起、活躍又創新的經濟，以及滿是新創公司的商業中心。這些公司迅速闖出一番名堂，甚至能向周圍的約旦城鎮出口貨物。

我希望相較於先前的海嘯生還者，難民的故事能帶來相關卻不同的啟示。外界對亞齊的協助純屬建議性質：居民獲得的建議是避免回到海濱生活，他們卻很快就返回再熟悉不過的老家，也就是居住盤據數百年之久的低窪地帶。對於敍利亞家庭而言，情況就截然不同了：為了人身安全，他們搬到陌生的土地，而身為淪落異國的難民，他們受到嚴格的控管。那些外人——即約旦當局和國際援助機構——並不是顧問，而是扮演統治者的角色，任何決定都足以左右難民的生活。雖然就死亡人數而言，他們的損失可能較少；但在生活的選擇、能動性 (agency) 與自決方面，敍利亞人的損失似乎遠遠超乎想像。

非正規貿易在難民營中十分普遍，但來自札塔里難民營的官方統計（此指接二連三竄出的公司數量）不久便多得令人瞠目結舌。正因如此，我才前往難民營，設法釐清在食衣住行等經濟生活受到

嚴密控制下，這些難民何以達成如此龐大的貿易量。我探訪難民營中絕頂聰明的創業家，了解他們如何重建崩盤的經濟，因而聽到了另一座難民營的故事：該難民營令人聞之色變，敘利亞人視其為札塔里難民營的邪惡雙胞胎。兩座難民營的陽春經濟 (stripped-back economics) 顯示了非正規貿易何以能滿足難民的需求，包括簡單的商品與服務，以及選擇權與能動性等更深層的價值。這兩座難民營也反映了即使是立意良善的外人，只要誤解了經濟體中人的價值，就可能把一群人推向痛苦的深淵。

打造札塔里

2012 年夏天之前，任何人從約旦北部小鎮馬弗拉克 (Mafraq) 向東走，數百公里內絕對一片荒涼。沿 15 號公路出鎮、穿越沙漠，最終抵達伊拉克邊境，繼續通往巴格達。現今，景色全然不同。僅僅十分鐘的車程，右邊就出現一座城市，不過是迷你版城市。近距離一看，才發現這不是錯覺，一棟棟的白房子確實很小。亂七八糟的電線垂掛在上方，彷彿隨時都會掉下來；隨處可見鐵絲網，約旦守衛擁槍而坐。此地就是札塔里，成千上萬流離失所的敘利亞人，現今把這座臨時小鎮視為家園。

札塔里難民營成立於 2012 年 7 月，當時敘利亞南部的德拉 (Daraa) 地區成為敘利亞內戰早期衝突中心。達拉曾有十萬名居民，隨著一顆顆炸彈落下，他們被迫逃離家園。德拉市中心距離難民營所在地有 50 多公里，即使是身強體壯的成年人也得步行 12 個小時。許多難民表示他們跋涉的路途更長，因為出發的城鎮與村子比

德拉還偏僻。一家大小漏夜徒步時，年長的孩子會幫忙背著家當與弟妹。隨著戰事加劇，每天都有成千上萬的人抵達難民營。札塔里的人口迅速成長。到了 2013 年 4 月，人口已經超過 20 萬，成為世界上成長最快也最大的難民營。

接著，意想不到的事發生了。隨著每天增加 4,000 名難民，負責管理營區的聯合國難民署 (UNHCR) 人手開始短缺。由於抵達的難民人數太多，他們被迫精簡作業流程，只專注於幾項基本要務：居民保健與疫苗接種、食物飲水與維安。他們不再嚴格執行其他難民營的許多規定，譬如房屋格局、以及商家與商人數量上限等細節。由於缺乏嚴密的管理，札塔里成了無法無天的地方，大小衝突不斷。同時，非正式經濟 (informal economy) 也蓬勃發展，因為敘利亞人決心恢復少許過去的經濟生活，建立起他們在本國所經營公司的迷你版。

起初，店家就在帳篷裡營業。後來，聯合國難民署提供木製露營拖車供難民入住，這些創業家設法取得拖車，把車身兩邊鋸開，設立小攤子。不久後，商店隨處可見：雜貨店、菸草店、婚紗出租店、寵物鳥店與腳踏車店，甚至有專門服務青少年的撞球館。到了 2014 年，即難民營成立屆滿兩年時，裡頭已有 1,400 多家公司行號。平均每六名成年人就有一家公司，札塔里的商店數量超越了英國這樣的成熟經濟體。攤商以驚人的速度不斷湧現，如今已有 3,000 家。其他難民營裡也有公司：比如肯亞達伽哈萊難民營的規模與札塔里相仿，就有 1,000 家攤商左右，但該難民營已有 20 年歷史了。札塔里創業的規模與速度堪稱獨一無二。

札塔里這個經濟體表現良好。難民營剛設立的頭幾年一片混

亂，就已達到 65% 的就業率，比例超越法國。到了 2015 年初，據聯合國難民署估計，敘利亞難民未經許可成立的企業，每月有 1,000 萬第納爾的產值，接近 1,400 萬美元。這完全不在計畫之內，而是純屬偶然，外人幾乎未提供任何協助，反而常阻撓難民營內的創業家。這一切在在顯示札塔里是值得解開的經濟謎團。這些在深夜抵達札塔里的難民，背著孩子、幾無行李，究竟如何打造出一片天地？對於經濟在生活中的重要性，札塔里又帶給我們什麼啟示？國家又應該扮演什麼角色提供協助？

少年走私販

一般人得花些時間觀察，才會明白哈力德與他的少年走私團對於札塔里有多重要。他們的對手身分最先明朗。抵達難民營當日就要向敘利亞難民局（Syrian Refugee Affairs Directorate，簡稱 SRAD）這個約旦安全部隊報到。在敘利亞難民局的館區內，身形粗壯的軍官個個是老菸槍，負責檢查訪客的通行證。他們還要在難民營的邊界巡邏，設法阻止違禁品進出。這些約旦人通常是退役軍人，成天與敘利亞少年走私販玩貓捉老鼠的遊戲。

札塔里的地理環境特殊，因此這場邊界追逐遊戲有利孩子，導致管制起來徒勞無功。難民營呈巨大的橢圓形，由北到南約兩公里出頭，由東到西則有三公里。只要沿著其中一排臨時住宅走到盡頭，便會看到一條平整的單線道，這條單線道把札塔里圍成環狀，代表難民營的邊界。但與正門不同的是，此處並沒有鐵絲網，也沒有守衛或檢查哨。在這條環狀道路之外就是空無一物的沙漠，僅有

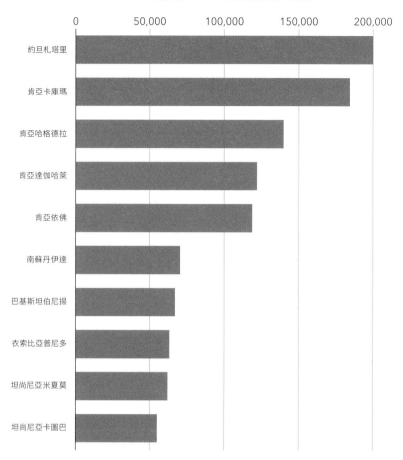

圖 2.1 | 流離的世界：十大難民營

按 2010 ～ 2016 年間最大規模排序

資料來源：UNHCR，詳見〈註釋與參考文獻〉

少數貝都因人（Bedouin）看守著帳篷與山羊。若你準備好在沙漠中跋涉，便可輕易地進出札塔里。

　　但哈力德等少年走私販不僅得利於漏洞百出的邊界。由於札塔里是家家戶戶逃難的目的地，因此很容易就混入其中，遑論到處都

是未成年的孩子。難民營內男女比例平均，不但結婚得早又生得多，光是頭四年就有 6,000 多名嬰兒在札塔里出生，而未滿 18 歲的難民就有 45,000 人。邊界平整的環狀柏油道路實屬珍貴，也是難得適合從事球類運動的路面。無人看管的小小孩四處衝來衝去，青少年則騎著腳踏車來回奔馳。想在這群孩童中找出走私販簡直難如登天。

　　哈力德和同夥的生活反映了一件事：只要有一群潛在顧客自認缺乏必需品時，非正式（此例應屬非法）供應鏈自然應運而生，外人看來彷彿是無中生有。走私販之所以如此重要，是因為他們滿足了對外界貨源的龐大需求。拉娜・霍珊 (Rana Hoshan) 住在難民營邊陲。她戴著藍色頭巾，身穿黑色連衣裙，正在準備塔布勒沙拉和炸肉丸當晚餐，邊忙邊說：「我家有多的牛肉罐頭，但是少了洗髮精。這些孩子可以幫忙換到東西。」走私販扮演著邊境貨物托運業者 (shipper) 的角色，這意味著札塔里就像其他經濟體一樣有進出口貿易。難民營也如同其他經濟體一樣，必須有主要的經濟引擎提供動能。札塔里的經濟動能來自營區內的大型商店，名叫塔茲威 (Tazweed)。

與眾不同的超市

　　塔茲威像是來自不同次元的超市。在正規經濟中，你拿著錢到商店買自己想要的東西。在札塔里的極端經濟中，一切的運作方式恰好相反。難民家庭口袋空空地前往塔茲威超市，買了自己不要的東西，最後卻能荷包滿滿，其中邏輯看似莫名其妙。但只要深入

了解此事，就能揭開這座難民營的神祕面紗。

這家超市是私人所有經營，不僅要繳稅還要承租土地。另一家超市叫作喜互惠 (Safeway) ，位於營區另一頭，兩家相隔三公里遠。這是聯合國難民署精心擬定的經濟計畫，用意是兩家超市可以防止壟斷，避免顧客被敲竹槓。這點無論對於出資供應糧食的聯合國世界糧食計畫署（World Food Programme，簡稱WFP）、拯救兒童基金會 (Save the Children) 等慈善機構，或是在超市消費的難民，應該都是好事一樁。

兩家超市位於難民營的邊界，正好緊鄰那條環狀道路。由於臨時住宅集中在難民營中心地帶，因此想要購物的人都得要走很長一段路。值得慶幸的是，有些住在附近沙漠的貝都因農民擁有小卡車，可以在營區內提供私人巴士載運服務。50多歲的貝都因人阿布・巴克爾 (Abu Bakr) 的車子一停好，就有五名女子擠了上去，車內已無任何空間，我們只好坐在後方，身旁堆滿工具、穀物，還坐著一名六歲敘利亞女孩娜希姆 (Nasim) 。她的母親略通英語，說女兒的名字是「清新」或「微風」的意思。

塔茲威超市的外觀簡單樸素，基本上就是一座大型農舍：鋼梁構成骨架，栓著鋼板牆和瓦楞鐵皮屋頂。超市內部很陰暗，長條燈泡照明走道。超市內沒有貨架，而是把農產品層層堆疊，其中有一面閃閃發光的金色牆壁，就是由阿拉伯聯合大公國進口的生活牌 (Hayat) 大型蔬菜油罐頭堆成。其他走道還有用一袋袋小麥、糖與鹽搭建的巨大隔板。

儘管外觀粗糙陽春，但對於挑剔的消費者而言選擇依然不少。茶是敘利亞文化的一大主軸，塔茲威超市提供了印度托雷多 (Toledo)

茶葉（100 袋售價 1.29 約旦第納爾，約合 1.8 美元），或斯里蘭卡的散裝艾加薩琳 (Alghazaleen) 茶葉（500 克售價 2.4 第納爾）；至少有十種豆類和豆類可供選擇；另外還有零食，包括一罐罐哈瓦醬 (halva)，即類似中東塔希尼 (tahini) 的抹醬，由芝麻碎末製成；結帳區附近有些高價美饌，像是雞湯調理包與牛肉湯麵鍋。這家零售業者的標準伎倆看起來再熟悉不過了：利用其他商品引誘準備付款的顧客多掏腰包。

但最大的差別在於塔茲威的顧客都沒有現金，而是使用具備消費額度的電子購物卡。每位顧客到了結帳區，消費金額加總後便會從卡片扣除。塔茲威超市的老闆名叫阿特夫・阿爾・卡哈迪 (Atef Al Khaldi)，是一位待人親切的 50 歲約旦退役軍官。他招手要我們跟他穿越超市後方的安全區域，經過刻有公司名稱的大噴泉，接著抵達他的辦公室，對我們展示如何在難民人數不斷變化的情況下管理食品供應。他在電腦螢幕上打開世界糧食計畫署擬定的當月計畫，該署工作人員密切追蹤著難民人數。隨著其他難民營陸續開放以緩解札塔里的人口壓力，2016 年營區人數已下降到八萬人。阿特夫的螢幕上顯示共 73,000 人獲贈消費額度，當月共有 140 萬第納爾會存入他們的卡片，糧食計畫署再針對塔茲威和喜互惠超市花費額度，辦理歸墊核銷。該系統的設計用意是讓資金直接從出資機構流向超市業主，難民不必經手。札塔里意欲成為無現金經濟體 (cashless economy)。

阿特夫表示，每個月每戶購物卡都會重新儲值，每人分配 20 第納爾，小孩也不例外，所以養三個小孩的夫妻每月共有 100 第納爾的額度。塔茲威超市德剛開張時，外頭排隊人潮滿滿，動輒出

現推擠和爭吵等情事。他解釋說大家一拿到消費額度，都在同一時間抵達：「只要想像一下，所有人都等了一個月，好不容易有東西吃，會出現什麼情況。」於是，兩家超市要糧食計畫署錯開儲值時間。阿特夫的電腦螢幕上顯示：11 月 2 日，九人以上的家庭會儲值完畢。數天後，換八口之家獲得新的消費額度，再來是七口之家，依此類推。因此，後來再也沒出現人擠人的現象，而是有穩定的客源。阿特夫樂觀地說：「這個制度保障了尊嚴、給予尊重，大家也可以選擇自己想買的東西。」

雖然難民可以自由選擇在哪家超市購物，但電子卡系統的其他面向並無法自由。每張卡的資訊都儲存在五個獨立的「錢包」中，這些錢包就像迷你銀行帳戶，裡頭的資金分配運用於不同的事物。難民準備面對嚴寒的沙漠冬天時，聯合國兒童基金會 (UNICEF) 在其中一個錢包存入 20 第納爾，方便讓難民購買保暖衣物。阿特夫得知此事後，便向供應商訂購衣物，塔茲威超市就進了大衣、帽子、手套等商品。難民不能把不同錢包的現金相互轉移，所以指定用於食品的援助資金不能用來購買衣服，冬衣消費額度也不能用來購買食品。

這類由上至下的經濟規畫似乎是合理的制度。藉由管控電子儲值額度的流向，有關當局便知道每個月要購買的糧食總量。而明確規定儲值額度可以購買的商品，也是引導捐款流向的方式之一。此地的難民並不喝酒，但買得起菸的男人卻不斷抽菸。由於捐款機構無法合理地給難民錢買菸，因此當局採用一項制度來預防此事，即僅讓難民可以選購特定的品項。對於捐款未資助的商品，塔茲威超市有少部分可用現金購買。阿特夫說：「雖然沒有賣香菸，但是我

們有奢侈品，像洗髮精就是喔。」

札塔里的最大流動資產

在拉娜‧霍珊的札塔里臨時自宅中，一家人坐在墊子上，一邊喝著茶和蘇打水，一邊討論著難民營的生活與敘利亞家鄉的情況。忽然間，有雙手臂從窗外探了進來，把一個胖嘟嘟、笑瞇瞇的嬰兒放在拉娜大腿上；一秒後，另一個長得一樣、穿得也一樣的嬰兒，頭先腳後地也從窗口送了進來，所有人都歡呼叫好。這對滿臉呆滯雙胞胎的母親叫薩瑪赫 (Samaher)，她隨即出現在門口。她是這家人的老朋友，剛從敘利亞逃來難民營。

拉娜和薩瑪赫都是 30 多歲且受過教育的女性。過去在敘利亞時，拉娜是一位教師，而擁有英文學位的薩瑪赫則在一所大學工作。她們說明了超市制度的問題。她們想要幫小孩買洗髮精與牙膏，還有幫嬰兒買溼紙巾和衛生紙。但這些用品和其他日常生活所需（例如理髮）都不能由電子購物卡支付。除此之外，她們說許多超市進貨的品質（尤其是食用油與豆類），都不如敘利亞的品牌，但她們最受不了的是有關健康與安全的霸道規定。優格是敘利亞飲食的重要一環：小孩早上會吃優格配蔬菜，晚上全家都會吃拉巴嫩 (labneh) 無水優格當作副餐。這類優格通常是自製，由敘利亞婦女低價賣給鄰居。札塔里營區內卻基於健康理由而禁售，反而鼓勵使用奶粉和優格粉，但敘國婦女都認為這些優格品質低落、價格太高。

札塔里的正規經濟是人為操控，完全受外人宰制，因此無法通

過一般運作良好市場的基本檢驗，即成為供需相符的地方。這兩家超市不僅缺乏難民亟需的重要用品，還擺滿了一排排乏人問津的貨物，其中包括「陽光普照」(Sun Shine)與「陽光海洋」(Sunny Sea)這兩個品牌的鮪魚罐頭，還設有一整個義大利食品區，販售各式義大利麵與番茄醬。但這些根本不是敘利亞人的主食。最匪夷所思的是，還有咖啡館專用的巴西咖啡特價出售，但敘利亞人喝的是阿拉伯咖啡，就算真的想揮霍一下，他們心中的頂級首選也是土耳其咖啡。這些超市內的商品迎合的是援助人員的需求，而非敘利亞難民的口味和期待。

塔茲威與喜互惠兩家超市確實有販售難民認為實用的一些商品，像是有大量的蠶豆罐頭和埃及燉豆（foul moudamas，用植物油和香料燉過的蠶豆）罐頭，銷售成績都很亮眼，還有肉販替顧客現切新鮮肉品。但難民表示定價有誤。其中一個例子是瑪夫菜（malfouf），即類似綠色高麗菜的大型植物，敘利亞人會把葉子煮熟後捲起來，塞入肉末和蔬菜做成瑪夫菜捲（malfouf mihshi）。這種菜是非常受歡迎的主食，美味、便宜又符合傳統。在塔茲威超市，一第納爾只買得到兩大把瑪夫菜；而在難民營外，同樣價格卻可以買到十把。

只要開始四處比價，便不難發現札塔里營區與外界的巨大價差。難民營內販售的奶粉貴得離譜：一袋 2.25 公斤的安佳奶粉（紐西蘭進口）要價九第納爾，幾乎占成年人每月電子儲值額度的一半；一小罐德爾蒙 (Del Monte) 番茄罐頭要價 0.5 第納爾，但只要半價就能跟札塔里營區外的農民買到一大包新鮮番茄，可見商品定價有多不合理。超市的位置更增加了原本就偏高的成本：食用油罐與

酥油罐、小麥粉袋與鹽袋都很重，而難民往往是老弱或攜幼。光是要前往超市購物一趟，可能都得找阿布・巴克爾等貝都因人或有空的少年走私販，付錢請他們把東西搬運回家。

因此，儘管像阿特夫這樣的好心老闆再怎麼努力，札塔里的居民仍不大喜歡超市。但儲值每月食品額度的電子消費卡無法用在其他地方，因此敘利亞家家戶戶只得到塔茲威和喜互惠購物。難民身處人為打造的經濟體系，可以自由做出部分選擇，前提是不超過主管政府機關設定的範圍。

至少按原定計畫是如此。走近塔茲威超市結帳區，便會發現一件奇怪的事：一輛輛購物車裡的商品不太尋常。部分顧客買的一籃東西合情合理：各式各樣的罐頭、茶葉和咖啡，以及新鮮蔬菜與肉類。許多人卻只大量購買單一商品。人人都喊貴翻天的奶粉搶購一空。忽然間，札塔里的謎團——無論是哈力德的高額收益或此地各種臨時攤位——瞬間豁然開朗。我們眼前並不是受到嚴密控制的經濟體，而是以現金為本的經濟體。這些難民已找到規避電子儲值卡的方法。

想把限制一堆又瞧不起人的電子儲值卡變成現金其實很簡單，只要用對方法即可。一家人先用儲值卡花九第納爾買一大袋奶粉後，立即賣給走私販換得七第納爾的現金；走私販溜出營區、躲過敘利亞難民局守衛，再用八第納爾的價格轉賣給開車經過的約旦人，他們往往樂於接受這個成交價。一旦銀貨兩訖，難民營外的約旦人直接省下一第納爾的奶粉錢（營外奶粉通常要價九第納爾，這樣交易只需付八第納爾），而走私販買進花了七第納爾、賣出拿回八第納爾，憑著價差現賺一塊。但最重要的是，這代表原本人工經

濟體系內的九第納爾，從電子儲值額度變成七第納爾的現金，任憑那家人隨意使用。這筆錢可以花在營區內販賣的任何商品上頭，而多虧了難民的聰穎巧思，札塔里能挖的寶可多了。

札塔里商學院

經濟學家認為，一國的「創業率」(start-up rate)——即新創公司總數除以現有公司總數——是衡量對企業友善程度的指標。美國每年平均創業率約為 20% 至 25%；而在創業熱點地區，創業率可達到 40%。札塔里 2016 年的創業率為 42%。敘利亞難民建立了大量企業，假如難民營本身是個國家，勢必會名列全球企業友善程度前段班。札塔里的創業家熱情好客、善於交際，也樂於分享自身經營訣竅。

在難民營做生意的第一條守則並不陌生：地點至關重要。深入難民營的幹道是聯合國難民署所謂的市場一街 (Market Street 1)，但其他人都稱之為香榭麗舍大道（難民營內慈善機構的據點就在附近，這個暱稱語帶雙關，因為幹道起點旁邊就是一家法國援助機構的醫院）。各式各樣的顧客不斷在這條大街上穿梭，包括初來乍到的難民，以及下班的援助工作人員，他們可以從一大堆商品和服務中挑選所需，舉凡買杯像樣的咖啡、理髮、租借婚紗、外帶鷹嘴豆中東卷 (falafel) 或雞肉沙威瑪等。

進入營區幾百公尺後，多數人都會左轉離開香榭麗舍大道，朝東面住宅區前進。這條繁華幹道的正式名稱是市場二街，暱稱為「沙烏地商店街」（此處業者利用沙烏地阿拉伯捐贈的露營拖車來

做生意）。接近主要路口的店家販售耐久商品，包括衣服、電視、DIY 材料、腳踏車等。再往前走，沙烏地商店街的活動開始減少，這條街儼然是札塔里的郊區購物中心，賣金屬柱、工具和木材給有意擴建住宅的難民。

穆罕默德‧簡迪 (Mohammed Jendi) 擁有札塔里大街上的最大商場：位於沙烏地商店街的大型服飾百貨。他的首條經營祕訣就是準確掌握顧客需求，而採取的方法十分專業。他表示自己會在進貨前，調查親朋好友與左鄰右舍，了解他們的日常所需。剛到難民營的頭幾個月，生活條件真的很嚴苛，難民只想要又厚又暖的衣物度過寒冬。但隨著情況逐漸改善，難民開始想要展現個人品味。因此，簡迪先生如今為男性提供一系列色彩斑斕的慢跑服、運動夾克與各式剪裁的牛仔褲，女性則可以選擇琳瑯滿目的披肩、手提包和高跟鞋。

我們繼續探索沙烏地商店街，發現了札塔里傳聞中最棒的腳踏車店。老闆卡西姆‧艾爾‧伊亞許 (Qaseem Al Aeash) 表示，他的成功也得歸因於對個人品味的追求。難民禁止購買汽車或摩托車，但營區內卻隨處可見腳踏車，其中包括荷蘭捐贈的 500 輛耐用腳踏車。這些腳踏車深受歡迎，成交價甚至高達 200 美元。但荷蘭腳踏車唯一的問題就是看起來如出一轍：全部都是同樣的設計，起初僅有黑色或深藍色可供選擇。

於是，卡西姆幫助顧客改造自己的腳踏車，不但噴上鮮艷的顏色，還裝上鈴鐺和細條紋手把。他自己的腳踏車也很搶眼：整體設計得像一台摩托車，車身呈亮黃色，搭配紅色條紋與反光片，雙排氣管貼在兩側，搭載雙計速器。我對他貼在車後斗大的「VIP」牌子

評論了兩句。卡西姆回道：「當然囉，我是生意人嘛。」

難民來到營區後得入境隨俗，經營的生意往往跟家鄉的事業關係不大。簡迪先生說，他對服裝知之甚少，因為以往在敍利亞是一家小超市老闆。但他了解零售業。卡西姆過去是一名修車技師，但發現身處的難民營沒有汽車可修。他先是嘗試做電工，安裝與維修別人家中的照明設備，後來才轉行改裝腳踏車。附近另一位創業家塔里克・達拉 (Tarek Darra) 也提到怎麼幫自己的技能另尋出路。他在成為難民前的專業是設計住宅，但來到札塔里後卻成了一名木匠，經營難民營內一家主要木工廠。

但達拉先生現今很後悔當初轉行當木匠，因為生意沒有起色。他表示，問題在於自己的產品太耐用了。難民的生活都很辛苦、手頭很緊，因此都會小心維護家中物品，買了就會用很久。一旦備齊了床鋪、書架和櫥櫃，他們就不需要達拉先生的木作了。他沮喪地說：「創業應該要讓人不斷回來找你幫忙才對。」簡迪先生也有同感，他必須經常更換衣服的款式與顏色來刺激買氣。

這類實地心得正好是企管碩士課程要教給剛起步創業家的課題，學生修課時要研究勞斯萊斯 (Rolls-Royce) 等企業的成功經驗──勞斯萊斯除了生產汽車之外，也販售飛機引擎來賺維修費用──近來商學院則熱衷於鑽研音樂、服飾與美食的訂閱模式，設法確保顧客會一再回頭消費，一如敍利亞創業家所做的嘗試。我跟卡西姆聊天的當下，他正在忙著焊接一位老顧客的腳踏車發電機。他表示，這就是腳踏車產業的美妙之處，只要賣出一輛腳踏車，就形同獲得未來顧客維修保養的生意。

札塔里的創業家緊盯成本，他們具備一項罕見的優勢：電力

供應往往接自主電網——此作法雖然被官方禁止，但代表電費全免——而且難民營內還不收稅。札塔里因為某種只有它才有的偶然，就像政府為了刺激經濟活動而補助的企業特區（尤以中國政府最顯著）。雖然長遠來看無以為繼，但這確實展現了透過降低創業家成本與進入障礙，便可以推動經濟中心。札塔里業內人士表示一旦事業起步，他們也會開始追求效率：烘焙師傅哈珊‧阿爾‧艾西 (Hasan Al Arsi) 一大成功祕訣就是規模經濟。他曉得庫納法（knafeh，即內含堅果的巢狀小蛋糕）非常暢銷，因此在烘焙坊本店大量製作這類糕點與其他烘焙甜食。量產便能降低成本，員工再將一盤盤糕點運送到散布札塔里的四個銷售點。由於敘利亞的道地糕點大受歡迎，因此他不久後要開設第五家分店。這種先烹調再販售的軸輻式 (hub-and-spoke) 策略，正是 Uber 創辦人崔維斯‧卡拉尼克 (Travis Kalinek) 所推行的「黑暗廚房」模式。

其他創業家也懂得利用難民對失去家園的懷念。哈米德‧哈里里 (Hamid Harriri) 的甜點店主要銷售山寨版糖果餅乾，包括吉可牌 (Chiko) 巧克力太妃糖 (eclair)，即仿冒大廠吉百利 (Cadbury) 的版本。但他最厲害的糖果可是貨真價實的原創：即他從敘利亞進口一種稱為「mlabbas」（姆拉巴）的糖衣杏仁。哈米德表示，大馬士革以這些甜食聞名，民眾常在齋戒月結束時的開齋慶祝活動期間買來當禮物送人。

店家都認為，雖然難民對敘利亞的思念有助銷售，這同時卻也是一項風險。隨著戰爭轉進德拉以北將近 500 公里的阿勒坡 (Aleppo)，札塔里部分敘利亞難民聽說自己的村子已安全無虞，開始在 2015 年陸續回家。許多店家說，營區人數因此低於官方的估

計。朋友為此離開札塔里時，難民莫不替他們高興。難民營管理當局原本擔心過度擁擠造成資源不足，因此對札塔里規模縮小也感到寬心。但對敘利亞人來說，這樣短暫的變化伴隨著一股壓力：人口減少意味著難民營非正式經濟的消費者隨之降低，工作機會也一併減少，這對於不得不留下的人而言是巨大的隱憂。

難民們表示，大家離開難民營不見得都是基於開心的理由。約旦政府與聯合國難民署從來都不看好香榭麗舍大道的繁華。這其實不難理解，畢竟香榭麗舍大道是把住宅打造成企業，藉由走私將援助消費額度換成現金。為了因應札塔里漫無止境的成長，他們在 2014 年開闢了全新營區。新營區在許多方面都像札塔里的孿生兄弟，似乎成為此地難民內心的一股陰影。他們不太願意提到新營區，即使聊到也會放低音量。我採訪的部分難民表示，他們寧願面對敘利亞的戰爭，也不想被送到新營區。這也許正是札塔里這個創業天堂內違規者與走私販所面臨的最大風險。凡是在札塔里不守分寸，就可能被送到阿茲拉克 (Azraq)。

一窺阿茲拉克

從綠洲到海市蜃樓

說來諷刺，敘利亞難民居然如此恐懼約旦第二大難民營。數千年來，阿茲拉克小鎮向來是避風港，是現今約旦東部乾旱地帶的唯

一綠洲，名字在阿拉伯文中意爲「藍色」。此地水源透過含水層（即沙漠下流淌的多孔岩石水道）流經數百公里，再與河流交會形成深潭。四處長著棕櫚樹和桉樹林，還可見到候鳥、水牛和野馬。這正是敘利亞難民談到家鄉時口中鬱鬱蔥蔥的沃土。

水源讓阿茲拉克成爲休養生息之地。商賈會在此歇腳、讓駱駝補充水分、採買補給品，然後繼續踏上絲路，經敘利亞和土耳其運送南阿拉伯（現今葉門）運送乳香、沒藥和香料至歐洲。士兵也曾在阿茲拉克休憩，羅馬人在三世紀時曾修建一座堡壘，名叫阿茲拉克 (Qasr al-Azraq)，後來成爲阿拉伯人勞倫斯 (Lawrence of Arabia) 的「藍堡」，在 1917 至 1918 年的冬天當作避難所，好對奧圖曼帝國在大馬士革的據點展開最後攻擊。

現今阿茲拉克不再是綠洲了。約旦人在 1960 年代開始開採泉水供乾旱的安曼所用，不到 20 年便把水抽乾了。水牛和野馬早已消失，候鳥遷徙也另尋他處落腳。但部分事物依然不變：堡壘始終屹立不搖，也有少數吃苦耐勞的旅人（阿茲拉克是「城堡路線」其中一站，觀光客可以自駕遊覽）。這座小鎮在現代的任務一如往昔：供商賈與士兵落腳休養。數百輛油罐車（均有賓士等級駕駛室）在附近公路上排成一排，方便臨停的司機用餐。附近空軍基地的休假軍人則隨處閒晃或坐著喝杯咖啡。

阿茲拉克難民營位於鎮外 25 公里處，2018 年底收容了大約四萬名敘利亞難民。阿茲拉克與札塔里這兩座營地，規模遠遠超越其他收容敘利亞人的小型難民營（鄰近札塔里的穆拉吉・阿爾・傅烏〔Mrajeeb Al Fhood〕難民營僅容納了約 4,000 人，爲標準小型難民營）。敘利亞難民聊天、討論與爭辯的都是這兩座大型難民營。阿茲拉克

就像札塔里一樣是極端之地，但內部情況往往迥異於札塔里。

　　難民對阿茲拉克的恐懼令人費解，因為我在抵達約旦之前，讀到此地的一切資訊都感覺不錯。這座全新難民營是按照嚴格的設計所建造，事先經過精心規畫，而不是像札塔里在緊急情況下草草建造、任其蔓延。平面媒體報導與官方文件說明當局從札塔里「汲取教訓」，代表阿茲拉克的住宅並非圍繞著中心所排列──大概看起來擁擠又混亂──而是分布在一連串獨立的「村子」內，村與村有足夠的空間。報紙大肆報導新營區的村子結構，感覺比用來形容札塔里難民營的「區」和「市場街」等簡樸用詞好多了。

　　阿茲拉克難民營於 2014 年 4 月啟用，營區做出的改善更多了：住宅更加堅固，不僅結構方正、地基牢牢固定，也遠大於札塔里內擁擠的拖車和簡陋的帳篷。電力供應據說更穩定，家家戶戶都連到合適的電網，有足夠電力供冰箱、電燈與風扇所用。這些優點都有其代價：道路、建築和電線鋪設就花了 6,350 萬美元。對阿茲拉克的大量投資，表面上看來都是致力為敘利亞難民打造真正的庇護之地，令人欽佩。

　　實際上，阿茲拉克難民營真正厲害的是公關活動大為成功。我見到親切的媒體隨扈時，事實也就十分清楚了──這是約旦唯一需要隨扈的地方。隨扈主要的工作是避免任何人討論、任何車輛接觸營區內的「五號村」，還一再告訴我們那個村子不值得一看；媒體許可信上載明我獲准在「五號村以外」任何地方進行採訪，加上我們一問起神祕的五號村，當地的敘利亞難民局負責人就大發雷霆，顯見事有蹊蹺。

　　真相是，阿茲拉克更像巨大開放式監獄，而不是相互連接的村

落。獨立式村子系統的設計立意也許是想促進較小群體的凝聚，但在我造訪時卻是爲了實施隔離。五號村並不是避難所，而是大型開放式圍籬，周圍有安全柵欄，用來關押因伊斯蘭國 (ISIS) 攻城掠地而逃出來的難民，就連兒童也不例外。原本大受吹捧的電力供應差到不行：成千上萬的家庭沒連接電網，即使有連接的家庭也好不到哪去，因爲電力經常出現故障。一切很快就明朗化，那就是在阿茲拉克最好遵守單純的經驗法則：官方消息的反面往往才是事實。

村子與監獄區

只要看到難民營的正門，便不會再認爲阿茲拉克是難民更好的選擇。札塔里入口固然也不方便，但衛兵的步槍農民也可能擁有，連邊聊天邊抽菸的少年與青年的肩上也掛著步槍。相較之下，阿茲拉克的大門像軍事基地，衛兵胸前緊緊地綁著大型衝鋒槍，腳上是擦得一塵不染的靴子。沒有人聊天或抽菸，高聳的圍牆看起來厚實，大門旁有輛裝甲車停在遮陽篷下方。

經過 90 分鐘的等待，我們的隨扈抵達，陪同我們前往營地。在驅車將近兩公里，又翻過一座山頭後，難民營才終於映入眼簾。營區位於一大片呈淺碗狀的土地上；住宅排列在平緩的邊緣，碗中央坐落著數間醫院與一座大清眞寺。大老遠就能看得到縝密的都市規畫，房子宛如完美的數學網格般整齊排列。敍利亞難民住宅在橘紅色沙漠的映襯下銀白閃亮，從遠方眺望，幾何對稱與井然有序的畫面散發著極簡的美感。

近距離一看，這座難民營就不大寫意了。住宅的格狀排列完全

不像真正的村子，這在敘利亞或世界上其他地方都找不到。無論就都市設計或其他許多面向來看，此地反映了想掌控難民生活的欲望。在札塔里，人工經濟已由繁榮的非正式經濟所取代，商店出售形形色色的 DIY 與園藝用品；難民把自宅塗上鮮艷色彩，也在牆上添加壁畫；許多難民甚至種起小花園。阿茲拉克卻都什麼都沒有：牆面只有純白與灰色，地面乾得光禿禿。偌大的空間、整潔有序等特點很快就令人難受，感覺處處受到禁錮。阿茲拉克也有一條環狀道路，但外頭沒有樹木、沒有貝都因營地、沒有農地或房子。距離營區半哩遠處，有名小女孩獨自在沙漠中，手推工地用大型金屬推車，上頭坐著小小的學步兒。她看起來似乎已在沙漠中迷路。這個荒涼之地離札塔里僅有一個半小時的車程，卻感覺遠在天邊。

截然不同的經濟體

納斯琳・阿拉瓦德 (Nasreen Alawad) 是一名 39 歲的難民，有著一雙柔和又善良的眼眸，身穿黑色長袍、戴著淡藍色頭巾；她高亢的假音與眾不同，操著一口流利的英語。納斯琳跟大多數敘利亞難民一樣，屬於遜尼派穆斯林。許多女性難民都會握手，但她不大喜歡握手，我們初次見面時，她便教我跟當地女性打招呼的最佳方式：慢慢用雙掌觸碰自己的胸口中央，位置落在喉嚨正下方。納斯琳的個性活潑，愛笑也愛說八卦，喜歡探聽訪客的家庭與愛情生活。她逃離敘利亞的那天，正好是 2013 年元旦。

以前在敘利亞時，納斯琳是一位教師。她取得大馬士革大學英文碩士學位後，便搬到距離達拉以北 23 公里的衛星小鎮阿爾・

謝克‧麥斯金 (Al Shaykh Maskin)，教了十年書。她的家鄉位於大馬士革－德拉高速公路的戰略要地，向來是戰事焦點之一。納斯琳與丈夫薩米爾 (Samir)、14 歲的兒子穆罕默德 (Mohammed) 做出離家的明智決定。2014 年，他們的家鄉爆發阿爾‧謝克‧麥斯金戰役，共有數千名士兵交鋒，估計 200 人傷亡。2016 年發生了第二場慘烈的戰鬥。

納斯琳帶我去阿茲拉克唯一的購物中心，外觀相對較新。起初，當局拒絕設立任何形式的市場，因爲不在當初總體計畫之內，但難民怨聲載道迫使他們最後讓步。但當局不允許市場自然形成，而是規定只能剛好有 100 家商店，而且應該像住宅一樣嚴格照網格排列。札塔里商業活動熱絡的消息在約旦傳得飛快，因此當地創業家遊說當局，希望能爲敍利亞人提供商品。爲了確保一切公平，每間用作店面的小屋都有編號而且平均分配：奇數屬於敍利亞創業家專用，而偶數號則是約旦人專用。

我們參觀了阿茲拉克最新的店家，是一間由敍利亞年輕人莫哈耶‧馬拉巴 (Mohayed Maraba) 經營的寵物鳥園。莫哈耶表示，這家店才剛開張一星期，但他在霍姆斯 (Homs) 的家鄉有十年的寵物店經驗。他說最受歡迎的寵物鳥是金絲雀，因爲歌聲悅耳動聽，所以他在安曼找到了能把金絲雀帶進營區的供應商。他以 18 第納爾的價格出售一籠鳥，如同札塔里的創業家，希望這能帶來源源不絕的生意：「你首先把鳥賣出去，客人再回來買種子。」納斯琳聽著一隻小鳥啁啾，不禁眉開眼笑。她說養鳥感覺很不錯，自己要努力存錢買一隻回家。但生意前景似乎堪憂，這裡簡直門可羅雀。除了我們之外，市場內唯一顧客是位身材圓胖的世界衛生組織工作人員，而做

到他生意的店家是市場唯一賣沙威瑪的小攤商。

後來，我們驅車前往納斯琳家，她說阿茲拉克的縝密規畫確實有優點，她家就是絕佳的例子：他們分配到路旁的房子，因為她丈夫在戰爭中負傷，導致不良於行。我們見到薩米爾時，他正坐在門口一張床墊上。

薩米爾、納斯琳和穆罕默德一起逃離敘利亞。但幾天後，他一確定妻兒安全躲在鄰村後，自己又回到阿爾·謝克·麥斯金村拿衣物和貴重物品，不巧遇到空襲轟炸附近地區，共有 11 戶鄰居的房子遭到摧毀。薩米爾自家一堵牆在爆炸中倒塌，牆內的金屬大梁壓斷了他一條腿。他捲起寬鬆的運動長褲，露出布滿發亮疤痕的腿部，以及歷經多次手術的縫合線。他必須拄著一根拐杖才能走路，而且步履蹣跚。納斯琳說，這便是為何有系統地分配住宅如此重要：在札塔里不受控制的經濟中，房市繁榮靠的是金錢和權力，而不是由需求所驅動。

但這代價就是要承受由中央設計、人工區隔的經濟。阿茲拉克的規定十分僵化，導致經濟力量完全不見容於難民營。市場不僅格局不佳、同質性高、了無生氣，還乏人問津、空洞又壓抑。敘利亞人和約旦人各占一半店家的規定並未打造出當局想像中既公平又和諧的貿易樞紐，僅能避免店面集中在一塊，而且無法像較為自由的市場，隨著財富的縮減或擴大來改變規模。在札塔里的幹道上，每寸空間都充分利用，一個個小商家冒出來，填補大商家之間的空隙；而在阿茲拉克開店需要正式提出申請，還得填寫文件。只有受過良好教育的難民才能克服障礙。大多數建築物都空空蕩蕩、無人使用，漸漸積起沙漠大風吹來的沙子。

阿茲拉克也沒有非正式或地下市場，加上距離最近的約旦村落有數哩之遙，位處偏遠而與世隔絕，無論合法或不合法的東西都難以進出。而在札塔里，任何不需要的東西都會催生活絡的非正規出口貿易，短缺的物品則會迅速進口。阿茲拉克由於沒有這些市場力量，導致物品容易過剩或短缺。床墊就是典型的例子。薩米爾和納斯琳的家宛如一座床墊之宮：至少有 50 張床墊，還在主臥室四周打造出巨大的 U 型泡棉沙發。每人都有許多張泡棉床墊，因為每家人剛抵達時都會得到一組。但有些家庭也會離開營區，卻沒有非正式市場來交換不需要的東西，只好悉數送給朋友。隨著難民來來去去，阿茲拉克的床墊數量也穩定增加。

　　最重要的是，阿茲拉克難民營的嚴密維安讓走私高價值物品的難度大大增加；即使可以設法偷運，卻因地處偏遠，鮮少有路人可以購買。札塔里將超市儲值額度換成現金的買賣技巧在此行不通；電子卡系統按當初設計運作，因此阿茲拉克沒有現金流動。

　　結果便是此地提供飲食又遮風避雨，非正式貿易卻被扼殺，導致缺少有意義的工作。部分成年人可以從事當局所謂的「獎勵志工服務」來增加收入。但這些工作——其實只是「有償工作」換個名字——卻少得可憐。2016 年居住在營區、達就業年齡的人口共有22,000 人，卻只有 1,980 人有工作，就業率僅 9%。我在市場中遇到一群人是難民營當局雇來維持環境清潔，換取每小時一至二第納爾的官方薪資。但由於市場根本沒有買賣，因此也沒有必要打掃、沒有包裝要回收，更沒有遭丟棄的瑪夫萊葉要清理。於是，這些人選了其中一家空蕩蕩的店家陰涼處，無所事事地坐在地上打發下午時光。兩三個人在聊天，但多半眼神放空，往沙漠另一頭望去。

人生金字塔

　　阿茲拉克與札塔里這兩座難民營中，哪座較適合重建遭戰爭蹂躪的生活？亞伯拉罕・馬斯洛若還活著，想必有所定見。1908 年，馬斯洛出生於紐約布魯克林，為基輔 (Kiev) 移民家庭的長子。家境清寒的他，日後成為心理學界影響力卓著的學者，在紐約哥倫比亞大學任教，升任美國心理學會 (American Psychological Association) 主席。1943 年，馬斯洛 35 歲時，出版了畢生影響最為深遠的著作：《人類動機理論》(A Theory of Human Motivation)。他在文中提出的觀點，有助說明為何阿茲拉克的許多難民如此悲慘，以及為何札塔里的難民深怕自己搬過去。

　　馬斯洛的理論是，每個人都有五項基本需求：生理需求（即飲食和居住的需求）、安全需求、愛與歸屬感需求、尊嚴需求和自我實現需求。他說這五大需求決定了我們大部分的動機，還將其類比為維生素，認為每項需求都是健康又幸福的生活所必備。

圖 2.2 ｜ 馬斯洛的需求層次理論

馬斯洛點出的每項需求在理論中都不可或缺，但這些需求確實遵循著分層結構。雖然他當初沒有使用圖表，但心理學教科書通常以金字塔呈現這五大需求，把最基本的需求擺在底部。

　　我在札塔里和阿茲拉克認識的許多難民，光是馬斯洛金字塔的底層需求就受到重大衝擊。對有些人來說，食物是一大問題。我在札塔里認識的雙胞胎母親薩瑪赫說她在逃亡前一天晚上買了六個綠番茄，這些番茄是她與大兒子（當時年僅兩歲）在兩星期的逃難途中僅有的食物。但對大多數人而言，主要動機是金字塔倒數第二層的「安全需求」。馬斯洛寫道，凡是人處於極端危險中，可說是「幾乎只為人身安全而活」，這話說得也許有點保守。札塔里和阿茲拉克的難民全然只在意人身安全：父母抱起孩子逃離敘利亞，因為他們知道不逃的下場是死路一條。

　　對難民而言，飢餓與極度恐懼交雜的時期還算短暫。一旦抵達難民營，他們就安全了。儘管食物可能不盡理想，但至少不會餓死。基本需求得到滿足後，他們很快便追求更高層次的需求，尋找敘利亞家鄉的親朋好友來獲得愛與歸屬感。需求金字塔在這一層嚴重受損。家家戶戶都痛失親人，有時是老人死去，有時是孩子夭折，但最常見的是丈夫殞命。難民營內有成千上萬的寡婦。但生還者仍會設法找到朋友，跟海嘯後的亞齊人一樣，不久就開始重建寶貴的生活，包括經濟能力。

　　許多住在阿茲拉克的難民都困在這一層，而札塔里儘管有其混亂與不公，卻似乎較為人性化。馬斯洛寫道，滿足感源自於內心的尊嚴，「奠基於真實能力、成就與獲得的尊重」。因此，阿茲拉克這個就業率僅9%的偏僻小鎮，不大可能成為幸福之地，也難以滿足

對尊嚴的需求。與此一致的是，失業的敘利亞難民都表示倍感孤獨和沉悶，既缺乏自尊也失去身分認同。

札塔里的夕陽

這並不代表擁有數千家公司與健全工作文化的札塔里就符合理想。此地工作機會多如牛毛，但有些人、尤其是年輕人，卻工作得極為辛苦。我在札塔里的最後一天，跟 28 歲的難民阿邁德・夏巴納 (Ahmad Shabana) 在營區散步，他是我採訪期間的嚮導。我們在香榭麗舍大道上第一個商家停下腳步，隨便喝杯咖啡。這是一間不超過三公尺寬的小屋，漆成薄荷綠，老闆是兩位笑瞇瞇的年輕難民，分別是 21 歲的哈立德・阿爾・哈里里 (Khaled Al Harriri) 與 16 歲友人莫思・謝里夫 (Moath Sherif)。他們把店名取作「Kushk Qahwah」，可粗略翻譯成「咖啡小屋」。莫思遞給我一杯咖啡，但拒絕收錢。他說他們只用土耳其咖啡，因為品質最好，而且還摻入有益健康的小豆蔻。

莫思樂在工作，但我問他是否有上學時，他的臉色就沉了下來。自從離開敘利亞後，他就再也沒上學了。他雖然想上學，但經營這家店需要兩人齊心協力。而哈立德也有同感：戰爭開始時，他已完成學業，原本打算繼續求學，提升英文能力，以及取得大學學位。但札塔里的生活比家鄉更加艱困，他的家人需要用錢，因此沒

時間深造。

　　此地許多孩子都在工作，像 12 歲的阿里 (Ali) 目前是半工半讀的學徒，未來會繼承家業成爲烘焙師傅。其他人則在更惡劣的條件下從事農務。札塔里的成年人若成功申請到工作許可證，就可以離開難民營從事短期工作（最多 15 天爲限）。但部分家庭實在無法等待。因此，每天有數百人會在黎明時分離開營地，到附近農場非法打工，但若被逮就可能遭遣返敘利亞或送到阿茲拉克。一般而言，家中長子會跟父親一起偷溜出去非法打工。許多男孩在戰爭中失去了父親，成了家中唯一經濟支柱，只能獨自到田裡幹活。

　　阿邁德 (Ahmed) 今年 14 歲，已在田裡工作了兩年。2012 年齋戒月第二天，一枚炸彈落下，流彈擊中妹妹艾絲拉 (Esra) 的胸口、刺穿心臟，她當時只有九歲。全家因此逃離了位於德拉附近的村子。如今，阿邁德每天與父親一起挖土、播種和採摘番茄作物，往往清晨五點就前往札塔里周邊的田地。他母親表示，天候嚴寒又要早起導致阿邁德經常生病。父子倆每天賺十第納爾，遠遠超過聯合國的補助，能讓家人勉強維持正常生活。阿邁德 17 歲的姊姊娃德 (Waad) 與十歲的妹妹阿麗亞 (Alia) 都就讀於難民營中一所學校。但阿邁德就像走私販頭目哈力德一樣：對他們而言，上學根本是天方夜譚，得被迫一夕長大。

自由的空氣

　　然而，儘管札塔里缺點很多，卻有著難民們無比珍視的活力。我們走在街道上，討論著難民家中五彩繽紛的藝術品，以及商家外

牆塗著的明亮色調。阿邁德說明了在此展現自我的重要性，以及每個顏色對敘利亞人都代表不同的意義。部分難民利用札塔里的就業機會與資源，達成了馬斯洛需求理論中的「自我實現」，展現自身潛力、才華與個人特色。我提到卡西姆的亮黃色腳踏車，上面飾有貼紙、鈴鐺與條紋。阿邁德說：「那輛腳踏車是不錯，但還不算最厲害。札塔里最棒的腳踏車是勞斯萊斯。」

我們找了 20 分鐘，才在一條小巷中找到尤瑟夫・馬斯里 (Youssef al-Masri)，他正在照顧剛出生的孫子卡利爾 (Khalil)。尤瑟夫現年 40 多歲，灰白長髮紮成馬尾，是札塔里唯一戴頭帶的男人。他以前在敘利亞擔任醫院技師，負責在外科病房施打麻醉劑，是在獲軍方徵召到軍事醫院工作時逃了出來。他的「勞斯萊斯」是由多輛腳踏車車架組成的巨大交通工具，大小與形狀都像一台汽車，看起來有點像福特 T 型車 (Ford ModelT)，車身漆成金色。這輛腳踏車是由踏板驅動，駕駛一邊踩踏，長鏈條就一邊提供前輪動力。只要仔細觀察，便能看到其他腳踏車組成車軸與車架的骨架；但後退一步來看，定睛端詳紅色皮革座椅、可調整後視鏡與遮陽簾，就會理解他們為何要取名為「勞斯萊斯」了。

當天是星期五，我們坐下來跟尤瑟夫聊天時，喚拜的廣播聲突然響起。阿邁德說：「我們得走了。」我們放下飲料，在街上跑起來。這趟行程並不在計畫之內，所以我不確定是否安全——有傳言說敘利亞難民營內有 ISIS 活動——但我們已擠進街上人潮之中，要回頭也來不及了。這座小清真寺是平頂建築（札塔里共有 120 座清真寺），只有一個長方形房間，內部寬度大於深度，地上鋪著地毯，年長的難民坐在邊上，背靠著牆。我們脫鞋走進去時，阿邁德

滿臉嚴肅地說:「相機收起來,緊緊跟著我。」

　　參加完清真寺的禮拜後,札塔里的規矩彷彿不再相同。我和阿邁德進入商店或別人家前不再需要徵求同意、客套寒暄,反而直接被想聊天的熱情難民拉了進去。不過短短幾小時,我就發現了原本進不去的隱密場所:一間撞球廳和一家美式理髮店。後來我被帶進一戶人家中,跟一位老師、他兒子和英文字典相處了整整一小時。他們急著想學會所有自己不懂的單字,我們按字母順序逐一釐清意思,在難以翻譯的「dweeb」(臭宅)卡關,最後以「dwelling」(住所)作結。凡是記者與電影工作者都不准在營區留宿,以免招致危險。但他們說下次我來札塔里時,一定要在他們家過夜。

　　現在,時間一點一滴在流逝——訪客必須在下午三點前離開營區——有些新朋友打包票要帶我們去吃札塔里最棒的美食與手藝最棒的攤子。回到香榭麗舍大道上,我們買了熱騰騰的烤雞肉捲與嘶嘶作響的橘子汽水,然後前往營區內唯一一座小山,尋找札塔里海拔最高的住宅。一名男孩從清真寺跑來跟老闆交談;取得老闆的同意後,我們爬上房子的一側,坐在鐵皮屋頂上,一面吃著雞肉捲,一面俯瞰營地。

札塔里制高點

　　這是外人鮮少看到的難民營景色。網路上的札塔里照片往往是從飛機上所拍攝,由高空鳥瞰而下,難民營看似一片骯髒的棕色荒地。在難民營的中心地帶,一切似乎無比混亂:道路雜亂無章,找不到一堵筆直的牆。此處地勢雖高卻又離營區近,井然的結構變得

清晰：環形道路作爲邊界，再來是主要幹道，以及整齊的清眞寺和街角商店。運送蔬果的小推車在外圍街道上行駛，販售農產品給垂垂老矣或因傷不良於行的居民。附近一條小巷中，一名男人提著一袋食物，朝著要回敍利亞的難民喊話，叫他們賣掉多餘的食物。在另一條小巷中，一對新婚夫婦站在小貨車平板上；司機把車開走時，一群小孩在後頭一邊追逐一邊歡呼。

札塔里從無到有，極短時間內便成爲世界上最大的難民營。從內部來看，札塔里顯然已成爲一座城市，就像其他城市一樣，不時遇到難關，也會動盪不安。但居民可以在此重新開始、適應環境，重新打造以往在敍利亞的生活，雖然與原本的夢想相去甚遠：穆罕默德‧簡迪以前開超市賣食品雜貨，壓根沒想過自己經營一家服飾百貨；卡西姆‧艾爾‧伊亞許過去是汽車技師，並非從小就志願改造腳踏車。但這些創業家、員工、顧客與同業都以自身的工作爲榮，札塔里的非正式經濟讓就業率達到 60％。工作本身可能無比艱辛，有些人還得犧牲受教育的機會。但就業也能帶來自重與尊嚴，對許多人而言更是一種享受。

先前亞齊經驗的心得是，我們應該珍惜強韌的經濟體，因爲成長攸關經濟活動──生產、賺錢與消費──這些活動對所有人至關重要，而且基本上是屬於人的活動。札塔里帶來類似的啟示：我們也應該以更人性化的角度，深入思考繁榮市場的價值。經濟學家經常把市場形容成一種工具或「分配機制」，即從供應商獲得商品與服務的方式，以適當價格賣給有需要的消費者。換句話說，市場的存在是爲了滿足我們衣食住行的基本需求。一旦市場出現問題或變化，馬斯洛金字塔內的基本需求就會受到威脅。

但這種對貿易和交換的膚淺見解有其危險。這讓阿茲拉克這類人工市場看似明智之舉，一旦出現引發經濟體及其市場轉變的趨勢，便會讓我們忽視其中真正的代價。在阿茲拉克難民營中，中央集權確保結果一切公平，達成進口資源的公平分配。但阿茲拉克的難民雖然不必挨餓受凍，生活卻有所匱乏。他們無法滿足更高層次的需求；但若任憑貿易自然出現、依選擇來設立公司、按品味來消費產品，這些需求就能得到滿足。從這樣更深層的角度來看，市場不僅僅是達成目的之手段，市場本身就是目的，賦予能動性、（對職業的）使命感與生活的滿足。

兩座難民營的案例足以反映這項觀點常遭忽視。札塔里難民營絕非完美，卻充滿了活力；阿茲拉克難民營則宛如末日噩夢。然而，約旦敘利亞難民局、聯合國難民署等有權改變難民營的官方機構，卻認為札塔里不受控制或管理的現象實屬反常。因此，他們從札塔里的錯誤中汲取教訓，把阿茲拉克打造成理想中的難民營模範。在我親自走訪了兩個經濟體、跟居民實際交談過，再透過亞伯拉罕・馬斯洛提出的人類需求理論印證後，在在顯示官方的結論大錯特錯。兩座難民營讓我們首次窺見一項主軸，貫串了本書第二部探討的三個失敗經濟體──即使是立意良善的決策者，也會搞砸經濟計畫。

在札塔里最後一天下午四點半，已過了訪客的門禁時間。我們匆匆離開營區，此時太陽慢慢下山，天氣愈來愈冷，難民紛紛關上了門，準備抵禦嚴酷的沙漠冬夜。走近正門準備離開時，我發現有十幾名男孩緊緊窩在一起，身子壓在鐵絲網上面，這幅景象令人看了憂心：他們的表情吃力，臉貼在鐵絲網上，雙臂從縫隙伸了出

來。

　　我的嚮導阿邁德說明眼前的情況——爲了滿足強烈的需求，又出現了一項非正規行業。男孩伸手穿過的鐵絲網並不是關住他們的外部圍欄，而是用來阻止他們進入的障礙。鐵絲網另一邊是援助機構設置辦公室的區域——這些辦公室有無線網路訊號。援助人員會定期更換密碼，設法不讓密碼外流。但這些孩子居然有辦法得到密碼；密碼一到手就會出現活絡的交易，因爲密碼可以賣給想要上網的人，行情價是一第納爾。兩名 14 歲上下年紀的男孩把手機伸過鐵絲網，設法靠近建築來捕捉訊號。他們說自己在用 Facebook和 WhatsApp 傳訊息給在敍利亞的親朋好友，詢問他們是否一切安好。我們問了幾名年紀更小的男童，想知道他們是否也在關心親友。他們卻回答沒有，以看著笨蛋的眼神望著我們。他們其實在打電動，目前最愛玩的是領土爭奪戰，叫作《部落衝突》(Clash of Clans)。

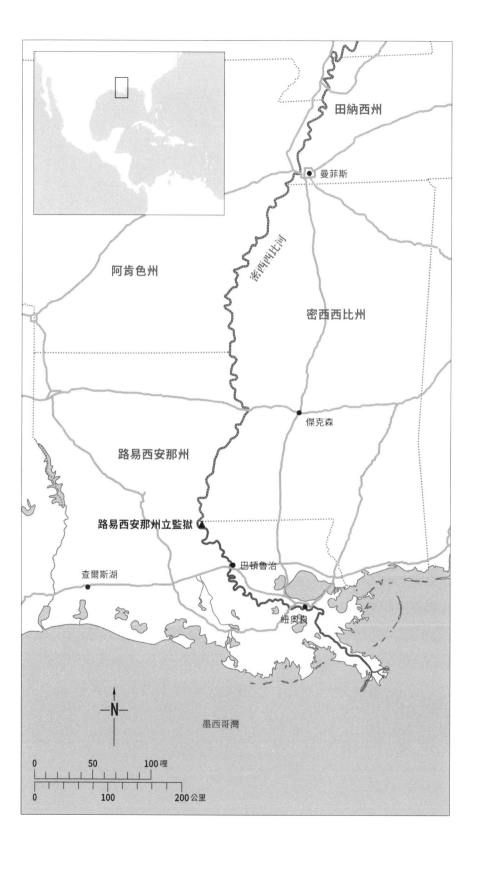

田納西州

曼菲斯

阿肯色州

密西西比河

密西西比州

路易西安那州

傑克森

路易西安那州立監獄

巴頓魯治

查爾斯湖

紐奧良

N

墨西哥灣

0　　　　50　　　　100哩

0　　　　100　　　　200公里

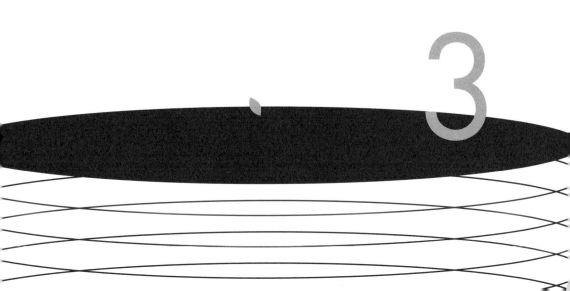

美國路易西安那

監獄經濟學

Louisiana

貨幣與經濟學的關係，正是化圓為方與
幾何學的關係，或永動機與力學的關係。

威廉·史丹利·傑文斯 (William Stanley Jevons)，《金錢與交易機制》
(*Money and the Mechanism of Exchange*)，1875 年

3

監獄經濟學

通往安哥拉之路

　　紐奧良似乎很適合展開旅行。從此處開始，美國最長的河流密西西比河蜿蜒北上，連綿的牛軛湖劃出從南部路易斯安那州到北部明尼蘇達州等十州的崎嶇邊界。傳說中的 61 號公路是音樂人追求名利的必經之路——密西西比州克拉克斯戴爾 (Clarksdale) 出了羅伯·強生 (Robert Johnson)，田納西州曼菲斯 (Memphis) 則有強尼·卡許 (Johnny Cash) 與貓王 (Elvis)——這條公路同樣始於紐奧良，一直延伸到加拿大邊境。多虧了名聞遐邇的河流與公路，紐奧良這座路易斯安那州第一大城給人充滿機會和自由的印象。

　　對於紐奧良土生土長的居民而言，人生的道路往往短上許多。在 61 號公路上向北行駛兩三小時後，路易斯安那州原本低海拔的的沼澤與柏樹消失了，道路開始起起伏伏繞過山丘。往右轉便到了美侖美奐的傑克森鎮，有著古董店、平整的草坪和與白色的柵欄。左轉上 66 號公路，陡然下降又爬升，經過數座浸信會教堂，招牌上的塑膠字母排出「耶穌復活，上帝未死」(Jesus is risen, and God's not dead) 等語句，對著經過的車流傳教。然後，公路忽然來到終點，盡頭是一扇大鐵門與一座瞭望塔，這是路易斯安那州立監獄的大門，又稱「南方的惡魔島」(Alcatraz of the South)，亦是受刑人、獄警與當地人口中的「安哥拉」(Angola)。凡是在紐奧良出生的黑人，就有十四分之一的機率被關進監獄；若是被關進安哥拉，很有可能永遠無法出獄。

美國共有 210 萬名受刑人，迄今在世界上所有國家中居冠。受刑人人數如此之多，並不是因為美國人口特別多（中國人口是美國的四倍多，但中國的受刑人人數卻低上許多），而是因為監禁率太高。2017 年，美國每十萬名居民中就有 568 名受刑人，這個比例遠遠高於其他大國。德州人口是英國的一半，而該州監獄人口卻超過英國、法國和德國的總和。但最明顯的例子非路易斯安那州莫屬。該州有近 3,4000 受刑人，其中 94% 是男性，相當於每十萬居民就有高達 1,387 名男性受刑人，比全美平均高出一倍多。路易斯安那州是美國監禁之都，安哥拉是該州唯一一座安全層級最高的監獄，幅員居全美之冠，占地 1,800 英畝，比曼哈頓還大。平時就有約 5,200 人被關在這裡，其中絕大多數都永不見天日：安哥拉受刑人平均刑期為 92 年，其中超過 70% 終身出不了獄。

監獄跟災區和難民營一樣，也是個人的過去被蒸發之地——受刑人失去了社會地位，也無法再享有以往經濟生活的方方面面。關鍵區別在於，海嘯生還者和敘利亞難民遭受創傷後，很快便獲得外界奧援。儘管有時設計不良、目標也不明確，但人道救援與協助始終是為了幫助他們重建生活、替未來鋪路。美國監獄內的無期徒刑並非如此。受刑人的罪行代表他們的生活得刻意受到限制與管控。路易斯安那州監獄體系中，許多男性受刑人都是關到死，身為自由人的未來早已結束。

理論上，監獄應該像阿茲拉克難民營一樣——屬於人工社會，貿易與建立非正式經濟的人性欲望受到壓抑。但世界各地的監獄中，地下經濟卻蓬勃發展，歷史也顯示向來有此現象。1850 年代，倫敦市中心監獄典獄長喬治·拉瓦爾·雀斯特頓 (George Laval

Chesterton) 在首見出版的監獄生活紀錄中寫到:「監獄各個角落都有著龐大的非法商業活動」,受刑人會交易「葡萄酒與烈酒、茶與咖啡、菸草和菸斗……甚至醃菜、蜜餞和魚醬。」監獄往往擁有隱藏的極端經濟,即受刑人不顧一切也要進行交易的祕密市場。因此,我到路易斯安那州會見了仍在安哥拉坐牢的受刑人、有幸出獄的更生人,以及曾被關在別州監獄的受刑人。

我想了解國家監獄是否存在地下非正規貿易;若果真如此,受刑人面對缺乏能動性、控制權與選擇權的生活,何以可能打造出經濟。藉由研究在貧瘠之地出現的經濟活動,我希望深入了解經濟韌性的 DNA——聽聽建立經濟過程中有哪些真正重要的因素、哪些又是可有可無的因素。我以為會聽到以物易物的地下經濟模式,即受刑人交換基本商品與服務,結果卻發現了兩個平行市場經濟,成熟且有非正規貨幣體系,依循現代與創新的原則,完全符合市場需求。我的第一步便是從紐奧良出發,前往西北方的路易斯安那州首府巴頓魯治市 (Baton Rouge) ,尋找安哥拉最著名的前受刑人。

受刑人編號 C-18

威爾伯特·里多 (Wilbert Rideau) 個頭不高,身高五呎八吋左右(約 173 公分),體型偏瘦。現年 70 多歲的他,看起來只有 60 歲。他上身穿著扣領格子襯衫,兩邊袖子都捲起來,下身搭配褪色灰牛仔褲,腳踩紐巴倫 (New Balance) 運動鞋,儼然一副學者模樣,感覺任職於附近占地遼闊的路易西安那州立大學 (LSU) 。我們約在這一帶的高人氣咖啡館「Coffee Call」見面,威爾伯特叫我進去買一

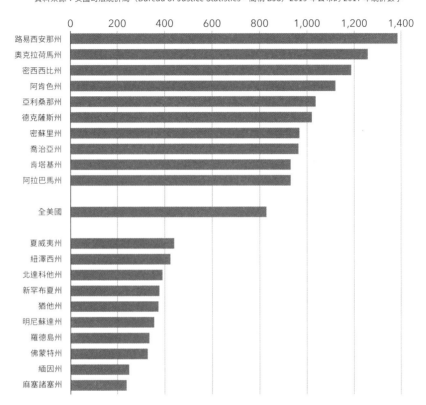

圖 3.1 ｜ 美利「監」合眾國

每十萬名居民中男性受刑人人數最高與最低的十個州暨全美情況

資料來源：美國司法統計局（Bureau of Justice Statistics，簡稱 BJS）2019 年公布的 2017 年統計數字

盤紐奧良法式甜甜圈（beignet），說是當地最有名的路易斯安那州甜點。我們坐下來一起享用，他便娓娓道出自己在安哥拉吃牢飯的 42 個年頭。

　　威爾伯特在 19 歲時犯下殺人案。他生長於路易斯安那州的小城查爾斯湖（Lake Charles），鄰近德州邊界。12、13 歲時，他就養成

偷東西的習慣。17 歲時，他經手哥哥搶劫來的財物遭逮，隨即被送往矯正學校待了五個月。之後，他從普通高中輟學，在當地一家布料行擔任搬運工。他在回憶錄《正義之地》(*In the Place of Justice*) 中寫道，自己的夢想原本是落腳加州。

如今，他身材精瘦結實，不同於 1961 年警方照片中一副瘦弱的模樣。他以前動輒遭到霸凌，逼得他買了一把刀與一支槍自衛。但他若僅用來保護自己也就罷了：當時布料行旁邊有一家銀行，他趁營業時間快結束時走進去，原本只打算搶劫，結果卻弄巧成拙──銀行經理報了警，他只好帶著經理與兩名行員逃走，命令他們開車載他。他打算在附近鄉間釋放人質，再向西往邊境與德州的方向逃亡。但三名人質找到機會脫身，就在逃命過程中，他開槍射死其中兩人、刺傷第三名人質茱莉亞・佛格森 (Julia Ferguson)，佛格森後來仍傷重不治。他被以殺人罪起訴並遭求處死刑，抵達安哥拉時，身上還貼著 C-18 的標籤。C 代表「condemned」（有罪），18 代表他在死刑犯名單上的位置，他原本的命運是坐電椅伏法。

最後，威爾伯特逃過死刑。他在死刑犯牢房內與世隔絕地過了十多年，期間大量閱讀各類書籍，對新聞業產生濃厚興趣，開始自己撰寫文章。1970 年代中期，他住在主監獄，此時已在替監獄內部月刊《安哥文藝》(*Angolite*) 撰稿。在威爾伯特 20 年的編輯生涯期間，該雜誌獲得了許多國家級獎項。他首次以監獄記者的身分嶄露頭角，是因為他取名為〈叢林〉(*The Jungle*) 的專欄。該專欄探討的第一個主題就是監獄經濟的運作，日後在他的編輯下，這本雜誌也一再提到這個主題。

監獄經濟學入門

　　受刑人與更生人均表示，監獄經濟學第一條法則是：未滿足的需求激發創新。由於受刑人與外界隔絕，發現缺乏以往必需品，又無法自行選擇衣服、盥洗用品等以前不當一回事的東西。想到取得簡單物品的強烈渴望，我所認識的受刑人說起坐牢頭幾星期，都當成是種衝擊，這期間學會新世界的遊戲規則，接受自己失去自由與財產的事實。現今在路易斯安那州，剛入獄的受刑人會得到基本的用品：公發衣服、一塊肥皂與少許乳液。但他們缺少又想要的日常用品可多了，包括體香劑、稱頭的牛仔褲、較耐穿的步鞋。威爾伯特說，1960 年代坐牢也是一樣：雖然拿到簡單的用品，但想要獲得額外補給，就要耗費一番工夫。

　　有些商品可以透過官方管道取到，但真正到手需要花費大量時間。書籍就是一個例子。許多關在安哥拉的男性受刑人——特別是 30 歲以上的男人——說自己喜愛閱讀。他們獲准購買書籍，也可以請親友寄新書到獄中。但安哥拉的受刑人訂書或親友寄書時，往往需要六個月甚至更久才收得到，因為審查人員需要檢查內容。「拖延」是路易斯安那州監獄經濟的普遍現象之一，彷彿掉入了時光隧道。

　　路易斯安那州監獄的時間不大一樣，部分原因是刑期往往極長。安哥拉監獄的平均刑期是 92 年，高於鄰近密西西比州立監獄，以及加州關押重刑犯與死刑犯的聖昆丁州監獄 (San Quentin)。即使是科羅拉多州的 ADX 佛羅倫斯監獄 (ADX Florence)，這裡關押了全美最危險罪犯、有著「洛磯山脈惡魔島」(Alcatraz of the Rockies) 的暱稱，平

均刑期也只有 36 年。

　　龐大的受刑人數量與超長的刑期反映一項事實：路易斯安那州這個堪稱全美問題最多的州，同樣屬於極端之地。該州貧窮，平均所得在全美墊底，貧困率與肥胖率卻名列前茅。教育制度不彰故無法拉學生一把：26％的學生（黑人學生的比例則是 34％）高中畢不了業。路易斯安那州的生活處處可見暴力：根據聯邦調查局最新的公開數據，2014 年發生 447 起殺人案，每十萬人中就有超過十人遇害，是美國平均數字的兩倍以上，等於路易斯安那州成了全美殺人之州，而且自 1989 年以來，每年都穩居龍頭。

　　路易斯安那州大部分殺人案都是拿槍犯案，最終都得歸因為毒品。每個遭定罪的犯人一律被判處無期徒刑，現場同夥或友人若有二級殺人罪名在身也難以倖免。但在路易斯安那州，即使是非暴力犯罪也可能導致重刑。該州對於再犯者的強制刑期增加速度快得驚人，每次定罪刑期都會翻倍。舉例來說，偷車初犯的強制刑期便高達 12 年，再犯的強制刑期為 24 年。此外還有條類似「四振出局」的規定，即第四次犯罪的強制刑期至少 20 年、至多可以終身監禁。我認識一名安哥拉前受刑人路易斯，他因毒品罪名在安哥拉關了 20 年。他表示自己的情況還不算最糟。提莫西‧傑克森（Timothy Jackson）20 多年前在店裡偷一件外套被逮，料將在安哥拉度過餘生。

　　在許多監獄內，看似廉價又微不足道的普通物品有著巨大的價值。在安哥拉這種監獄內，超長的刑期更導致價值加倍放大。里多先生的回憶錄中，說到光是小幅的進步就足以轉變受刑人的生活。他跟其他死刑犯一樣被關在小牢房內，後方與左右兩邊共三面牆都是磚牆，前方是格狀鐵欄杆，獄警和其他受刑人經過時等於無任何

隱私可言，冬天還會灌入寒風。只要能拿到一條毛毯或窗簾遮住鐵欄桿，就可以對受刑人生活帶來徹頭徹尾的改變。一旦世界縮小成僅剩三面牆壁的牢房時，一塊能帶來隱私和溫暖的布料，就成了你會拚命滿足的基本需求。

農奴

　　安哥拉受刑人想改善生活的方式之一，就是接下獄方的工作。這座監獄有個暱稱是「農場」，只要一進大門，不久便理解其中原因。經過停滿員工車輛的停車場與關押女囚的小型灰色建築後，四周森林已不復見，道路成了一條長長的筆直車道，穿過種植農作物的田地。當時正逢四月，差不多是種棉花的季節，九月底與十月初再由受刑人採收。他們整年辛勞工作，包括氣溫可高達攝氏 38 度左右的八月分。官方報告宣稱，此地棉田產量極高，位居路易斯安那州第一。

　　安哥拉的名字來自過去位於該地的奴隸莊園。這片土地曾由美國大型奴隸貿易商富蘭克林與阿姆菲爾德公司 (Franklin and Armfield) 老闆之一艾薩克・富蘭克林 (Issac Franklin) 所擁有。富蘭克林與葡萄牙人大量進行貿易，因此許多奴隸都是在西非遭奴役的剛果人 (Kongo)。他們經安哥拉大港魯安達 (Luanda) 被運到美國。魯安達是葡萄牙殖民地暨主要蓄奴地。富蘭克林在路易斯安那州此一地區擁有四大奴隸莊園，並根據奴隸啟程的殖民地名稱，把這片莊園取名安哥拉。美國南北戰爭結束後，該地由邦聯軍 (Confederate Army) 一位少校買下後改建成一座監獄，並取得私人合約來關押該州受刑人。

安哥拉這個名字就此沿用下來。

現今，安哥拉有 2,500 至 3,000 英畝的農田用於耕種，栽種玉米、小麥、高粱等作物，用來製作動物飼料和乙醇燃料。另外也種植大豆，可以製造大豆油與蛋白質，用途包括動物飼料與豆類食品。而 200 年來，棉花的種植也未曾間斷。

對於州政府底下負責監督監獄的公共安全暨矯正局 (Department of Public Safety and Corrections)，安哥拉的農產量 (agricultural output) 是路易斯安那州受刑人重要的糧食來源。除了主食作物，農地還種植蔬果，包括番茄、高麗菜、秋葵、洋蔥、豆類與甜椒。這些農產品降低了整個州監獄系統的糧食成本。農耕也增加了歲收。跟美國許多其他州別一樣，路易斯安那州擁有一家由政府經營的公司，即銷售受刑人生產商品的「監獄企業」(Prison Enterprises)。監獄企業在 2016 年賺進近 2,900 萬美元，其中大部分收入來自安哥拉的農產品。這些收入用於支付路易斯安那州政府管理安哥拉監獄的費用；安哥拉的年度預算約達一億兩千萬美元。

工作與待遇不成比例

受刑人的工作班表刻意占去了大半天的時間。受刑人不能拒絕工作，絕大多數人都有工作（死刑犯、關禁閉的受刑人、患病或有醫療豁免的人除外）。工作的層級分明，農地工作則位於底層。一名現任受刑人說明了為何「摘菜」是監獄內最爛的差事：每班八小時，工作又熱又辛苦。受刑人平行排列，將廢棄的植物扔到旁邊。若不小心拿廢莖稈打到其他受刑人，可能會導致雙方大打出手；採

摘時割傷自己的手，可能會被當成企圖自殘，後續得接受繁瑣的偵訊。服刑滿十年又未違反規定的人——打架或自殘都重新計算——便會取得「模範受刑人」的地位。這些受刑人可以得到令人垂涎的工作，例如在獄警的高爾夫俱樂部當桿弟，或在大門外介紹監獄歷史的小博物館當清潔工。

獄方薪資待遇與外界不同。監獄內時薪從兩美分到 20 美分不等。大多數從事摘菜等基本農務的受刑人時薪似乎是四美分，等於週薪為 1.6 美元。按照這個標準，受刑人必須工作 181 小時才能賺到 7.25 美元，即美國聯邦最低時薪。薪資最高的受刑人時薪為 20 美分，但隨時都有可能被調降。一名無期徒刑受刑人表示，他被控從修車廠偷了一把扳手，模範地位遭撤銷，薪資也被降到了最低，但他說自己被冤枉了。無論真相為何，只要表現良好，他每年可望加薪四美分，2021 年可望恢復到每小時 20 美分。安哥拉的工作人人有分，但辛苦又賺不到錢。

受刑人賺到錢後，可以在安哥拉的七個販賣部消費。這些獄方經營的商店是受刑人尋求物質慰藉的浮木，不僅販售羅素運動牌 (Russell Athletic) 運動衫、水果牌 (Fruit of the Loom) T 恤和四角褲，還有戶外機能品牌 Frogg Togg 運動毛巾。另外也有賣各大品牌的鞋子：犀牛 (Rhino) 工作靴、紐巴倫網球鞋與兩款銳跑 (Reebok) 運動鞋。販賣部另一大類是食品。受刑人一日雖有三餐，但常抱怨餐點淡而無味；販賣部的零食可以聊以慰藉，像是亞洲甜辣醬、Texas Tito 大罐酸黃瓜與墨西哥辣椒口味的起司捲。安哥拉的訂單數量反映經營規模之大：最近一份披露的文件中，可看到 3,000 盒（約 312,000 包）鄉村沙拉 (Cool Ranch) 口味的多力多滋標案。販賣部的生意顯然不錯。

但這類商店有時也令人心煩。部分受刑人抱怨缺貨，有人則說品質不好。受刑人曉得內部市場受制於人，無法更換供應商。雖然監獄企業規定商品外觀必須全新無受損，但也有人懷疑商品本身有瑕疵，受刑人其實受到不平等的對待。而真正怨聲載道的當屬價格。受刑人深信他們被敲竹槓，販賣部的商品比外界更為昂貴，而且生活成本比薪資上漲得更快。

這點不無道理。時間一久，物價與受刑人薪資的差距愈來愈大。現今安哥拉內的薪資標準至少自 1970 年代以來就未曾改變，這既符合成本效益，在政治上亦屬權宜之計，而主要影響便是讓人明白，薪資若沒有持續上漲，通膨便會隨時間加劇，結果大幅侵蝕受刑人的購買力。小號手（Bugler）捲菸的價格就是很好的例子。這是深受受刑人喜愛的濃烈捲菸。1970 年代，其零售價不到 50 美分，所以時薪 20 美分的模範受刑人可以在半天內賺到一包菸。現今，相同淺藍包裝、印有「男孩與號角」標誌的菸草售價單包約為八美元。時薪 20 美分的人需要工作整整一週才能買一包。

除了路易斯安那州，其他地方也會要求受刑人工作，薪資水準卻與他們想購買的商品成本脫鉤。就法律而言，受刑人根本不需要領薪（美國憲法第 13 修正案禁止任何形式的奴隸制度與非自願奴役，「唯罪行懲罰不在此限」）。喬治亞州的受刑人要無酬製作家具與路標；阿拉巴馬州的汽車牌照由「矯正產業」（Correctional Industries）這家公司製作，該公司支付受刑人 25 美分至 75 美分的時薪；密蘇里州的受刑人全職工作的月薪是 7.5 美元，時薪約為四美分。英國的制度較不極端卻也類似：每週工作 35 小時，薪資約為十英鎊（13 美元）起跳，但也會出現同樣的抱怨，受刑人最愛購買的商

品，像是袋裝鹽味堅果、麵條、早餐麥片等，都要價超過兩英鎊。想靠監獄薪資來買一件商品，幾乎就要工作一整天。

價格失靈之地

在許多方面，監獄的正規經濟就像普通城鎮的經濟。安哥拉有著勞碌的世界，伴隨工作和薪資、升遷與貶黜。另外還有購物的世界，可以在商店購買商品。在正常的經濟體中，這兩個世界是由價格連結：曼哈頓、梅費爾 (Mayfair) 等很多有錢人出沒的高級地段東西昂貴；布朗克斯 (Bronx)、布里斯頓 (Brixton) 等窮人居多的區域則便宜。換句話說，價格反映當地經濟的情況。安哥拉等監獄的官方價格體系已被刻意打破。監獄的經濟體系中，商品成本與薪資或勞力人口的購買力脫鉤。

受刑人面臨的經濟挑戰與亞齊和札塔里不同。在這兩個地方，經濟遭到摧毀，首要之務是建立全新的經濟體系，非正規貿易與外在援助並存。受刑人原來的經濟生活也消失，但立即被全新的人為設計經濟生活所取代，其中市場經濟最重要的連結——即串連工作與報酬、需求和供應的價格——已被當局刻意切斷了。官方的監獄經濟雖然存在但形同虛設，受刑人只能打造自己的地下市場。

在經濟未來面臨崩盤的隱憂下，路易斯安那州地下監獄市場是逆境求生的另一個例子，或可作為實用的案例研究。安全滴水不漏的監獄也許是最難看到成長與創新的地方，因此這裡出現的交易有助闡明從頭打造經濟時，一般人的需求為何，以及滿足不了需求的應變手段。在安哥拉監獄，打造良好市場運作的衝動，藉此提供各

種商品、角色與身分，可謂活絡隱性經濟的源頭，同時催生許多不同的工作，或可謂路易斯安那州老一輩口中的「活兒」(hustle)。

零工經濟

當胡桃比鈔票更值錢

在地下監獄經濟中，看似簡單的事卻很困難，看似不可能的事卻很容易。約翰‧古德洛 (John Goodlow) 的手工胡桃足以說明原因。威爾伯特‧里多表示，20 年來古德洛都是安哥拉的胡桃大王。美國南方廣泛種植胡桃，而看似麥片餅的手工胡桃糖，是路易斯安那州的當紅點心。首先要把煉乳用小火加熱，形成濃稠糖漿後，拌入胡桃和奶油，煮至糖晶形成，再倒入盤中烹煮。冷卻後，古德洛會把糖切成大塊。威爾伯特說，這是最好吃的胡桃糖，「比外頭賣的那些更好吃」。約翰‧古德洛的大方塊「糖果」在安哥拉要價兩美元。威爾伯特也說，古德洛早就可以漲價了，因為這些糖非常搶手，經常還沒做完就預售掉一整批。

戒備森嚴的監獄內居然可以製作胡桃糖，實在教人意想不到。烹煮胡桃糖需要大量食材，還有準備鍋子、電爐與烤箱。這做法在獄外就夠複雜了，在獄內則看似是不可能的任務。威爾伯特解釋起監獄生活不為外人所知的面向：「受刑人向來不是無能為力，他們有能力造反、訴諸暴力或搞破壞，讓上頭的日子不好過。」他表

示，有鑑於受刑人握有的權力，獄方經常會配合特定要求。監獄內的低階事務可以共享權力，也有簡單的權衡空間。此地管控嚴密又講究合作，想要取得鍋子並非難事。

但部分在獄外平凡又普通的事，獄內卻是嚴格禁止。獄警一再被灌輸同樣一句話「維安至上」(security and safety)，凡是有增加越獄或暴力機率的東西一概禁止。許多物品的危險性顯而易見，例如武器、毒品與打火機都不准攜入，手機因為可以用來策畫運毒也遭禁。但大量看似無害的物品也被列為違禁品：有些鹹抹醬（譬如馬麥醬〔Marmite〕）含有酵母，可用來非法釀酒；口香糖與可重複使用的黏膠（譬如藍丁膠〔Blu Tack〕）可印出鑰匙或鎖頭模型；嬰兒油則因為可能被受刑人塗在手臂上，這樣就不易遭到壓制，同樣遭禁。

錢財本身也算違禁品。官方監獄的經濟運作有點像札塔里的難民營經濟：現金卡內儲值著受刑人的薪資，可供販賣部購物使用。因此受刑人手中沒有現金，有權有勢的受刑人沒有資源可以賄賂獄警。背後邏輯意味著現金是最高級的違禁品，模範受刑人若經手現金遭逮，就會失去一切權益。

對於生意相對單純的受刑人而言，缺乏現金實在麻煩。獄警對於小買賣往往睜一隻眼閉一隻眼。這類生意所在多有：受刑人不僅會烤胡桃，還會賣炸雞，並提供各式理容服務，包括理髮、紋身與襯衫熨燙，把外表打理得體體面面，是親友探監前的要務。這些服刑的創業家能提供商品或服務，但卻無法收現金當報酬。一名安哥拉受刑人告訴我，素行良好的受刑人即使賣出要價僅兩美元的物品，也不太可能收下五美元的現鈔。持有金錢的風險太大，導致美國監獄是世界上少數美元無用之地。受刑人被迫參與最原始的市

場，即以物易物的經濟：商品都是交換而來，而不是用錢買賣。

發明獄中貨幣

以物易物的問題在於，有可能難以找到契合的交換。別人想要你提供的物品，卻沒有你想要的東西。經濟學家把交易雙方罕見契合的情況稱作「需求雙重巧合」(double coincidence of wants)，最早可見於威廉‧史丹利‧傑文斯在 1875 年出版的《金錢與交換機制》一書，他說明了以物易物衍生的問題，以及金錢如何解決這些問題。傑文斯生於利物浦，就讀於倫敦大學學院 (University College London)，奠定當代經濟理論，視貨幣為經濟體的命脈。他表示，以物易物的問題在原始與先進經濟體中都看得到：

也許許多人缺乏的東西剛好在其他人手上；但要實現以物易物，必須出現雙重巧合，然巧合卻鮮少發生。獵人成功狩獵回來，帶了大量野味，可能需要武器和彈藥繼續打狩獵。但擁有武器的人也許剛好野味充足，所以不可能直接交換。在文明社會中，某位屋主可能會發覺現有的屋子不好住，看中另一棟完全符合自己需求的房子。但即使第二棟屋子的主人願意割捨，換屋欲望也不大可能跟第一位屋主一樣強烈，進而願意以屋易屋。

好錢與壞錢

為了進一步闡述其中緣由，傑文斯概括了金錢所能發揮的四項

不同功能。首先，金錢是交易的媒介，每個人都能接受，「是交易行為的潤滑劑」。第二，金錢是「度量」，即當今價格訂定方式。第三，金錢是「標準」，未來價格可以依其訂定。最後，金錢是「儲值」方式，可以跨越時空傳遞經濟價值。

我們習慣把貨幣想成官方決定：政府認可的紙鈔，上面印有君主或總統的頭像。但由於許多東西都有前述傑文斯列出的功能，因此都可以成為流通貨幣。非官方貨幣自然出現時，往往有某些具體特點適合流通。與傑文斯亦敵亦友的奧地利經濟學家卡爾・門格爾 (Carl Menger) 在 1892 年說明了最理想的貨幣特點，把其稱作「Absatzfähigkeit」，直譯為「可售性」(saleableness)，現今我們也許會稱作「市場性」(marketability)。由於貨幣在交易過程中會被反覆使用，因此門格爾著重於找到可以轉手數百次但價值不減的物品。衣服、鞋子或書籍等消費商品都不適合當貨幣使用，因為購買後就成了二手貨，價格也隨之下降。鹽、糖或穀物等商品當貨幣就好用多了，畢竟轉手後價值不變。

此外，若商品「可分割」，往往會成為好用的貨幣，最好可以簡單切割後再進行小型交易。依此標準，鑽石不會是好用的貨幣，因為把一顆大鑽石分成兩顆就會大幅破壞原有價值。另一項關鍵標準是耐久性。牛奶、小麥、奶油等易酸腐或變質的食品屬於不良貨幣。最後，運送的便利性與成本同樣重要。棉花既可分割又耐久，看似好用的非正規貨幣，但棉花實在太輕，因此少量棉花缺乏價值；除非大量運送一袋袋棉花，否則交易起來不痛不癢。

從啄木鳥到鯖魚：怪錢面面觀

　　世界上許多社會選擇使用各類奇怪的東西當作貨幣。在巴布亞紐幾內亞東南方 240 公里處的羅塞爾島 (Rossel Island) 上，出現以「ndap」貝殼爲交易基礎的貨幣。這類貝殼輕巧耐用，大小不一，有 22 種不同的幣值，可以任意組合成不同價格。美國加州北部原住民尤羅克人 (Yoruk) 非常重視啄木鳥頭皮，還將其用於頭飾。頭皮便成爲一種貨幣：大型冠啄木鳥 (pileated woodpecker) 比小型橡實啄木鳥 (acorn woodpecker) 更值錢，該部族因而有了大小面額的貨幣。部分社會也使用過輕巧耐用又可分割的商品來交易：羅馬、古代中國與當代衣索比亞曾用鹽交易；中美洲的阿茲特克 (Aztec) 王國曾把巧克力（可可豆）當成貨幣。

　　監獄亦有發明非正規貨幣的深厚傳統。19 世紀倫敦冷浴場 (Cold Bath Fields) 監獄中，「龐大非法商業」的推手是被當作貨幣的捲菸紙。當代英國監獄中（跟安哥拉一樣禁止使用現金），受刑人經常把沐浴乳膠囊或念珠──兩者都很容易取得──當作非正規現金使用。膠囊與念珠體積小、重量輕、可分割又耐用，完全符合 19 世紀經濟學家的描述。

　　美國的監獄分成許多不同類型，或公共或私人，或長期或短期，各州對監獄的規定也不盡相同。這意味著流通商品清單與適合貨幣有所差異。郵票體積小、重量輕又耐久，長期是美國許多監獄中的貨幣。但郵票因與現金太過相似，經常遭到禁用。郵票無法使用時，受刑人經常會改用一包包的日式拉麵泡麵。監獄經濟中這種可食用貨幣的暱稱是「湯」。近年流行起來的貨幣是鯖魚罐頭，單

價約爲 1.4 美元，罐頭輕巧、耐用、保存期限也長。這些「EMAK」（可食用鯖魚）貨幣在美國廣大監獄人口中極爲普遍，甚至有人認爲已影響外界的鯖魚價格。

最容易想到的監獄貨幣是菸草，不僅永遠都有市場，也便於分成小單位交易。100 多年來，安哥拉的地下交易市場完全仰賴菸草。香菸與捲菸少了以物易物的問題與使用美元的風險，因此成爲人人愛用的貨幣。在百年穩定的運作後，一切不變。2015 年，安哥拉實施禁菸，菸草和香菸都成了違禁品。大約同一時間，新興合成藥物「Mojo」開始滲透進監獄，許多受刑人立即上癮。地下經濟受到極大衝擊。Mojo 的流通雖屬非法，但監獄內的需求龐大。監獄經濟的基礎鬆動：許多人想要的東西改變了，支付方式也不再一樣。安哥拉與路易斯安那州其他監獄迅速應變，發明了一種全新貨幣，高科技程度不亞於 Mojo。

老農場，新藥物

我第二次到路易斯安那州時，安排會見了一位 30 多歲的更生人。他在安哥拉等州立監獄服刑 16 年，不久前才重見天日。他說：「大多數受刑人都在尋找各種刺激藥物來獲得快感，藉此消磨時間。」但屬合成大麻的 Mojo 之所以迅速走紅，還有更具體的原因：「它的成分太常改變，很難檢測得到，所以變成價值很高的商品，一堆人都想入手。」合成大麻所使用的化合物配方不斷調整精進，代表有著成千上萬的組合，導致難以研發出準確的藥物檢測方法。

2010 年，路易斯安那州發生首樁與合成大麻有關的死亡案件。

同年，該州州長禁止了製作 Mojo 所使用的化學物質。但由於藥物檢測困難，因此成了大學生運動選手、軍事人員、受刑人等需定期受檢族群的首選藥物。Mojo 的使用不久便影響大學橄欖球隊與籃球隊，也在美國海軍士兵間特別流行。2011 年就有 700 多起調查船員用藥情況的案例；而 Mojo 的人氣持續居高不下，海軍醫院甚至成爲研究其娛樂用途影響的先驅。此藥是受刑人所需的新產品，用盡手段都要得手，對於非正規的監獄經濟也是巨大衝擊。

路易斯安那州的受刑人記得 Mojo 是 2010 或 2011 年首次出現。那位紐奧良更生人還記得當時流傳的謠言：「大家都說『這是合成大麻欸，抽了照樣通過藥物檢測。』但是我就想：『檢測是看你身體裡有沒有 THC 的成分，如果帶來快感的不是 THC，那到底是什麼東西？』」他想說自己還是慎重點才好。「我沒抽，但愈來愈多人開始抽，有些人開始出現癲癇症狀，有人長了動脈瘤，大家嚇個半死，變得疑神疑鬼又提心吊膽。我還看過有個傢伙光屁股跳進垃圾車，說什麼都不願意出來。他們根本快被這玩意搞瘋，可是還是愛抽。」監獄經濟學第一條鐵律就是需求未獲滿足，就此來看，Mojo 儼然是路易斯安那州監獄之王。受刑人對它的渴望無窮巨大，難就難在要想辦法帶進獄中，還有如何付錢才不會被逮個正著。

工作生活

安哥拉受刑人稱獄警爲「自由人」，也用此形容外界一切事物，像「自由人的衣服」和「自由人的食物」。假如有人問起他們在外頭會穿的衣服或吃的東西時，他們也不會提到具體的衣服或菜餚，常常

回答：「不知道，想吃什麼就吃什麼。」受刑人在獄中想念的是選擇的自由。

對於路易斯安那州鄉間這座監獄內的許多自由人而言，現實是職涯選擇有限。當地有兩家大型廠商，分別是位於聖法蘭西斯維爾（St Francisville）的造紙廠，雇用大約 300 名員工，以及安特吉（Entergy）公司所有的河彎核電廠（River Bend Nuclear Station），雇用將近 700 名員工。兩家都提供高薪職位：造紙廠平均年薪超過六萬美元，核電廠工程師收入可以超過十萬美元。但這些工作往往需要大學學歷或技術訓練；核電廠聘雇了許多退伍軍人，通常由美國海軍培訓。許多人連高中都沒畢業。

對於缺乏學位或技術訓練的人而言，職涯選擇少之又少。農業曾是路易斯安那州非技術工人的一大去處，但如今只有不到 2%的農業工作。當地廣告顯示了其餘工作：全都是零售業的工作，例如家得寶（Home Depot）和達樂（Dollar General）約有 50 個職缺，或是 61 號公路旁速食餐廳也在徵人，像是索尼克（1960 年代風格的得來速連鎖餐廳）、溫蒂漢堡（Wendy's）、漢堡王和必勝客。這些職缺起薪接多半接近 7.25 美元的聯邦最低薪資，幾乎沒有福利可言。

再來就是安哥拉監獄，共有 1,600 名員工，是該地區迄今最大雇主。獄方不斷在徵人，若以當地的標準來看，條件還算不錯。2017 年，安哥拉矯正實習人員起薪是時薪 11.71 美元，年薪 24,000美元出頭。六個月後表現良好就可以成爲矯正官，時薪 13.03 美元。福利包括 12 天有薪假、健保（監獄將支付一半費用）以及每年依表現可望加薪 4%。與其他工作相比，在安哥拉工作是不錯的差事。

但許多安哥拉員工居住的席姆斯波特鎮 (Simmesport)，卻呈現了獄警生活的現實面。鎮上居民被受刑人暱稱為「河邊人」，因為每天早上與下午，都有私人安哥拉渡輪 (Angola Ferry) 從監獄內出發橫渡密西西比河，省去前往最近橋梁的漫長車程。席姆斯波特與河東的聖法蘭西斯維爾或傑克森 (Jackson) 戰前的奢華相去甚遠。住宅都是預先組合，建造在煤渣磚上。老屋都是用瓦楞鐵皮搭成，鏽跡斑斑。腐蝕的卡車與牽引機被棄置在溝渠中，破敗的船隻在雜草叢生的草地上腐爛。唯一狀況良好的建築是教堂。

漏洞百出的邊界

監獄外的經濟情勢意味著安全是一大問題。一名最近出獄的受刑人提及領低薪的年輕實習生：「這些孩子都很年輕，沒有受過教育，他們只要把東西帶進來，工資立刻翻三倍。」基本物品匱乏，對願意走私違禁品的人而言有著龐大的利益誘因。近來的禁菸令反映了供需法則的強大：命令經宣布後，受刑人就意識到菸會供不應求，單包菸的價格飆升，禁菸後數週內來到 125 美元的高峰。近來出獄的安哥拉受刑人說，若香菸可以走私進來，他只要花 40 或 50 美元，「隨時」就能買到一包菸。

但走私 Mojo 是更加誘人的賺錢機會。在自由世界中，合成大麻非常便宜。非法實驗室製作方便，因此供應充足；而其副作用讓大多數娛樂藥物使用者望而卻步，是故需求不高。一大袋僅不到十美元就可到手。但在監獄內，受刑人的看法卻不一樣：合成大麻會讓人整天昏昏欲睡是好事而非壞事。受刑人樂於花五美元買一小堆

Mojo 放在水菸壺內。走私者售價加成可能是成本的 100 倍。

　　Mojo 對走私者的風險也低於其他藥物。緝毒犬可能不會發現噴有合成大麻的植物性物質，因為其氣味與大麻不同，也會隨著使用的化學成分而改變。最近在英國監獄中發現的另一個方法，是將液體 JWH-018 噴灑在家屬寄來的信件上。這些紙張外觀與味道都毫無異樣，就像小孩或女友會有的普通便條，但受刑人拿到可以撕碎並吸食。走私並非毫無風險，2018 年初，一群年輕的安哥拉實習生與矯治官就在試圖走私過程中遭逮。但若在找快速賺錢的管道，走私合成大麻是最佳方式。

神祕新貨幣

　　走私者如何獲得報酬一事儼然是個謎團。資深受刑人與模範受刑人參與的地下經濟當然可以給獄警各類回扣，譬如食物、洗衣或到受刑人的修車廠調車。但這些東西換算成高價便難以大量提供。而資深受刑人告訴我，禁菸令發布後，非正規貨幣很快就從香菸變成咖啡與販賣部其他商品──但這類貨幣在監獄外沒有實際用途。因此進行 Mojo 走私等地下生意的受刑人不會用常見貨幣。一名熟悉此體系的前受刑人說：「你想要換販賣部 20 美元的東西，還是直接拿五美元現金？你一定會拿現金，因為這才能真正寄回家，可以用來做更多事情，也可以用來買通獄警帶其他違禁品進來。」

　　監獄內要用美元得傷透腦筋。凡是主導大型運毒活動的人，都需要周轉大量現金，但緝毒犬可以嗅得出美元鈔票。光是現金可以轉到獄外就不可思議，因為帳戶間的數位支付可以追蹤得到。但事

實證明，藥頭與走私販不必面臨這些風險，因為路易斯安那州監獄打造出十分厲害的全新貨幣，好用程度遠超過菸草或鯖魚罐頭。有了新貨幣就不必經手美鈔，也不用連銀行帳戶。我的聯絡人說：「現金是違禁品，但裡頭卻有現金，只是不同於手頭現金，完全無法追蹤，一切都看數字。大家用點數來進行買賣。」

看不見的錢

全新的「點數」支付制度是不斷演化的監獄貨幣體系最新發明。這項制度當初跟 Mojo 屬於技術創新，由 1985 年創立於德州的百視達影視公司（Blockbuster Video）於 1990 年代中期率先推出。百視達如同其他零售業者，採用類似圖書禮券的方式，讓父母或朋友能在百視達儲值信用額度當禮物送人。但禮券很麻煩，顧客可能會弄丟，而且更討厭的是，從商家角度來看，禮券在使用後會產生餘額，而餘額（通常是兩美元以下）可以換成現金。這意味著父母買了一張 20 美元的禮券時，用禮券消費的孩子可能只會給商店帶來18 美元的銷售額。

於是在 1995 年，百視達推出了首張會員卡，材質塑膠且形狀像信用卡，可以用來儲值美元。與禮券不同的是，儲值卡十分耐用，親友得以定期加值當作零用錢。這張會員卡在儲值人（父母）、供應商（百視達）和消費者三方之間形成所謂的「封閉供應鏈」（closed loop）。其他商家迅速跟進，凱瑪（Kmart）在 1997 年推出了類似的會員卡。到 1990 年代末期，大多數零售業者都使用塑膠會員卡當作送禮儲值制度。

金融企業鎖定這項商機，不久也推出了自己的卡片。第二代會員卡遵循相同核心原則：先加值、後消費。但重要的變革在於新卡屬於「開放式供應鏈」(open-loop)，持卡人不受限於特定某家店，可以在任何地點消費，甚至可以提出當現金使用。其最初的想法是，父母每月會把零用錢存入讀大學孩子的卡片中、再由大學生來使用，或用來代替旅行支票。

過去 20 年內，預付卡在美國的使用量直線上升，堪稱 21 世紀初成長最快的支付方式，使用量從 2006 年 33 億筆交易，增加到 2015 年的 99 億筆，足足翻了三倍。雖然這種創新大受歡迎，但金融家原先預想的客戶——手頭寬裕的父母、前往威尼斯旅遊的有錢退休人士——卻不是大宗。預付卡受到信用紀錄不佳的用戶青睞，而且往往因為他們有債務未清或剛移民到美國。用戶多半是非裔美國人、女性、失業人士與無大學學位的人，而且主要在美國南部使用，以毗鄰路易斯安那州的德州為中心。

受刑人的新貨幣名稱源自當紅的預付卡品牌「綠點卡」(Green Dot)，上頭印有威士 (Visa) 或萬事達 (MasterCard) 的標誌，可以在接受信用卡與簽帳卡的通路購物。用戶替卡片設置了帳戶，但不需要地址或身分證明，因此可以使用別名。他們再購買另一張單次刮刮卡，名叫 MoneyPak，用來加值 20 美元至 500 美元的信用額度。這兩張卡幾乎到處都買得到，包括沃爾瑪 (Walmart)、CVS 等藥妝店。刮開 MoneyPak 的背面，就可以看到一組 14 位數字，也就是「點數」。這個關鍵數字最高代表了價值 500 美元的購買力。接著用戶只要上網登入帳戶，輸入「點數」，信用額度便立刻出現在簽帳卡上。

這個過程有點麻煩，但也有部分功能讓其成為強大的非法交易手段。無論是購買綠點卡或 500 美元 MoneyPak 的人都可以用現金支付，因此無法查到卡片持有人。受惠於儲值額度的用戶不需要看到 MoneyPak，甚至不需要在同一地點，只需要知道數字就可以了。用違禁手機發給某人 14 位數字的「點數」簡訊、寄一張附有數字的照片或信件，或乾脆打電話告知數字就可以了。點數是接近現金的貨幣：即時、簡單、安全的遠距價值交換。

想要支付巨額現金，受刑人會請獄外朋友買 MoneyPak，再把點數傳到監獄。這 14 位數字等同現金，可以跟獄警或其他受刑人交換監獄內物品，其中包括藥物。由於交換的是點數而不是現金，受刑人可以確保現金不經手。獄外的自由人──分別購買 MoneyPak 與使用綠點卡接受儲值──根本不需要見面，也不需要認識，更不需要連接銀行帳戶。如此運用預付卡就創造了非正規貨幣，既耐用又可以像 Money Pak 分割成 20 美元小額支付，而且隨處都可以接受，恰恰符合傑文斯和門格爾數世紀前訂定的優良貨幣標準。

金錢與交易──是優是劣？

從此一極端的貨幣發明中，我們也可獲得更大的啟示。許多決策者認為線上銀行的興起，可以解決非法交易與洗錢問題，因為數位儲匯──即運用應用程式 (app) 或網路轉帳──有跡可循。理論上說，這理應代表數位經濟比現金經濟更容易監管。部分國家甚至在考慮完全禁止紙幣，以將所有儲匯業務上網並整頓經濟。然而，

了解貨幣如何創新後，便可看出希望並不渺茫：從偏僻島嶼到森嚴監獄，非正規貨幣會自然出現，而且正如路易斯安那州監獄的例子所示，如今可能無法追蹤。據說新興的數位「點數」貨幣已被用來進行跨國洗錢。

儘管非法監獄市場會造成明顯傷害，但一位 30 多歲更生人支持地下監獄經濟：「我在裡頭有朋友，他們就是這樣才養得活外面的家人。」他解釋說，非模範受刑人在國家監獄內改變命運的機會有限。「所以他們賣藥、跑單、賭博，這就是他們賺錢的方式。」在路易斯安那州監獄內待了幾十年的老鳥，也替地下經濟辯護，主張地下交易有助維持和平監獄生活。理髮、胡桃、書籍、熨平襯衫甚至紋身等簡單交易，過去使用菸草當貨幣，現在改用鯖魚、麵條或咖啡，如此才能勉強熬過路易斯安那州的超長刑期。

平行監獄經濟

對於關心未來的人而言，路易斯安那州監獄體系的隱形經濟提供了重要啟示，與亞齊和札塔里難民營的生活遙相呼應。這源於非正式經濟的力量，以及人為努力與創新；前者讓社會能從衝擊中復原，後者旨在重建遭破壞、摧毀或受限的貿易體系。

路易斯安那州監獄有平行經濟，既有以無法追蹤的點數貨幣為基礎的非法毒品經濟，另外也有更單純的市場，同意用特定物品作為貨幣（目前是咖啡）取得基本必需品。兩個經濟體的交易之所以能運作，都要歸因於威爾伯特・里多所提出的監獄經濟學最基本法則：監獄是充滿了未滿足的需求與品味之地。兩個經濟體都是自食

其力、自然產生且高度創新，都表明發行貨幣看似是國家在經濟中的最終角色，但其實完全可以從頭打造。監獄的經驗顯示，人類進行非正式貿易與交換的衝動無法壓制，未來不同難題的答案，可能出自正式市場，也可能來自非正式市場。

真·紳士

　　監獄內交易所創造的價值意味著一件事：若真能嚴禁這類交易，也得付出代價。一大原因就是，受刑人在地下監獄經濟所習得的技能，出獄後就可以加以應用。我在路易斯安那州的最後一天，前往紐奧良第七區「真·紳士理髮廳」(Real Gentlemen Barbershop) 剪頭髮，理髮師是丹尼爾·里多 (Daniel Rideau)，現年 42 歲，曾在安哥拉長期服刑兩次：第一次是因為販毒罪名，第二次是因為冒用身分。他的創業合夥人傑洛姆·摩根 (Jerome Morgan) 是當地名人：17 歲時就因一級殺人罪遭判刑，在安哥拉吃了 20 年牢飯，直到新證據顯示他坐了冤獄才獲釋。兩人最初都是在安哥拉地下經濟提供剪髮服務。如今新開的理髮廳坐落在一家唱片行和一家咖啡館之間，有著一流外觀，包括深皮革椅與髮廊轉燈，理髮行情價是 35 美元。

　　兩人都說，安哥拉教會他們年輕時缺乏的職業道德。他們表示，紐奧良的犯罪奠基於於更深層的問題：缺乏可效法的榜樣、沒有像樣的工作，以及對年輕黑人的期待偏低。丹尼爾說：「19 歲的你沒有任何工作機會，來自貧困社區的年輕人更是如此，所以必須下定決心去麥當勞打工，或是到飯店換床單。但是對 19 歲的人來說，這是很艱難的決定。」如今，他們都盛讚著工作的美好。除了

理髮店，他們還在合寫一本書，記錄那段在獄中的生活，並且收了一名年輕學徒。傑洛姆說：「人生在世就是為了工作，就這麼簡單。」

非正規交易價值的另一例子是，出獄後可能很難適應。資深受刑人說，坐牢多年後重獲自由真是苦樂參半，因為不僅失去獄中人脈，也失去原本獄中的職責和使命。在紐奧良市中心，我參觀了名為「First 72+」的組織，成立宗旨就是要解決上述問題。該組織位於前身是證券商辦公室的一棟小樓內，扮演著「過渡之家」的角色，希望幫助安哥拉的更生人度過重獲自由的頭三天。創辦人是在安哥拉坐牢 26 年的諾里斯・韓德森 (Norris Henderson) 與當地律師凱莉・歐立安斯 (Kelly Orians)，他們專門引導更生人因應失去職責、目標與規律的問題，提供全新的人際網絡來協助他們展開新生活。

更生人組成的創業俱樂部在此舉行例會，一群 30 歲出頭的男性討論著創業計畫。許多人過去犯下竊盜或搶劫的案子，20 多歲的青春就葬送在監獄中，於是「18 歲入獄、32 歲出獄」所在多有。但如今，他們在討論如何重建人生，針對個人事業交換意見。其中一人最近展開園藝事業，還說接下來要買車。另一人坐牢期間多半在維修監獄貨車與巴士，已在紐奧良做起修車生意。俱樂部不僅是聊天與交流的場所，還提供種子資金 (seed funding) 給更生人作為創業的第一筆資金，供其用來投資——可能是購置新機器或工具——只要做出銷售成績再還錢。路易斯安那州有三分之一的受刑人出獄後三年內會回頭吃牢飯，而這類計畫提供永續的工作機會，是減少再度入獄比例的重要方式。

同樣出席俱樂部例會的戴瑞爾 (Darryl) 告訴我，他小時只知道

販毒這門生意。他在獄中參加正規課程，學習如何製作眼鏡鏡片，並取得了光學技師證照。出獄後，他便做起鏡片生意，還向我展示厚厚的鏡片毛坯、按顧客需求進行加熱和塑形的機器，以及他販售的各種鏡架。他表示，眼鏡業龍頭羅薩奧蒂卡集團 (Luxottica) 旗下擁有許多品牌，包括阿內特 (Arnette)、歐克利 (Oakley)、雷朋 (Ray-Ban) 和波索 (Persol)，足以說明這個產業已成熟，可以接受同業挑戰。戴瑞爾的產業知識細膩深厚，產品看起來時尚又專業，業績也不斷攀升。他與創業夥伴的聰穎與幹勁令人倍感樂觀，但也象徵坐牢數十年造成多大的浪費。

而在過渡之家正對面的全新大樓，反映韓德森先生、歐立安斯女士等改革人士所面臨的艱巨挑戰。這棟大樓占據了天際線，貼著隔熱膜的窗戶在午後陽光下熠熠生輝，看起來像投資銀行總部或律師事務所。這座閃亮的龐然大物是路易斯安那州最新的看守所，耗資 1.45 億美元，可以容納 1,438 名受刑人。由於該州監獄人滿為患，受刑人會在當地看所守待上一段時間，再被轉送安哥拉等長期監獄。新看守所的公用電話裝在窗戶附近，可以看到佩迪多街 (Perdido Street)，代表家人可以開車來此、停好車後，一邊向親人通電話，一邊向他們揮手。他們把這件事戲稱為「牢中視訊」(prison FaceTime)。

從結果看來，本書針對三個極端經濟生存韌性的研究，很適合在路易斯安那州收尾。三個地方的市場、貨幣、貿易與交換都在困難重重的條件下出現。路易斯安那州不僅有展現韌性的故事，也提醒我們全球先進國家正在陸續衰敗。駛離佩迪多街後，我來到圖蘭大道 (Tulane Avenue)，其連接了紐奧良法國區與偉大的 61 號公路，

腦海中很容易浮現一條綠樹成蔭的大道，旁邊播放爵士樂的咖啡館慢慢變成藍調酒吧。然而，這卻是了無生氣的地方，到處都是經濟衰退的痕跡。當地公共投資不足：醫院看起來破舊不堪，醉醺醺的退伍老兵睡在退伍軍人中心外的巴士站，法院看起來活像監獄，四面牆壁無比骯髒。私部門企業也槁木死灰：只有陰暗的店面，霓虹燈招牌上寫著債務減免和保釋金服務，專門協助候審嫌犯家屬。許多廢棄的大片土地上，放眼望去只有雜草與垃圾；大街上，有個宛如大型戲水池的坑洞內滿是積水。

　　不是每個經濟體都會反彈，也不是每個人都具韌性。有時，現況只會愈來愈糟，再也回不去了。走向破敗的路易斯安那州，毋寧預告了後續旅程的不同滋味。我接下來造訪的地方，剛好是全球經濟失敗的三大極端案例：達連、金夏沙和格拉斯哥。

FAILURE

THE ECONOMICS OF LOST POTENTIAL

PART 2

第二部

失敗

失去潛力的經濟體

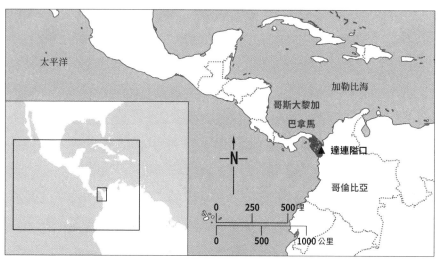

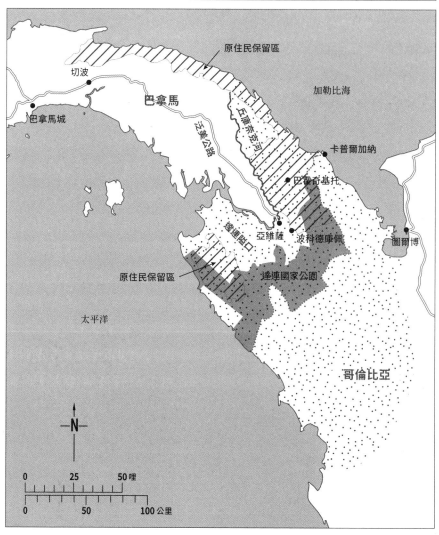

巴拿馬達連

Darien

偷渡、走私、搶劫猖獗的無人地帶

貿易會增進貿易，錢會生錢⋯⋯
因此這扇海洋之門，這把宇宙之鑰，
若能妥善管理，必能使其所有人箝制
兩座海洋，
成為商業世界的主宰。

威廉・派特森（William Paterson），《在達連建立殖民地之建
議案》（*A Proposal to Plant a Colony in Darien*），1701 年

達連，你，土地，吞沒了人，
噬了萬物生靈。

法蘭西斯・伯蘭德（Francis Borland），《達連史》（*History of
Darien*），1701 年

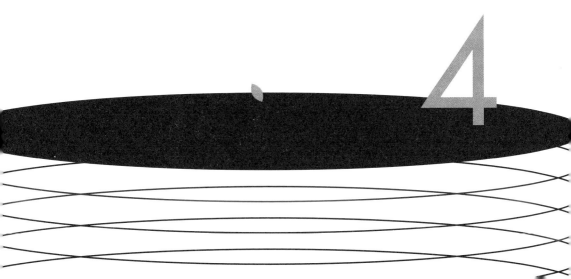

4

獨自在隘口

村長的憂慮

　　巴拿馬的巴霍奇基托村 (Bajo Chiquito) 很多方面都像一首田園詩。位在翁鬱叢林間，村民的木屋坐落高椿上，有一大間共用的房間，吊床在微風中緩緩搖曳，上方是厚厚的茅草屋頂保持居家乾爽。這個村子建在隆起的小丘上，俯瞰淺淺的圖奎莎河 (Rio Tuquesa)，河水澄澈，石床清晰可見。這裡住著安貝拉族 (Embera) 原住民，他們小小的村落散布叢林這一端。巴霍奇基托的居民會充分利用他們的河：母親和幼童在淺灘沐浴、洗衣和嬉戲，遠方河堤上，蒼鷺盯著他們看；往上游一點，乍見水花四濺，氣氛熱烈，原來是一群青少年在用自製魚叉抓魚。隨時間過去，岸邊的漁獲愈堆愈高，令人欽佩。

　　村長胡安・維拉斯奎斯 (Juan Velasquez) 正坐在住家外面滔滔不絕地講述巴霍奇基托的大小事，他未來的女婿專心聆聽。這個年輕人來自上游幾哩處的鄰村，但娶了胡安的女兒後，他將遷來這裡，搬進一間新搭建的屋子。他們將砍伐村子周圍幾棵值錢的闊葉樹來購買建材。胡安四個月前才被選為村長，但已被管理村子的經濟、維護安全等責任壓得喘不過氣。一條小徑從河畔通上小丘，進入村子——胡安家就在入口附近。他說：「我們住在這裡覺得不安全。」他比了比小徑，一邊解釋：最近常有不速之客穿過村子。

　　巴霍奇基托相當偏僻——從最近的道路走過來要好幾天——但外人可說絡繹不絕。胡安說，他們可能在一天中的任何時間出現，

事先完全不打招呼。通常一天只有幾個人通過，但有些日子，這個人口不過 300 的村子，會被數百人侵擾。當我們說話時，一名即將卸任的部落首長尼爾森 (Nelson) 晃了過來。他也同意，外人和外人構成的威脅，是安貝拉所有領導人面臨的重要問題。

說時遲那時快，胡安眼神一凜，聚精會神起來。他揚起眉毛，緊盯我的背後，同時稍微把頭揚了揚、示意我回頭看。有六個男人走入村子，且看來十分突兀。安貝拉族人個子矮小結實：很少有人身高超過五呎，女性更矮。一早在河裡洗完澡，多數男子袒胸露背、穿尼龍籃球短褲、打赤腳或穿簡單的塑膠鞋 (clogs) 保護腳趾。這行人則又高又瘦，穿著牛仔褲和耐吉運動鞋。其中一人身穿英國兵工廠 (Arsenal) 足球隊的球衣。「我們不認識他們，不知道他們打哪兒來。」地處偌大叢林的狹小一隅，巴霍奇基托既無圍牆也沒有形式上的邊界。「如果有人決定入侵，我們一點自保的辦法也沒有。」

我來巴霍奇基托是想試著理解達連隘口的經濟。這片濃密的叢林和雨林名義上與巴拿馬和哥倫比亞部分領土重疊，分隔了南北美洲大陸。一如本書第二部的其他兩個地方，這塊罕為人知的土地之所以極端不是因為其恢復力驚人，而是因為它的失敗令人詫異。在地圖上看來，達連、金夏沙和格拉斯哥都該是世界的領導者，應是無比繁榮的地點。就達連而言，這塊土地的天然財富潛力無窮：地下蘊含黃金，地上有稀奇珍貴的木材擠滿原始雨林，包括紫檀木 (rosewood)。但達連最突出的資產是其地理位置——既是南、北美洲之間，也是大西洋和太平洋之間的橋梁。正因這樣的戰略位置，達連已為人熟知數百年；多位早期冒險家皆計畫在此建立連結兩大陸與兩大洋的貿易樞紐——必將實現的經濟成就，會讓這裡成為

「宇宙之鑰」。

　　但如今達連是世人遺忘的地方，經濟並未發展，若爲人知，也是以危機四伏著稱。大致而言，這是個規定、管制、政府監督微乎其微的世界。法紀在此蕩然無存，使這裡除了原住民部落外，也住著包括毒品走私犯和自由鬥士等亡命之徒。這些群體藏身於此的原因是雨林——無法穿越，又價值非凡。但雨林正迅速萎縮：全球各地的森林砍伐變本加厲，2016 年創下史上一年最多樹木消失的紀錄——此後，在哥倫比亞和巴拿馬這兩個理應看管達連的國家，砍伐率急遽上升。我徒步走入隘口，試著查明爲什麼這裡從來沒有適度開發，同時見見在此罕爲人知的地理十字路口居住和貿易的民衆，試圖了解是什麼樣的經濟作用力讓貿易不但未能保護他們這片不可思議的土地，還害它陷入險境。

危險與機會之境

　　這裡被稱爲「隘口」是因爲它是綿長的泛美公路唯一中斷之處。那條路據說長達三萬公里，從阿拉斯加最北端一路連通到阿根廷最南的火地省 (Tierra del Fuego)。其實，那條公路完全稱不上「泛美」，因爲中間有個缺口。公路北段止於巴拿馬的亞維薩 (Yaviza)，南段則始於亞維薩東方約 112 公里、哥倫比亞的圖爾博 (Turbo)。達連隘口坐落兩者之間。這裡的地景令人驚豔，綿延無盡的雨林，中間交織著數百條河流。唯有靠獨木舟和雙腳才能通行，那裡被當地人稱爲「El Tapón」，意爲「塞子。」

　　官方上達連隘口有五分之四歸巴拿馬，其餘則落在哥倫比亞邊

境。人們得深入叢林好幾天才會走到巴拿馬和哥倫比亞的國界，而如果真能走得到那裡，就能自由越過。不過，最好是把達連想成一塊獨立的區域。巴拿馬的領土，連同中美洲，止於這個地區的西側；哥倫比亞，連同南美洲，始於它的東緣。位於中間的是一個國籍不固定的地帶，人們可任意進出。巴拿馬的邊境部隊，即「國家邊境防衛局」(Servicio Nacional de Fronteras)，又稱「邊防隊」(Senafront)，在多數村落都有部署，連巴霍奇基托這種小不溜丟的村子也不例外，但在荒野中幾乎行使不了管制權。這裡的農場因闢建簡易跑道給載運古柯鹼的輕航機起降而聲名狼藉。在亞維薩附近，有名當地人指著一段筆直的泛美公路解釋說，當地人都知道晚上最好離那裡遠一點，因為哥倫比亞毒梟有時會把飛機降落在公路上。

達連隘口的難題，古今皆然，都是「安全」。現今這裡令人聞之色變，是因為哥倫比亞游擊隊在延燒 50 多年的內戰期間於此活動。哥倫比亞革命軍（The Revolutionary Armed Forces of Colombia，簡稱 FARC）成立於 1964 年，乃一群效忠哥倫比亞共產黨的鬥士，至 2016 年才依同年簽署的哥倫比亞和平協定正式解散。內戰期間，FARC 最負盛名的是其籌措資金的手法：綁架勒贖、向村鎮強徵「稅」和毒品走私。據估計，1958 年至 2016 年間，這場哥倫比亞衝突導致 26 萬人喪命，其中約有 12％是哥倫比亞游擊隊所為，這讓他們被許多國家列為恐怖組織。

這解釋了看到六個外人無預警進入巴霍奇基托村時，村長胡安何以如此擔心。安貝拉最怕的不速之客是涉及毒品交易的哥倫比亞人。他們叫那些走私客「gente de la montaña」、意為「山地人」，也深知那些人（多半是前哥倫比亞游擊隊員）可能身懷武器、窮凶惡

極。胡安獲選村長才幾星期，在達連叢林深處一幫毒品游擊隊與巴拿馬邊境巡邏隊的槍戰中，就有四人喪命。其他村落的情況更糟：16 公里外的班尼亞碧哈瓜 (Pena Bijagual) 被一幫毒梟入侵，安貝卡族人棄村而逃。六名陌生男子堂皇步入隘口這個小村子的畫面，確實足以讓人心跳加速。

原來，這六個巴霍奇基托的生面孔沒什麼好怕的。從密林冒出來的他們不是哥倫比亞販毒集團，而是一群友善的年輕尼泊爾男子。一如我將在隘口各處碰到的印度、塞內加爾、喀麥隆、委內瑞拉青年男女，他們都是取道達連隘口進入巴拿馬、再一路前往美國的經濟移民——這是條嚴酷而有喪命之虞的路線。這些移民的挑戰與原住民族的挑戰環環相扣，而核心正是經濟。儘管見到他們令人訝異，但回顧歷史，他們史詩般的旅程並不突兀。

數百年來，達連一直是經濟追求者——貧困的、野心勃勃的、被奴役的，或流離失所的——尋求庇護、慰藉和重新開始的地方。這些人一脈相承，為達連賭上一切，而非法移民正是最新的一群。儘管對一些人來說，叢林未開發的荒野意味危險，但對有些人來說則充滿令人無法抗拒的潛力。那股潛力曾讓被遺忘已久的達連在英國成為炙手可熱的話題。

絕佳的港灣

英國海盜

　　17 世紀時，英國靠著貿易愈來愈富裕：從卡地夫（Cardiff，威爾斯首都）到倫敦，從南安普敦到格拉斯哥，島上每一個地區都有忙碌喧囂的港口。商人開始蓋豪華住宅，海外進口的物資也讓英國人的飲食有所改善。1585 年從南美洲抵達的馬鈴薯，迅速成為英國人的主食；第一間咖啡館於 1650 年代開張後，馬上蔚為流行；怪異但可口的食物，如番茄和青花菜，也愈來愈受有錢人和勇於嘗試者青睞。

　　除了提供新的商品和食物，貿易也是刺激、聳動故事的充足來源。其中有些最精彩的傳說是以威爾斯人亨利・摩根 (Henry Morgan) 為主角，他籌集一支多達數千人的私人軍隊，劫掠古巴、巴拿馬、委內瑞拉的城市，一面尋找黃金，一面摧毀建物，又對當地人嚴刑拷打。這些夾雜貿易和探險的故事大受歡迎，而當一對海盜朋友威廉・丹皮爾 (William Dampier)、萊昂內爾・威佛 (Lionel Wafer) 著述的兩本書在 1690 年代出版後，意味著達連將聲名大噪。這兩本有關達連的書不僅暢銷，最終也改變了歐洲的歷史。

　　丹皮爾和威佛都是聰明人。英國詩人塞繆爾・泰勒・柯立芝 (Samuel Taylor Coleridge) 稱丹皮爾是「心思敏銳的海盜」；威佛原為外科實習醫生，升遷迅速，成為航行船艦上的高級軍醫。威佛的紀錄尤其令人激動。兩人都參與了一次以徒步穿越達連、抵達太平洋岸為目標的探險，災難在這時發生：一名笨拙的海盜意外開槍射中威佛

的膝蓋，導致燙傷。被留在叢林的威佛與當地部落交朋友，族人採了一種奇特的植物，嚼成膏狀來治療他的槍傷。但他們隨即開始懷疑他和最近一名印地安嚮導的死亡有關，生了一盆大火要把他活活燒死。威佛靠指導部落歐洲醫療逃過一死，並被視為神人讚頌。在答應酋長會回來娶他女兒後——唯有這樣才被准許離開——威佛獨自穿過叢林，在加勒比海岸找到他的船員，便啟航前往卡塔赫納（Cartagena，今哥倫比亞境內）。他的經歷不遜於好萊塢賣座巨片的劇本。

這些最早的達連探險故事在歐洲咖啡廳裡被人大聲朗讀，聽者無不興奮。故事中的達連宛如天堂。威佛的聽眾聽聞那裡遍布「溪流和常年不枯的泉水」、地上作物「生長茂盛，代表土壤極其肥沃。」「令人心曠神怡的樹林」在書中詳細分類，也有許多珍貴樹種的描述。威佛所吃的東西令人垂涎三尺：他寫到「營養又美味」的烤豬，接著是一天的極致奢華——鳳梨：「鮮潤多汁，有人覺得鳳梨嘗起來就像所有你想像得到、最美味可口的水果綜合在一起的味道。」

達連的天然資源令英國人興奮不已，其戰略位置更在這個貿易與探險的年代營造出某種狂熱。陸續問世的故事和地圖清楚顯示達連是中美地峽最狹窄的部分，有多條大河貫穿。這個河系讓富有企業家精神的商人心醉神迷，因為那代表他們除了在加勒比海沿岸做生意，也可能橫越美洲到太平洋岸附近的造船和商業重鎮做生意，就像如今厄瓜多境內、當時由西班牙人掌控的瓜亞基爾（Guayaquil）。他們認為讓一支艦隊在達連登陸並不難，因為在黃金島（Golden Island）這個地方，有個坐擁天然屏障的深水灣。據威佛的說法，那是「絕佳的港灣」。

達連如何造就聯合王國

　　這些有關達連的敘述特別令一個國家難以抗拒。蘇格蘭的政商階級一直深信，建立海外貿易殖民地必能提振該國日益衰弱的經濟。他們也馬上採取行動，隨即訪問威佛和丹皮爾汲取更多資訊。一家設立來支持探勘計畫的「上市」公司從貧富不一的投資人募集了50萬英鎊——約占當時全國資本的一半。1698年7月14日，一支由獨角獸號 (Unicorn) 和奮進號 (Endeavour) 領軍的五船艦隊、載了約1,200人，啟程尋找黃金島並建立蘇格蘭的第一個殖民地。流傳至今的日誌顯示這些冒險犯難的殖民者為達連的美神魂顛倒。看來威佛說得沒錯。他們將此地命名為新加勒多尼亞 (New Caledonia)，並動工興建它的首都：新愛丁堡 (New Edinburgh)。

　　這次充滿希望的遠征——現稱達連災難 (Darien Disaster)——是蘇格蘭史上最大的經濟災厄。蘇格蘭人帶去沿途貿易站販賣的物資，包括假髮、梳子、拖鞋、煙斗等當代消費品，在加勒比海地區一點用處也沒有，無法買賣，他們只好動腦筋找東西吃。海域漁產豐富，但每艘船只帶了一小張網子來；可以抓來吃的陸蟹類生物數量有限，很快就沒了。殖民者旋即依賴起酒精，把供量充足的白蘭地喝個精光。各式各樣的熱病——天花、瘟疫、霍亂、痢疾、傷寒、黃熱病、瘧疾——接踵而至。一名生還者沃爾特·哈里斯 (Walter Harris) 在他的經歷中寫道：「人們像腐爛的綿羊般，紛紛倒下死去。」

　　雖然有另一支艦隊運了補給品來，情況卻雪上加霜。蘇格蘭人放棄達連、轉往牙買加，但許多人死在旅途中，活著的人一貧如洗，只好賣身當奴隸。前往達連的2,500名蘇格蘭人，有超過2,000

人死亡，航往達連的 16 艘船更只剩一艘堪用。對蘇格蘭來說，這次殖民計畫糟得不能再糟。非但沒有創造新的蘇格蘭帝國，達連遠征反而害國家破產，致使蘇格蘭得接受 1707 年的紓困方案，成為英格蘭的領地。此後，雖然有其他殖民國家（以西班牙為主）曾在這裡建立小聚落，也出現過幾個繁榮昌盛的小貿易區，但來現代的達連旅行，只會見到一塊安靜、未開發的無人土地。從造就聯合王國的蘇格蘭災難至今已過了 300 年，達連仍未被馴服。

喪失的機會

路的盡頭

巴拿馬城 (Panama City) 很醜——街上一堆看來廉價的公寓大樓住宅，交通堵塞打結。但當你轉向東方、朝達連去，一切變化得很快。過了約 30 分鐘，高聳建築消失，泛美公路變成單線道，緩緩起伏，蜿蜒穿過蒼翠的農田。路上開始不時出現一群群禿鷹，啄著被狂飆卡車輾斃的動物屍體，當我們快速通過時，這些大鳥便振翅飛上天空。行經一條被壓扁的巨蛇時，我問司機那是什麼蛇。他聳聳肩：「不必問，在牠殺死你前殺死牠就對了。」

達連隘口原本廣大得多：1960 年代以前，泛美公路止於巴拿馬城東方 60 公里的切波小鎮 (Chepo)。今天這條平坦的路延伸得更遠，通過切波後，公路兩旁不再是農田，換成綿延無盡的柚木林，

寬大的樹葉交疊成一座穿不透的深綠色林冠 (canopy)。幾家子坐在色彩鮮豔的巴士站裡，大家都想躲太陽——上午十點就如烈焰灼身。男人都戴著淺黃色的遮陽草帽，有深褐色的箍帶和正圓形的帽沿，前沿像引擎蓋一般翻起來（這種「巴拿馬」帽源自厄瓜多）。女人則撐著黃色和橙色的陽傘。車子每開一公里左右，就會看到一名農人坐在路邊賣堆積如山的大蕉。老舊的小貨車唧唧作響，停下來收集農作物，再掉頭回城裡去。

過了兩個鐘頭，柚木林終止，一座橫跨馬路的大拱門赫然出現。身穿帥氣制服的邊防隊衛兵一絲不苟地檢查車輛，但這個名為阿瓜弗里亞 (Agua Fría) 的地點，實際上是達連隘口的邊界，也是巴拿馬當局能完全掌控領土的終點。過了拱門，一切驟然改變。平坦的柏油路變成坑坑窪窪的小道，滿是砂礫、塵土飛揚。這裡看不到什麼小汽車和巴士了，交通主要是產業用途：大卡車沿小道轟隆隆地來回，載滿龐大、深紅色的樹幹。許多駕駛會把卡車的排氣管拔掉（這是能提升車輛動力的訣竅），所以引擎運轉時會發出震耳欲聾的尖鳴。這裡名義上是巴拿馬的領土，但已看得到南美洲的跡象：男人帽子上的深色箍帶更粗了，也有更多帽子的帽沿往下翻，展現出哥倫比亞風。

毫無預警下，這條路止於亞維薩的河港。路邊有個木造標誌慶祝從阿拉斯加到這裡 12,580 哩不中斷。通往河裡的浮橋相當忙碌，堆滿大蕉的獨木舟正在卸貨，而那些貨物正細心周到地堆在河邊卡車的車斗上。亞維薩的主街長約 200 公尺，兩旁盡是小酒館和彈子房，不分晝夜大聲播放巴拿馬的流行樂，俗稱「típica」。一名當地人解釋，歌手清一色是男性，歌詞大同小異，不脫情愛、失戀與

孤寂。亞維薩這個小鎮散發著就業不足的味道——有許多酒鬼，許多娼妓。非常幸運的是，這裡也有位在地經濟學家能夠告訴我們，道路、河流、港口如何大大有助於解釋這個曾是達連經濟首府的地方，到底出了什麼問題。

從中樞變輪輻

「亞維薩最好的日子過去了。」現年 50 多歲、曾在美國修過經濟學的當地人賀梅爾·洛培茲 (Hermel Lopez) 這麼說。曾任政府顧問的洛培茲先生對亞維薩的江河日下感到惱火，已設立社區中心為當地行號提供訓練和建議。他也在籌措經費，計畫在此成立達連博物館。這個鎮擁有豐富的歷史，他接著說，而它的衰敗就象徵著達連所面臨的經濟問題。亞維薩旁邊就有一座西班牙人所建堡壘的廢墟。到 1820 年代西班牙帝國崩潰為止，西班牙人都掌控著巴拿馬，其軍官曾駐紮在亞維薩，監督於叢林深處開採的黃金裝上船隻，運到河的下游去。

以往，由於區域內沒有道路，河流是主要的運輸方式，在 1960 年代之前也決定著貿易流動。亞維薩的地理位置絕佳。河流從東北方的高地流淌至此，而丘庫奈克河 (Rio Chucunaque) 扮演如同公路的角色，連接亞維薩與數百個小鎮及村落。商人和批發業者會在亞維薩和來自那些聚落的居民交易，購買物資，到他們自己較大的船裝滿為止。他們會從這裡往南航行到太平洋，再往西沿著海岸到巴拿馬城。有了這種以河流為基礎的連結，達連除了可以和首都做生意，也有本身以河為主的經濟，而亞維薩就位於經濟的中心。

亞維薩鎮上到處都見得到這個事實的殘跡：這裡曾有遠比現今強勁的經濟。這裡的民眾貧窮、就業不足、衣衫襤褸，且因為時間太多，很多人成天流連酒吧。但主街上的住宅帶著褪色的華麗：樓高兩層，二樓的陽台俯瞰大街和河流。用來建造外牆的木板厚實且裁切精美；它們風化得優雅，且刻有複雜精細的圖案。相形之下，較新的住家就顯得又小又廉價了：混凝土牆面、覆蓋鐵皮屋頂，不需要什麼技術就能搭建。

亞維薩的港口建於景氣好的時代，對當今微不足道的經濟而言太大了。位居這條偏遠河流的一彎，是為產業而設計，有廣大的卸貨區和堅固的門式起重機，讓重的物資得以堆上曾停泊於此的大型船隻。而持續至今的交易──每一、兩個小時就有一艘傳統獨木舟載大蕉過來──無法解釋前述基礎設施的合理性。一名當地人告訴我，鎮上有 30 多間酒吧，因為港口曾經繁忙得多。走進巷弄，你會發現那些酒吧大多開門營業，但空空盪盪。這荒涼的地方昔日是因河流貿易的富裕而建，但河流貿易失落已久，城鎮也失去了經濟網絡（economic network），無力恢復──金夏沙和格拉斯哥也有類似情況。當運輸上的創新不利亞維薩，幸運便棄它而去，讓這個城鎮從本身經濟體系的中樞，變成遙望巴拿馬城的輪輻。

低名聲的高成本

洛培茲解釋說，昔日達連狂野的名聲，讓亞維薩付出慘痛的代價。泛美公路竣工的方式就是明證。聽聞巴拿馬當局決定開路連接切波和亞維薩，這裡的民眾深怕被孤立，要求新路要由兩支團隊同

時建造：一支從亞維薩開始，另一支從切波開始，然後在中途會合。當局並未理會這個請求，公路只從一邊開闢：1963年從切波動工，最後在1980年代闢至亞維薩。公路與丘庫奈克河平行，而隨著公路抵達每一個新村鎮，儼然成了連通巴拿馬城最簡單的方式，河運變得多餘。一年一年過去，亞維薩的連通性和影響力持續下降，優勢拱手讓給東邊的城鎮。大船不再需要停泊這個港，於是造船工人、機械工、船長、船員和港口工人的工作消失了。

一艘大獨木舟的安貝拉族船長一邊看著船員（兩個年輕男子）卸下大蕉，一邊從另一個角度說明與世隔絕為何是如此嚴重的問題。他們是從達連隘口深處的波科德庫佩村 (Boca de Cupe) 航行來此，每兩星期來回一趟。他們在那個村子以每根八美分的代價向村民買大蕉，往下游航行六小時到達亞維薩，以每根十美分賣出。達連地區其他村子也幹同樣的事情，在亞維薩港口激烈競爭，也讓向他們買東西的卡車車主可以自開條件（船長補充道，卡車司機往往不肯先付錢，要等把水果轉賣給批發商才會給村民錢）。他抱怨，當大蕉抵達巴拿馬城，可以賣到25到50美分；每根兩分的利潤，扣掉燃料和員工的成本根本所剩無幾。船長的問題是他的供應鏈太長，參與的人太多，人人都要分一杯羹；當我們細細思索他的困擾時，他問我們知不知道其他直達巴拿馬城的路線可幫助他擺脫那些中間人。但亞維薩被困在路的盡頭。只有一條路可以出去。

販賣自然

身在被剝奪就業的城鎮，亞維薩的居民只好做他們能做的事。

其中大部分的工作涉及以某種方式從環境榨取價值。從過大的港口，兩人一組的年輕男子划著看似脆弱的獨木舟出去，唯一的裝備是一支槳和一個塑膠桶。他們從河床挖砂礫，然後把桶子拖上陡峭的堤岸。沿著河邊，他們把一桶桶不同等級的砂礫賣給當地建築商，一桶 20 美分。也有人砍伐樹木，偷偷摸摸到森林裡尋找值錢的「可可波羅」(cocobolo)。這種樹（即紫檀木）是受保護的物種，但當地人知道鎮上有個中國商人會買來出口。還有流浪的牧人 (campesino)，他們遊走公有地放牛吃草，把肉賣掉後再轉往新的牧地。河流上游，隘口深處，仍有團隊在尋找黃金，他們用水和水銀沖刷河堤，讓珍貴的金箔從沉積物中露出。這樣的環境是資產，而對許多住在亞維薩的人來說，唯有剝掉一點變賣，才能勉強過活。

當地的羅馬天主教神父艾爾文‧貝佑林 (Alvin Bellorin) 說，這種做法造成的傷害，長期來看足以釀成大禍。這位現年 37 歲、尼加拉瓜出身的傳教士，已經在亞維薩待了十年任期中的六年。他指出，由於樵夫砍樹、牧人把林地變成牧地，叢林正迅速萎縮。貝佑林神父喜歡沿河邊散步，直言他來達連的短短六年內，河也變了樣。叢林萎縮，加上河砂一直被挖取，已經改變水流方向，而河堤正被侵蝕。彷彿在證明他的論點似的，附近一條昔日環繞河堤的步道，現已在一處懸崖塌陷、落入河中；再往前走，曾是建物結構的混凝土塊，現在從水面冒出來。西班牙的堡壘距離坍塌中的河岸相當近，岌岌可危，眼看將是下一個崩落的建築。而那已經屹立快 300 年了。

達連土地上顯而易見的環境侵蝕，可用更廣角的稜鏡來看——擔任巴拿馬國家保護區首長到 2016 年、管理全國 117,000 英畝土

地的山繆爾・瓦迪茲 (Samuel Valdez) 如此解釋。「豐富的生物多樣性
應當是此地居民的經濟資源。」他這麼說，強調環境觀光和審慎管
理伐木計畫的價值。但他也表示，結果現在資源正以毀滅性的方式
開發。巴拿馬這個地區 1960 年代的空照圖顯示濃密的叢林一直延
伸到切波，即達連隘口過去的起點。隨著更深入達連的公路完工、
人口移入，一大片雨林已被摧毀。光是從 1990 年到 2010 的 20 年
間，巴拿馬每年平均失去 27,050 公頃的森林覆蓋——總面積超過
75 萬座足球場。瓦迪茲先生說：「在達連這裡，環境受損程度堪
憂。」

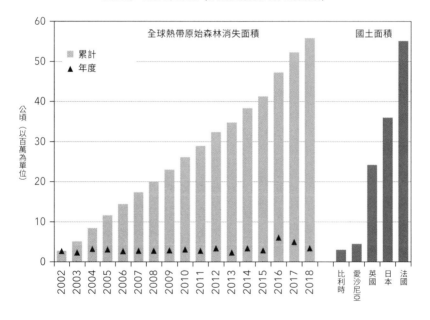

圖 4.1 ｜ 消失中的熱帶原始森林

2002 ～ 2018 年每年消失的熱帶原始森林與特定國家的陸地面積

資料來源：世界資源研究所（World Resources Institute）

叢林悲歌

自由交易的問題

本書第一部的社區以各自獨特的方式展現恢復力，也展現經濟學最好的部分。在那些地方，人民原本一無所有，卻打造了非正式經濟，在其中發揮創新力量，亦常私自發明非官方貨幣，從零開始建立市場，從事互惠交易。這種面對經濟崩毀（無論是天災、戰亂或監禁所致）的反應似乎是與生俱來，也展現非正式或地下市場可以怎麼分配稀有的資源、協助人們界定角色和身分認同，進而賦予生命意義。

像達連這樣的地方則證明，非正式經濟不見得是良性的。欠缺管理及規範，崛起的市場也可能破壞資源、降低人類聚落的價值，並損害其長遠的未來。令人費解的是，在一個大家都知道環境每下愈況的地區，達連的人民為何無法以阻止情況惡化的方式來管理經濟。幾百年來，經濟學家一直擔心這個問題，常稱之「共有財的悲劇」(Tragedy of the Commons)。達連叢林內的搾取式經濟 (extractive economy) 是惹人注目的現代案例，也提醒我們，為什麼經濟學家固然動輒對市場創造價值的力量抱持熱情，卻不放心把一切交給市場。

貿易可能具毀滅性的事實，最早是 1832 年由威廉・佛司特・洛伊 (William Forster Lloyd) 在牛津大學的兩場演說中闡述。洛伊被任命為英格蘭聖公會 (Church of England) 牧師，原本研究數學問題，後來改而研究政治經濟學，特別擔心人口迅速成長的牽連。他描述了公有

地（「the common」）的情況：農人可自由讓牛在公有地上吃草，結果牧草因過度放牧而被吃得「一乾二淨」。這令洛伊百思不解：「為什麼公有地上的牛又瘦又小，發育不良？」

根據洛依的解釋，問題的根源，在於每一名農人決定要不要放牛吃草時的盤算。如果農人有自己的地，就會考慮自身做法所致的一切後果：他知道每多一頭牛，就會吃掉更多的草，而其他牲口的食糧就少一分。到某個時候，農人會知道私有地已經「飽和」，再多一頭牛，就會害其他小牛挨餓了。因為這是農人要直接負擔的成本，他會再找一塊地來飼養那頭牛。

在公有地上，農人的盤算就不一樣了。多讓一頭牛吃草的負面效應不只會傷害他自己的牛；牧草的損失是由公有地上所有動物共同承擔，包括不是那名農人擁有的牛。既然成本不是全部由那名農人承擔，他就不會那麼在意，而會多放一頭牛去公有地吃草，這點與私有地的做法不同。既然每一名到公有地的農人都這麼做，公有地就會擠滿牛隻，導致牧草過度消耗，牛隻自然就營養不良了。洛伊這個以一名假想農人為主角的故事，完美描述了現今達連牧人利用土地的情況。

樂觀看村落

身在地球上最艱困、壓力沉重經濟體的民眾之所以能夠展現韌性，非正式、無管制的經濟是其中一大關鍵，但這種預言就令人沮喪了：自由貿易也常弄巧成拙、自招失敗。所幸，近期一位名為伊莉諾‧歐斯壯 (Elinor Ostrom) 的經濟學家提出了較為樂觀的見解。歐

斯壯因數學不夠好而被加州大學洛杉磯分校 (UCLA) 博士班拒於門外，故改修政治學博士。她運用局外人的身分 (outsider status)，根據她對歐、亞、非各地村落生活詳盡的田野研究發展出自己獨一無二的分析品牌，在 2009 年成為史上第一位獲頒諾貝爾經濟學獎的女性，後於 2012 年辭世。據她觀察，在許多情況下，社區確實會設法照顧共有的資源而不致耗盡，也不會訴諸阻礙貿易的法律或限制性規範。她的研究成果說明了為什麼非正式、無管制、不受政府掌控的貿易能在一些村落運作健全，卻在其他村落招致災難。

瑞士阿爾卑斯山區特伯爾 (Törbel) 的翠綠草地和濃密森林是歐斯壯強調的一例，她指出，森林是村子冬季燃料的來源，而村民有一項聰明的傳統能確實保育森林。當地人會組成團隊砍伐、搬運和切割林木、把木材疊成堆，每一堆都有編號。然後他們會抽籤決定誰得到哪一堆。既然每戶人家都知道自己可能拿到其中一堆，他們便會努力確保每一堆木材都有足夠的燃料過冬，同樣地，每戶人家也知道過度砍伐會反噬其身，因為那代表下個冬天的木材就少了。這種不成文的傳統完全契合動機：村民不會取太多，也不會取太少，而且會公平地分配。

在某些日本農村，共有的土地也常用類似方式管理。位於富士山腳湖畔的平野、長池和山中村也是歐斯壯研究的案例。這些社區共同擁有一片綿延到山腰的森林，提供他們做燃料的木材、食用的野生動物和種植蔬菜的肥料（林地上腐爛的植物）。森林也調節了從山腰流下的水，防止氾濫和土壤侵蝕。問題在於從 17 世紀開始，由於營建需要（愈來愈多的人口需要住家、寺廟、神社、軍事防禦工事等），日本經歷了好一陣砍伐熱潮。全國各地的森林變成「原

野」（貧瘠的土地），時有土壤侵蝕和山崩發生。所以村民想出一種配合在地環境細微調整的自我管理制度。時至今日，地方傳統規定可以砍伐不同樹種的確切日期，既限制收成時程，也限制每一次可參與砍伐的人數。森林回來了，土地結實了，村子得救了。

對於住在達連的社區來說，問題在於他們能否存續下去：是會讓自由交易以對其有利的方式運作，還是耗盡自然資源到一點不剩。在這裡，奧斯壯的研究可助一臂之力：數十年的田野考察讓她得以找出一連串能支持自我管理、協助阻止「破壞性交易」置森林、河川等共有資源於險境的要素。對環境資產劃定明確的界線有所裨益，因為能清楚區分何為私有、何為共享；定期於議場或論壇開會，能讓村民參與辯論、溫和地化解衝突。相對穩定的人口也有幫助，因為名聲就變得重要了：在一個人們多半長住的地方，違反在地傳統的人會明白自己面臨沉重的代價——未來都得忍受鄰居怒目相向。

整體而言，社區通常會保育共有經濟資源的事實，讓歐斯壯對無管制的市場抱持樂觀。但她也講求實際，注意到就算是非正式的經濟體系也鮮少完全沒有規則，而是需要恩威並施。例如日本的村子就會派出非正式的森林「偵探」巡邏林地、開罰單（通常以酒代繳），也可以沒收在錯誤時間伐木者的裝備。不過她也發現，在有些環境，「猖獗的投機行為」會使欠缺監控、懲罰力量的偏遠社區難以達成管理之效。達連的麻煩在於，它正是這樣的環境。

村落的變遷

　　歐斯壯的第一條通則——明確劃定的界限——理應適用於達連。儘管達連隘口大部分的土地允許大眾出入，但其實不是完全的自由之境。巴拿馬政府保留大片土地（稱「comarca」）供安貝拉、沃內安 (Wounaan) 和庫納 (Kuna) 族使用。儘管外人有權通過那些地區，但那裡要不沒路，就算真的有路，過檢查站也要繳通行費，除了避免過度使用，也禁止觀光客從那裡帶出原木、肉類或其他天然資源。木材是族人的燃料，販賣木材換取的現金則用來購買重要的物品，像是獨木舟用的船外馬達，以及為新婚夫妻蓋房子所需的混凝土砌塊和石棉瓦屋頂。

　　為確保鄰近的村落不會耗盡公共區域的木材，專用區採行一種許可證制度，詳細規定每個村落可以收集和銷售的木材量。此外還有綿延 575,000 公頃、登記為聯合國世界遺產 (UN World Heritage Site) 的達連國家公園，公園內最原始的「原始」雨林，任何人皆不可砍伐，其周圍有保護性的緩衝區避免混淆。理論上，這種制度似乎能兩全其美，既允許村民自我管理、去做他們希望能用他們的土地做的事，並以交易總量管制為後盾，扮演某種環境安全網的角色。

　　但官方在達連劃定的界限看似明確，實則不然，而歐斯壯的其他條件，很多在這裡也起不了作用。社運人士賀梅爾‧洛培茲解釋，達連隘口這地區的人口並不穩定，而是不斷流動，且多是未經許可的移民。達連猶如磁鐵，是巴拿馬唯一一個國內每個族群都有人居住的地區。賀梅爾說，在此地待最久的是非裔達連人 (Afro-Darienistas)：身為被釋放或逃脫奴隸的後代，他們的社會階級

最高，常經營自家事業。散布達連有道路地區的小型超市和「三角窗」商店，都是華裔巴拿馬人開的，他們的先人是 1850 年代坐船來此開闢道路或 1900 年代來挖掘巴拿馬運河的勞工。就連兩支「原住民」族也是相對近期的移民：安貝拉族和沃內安族都是在 18 世紀晚期從哥倫比亞西部遷來的。包括游牧的牧牛人和開拓者 (colonos) 在內、連結沒那麼緊密的族群，則是北方來的移工階級。最後到來的是大批哥倫比亞營造工人，他們是來修繕公路的。

共享這塊土地的族群之間互看不順眼。非裔達連人擁有創立者自我膨脹的權利。他們和其他定居已久的在地人認為經營商店是低階工作、瞧不起開店的華裔巴拿馬人，叫他們小中國人 (chinitos)。這種感覺似乎是雙向的：在亞維薩的迷你超市，顧客把錢丟給老闆，老闆把零錢扔回去。買賣時沒有笑容，沒有寒暄。安貝拉族和沃內安族曾隸屬同樣的部落，後來分裂，現在因主張的領地部分重疊而彼此敵視。而上述每一群人似乎都憎惡西班牙裔的牧人和開拓者。

據歐斯壯所觀察，在成功的無管制市場，當地人會攜手合作。但據達連隘口的在地人荷西・昆坦那 (Jose Quintana) 解釋，這裡從事農業和林業的民眾之間不會協調。他擁有一部四輪驅動的貨車，也提供在地計程車服務，載客到亞維薩、再進去位於叢林深處的村落。近來「nyame」（一種類似馬鈴薯的澱粉根類）市場的震盪就是明證。2016 年，當地出現短缺，100 磅 nyame 的售價最高可達 50 美元。荷西解釋，結果每名農人不肯放過大好機會，紛紛種起 nyame，導致生產大量過剩，價格暴跌至九美元。但每 100 磅作物要花農人兩塊錢挖掘和做上市前的準備、兩塊錢運送到河港埃爾・

雷亞爾（El Real）、再兩塊錢付給船長載到亞維薩販售。若把工具和農人自己的勞動成本算進去，根本划不來，於是當地許多曾爲濃密雨林的田野，全是未收成、棄置腐爛的「nyame」。

荷西解釋，達連的問題不只是欠缺社區精神，許多團體根本在積極破壞別人的計畫。在我們前往國家公園裡的安貝拉小村落比希巴薩爾（Piji Basal）時，荷西驕傲地揮手要我們看他擁有的一塊地。他在上頭種可可波羅樹，這些樹要再等 15 年才能砍伐，賣紫檀的報酬將足以供孩子受教育。但在那之前，他必須嚴加看守，因爲附近的人可能會盜砍。

荷西的憂慮是歐斯壯開創性經濟學的一課：非正式市場失敗的原因。就連無管制的自由市場也需要一個舵——即某種社區精神、能激發凝聚力的共同目標。如果沒有舵，就需要某種非正式的仲裁者——就像日本的林地偵探——來執行地方規範。達連隘口既無凝聚力也無監督機制——若有人行爲惡劣，幾乎沒機會移送法辦，鄰居也不大可能出手相助。由於人口不斷流動，在地人常不認識做壞事的人。更何況這個地區毒梟橫行、槍枝氾濫，還是別提告比較安全。

適得其反

就在比希巴薩爾村外，我們終於抵達原始雨林。眞是令人目眩神迷啊：水不斷從樹枝和藤蔓滴下來，空氣悶熱、霧氣瀰漫。明明日正當中，但林裡簡直一片漆黑，微弱的陽光穿過層層疊疊的林冠落在小徑上。地面濕滑，覆蓋著厚如地墊的腐爛樹葉，一不小心就

會滑倒。樹根勉強提供穩固的立足點，但我們沒多久就見到第一條致命的三色矛頭蝮 (fer-de-lance)，而且之後每條樹根都成了危險的巨蛇。

走了兩小時，我們追上一支由山繆爾・瓦迪茲率領、正在調查巴拿馬稀有鳥類棲息地的專家團隊。瓦迪茲說，自然資源的破壞性開採始於一個矛盾的問題──缺少伐木裝備。像巨大的木棉 (kapok) 等葉子高過林冠的樹種，可能超過 100 呎高。諸如此類的硬木奇重無比，需要專門的工具來砍伐和搬運，但有砍伐權的安貝拉村民只有小小的獨木舟。安貝拉的酋長不租設備也不集資購買，反倒把他們被授予的許可權賣給專業伐木公司。文件在手，這些伐木者便有合法權利在保護區裡作業，迅速開道深入叢林，直搗最珍貴樹種生長的地點。一到那裡，他們照理該遵守限額，每一棵砍倒的樹都要記錄，並在樹墩留下有編號的標牌。

達連悲就悲在它不僅是非正式市場失敗的一課，也說明立意良善的規範最終可能使災害不減反增。在地專家指出一個問題，砍伐限額未獲遵守。穿越隘口深處的一個伐木區時，我們發現每十座殘留的樹墩，大概只有兩座有標號。就算限額獲得遵守，賀梅爾，洛培茲說，這種制度也會導致龐大的浪費。因應重量限制──可從林裡帶出多少木材，公司只會帶最好的出來。因此，達連的合法伐木者只取走最直的樹幹，而把剩下已砍倒的樹扔在一旁，每一棵都只取用一部分。當初設計限額制的目的是保護森林，結果適得其反，因為專業的伐木者視這些大樹的樹枝（本身也是大塊木料）為垃圾。「走入森林，你會看到，」洛培茲先生一臉嚴肅：「大樹枝都躺在地上。」

由此，木材交易將接連遭遇一連串超出計畫的後果——而且每一個都是負面的。在叢林深處，我們看到伐木公司開的路了。那些不是我想像中狹窄的鄉間小徑，而是寬大的強化道路，讓巨型卡車可以載木材進出。每開一條路，那就像一條被抽血的靜脈，一點一滴耗盡森林的生命力。隨著濃密叢林被瓦解，不守規矩的在地人便很容易開著小貨車進去找違禁的木材了。接著牧人也跟進，放任牛隻在原為雨林的土地上吃草。因為那種牧草品質不佳，他們會一直移動，走到哪裡，哪裡的森林就毀滅殆盡。

　　意識到砍伐森林的問題，巴拿馬政府從 1992 年開始設置森林復育補助金制度。種樹的地主會得到信貸補貼和減稅優惠，來提升植林的獲利能力。這項新規定——巴拿馬第 24 號法 (Law 24) ——將謀合公眾與私人利益，鼓勵地主種植更多樹木，增進眾人利益。瓦迪茲先生說，這種粗糙的經濟學發揮效用，帶動一股強勁的復育熱潮，但政策設計不良，獎勵任何樹種的種植，沒有具體指明必須回復原生物種。「造林地跟森林不一樣，」他說：「而現在我們有個嚴重的問題——柚木。」

　　開車深入達連途中，我們穿過綿延無盡的柚木人造林，深綠的樹葉看來自然、蓊鬱、健康。但在雨林裡過夜、拜會居民，得知柚木如何生長之後，我開始討厭這種植物了。學名「Tectona grandis」的柚木不是原生物種，而是從東南亞進口的舶來品。它的樹葉豐滿、光滑，跟大盤子差不多大。這種葉面代表柚木不易保濕，而會從土裡吸取大量水分。在原始雨林中，構成原生頂層林冠的樹木葉子較小，讓許多第二層林冠、藤蔓和灌木能照到足夠的光線來生長。反觀柚木龐大的葉子會完全遮住森林地面，而當它們倒下、開

始分解，會釋放出一種殺死昆蟲的酸。在人造柚木林下駐足，你會發現林冠底下什麼也沒有，一片死寂。水被吸乾、光被阻擋，又有葉酸灼身，那裡的土壤枯竭了。地面看來彷彿浸過汽油，等著起火燃燒。

巴拿馬柚木的故事是經濟學裡層面更廣的一課——看似微小的政策改變也可能產生莫大的衝擊。人為市場創造了不自然的森林，第 24 號法補助金促成的 75,000 公頃「復育林」中，柚木占了整整八成。政府提供投資人購買柚木造林的誘因，釋放出巨大的外部性 (externality) * ——柚木種植者未考慮的公共成本——而其造成的環境惡化，要由現在和未來的巴拿馬人共同承擔。不只是達連的人為柚木市場有這個問題。現代經濟——從化石燃料過度使用，到銀行負債來到危險等級——都不是自由市場、是人為市場導致的結果（化石燃料的使用和舉債籌資都跟柚木一樣，是受到政府補助的刺激）。放任不管的自由市場固然可能招致傷害，干預市場卻可能讓災情更加慘重。

不過，巴拿馬政府偶爾也會讓人感覺到一絲希望。2015 年，政府成立新的環境部來監控國家的自然資源。但社運和達連在地人士都擔心，這個政府新單位毫無嚇阻作用。「巴拿馬」(Panama) 一詞原意為「蝴蝶紛飛」、「魚類豐富」，但這無助於讓該國的都市居民傾心於綠色政策。近年來，有許多政客以明顯反綠色的政策競選，主

---

* 編按：externality 在經濟學上是指經濟個體生產或消費的行為，會對其他個體產生有利或不利的影響效果。。

張環保會阻礙發展。幾家最大的伐木公司都是現任政治人物所有，政府甚至販賣公民權給任何願意投資八萬美元種植柚木的人。在這個蝴蝶與魚的國度，環境並不受人重視。

最新出沒的海盜

名聲很重要

　　許多我在達連碰到的當地人，最大的希望是能夠開始以永續的方式利用自然環境，並以生態旅遊為基礎建立新的經濟。推廣當地的動植物是個不錯的構想：這裡是地球上生物最豐富的地方之一，至少有 150 種哺乳動物、99 種原生的爬蟲類、50 種魚類，鳥類生態（多達 900 種，其中許多是本地獨有）更是無可匹敵。鄰國哥斯大黎加已證明自然財富可能在不被破壞的情況下兌換成工作和所得，每年吸引 120 多萬生態觀光客付錢參加健行、導覽和賞鳥，帶來約十億美元的收益。

　　在這方面，達連隘口還是一張白紙。我在達連沒見過真正的觀光客：只在公路盡頭的亞維薩遇到兩個嬉皮和他們停在那裡的露營車、在叢林深處遇到一位鳥類學家正在尋找稀世珍鳥。官方資料不容易找，而找到的資料顯示在 2000 年代中期，巴拿馬每接待 240萬人次的觀光客，只有 700 人造訪達連國家公園。「問題仍在名聲。」賀梅爾這麼說，而他說對了。這裡美不勝收，但眾所皆知、

窩藏哥倫比亞 FARC 游擊隊的叢林，不是你可以放鬆的地方。要賺外地人的錢，在地人需要讓達連容易親近且安全無虞。達連最新的一群冒險者——艱苦跋涉過叢林的非法移民——證明距此目標還很遠。

海盜與土匪

非法移民的目的地都是美國，他們從達連隘口的東緣，即哥倫比亞的卡普爾加納 (Capurganá) 進入隘口。之前由於哥倫比亞政府軍和 FARC 叛軍衝突不斷，那個小港口猶如禁地，但從 2016 年雙方簽訂和平協議後，旅客回來了。有 20、30 歲的美國人和巴黎人，他們留小鬍子、綁細髮辮；也有開遊艇的嬰兒潮世代，他們一連在海上度過好幾個星期，曬成一身斑斑點點的古銅色。這些西方觀光客和在地人一樣穿短褲和夾腳拖，喜歡開派對。雷鬼動 (Reggaeton) 這種混合雷鬼 (reggae) 和浩室 (house) 的歡樂音樂大受歡迎。當地漁民一早就出港、回家吃午餐，還來得及加入同歡。

在這樣的背景襯托下，非法移民呈現出非常鮮明的對比。他們比較年輕——大多 20 歲出頭——也時髦得多，會穿牛仔褲和長袖襯衫，理短髮。而他們所持的行李也透露玄機：很多人會背具軍事風格的藍色或黑色小背包。背包的側口袋塞滿洋芋片、餅乾和罐裝汽水。在這個充滿追逐陽光的不羈浪子和酗酒漁民的城鎮，這些來自印度、巴格達、塞內加爾和喀麥隆的年輕人，宛如都市人一樣顯眼。他們從卡普爾加納展開一場生死攸關的長途跋涉，在沒有嚮導下穿過叢林，抵達隘口巴拿馬端的安貝拉村落，如巴霍奇基托。

打從蘇格蘭人在此死傷慘重，試圖越過隘口的行動就成了自殺任務。我在達連得知現在還是如此，所以追著一群群移民問他們為什麼要冒這個險。為什麼不遷徙到自己國家的大城市找工作就好？「不可能。」來自印度旁遮普 (Punjab) 的一群人異口同聲：「太腐敗了。」他們說，要找待遇更好的工作，需要家族和種姓的人脈，而不管他們有多奮發求學，也不可能在印度謀得更好的生活。我在隘口巴拿馬端遇到的尼泊爾人說他們的問題更嚴重：「我知道我明天有東西吃、後天有東西吃、大後天有東西吃，」亞希姆 (Ashim) 說：「但下個月、明年——天曉得有沒有。」他的叔叔、番茄農賈德康 (Jedkan) 表示同意。尼泊爾可能陷入糧食短缺。這群尼泊爾人喜歡英國，但說英國太難入境。在申請加入廓爾喀部隊 (Ghurkas) 遭拒後，他們決定前往美國。過去那些不幸的蘇格蘭殖民者是被萊昂內爾‧威佛的達連故事引誘來此，這些年輕人則是受到經濟所逼，以及改善生活的希望所驅使。

　　理論上，近年來要越過達連隘口應該比較安全了。哥倫比亞政府和 FARC 在 2016 年簽訂和平協議後，雙方衝突正式落幕。協議赦免了武器持有人，也同意不會起訴前 FARC 成員，允許他們轉為合法的政治團體，繼續以和平方式支持共產主義的理念。既然自由鬥士沒有理由再躲在叢林裡，隨著游擊隊員離開這個地區，達連可望解除危機。

　　但 FARC 的成員也面臨自己的經濟難關，而且十分嚴峻。FARC 徵募的隊員——其中 40% 為女性——多半貧窮且未受教育。在叢林裡住了那麼多年，他們幾乎沒有任何一項技能可在哥倫比亞這種正式經濟體派上用場。他們也欠缺群眾支持，很多人認為游擊

隊獲得一體適用的寬恕太仁慈了，哥國最大的右翼準軍事團體更宣布不會遵守停火協議、將持續掃蕩 FARC。這使得 FARC 難以放棄藏身叢林、從事以毒品和勒索爲基礎的非法經濟。從 2010 年到 2015 年，哥倫比亞古柯樹 (coca)——用來製造古柯鹼的植物——的產量原已減少，但和平協議也承諾終止毒品交易，而隨著大限逼近，古柯樹栽種量足足增加一倍，因爲當地農民在 FARC 支持下，趕著生產最後一批經濟作物。

鳥類觀察家基羅 (Kilo) 解釋，正因停火掀起這樣的經濟漣漪，隘口現在其實更加危險。我們是在走入叢林兩小時後，在管理站碰到基羅的，他是鳥界趨之若鶩的大明星，專門幫助學者和鳥迷找出最稀有的鳥類。他是極少數準備跋涉數日進入隘口最深原始雨林的人士之一，已經注意到停火之後的改變。他描述了巴、哥兩國交界塔卡庫納山 (Cerro Takarcuna) 山麓的景象。FARC 以往是集體住在大營區，但現在，極小的游擊隊營地四散在山腳各處。自解編後，FARC 已四分五裂，現在各派系相互競爭運送毒品和人口越過隘口的交易。這全然導致失序與暴力。跟我在亞維薩聊過的在地人也持相同看法。以往 FARC 的存在固然令人困擾，但至少是有組織的犯罪，領導人在當地無人不曉。現在叢林裡的「山地人」則比較像土匪，會伺機劫掠、發動看似隨機的攻擊。

達連地區最新的海盜——來自世界各地、企圖赴美國重啟人生的年輕人——是容易得手的目標。「現今港口和機場最搶錢——這是大問題。」28、29 歲的錫克人賈岡蒂 (Gagandeep) 這麼說，他來自印度旁遮普的賈朗達爾 (Jalandhar)。在抵達達連隘口的哥倫比亞邊界前，他們已經通過許多這樣的航廈。不論你是從世界的哪個角落

出發，進入美洲的第一道障礙，是利用許多南美洲國家鬆散的入境管制。尼泊爾人會走陸路到新德里，搭機到莫斯科，轉往馬德里，飛抵玻利維亞的聖塔克魯茲。旁遮普人也前往新德里，但先飛往衣索比亞的阿迪斯阿貝巴，再到巴西聖保羅。喀麥隆人的路線是經由奈及利亞、象牙海岸到塞內加爾的達卡，再從塞內加爾直飛厄瓜多首都基多。這趟旅程所費不貲，他們得先存兩年到五年的錢。這一路旁遮普人預計會花二萬美元，並預留一萬美元給美墨邊界。他們猶如待宰的肥羊。

致命的達連

在卡普爾加納準備長途跋涉時，這些達連的新海盜不畏險阻，但會採取自保措施。來自印度和尼泊爾的多半會四到八人同行，也會連成一氣——有親友在前後相距數日之處。這樣的連結至關重要：他們會帶智慧型手機，並用 WhatsApp 交流有關路線的資訊。來自塞內加爾和喀麥隆的人則是獨自或二人前來，常和較大的印度或尼泊爾團體同行。沒有勾心鬥角的跡象。這些移民來到這裡（隘口邊緣）時，已奔波了六個星期。旁遮普人已走了 21,000 公里；尼泊爾人更長。這段顛沛流離使他們更加堅強，擁有共同的目標，以及對那些哥倫比亞人——一路上都會碰到、意圖打劫的哥倫比亞人——的同仇敵愾，讓他們團結一致。

這些移民在南美洲的最後一段旅程就是徒步穿越隘口。從卡普爾加納到巴拿馬端的安貝拉村落巴霍奇基托，大約 50 公里，可能要走四到八天——如果你到得了的話。這些移民出發前都沒有聽聞

達連可怕的名聲，但上路後就會明白了。賈岡蒂告訴我，比他們早幾星期出發的一行人，從 WhatsApp 傳來不怎麼好的消息——「四人進，只三人出。」得知這段路危險又艱鉅，賈岡蒂這行人會在卡普爾加納逗留幾天，做足準備。他們樂於聊聊他們艱辛的旅程、板球和旁遮普家鄉的生活。但很難放輕鬆：他們坐困一家小旅社，唯恐在外頭晃來晃去、面目可憎的哥倫比亞人會對他們不利。

第三天，在我們閒坐吃餅乾的時候，門突然開了。是賈岡蒂的哥哥梅傑・辛格 (Major Singh) 和三個朋友。他們年紀稍長，40 歲上下。他們捲起褲子，露出傷痕累累和滿是蟲咬的小腿。他們走了八天，失敗而回。其中有六天晚上是在沒有帳篷和大帆布的情況下睡在叢林裡。一個哥倫比亞在地人跟他們索價 150 美元，說要帶他們通過，但離開鎮上不過幾哩，便將他們洗劫一空，放他們自生自滅。他們也敘述在艱苦跋涉的途中看到四具死屍。屍體直坐著，背靠著樹，雙手抱胸。他們邊說邊模仿埃及木乃伊的姿勢，還閉上眼睛。我問那些人為什麼會死，得到這樣的回答：「沒有食物，沒有水——迷路了。」

市場失靈又一例

沿著移民走的路線，再深入哥倫比亞叢林一點點，就會明白那些人即將面臨什麼樣的艱險。小徑很滑，且覆蓋著蛇一般的樹根；幾隻小小的叢林蟹就可引發灌木叢裡好一陣不安的騷動。到處都有水從樹葉滴落，但沒有涓流或小溪可以飲水。都市人可在這裡自給自足的說法，純屬玩笑。我走了四條不同的路線，沒看到半顆果

實。

　　沒辦法花錢走一條保證安全的路通過隘口，也是市場的失敗。從尼泊爾取道俄羅斯、西班牙、玻利維亞抵達加州的旅程，無疑是地球上最長的經濟遷徙之路，而一場威脅生命的危險（達連之路）就在其中。年輕的移民堅定不移，也有資金；在地人，包括安貝拉和前 FARC 成員，缺錢但深諳叢林。若說有哪個地方可讓非正式交易開花結果——在地叢林專家販售嚮導服務——非這裡莫屬。但在這個不斷變動的地方，名聲並不重要，交易僅只一次。伊莉諾・歐斯壯擔心的負面文化，即投機、憤世嫉俗、不信任的文化，在達連欣欣向榮。搶劫移民、放他們自生自滅，比帶他們走到對面來得簡單又快。

一點適當的管理就好

　　蘇格蘭殖民達連的計畫給人這樣的希望：只要「一點適當的管理」，掌控這塊土地的男男女女就能致富。達連隘口的潛力，包括自然資源與地理位置的潛力，使它至今仍對經濟追求者有強烈的誘惑力。儘管如此，達連大部分的地區仍不為人知，是個被遺忘的地方——雖然它曾毀掉蘇格蘭，進而促成聯合王國 (UK)，定義了現代歐洲史。達連長久以來的首府亞維薩曾是繁榮河流貿易的重鎮，卻早已不復存在。這是個不可思議的地方，卻沒有博物館為其記錄歷史，也沒什麼觀光客：達連，充這個滿希望和機會之地，從來沒有真正發展過。

　　今日，這是一個被經濟失敗撕裂的地方。一點一滴腐蝕雨林的

榨取式木材市場，就是早期經濟學家擔心的「外部性」問題——當人們不思考自己行為的代價，市場可能招致傷害。達連也證明，要矯正這些問題有多難：在這裡，非正式的自我管制起不了作用，官方引導市場的作為（此例是有害的柚木補助）弊大於利。另外，達連這裡沒有人做安全嚮導、讓雙方互蒙其利的生意，也說明極其重要的市場可能無法發展。總而言之，達連這包羅萬象的一課提醒我們不可以依賴市場：市場可能招致傷害，可能極難矯正，可能無法在最需要的時候出現。

在地的經濟學家賀梅爾・洛培茲說，達連的經濟有可能改採不那麼榨取的模式。那要從投資必要的基本建設、讓亞維薩重新扮演經濟中樞的角色著手。若有適當的供電，就可設置工廠來加工木料，把更多價值留在這裡，此舉有助於籌資部署偵查員守衛森林和叢林。這個計畫合理可行。安貝拉的酋長告訴我，他們之前簽的協議是原木「混賣」每吋 14 美分，不分樹種。但鋸好的可可波羅（紫檀）的批發價比這高 500 倍（每吋約 40 到 70 美元），因此內行人大發利市。如果由安貝拉人掌控供應鏈、銷售成品，他們的報酬可能提高數百倍。而目前被標記待砍的樹木，他們只需要砍其中一小部分，就能獲得同樣的收入。

在我離開叢林深處的巴霍奇基托之際，這些經濟改善措施似乎還很遙遠。對安貝拉的村長胡安來說，要蓋房子，就必須多砍幾棵樹，每吋不過十幾分錢的樹來籌措工程費。幾公尺外，擠在一張白色大帆布底下的是心神不定的尼泊爾人和喀麥隆人。沒有人會說半句西班牙語，而在無人翻譯之下，我們歸納出他們最想知道的詞語：「食物」、「價錢」、「巴士站」、「危險」。未來的事仍是未知，

但至少他們活著闖過了隘口最危險的部分，再往河的下游走幾天，就會抵達泛美公路。

在卡普爾加納的另一端，旁遮普那群人還沒出發，我問他們故鄉家人的情況。「我們的媽媽很高興我們成行了。」賈岡蒂這麼說。他的朋友也同意，敍述他們未來住在加州、德州和紐約的計畫。賈岡蒂給我看他兩歲女兒拿智慧型手機講話的照片，還說當他抵達美國就會寄錢回家，讓妻子可以完成護理學位。等拿到資格，他希望她可以帶孩子合法移民美國。

一如其他我在達連相處過的移民，這些男士都要我保證一定會去拜訪他們的故鄉。「美麗的國家，美麗的人民，差勁的政府。」賈斯敏德 (Jasminder) 這麼形容旁遮普，並建議我去阿姆利則 (Amritsar) 參觀黃金寺 (Golden Temple)。儘管他們在家鄉因欠缺經濟機會而被趕入致命叢林，他們依然愛國，講話也像專業導覽。但在達連這裡，他們是新手，他們問了當他們穿過隘口後，可能會抵達的巴拿馬城鎮名稱。我把我的地圖給了他們，就此道別。

剛果民主共和國

金夏沙　　基桑加尼

盧邦巴希

布拉薩維爾

剛果河

中央市場　●

好市場　●

蒙恩加利埃馬　●

班達隆瓦　●

金夏沙

自由市場　●

←N→

0　　　　　　2.5　　　　　　5哩

0　　　　　　5　　　　　　10公里

剛果金夏沙

Kinshasa

極度腐敗的最貧窮城市

這片神奇土地的蔬菜和礦產，無論在種類、價值、數量上，都足以媲美全球最佳產地。

沃爾尼·拉維特·卡麥隆 (Verney Lovett Cameron)
《越過非洲》(*Across Africa*)，1877 年

剛果不能工作了。剛果不能生產……剛果再也無法讓其子民衣食無虞了。

約瑟夫—德西雷·蒙博托 (Joseph-Désiré Mobutu)，1965 年

5

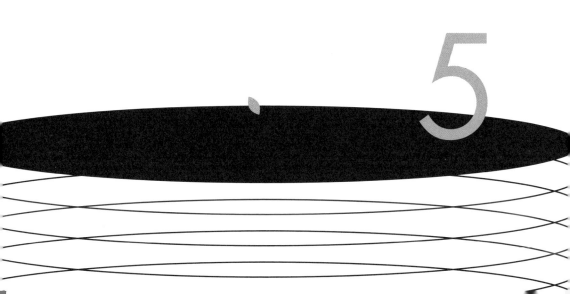

失敗中的失敗

　　「我們這裡有三層社會階級。」50 歲出頭的羅馬天主教神父席爾文・蒙岡博（Sylvain Mongambo）一邊說，一邊和我在好市場（Bon-Marché）聖保羅教堂（Saint-Paul's Church）複合區裡的一間小咖啡館坐了下來。這裡是金夏沙的主要郊區之一。他解釋，頂層是部長級和高階政府職務，他們在形狀像葉子、外國使館雲集的貢貝區（Gombe）工作，賺取的薪水就連在富裕國家也算優渥（剛果民主共和國的國會議員月薪一萬美元，外加多種津貼）。第二層是穩定的私部門工作（自己開公司的）或警官、老師等公部門員工。「這些人日子過得去，但沒什麼安全感，」蒙岡博神父解釋道：「所以都會以非正式經濟做為後援。」底層則是沒有正職工作的人。「這絕對是最大的階層。」神父說。該國驚人的統計數字可以為證。這 20 年來，剛果的失業率從來沒有低於 44％；多數時候超過 60％，最壞的幾年甚至有超過八成的民眾沒有工作。* 金夏沙大部分的居民根本不可能獲得穩定的工作：「所以這些人得仰賴街頭經濟。想得到的買賣都做；能做的生意都做。」這裡沒有失業救濟，沒工作的人也沒有住屋補助。「他們能活下來，」神父總結道：「真的是奇蹟。」

---

*　原書註：我在金夏沙遇到的每一個人將自己的國家、也就是剛果民主共和國（Democratic Republic of the Congo）稱為剛果（the Congo），並以剛果人（Congolese）自居。而另一個剛果、即剛果共和國（Republic of the Congo）則位於剛果河的另一端，國際上慣以 Congo-Brazzaville 稱之（Brazzaville 即「布拉薩維爾」，簡稱布拉薩，為剛果共和國首都），以示區別。

如果你沒工作，居民 1,000 萬的金夏沙不會是你想去的地方。根據前一次統計，剛果有 77% 的人口每日生活費不到 1.9 美元之國際貧窮線。這裡是全世界赤貧 (extreme poverty) 人口最多的國家，而且毫不隱瞞。我到金夏沙的第一天，在走路到中央市場途中，迎面走來一個十歲左右的女孩，她穿著一件明顯對她過大的回收洋裝、一腳穿涼鞋，一腳穿夾腳拖。她在滿地被太陽曬黑的塑膠製品中看到一根玉米，便去撿起來，把穗軸上剩的小穀粒吃得一乾二淨。街童和拾荒者在金夏沙隨處可見，而我很快明白，對這城市廣大人口來說，每日所得 1.9 美元純屬夢想。很多人根本一毛錢也沒有。

　　金夏沙的貧窮讓這座城市成為一個經濟失敗的獨特案例。一如達連應當是海陸貿易交會的輻輳，金夏沙也應當是這類貿易的源頭，將食物、工業製成品、資源運送到世界各地。自從生於英國多塞特 (Dorset) 的探險家沃爾尼・拉維特・卡麥隆 (Verney Lovett Cameron) 在 1870 年代越過非洲中部來此，人們就知道剛果這地方潛力無窮。卡麥隆的紀錄提到甘蔗、棕櫚油和菸草「品質絕佳」，形容可製造橡膠的藤蔓「比比皆是」，另有豐富的煤、銅、金。剛果還有鑽石、錫和其他稀有金屬，有世界第二大的雨林，以及一條流量僅次於亞馬遜的河流。除了坐擁這些天然財富，金夏沙還有許多理應有助於現代經濟蓬勃發展的特性：它和巴黎同時區、居民說一種歐洲主要語言（法語）、人口年輕且正在成長。金夏沙不僅不該是世界最貧窮的大城市，更該是世界最富裕的大城市之一。

　　世界正在都市化，因此擔心未來的人，必須了解哪些作用力可能把一座城市帶往失敗。但金夏沙的例子是個謎，因為有關剛果困境的報導，大多著眼於其東邊戈馬 (Goma) 附近的戰爭、南邊喀坦加

（Katanga）附近礦區的詐欺和貪腐。一如這個國家的一切，這些都是奇大無比的麻煩，但金夏沙距離它們數千哩遠，而我想要了解的是金夏沙居民日常生活的經濟：何者構成阻礙，又需要哪些條件才能成功。

　　來到這裡沒幾分鐘，事態便已明朗：我在阿茲拉克和成龍村軟弱無力的市場，以及亞維薩無精打采的貿易中見到的那種經濟貧血（economic anaemia，指經濟成長乏力），都跟金夏沙的故事無關。這個城市的活力，一如它的貧窮，令人難以忘懷。從貢貝區的大使館和政府機構往南走，城中熙來攘往。從鄰近市中心的郊區班達爾 (Bendal) 和金坦波 (Kintambo) 往最貧窮的梅西那 (Mesina) 和恩吉利 (N'Djili) 區走，也是同樣的情景：隨處可見人們在為生活奔忙。這裡的午後是一段特別的時光——生氣蓬勃地展現五顏六色的訂製西裝、節奏強烈的音樂和嘶嘶作響的烤肉，連世界最繁忙的城市也相形乏味。人們在這或許是世界最嚴酷的城市努力維生，其中有些人順利飛黃騰達。要是金夏沙人都如乍看下這麼堅韌又創新，為什麼經濟會孱弱不堪呢？

黃金法則

認高官作父

　　33 歲的克利斯蒂安・姆龐戈 (Christian Mpongo) 在金夏沙的中央市

場工作 20 多年了，看來幹得不錯。他坐在店外的塑膠椅上，身穿一件專門訂作的黑色馬球衫，胸前有紅紅綠綠的拼布，形似火焰和藤蔓。這裡很多攤位空無一人，但克利斯蒂安的食品批發生意相當忙碌。顧客來來去去，訂購 20 公斤袋裝的米、玉米和糖——從阿根廷、泰國和土耳其進口到剛果的商品。他旗下有一群年輕的搬運工，當他們把那些麻袋搬去顧客車上或巴士站，克利斯蒂安用母語剛果語 (Kikongo) 溫和地發號施令。

克利斯蒂安的成功，是金夏沙嚴酷生活如何創造出機會的第一課。他 11 歲就來到市場，很快找到賺錢的方法。雖然鄰近一條澎湃的河川，金夏沙卻無法完善地供應乾淨的飲用水。富裕的貢貝區很小，一出貢貝區，就很少有人家可以安全地飲用自來水了。賣小瓶裝的淨水是這裡的一大產業，而十幾歲的時候，克利斯蒂安就想出便宜大量買進淨水的計畫，讓他每賣出 20 袋的水，就可賺 1,000剛果法郎（約合 60 美分）。他一步一步發展，先當市場搬運工，後開了自己的零售店，最後轉做他口中最有賺頭也最穩定的批發生意。克利斯蒂安就這樣在市中心打滾了 22 年，而他樂於分享如何在這裡出人頭地。「金夏沙經濟的第一條規則，」他說：「就是賄賂。」

他最擔心的是稅，而我遇到的每一個人都跟他一樣：從小攤位的老闆到擁有超市的巨擘、從體力勞動者到大學教授，金夏沙沒有人不厭惡剛果的稅制。照規定剛果的公司行號要按月繳稅，事實是金夏沙每天至少會收一次稅，許多地方還分上午稅和下午稅。稅率極高——法定需繳納獲利的 54%——但真正造成傷害的是無紀錄的額外支付。一位經營咖啡館和超市的老闆解釋：「我天天繳稅，

不但得行賄才能拿到我剛繳的稅的收據，還被迫提供『好價錢』給稅務官員享用午餐。」這種稅一天要繳三次，一年合計超過千次。

「爲了生存，我不得不認高官做父親。」克里斯蒂安說明自己如何因應。「一得知政府派了新官員負責管理市場，我就會去查那人的名字，登門拜訪。我問到他喜歡吃什麼，他的妻子喜歡穿什麼──甚至他的孩子喜歡什麼──然後確實地把東西交到他手上。」認識層級最高的人很重要，因爲在這裡稅就像金字塔，地方長官位於頂點。金字塔中的每一個人在經手稅款時都會偷一點走，所以如果你在金字塔底層付錢，會有數百名低階稅務官員爭搶你的現金。克利斯蒂安的策略是和接近頂端的人建立同盟，排除那些中間人來節省時間、金錢及麻煩。「要是計畫順利，我知道我的事業可以存活下去，」克利斯蒂安也說：「但萬一我沒辦法讓高官開心，不出幾天就會破產。」

天生堅韌

諸如此類的故事令人煩惱，因爲眞相隨即大白：現代金夏沙人仰賴在地經濟，通常是非正式經濟，做爲安全網。這種自力更生的人生觀──透過貿易和以物易物展現堅韌的人生觀──在這裡非常普遍，普遍到有個暱稱：「憲法第 15 條」──這純屬諷刺，因爲該國憲法並沒有這一條。也有句格言形容這種制度：「débrouillez-vous pour vivre」（自己設法求生），常簡稱作「débrouillez-vous」或「D 制度」(Système D)。如果你想在這裡生存下去，請自己想辦法，靠你自己；請自己解決，因爲國家不會幫你。這些想法從數十年前

開始流行，至今仍是金夏沙盛行的社會風氣。

菲菲・畢耶羅 (Fifi Beyelo) 經營的小攤子就說明了這種制度的運作方式。她在金夏沙中央市場邊陲做的生意很簡單：兩張擱板工作桌，上面擺滿一盤盤待售的新鮮雞蛋；兩張塑膠椅，一張她自己坐，一張給她唯一的員工坐；兩把鮮豔的海灘傘用來替人和商品遮蔭。畢耶羅女士 40 多歲，衣著光鮮，身穿黑絲上衣、白色牛仔褲，頸掛金項鍊。她在這裡賣蛋已經賣了 15 年，和兩個孩子的父親分居後就在這裡擺攤。在金夏沙，做生意是一張安全網，她說：「當日子過不下去，我就來市場賣東西。」

腳步聲讓這裡宛如勝地，在我們講話的同時有好幾百人經過，但畢耶羅女士表示時局艱難。「這生意僅能糊口。」她解釋。十年前，這邊的女性一天可以賣 600 顆蛋，現在需求減半。有部分問題在於通貨持續膨脹（2016 年至 2018 年，金夏沙的物價足足漲了 50％以上）。最近，一盤 30 顆蛋的批發價已從 5,000 剛果法郎漲至 7,000（約從三元美金漲至 4.5 美元），讓攤販每顆蛋的成本超過 200 法郎。「人們抱著期望前來，以為一顆蛋應該賣 200 塊。」但如果賣 200 塊，她們就賠錢了。

「稅是另一個問題。」畢耶羅女士說明了她一天得繳多少錢。租攤費一天 300 法郎、營業稅多寡視來收取的稅務員而定，從 200 到 500 不等，此外每天還要付 100 法郎的「salongo」費（清潔衛生費）。因為每顆蛋的利潤如此微薄，她們每天得先賣掉一、兩盤，才有辦法攢到足夠養活自己的錢。這是維持生計的生意，這些女人無法累積資本。「我們做這個不是為了把獲利存下來，」畢耶羅女士說：「只是要賺夠吃東西的錢。」

在市場做買賣的人付了那麼多營業稅和清潔費，獲得的服務卻少之又少。像畢耶羅女士這樣的攤子並非永久建築，而是不斷流動的；他們付錢經營的攤位位於骯髒的路邊。「salongo」清潔費只是玩笑：他們身後的馬路雖位於金夏沙市中心，看來卻像冬天的農家庭園，厚厚的泥濘足足有半公尺深。在這個人口 1,000 萬的城市，這片爛泥混雜了塑膠製品、廢紙、金屬線、食物和人類排泄物，一隻骨瘦如柴的公雞正在裡面啄食。每隔 100 碼（約合 99.14 公尺）左右，鋪有橫過泥沼的木板，讓民眾可以穿越馬路。

我問那些女士，既然服務做得那麼差，她們能否拒絕付錢：商量降低稅額，或等市場管理當局把這地方清理乾淨再支付。「挑戰稅務官毫無意義，」畢耶羅女士說：「每天的金額不高，我們沒辦法說自己付不出來，何況跟他們爭論只是浪費時間。」我問過的每一個剛果人都這麼說，來這裡做生意的外國人——黎巴嫩的餐廳老闆、開手機店的印度人、中國裁縫師等——也都同意。稅務員天天來，如果你不配合，就會給你找麻煩，所以你會付錢請他離開。

要了解政府在這裡扮演的角色，可能要花點時間。這個國家常被視為典型的「失敗國家」，西方世界的報導會在我們腦海召喚出一個不存在或被動的政府，很容易把這個剛果首都想像成政府大樓頹圮、公職人手不足的地方。金夏沙並非如此。這裡政府發達，林蔭大道兩旁排列著無數部會辦公處，一到下班時間，便有成千上萬名公務員蜂湧而出。剛果政府活躍但宛如寄生蟲，是個貪腐的超結構（superstructure），常與人民的利益背道而馳。正因如此，以「憲法第 15 條」的「靠自己」文化為基礎的龐大非正式經濟才應運而生。

達連的失敗可歸咎於經濟文化：短視近利、投機、欠缺合作。

金夏沙的崩潰不一樣：民眾彼此信任，但對公務員——包括教師和警官——抱持程度不一的不信任，尤以稅務官員爲最。金夏沙的歷史強烈呼應這點：經濟不信任和自力更生的源頭可溯至兩個男人：一個是創立殖民地的外國人，另一位是土生土長的獨裁者。

國王與救星

王室的騙子

　　謊言與欺騙在金夏沙根深柢固。這個城市是亨利‧摩頓‧史坦利 (Henry Morton Stanley) 所建，他是生於英國威爾斯的新聞記者和探險家，最爲人熟知的是 1871 年他在現代坦尙尼亞邊界附近見到據說去世已久的蘇格蘭探險家李文斯頓 (Livingstone) 時的反應——「我猜您是李文斯頓博士吧？」史坦利在 1874 年回到中非，出版了他的旅遊見聞錄，在歐洲各地非常暢銷。雖無法在英國籌措第三次旅行的經費，他還是於 1879 年再次啟程，這一次是由國際非洲協會（International African Association，簡稱 IAA）資助——由比利時國王利奧波德二世 (Leopold II of Belgium) 出資、控制的公司。IAA 聲明的目標是慈善與科學發現，而史坦利橫越這個國家，沿途鋪設道路，也沿河建立輪船港。他決心突破無法通行的土地，剛果部落成員因此稱他作「Bula Matari」，意謂「打破石頭的人」。1881 年，史坦利在金夏沙現址建立貿易站，取名爲利奧波德維爾 (Léopoldville，

又譯雷堡城）。

　　那時比利時國王已經拿下偌大的剛果自由邦（Congo Free State）──實為他個人而非比利時國家所有──並答應歐洲列強會跟他們自由貿易、開發土地、提供教育，最終讓此地獨立。史坦利似乎採信利奧波德二世對剛果的願景，英國另一位中非專家卡麥隆也是。卡麥隆撰文詳盡敘述了奴隸制度與象牙貿易之惡，支持利奧波德的「慈善義行」，並公開號召：「請有意從事科學研究者挺身而出，支持比利時國王進行統一、系統性探測的高尚計畫。」

　　史坦利絕非聖徒：他在見聞錄中自誇用了多卑鄙的戰術與當地酋長作戰，以及有多殘酷地對待被他掌控的人。這位威爾斯人也堅定支持獨立非洲國家間的貿易，後來成為廢奴運動人士。但利奧波德二世是個騙子和自戀狂，對人道主義發展、科學發現和自由貿易不感興趣。他很快開始透過象牙交易剝削這裡的人民和環境。後來，收益更隨著一種新工業原料的需求增加而大增：橡膠。查爾斯‧固特異（Charles Goodyear）在 1839 年發明硫化橡膠，約翰‧登祿普（John Boyd Dunlop）在 1887 年發明橡膠自行車輪胎、米其林（Michelin）兄弟在 1895 年發明汽車車胎，帶動橡膠需求暴增。這解救了一直在剛果投資上賠錢的利奧波德。這位國王把殖民地一些地區廉價賣給外國公司，保留約三分之二──面積超過比利時 50 倍的土地──做為私人領土（Domaine Privé），由私人軍隊公安軍（Force Publique）保護。

　　在公安軍支持下，利奧波德的代理人強迫剛果人採收橡膠，還給他們設定目標。最容易下手的藤蔓很快用罄，配額便難以達成，但代理人不會通融，看誰工作得不夠勤奮，就砍斷其右手或右腳，或是他們孩子的手腳。彈藥很貴，因此每當發射子彈，公安軍官常

要求以一隻手做爲某人已就戮的證據。利奧帕德當權下的剛果是持續進行著種族滅絕，一籃又一籃人類的斷手成了某種怪誕的貨幣，在交易站展示，做爲努力工作的證明。

　　駭人的傳聞慢慢傳回歐洲，1900 年，英國外交官羅傑‧凱塞門（Roger Casement）報導：「邪惡的根源在於剛果政府主要是商業信託，而其他一切都是商業利益取向。」被視爲世上第一份人權調查的凱塞門報告在 1904 年發布，1908 年時，國際壓力終於迫使利奧波德將他的殖民地交給比利時政府。到那時橡膠開採已創造二億二千萬法郎（相當於 2018 年的 15 億美元），提供爲期 20 年鋪張工程的資金──利奧波德對宮殿、噴泉和拱門的熱愛，爲他在比利時贏得「建築王」（Builder King）的封號。他究竟戕害了多少人類，後人估計不一，但最可靠的資料顯示，在剛果，約有 1,200 萬人，相當於半數人口，失去了性命。

從危機到救星

　　比利時的控制一直持續到 1960 年代剛果獨立爲止。爲促進鑽石和銅礦的開採，比利時政府雇用當地人修築連結大城市的鐵路和聯繫多數城鎮的公路網。但對剛果人本身的投資十分貧乏：只有天主教會提供大部分的學校教育；要到 1950 年代中期才有大學建立。不過，交通建設串連各地，使金夏沙成爲文化上的區域樞紐，擁有非洲中部最早的無線電台和最成功的錄音室。金夏沙有鋪柏油的林蔭大道、美好的食物和音樂，這座城市被稱作「美麗的金」（Kin, La Belle）。一位年長的餐廳老闆回憶他的年輕時代，說當時金夏沙猶

如磁鐵：「如果你在南非生病又有錢的話，你會飛到這裡的醫院治療。以往，這裡無疑是非洲最好的城市。」

獨立不到一年，金夏沙就深陷俗稱「剛果危機」(Congo Crisis) 的政治混亂。國家開始分裂，礦產豐富的卡坦加 (Katanga) 和南開賽 (South Kasai) 地區宣布獨立。該國首任總理帕特里斯‧盧蒙巴 (Patrice Lumumba) 和首任總統約瑟夫‧卡薩武布 (Joseph Kasa-Vubu) 來自不同的政黨，拒絕尊重彼此的權威。外國強權也起了顛覆國家的作用：受到開採鑽石的誘惑，比利時人支持分裂，而被視爲蘇聯潛在盟友的盧蒙巴在 1961 年被捕，隨後遭到比利時和美國政府資助的剛果士兵刺殺。

往後五年，政府朝令夕改，變化無常。每一位新領導人都做出重大經濟承諾，而由於稅收無法支應承諾需要的支出、中央銀行印新鈔票來彌補不足，導致通貨膨脹居高不下。1965 年 11 月，當金夏沙還困在另一場政治僵局，軍方領袖約瑟夫—德西雷‧蒙博托 (Joseph-Désiré Mobutu) 在一場和平政變中奪權。剛果「第一共和」(First Republic) 夭折，35 歲的蒙博托執政。他的高升被譽爲一場反共的勝利，以及危機的終結。

但蒙博托沒有遵循任何既有的意識形態，發明了他自己的「蒙博托主義」(Mobutuism)。久而久之，那便成了由獨裁政權支撐的個人崇拜，讓他能夠牢牢掌握經濟和更廣大的社會。蒙博托也採取一連串他稱爲「眞實性」(Authenticité) 的政策，一步步讓國家擺脫殖民和西方的影響力。他取用剛果語的「nzere」一詞（吞沒所有河流的河流），創造「Zaire」（薩伊）做爲國家和它的河流的新名，貨幣也叫「薩伊幣」。城鎮的名字也改了——利奧波德維爾變成金夏沙，史

坦利維爾易名爲基桑加尼。時尚也跟著強制令演變：男人先是被要求、後被強迫扔掉歐式西裝，改穿一種束腰外套——亦即毛澤東喜歡的「abacost」。歐洲基督式的名字也被禁，總統本身改名爲蒙博托‧塞塞‧塞科‧庫庫‧恩本杜‧瓦‧扎‧邦加 (Mobutu Sese Seko Kuku Ngbendu Wa Za Banga)，意爲「因堅忍和不屈不撓的意志、雄壯威武的力量，不知失敗爲何物，從征服走向征服，在身後留下一片火海的勇士」。

蒙博托主義初期相當不錯。1967 年夏天，這位總統以新貨幣爲核心的經濟計畫開始實行。爲展現經濟實力，薩伊幣以一單位換一千舊剛果法郎的幣值發行，整整是美元的兩倍。爲保護蒙博托的新貨幣，國家財政必須受制於高賦稅，特別是對汽車、香菸等奢侈進口品。蒙博托的經濟學有其道理，計畫受到國際社會好評。1968 年通膨降到只有 2.5%，而由於蒙博托強迫各公司保證調薪 10%以上，大眾消費能力上升，經濟每年擴張 8%。蒙博托備受讚揚，贏得諸如「嚮導」、「領袖」，甚至「彌賽亞」等稱號。

但接下來 30 年，蒙博托的政策卻造成極深的經濟衰退——比 20 世紀其他國家所蒙受過的衰退都來得深。1997 年，薩伊的貨幣（此爲蒙博托經濟計畫代表性的基礎）大貶 99.9%。在其貨幣變得一文不值後，總統搭機逃往摩洛哥——而且在槍林彈雨中起飛。不久便因攝護腺癌過世。

卡比拉家族接掌他的權位：1998 年洛朗—德西雷‧卡比拉 (Laurent-Désiré Kabila) 藉由軍事政變上台，但在 2001 年遇刺，由他的兒子約瑟夫 (Joseph) 繼位。統治 18 年後（違反剛果憲法），約瑟夫‧卡比拉終於在 2019 年元月下台，由反對黨「爭取民主和社會進

圖 5.1 ｜ 剛果──敬陪末座

1960 ～ 2016 年平均每人國民所得
（GDP per captia，簡稱「人均 GDP」，定值 2010 年美元）
以 1960 年為基數 100

資料來源：世界銀行（World Bank）。深黑粗線代表剛果民主共和國，淺灰色線為其他經濟體。

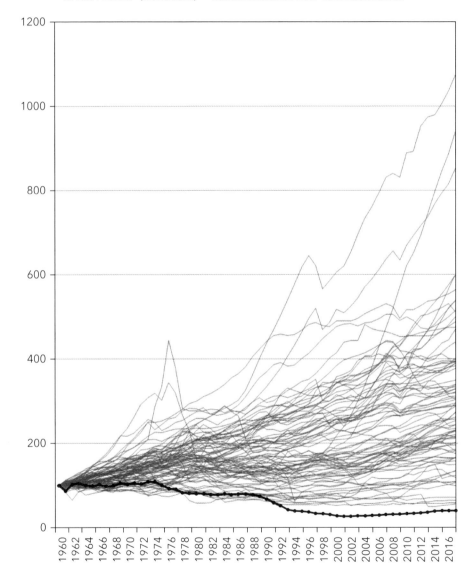

剛果金夏沙 ─── 極度腐敗的最貧窮城市

步聯盟」(Union for Democracy and Social Progress) 領導人菲利克斯‧齊塞克迪 (Félix Tshisekedi) 接任。儘管失去總統職務，卡比拉仍繼續掌控他的聯盟：「剛果共同陣線」(Common Front for Congo)，控制 84％的參議院席次、超過三分之二的國民議會席次，並擔任總理一職。雖然卡比拉家族的勢力歷久不衰，但在金夏沙人眼中，要了解現代金夏沙，蒙博托最重要。蒙博托的經濟學將這座城市帶往兩階段的劇烈毀滅，也催生出一種自力更生的文化，既令人讚嘆，但也自我挫敗的文化。

毀滅的教訓

蒙博托的第一場經濟失敗是堪比災難的農業政策，導致本該是糧食出口大國的剛果，愈來愈仰賴昂貴的外國進口物資。計畫的要點是由國家控制農產品價格。此政策立意在於：鄉村農民對價格不會有什麼反應，而只要略施小惠，他們就會把主食（樹薯、玉米、稻米、番薯）和工業原料（棉花、棕櫚油、軟麻）從內地農村運到各城市。既然作物價格被壓低，糧食就會便宜，讓實業家可以少付點薪資而不致引發員工不安，這樣獲利就會高，可再投資於廠房和機器，國家就會工業化。

中非各國都試過這種工程經濟，但蒙博托做得最極端。將玉蜀黍的價格訂為相當於每公斤二美分，因此兩塊一年生產 625 公斤的玉米田，營收只有 12.5 美元。考慮耕作所花的時間，每天的報酬只有六分錢。當產量開始降低，蒙博托訴諸強人手段，未達產量配額的農民會被罰款或監禁。但農村家庭無法靠這種報酬維生，乾脆

撒手不種了。植棉人家的戶數從 1960 年的 80 萬減至 1970 年代中期的 35 萬，棉絨年產量也從六萬噸掉到 8500 噸。因此，蒙博托的政策不僅沒有確保金夏沙的亞麻布工廠獲得便宜的原料，還迫使它們得從國外進口昂貴的棉絨。棕櫚油、玉米和稻米也有類似的問題。到 1970 年代晚期，農民任憑玉蜀黍在鄉下腐爛，因為政府規定的價格低到不敷採收成本。於是，國家短缺的外幣也必須花在進口糧食上。

蒙博托的第二項經濟遺產則差點徹底消滅該國的工業。他偉大的構想是讓金夏沙成為用水力發電的製造業中心，而電力係來自首都西南方兩百公里英加瀑布 (Inga Falls) 的水壩。英加瀑布的流量達每秒 4,200 萬公升，僅次於亞馬遜河，且因靠近赤道，水量比亞馬遜更可靠。計畫內容是讓水壩驅動渦輪，為金夏沙提供比全球各大城市都便宜、可靠的再生能源。如此一來，能源密集的外國公司（如煉鋁廠）就會遷到金夏沙，而金夏沙也會在馬盧庫 (Maluku) 設立自己的煉鋼廠，還會有輸電系統將電力送到東南方的沙巴地區 (Shaba)，帶動薩伊採礦業蓬勃發展。

外國顧問——特別是義大利人和日本人——紛紛湧入擔任蒙博托的基礎工程顧問。外國公司搶著簽約進行後續工作。為支付蒙博托的賬單，薩伊大肆舉債，計畫用國營礦業公司採礦總會 (Gécamines) 的營收來償債。同樣地，這項計畫乍看不無道理：總統憑藉抵押一項資產（即礦業）來投資其他資產：水壩、電網和工廠。西方製造業者陸續來到金夏沙周邊，雷諾 (Renault)、通用汽車 (General Motors)、英國利蘭 (British Leyland) 都在此設立車廠。一家德國公司建了巨型水泥工廠；新的釀酒廠、紡織廠和菸草廠林立。蒙博托自己

加碼的不亞於上述私人投資，包括：薩伊航空的新飛機、機場升級、為國營船運公司添購現代油輪等。製造業占了全國總產出的11%。反觀薩伊的區域對手奈及利亞，只占3%左右。

彌賽亞和市場

1970年代中期開始，情況急轉直下。蒙博托早期的缺失提醒我們多樣化的重要性。1950年代晚期，剛果既出口農產品，也輸出礦產，因此外國收益有一些不同的來源。但蒙博托農業計畫失敗，代表當前薩伊的成敗完全取決於銅——蒙博托的計畫本質上是在押寶，賭銅的營收會保持穩定、足以支應所有新的投資。結果寶沒有押對，全球銅價從1974年每磅2.20美元跌到1980年代中期不到一美元。侵蝕了採礦總會的收益。第一座水壩在1973年完工，第二座水壩和將電力運至礦區的輸電系統，則在1982年竣工。由於政府欠缺保養維修的資金，水壩的發電能力迅速萎縮，只剩原本希望的幾分之一。

馬盧庫煉鋼廠在1975年完工，造價兩億五千萬美元（都進了義大利和德國公司口袋）。工廠的產能為25萬噸，由於國內需求僅三萬噸，原先期望可大量出口。但蒙博托和他的外國顧問都沒想過鐵砂要從哪來。缺少這種重要的原料，工廠只能拿廢金屬提煉，煉出的鋼不僅品質差，成本又高。1975年，馬盧庫的產量只達總產能的7%，卻已是高峰，1980年就掉到3%，然後，因為缺電缺原料，在1986年歸零。

金夏沙原本該是可利用廉價電力的河畔工業重鎮。有人甚至拿

它跟德國的魯爾谷 (Ruhr valley) 相提並論。結果卻成了被失敗投資案包圍的城市，分區輪流停電的大都會，以 10％產能經營工廠是家常便飯。蒙博托的農業、工業計畫失敗已撕裂這座城市，80 年代中期的生活水準比他上台時倒退四分之三。金夏沙眼看要崩潰了。

搶劫

　　若請金夏沙的民眾說出印象中這城市最壞的時代，你會得到這個答案：「les pillages」（搶劫）。1990 年代初期，這座城市在一片混亂中被洗劫兩次，造成數千人喪生，將已生鏽的工業基礎消弭於無形。情況是如此嚴峻，因而形成以一種低標準來衡量其他一切事物。那兩次搶劫，都是國家聘用的員工、也就是軍隊，在大肆破壞金夏沙。

　　金夏沙的第一次搶劫發生在 1991 年九月的某兩天。那時，因為政府積欠薪資，包括軍隊和警察在內的公僕都叫苦連天。暴動從位於市中心東南方 25 公里處的恩吉利國際機場 (N'Djili International Airport)，擴散到陸軍重要的科科洛營區 (Camp Kokolo)。約有 3,000 名傘兵出營鬧事，打破窗戶搶劫店家，尤其鎖定希臘、黎巴嫩、葡萄牙商人常光顧的店家為目標。一般民眾而後開始加入，才到第三天，已有估值十億美元的財產遭到破壞或毀損。當金夏沙陷入無政府狀態，法國和比利時軍隊介入，平定城市之亂，也撤離外國人。

　　據當地人所說，第二次搶劫更糟。使之一觸即發的是蒙博托經濟體系的基石——貨幣，遭遇了決定性的失敗。蒙博托的貨幣發行時強勁到要兩美元才能換一薩伊幣，但他一再依賴一有需要就加印

鈔票的方式，已導致持續性的通貨膨脹和貨幣貶值，終使薩伊幣幾乎淪為廢紙。到 1993 年初，一美元竟然可以買到 250 萬薩伊幣。

由於再次缺錢發餉，蒙博托要求中央銀行設計一種面額高達 500 萬薩伊幣的新紙鈔，印來支付軍隊薪水。但經過 25 年，這個伎倆——藉由讓貨幣貶值來鞏固他的政權——驟然失效。一位政敵宣稱蒙博托的新鈔票會導致更嚴重的通膨，金夏沙的店主一致同意、拒絕接受。發現自己的酬勞一文不值，軍方遂掀起更具侵略性的暴亂：導致 2,000 人死亡，工廠和倉庫遭到破壞。法國駐金夏沙大使被殺；外國外交官和國際機構的官員紛紛逃離。這個國家已經被逐出全球經濟了。1970 年剛果人均 GDP 曾經超過 1,000 美元，而在蒙博托的飛機起飛並載他撤往摩洛哥那一刻，已降到 360 美元以下了。

流動的經濟

總而言之，在我們的國家，什麼都可以賣，什麼都買得到。而在這樣的流動中，披著最薄一層公權力的人，非法運用公權力來取得金錢、商品、特權，或不盡義務。接受公僕服務、讓孩子就學、取得醫療等權利……全都受制於這種雖然看不見，卻人盡皆知，且在人人預期之中的稅。

——蒙博托·塞塞·塞科，1977 年

如何偷得不著痕跡

　　蒙博托留給金夏沙的經濟遺產還有一個——令人驚訝的貪污觀念。這位獨裁者自稱譴責貪污，但也說收點小錢可以是合法的收入來源。在這個沒有反對黨的國家，他的演說具有法律地位，而他在演說中建議公僕如何從公眾生活的「流動」（蒙博托所說法文的原意是「交流」）中汲取好處。他也指點如何避免公眾的抗議：「如果你想偷東西，就不著痕跡地偷一點。」

　　這不是發自內心的建議，畢竟他聚積的個人財富估計達 50 億美元，且誠如一位美國政治人物所言，蒙博托樹立了「衡量未來所有國際竊賊必須依據的新標準。」他鋪張浪費的高峰是戈巴多萊（Gbadolite）：一處在薩伊東北部其出生地附近興建的總統村。那裡被稱作「叢林裡的凡爾賽宮」，共有三座宮殿，還有一條長得足以讓他的協和客機（向法國航空承租）起降的跑道。他從那裡飛往巴黎瘋狂購物和看牙醫；知名的糕點主廚也帶著生日蛋糕飛抵此處。1982 年的一次出行，他帶集團成員去美國佛羅里達的迪士尼世界（Walt Disney World），據說花了 200 萬美元——並動用了國際捐贈者的援助金。蒙博托的理髮師住在紐約，每兩星期搭頭等艙飛來金夏沙一趟，估計每年開銷達 13 萬美元。

餵馬

　　將公眾生活的「流動」變現的大師是金夏沙的警力。他們無所不在：每一個街角、每一個交通要衝、每一家超市外面。他們外型

時髦，戴寶藍色的貝雷帽，身穿寶藍色長褲和配戴肩章的天藍色襯衫，左臂上還掛著盾形的大徽章，徽章中央的金色星星就是國旗上的那顆。交通警察尤其突出，制服外披著亮橙色的背心，高階警官還戴遮陽帽。金夏沙的駕駛需要警察維持交通秩序。這兒有個文化是開車就像烏鴉飛，為了走直線，不惜逆向上高速公路，或逆行四線外環道。但警察薪水不好——月薪大約 50 美元，落在國際貧窮線以下——於是會花很多時間另闢財源，也就是他們所謂的「餵馬」。

餵馬的基本手法是道路攔檢：在這城市的每一段路程至少會碰到一次，有時不下數次（從貢貝區到金夏沙大學這段短短的路，我們就被攔下四次）。攔檢低調而不正式：通常是一群五、六名以上的警官，拖了一道脆弱的金屬柵欄到主要幹道上，讓車流成一路縱隊、只能慢慢穿越。他們對誰的第一印象不錯，就會示意那人停下來問話要證件，一邊檢查車子的情況。這場遊戲你絕對無法取勝。就算駕駛的證件完整無缺，他們也會「捏造」額外的藉口。一群計程車司機告訴我，就算車子看來狀況良好，警察也會說車燈或鏡子「看起來快要破了」而開罰單。

罰款要當場繳清，從 1,000 法郎（不到一美元）到（誣）指我們闖紅燈的 20 美元不等。警民對話大致友善，但你也看得出來事情會怎麼變得棘手。在一個地方，有名員警似乎找了一批地方角頭進行大規模攔檢，其中很多看來醉醺醺的，有些拿著步槍。所幸這似乎超過金夏沙人的忍受範圍：民眾開始對警察大叫，問他們的制服哪裡去了，然後逕自把車開走。

這件事情的成本遠超過金夏沙駕駛必須負擔的小錢。因為維持

交通如此有利可圖，其他權力部門也想分一杯羹。2018 年夏天一項新法禁止無標誌的計程車，要求所有計程車漆上黃色、紅色、藍色條紋，即國家的代表色。這爲交通警察創造了機會，而在新法實施幾天後，任何坐小汽車的人，包括我在內，都被攔下來指控經營非法計程車（警方會放過外交及援助人員，他們全都開豐田 Land Cruiser）。因爲無法確切證明你不是開計程車的，多數人都會付點小額罰款了事，察覺可乘之機，來自武裝反應單位的特種警察隊紛紛穿上防彈背心、拿起機槍，決定出馬協助執行新法。他們的動機是收入，而非道路安全，而此舉也代表他們放棄了訓練與裝備賦予他們的責任。交通勤務對金夏沙警方產生的磁石效應，證明了就算是低程度的貪污，也會因爲助長公共資源的不當分配，而產生難以估計的成本。

DIY 一座百萬城市

對金夏沙的人民來說，日常挑戰就是避開稅務官、交通警察等人強加於身上的成本。趨吉避凶的第一步在於個人的應對進退：在和任何政府雇員打交道時，必須說史瓦希利語 (Swahili) ── 一種起源於數千哩外非洲東部的語言。在金夏沙，說史瓦希利語是種信號：據說蒙博托喜歡說林格拉語 (Lingala) 的人，而在他死後，繼任的卡比拉家族來自剛果最東邊且任命與坦尚尼亞、盧安達關係密切的部長、保鑣和顧問，偏愛已往東移。接下來 20 多年，這種傾向滲透整個國家，就連部會的低階職員和港口的保全也說史瓦希利語，或視之爲與總統親近的象徵。對話要從正式的問候語「Salama」

開始，對此官員通常會回答：「Pole pole」；「Pole pole」的字面意義為「慢慢來，慢慢來」，而在金夏沙這意味著：「說明一下你在忙什麼，並給我一點現金。」

有各種招數可以避免貪婪的收稅員找麻煩。自由市場是金夏沙最大的正式市場，為紀念洛朗·卡比拉（即洛朗—德西雷·卡比拉）、慶祝蒙博托獨裁政權結束而建。稅影響了攤位設置的方式，30 多歲的裁縫師讓—克里斯多夫·布卡薩 (Jean-Christophe Bukasa) 這麼說。他先在木製檯面切割出一個長方形的板子，再把縫紉機用螺絲栓在板子上，當裁縫師沒有在縫襯衫或洋裝時，就可以把機器立起來離開桌面，再轉 90 度，機器就不再與檯面齊平，擺著也不穩固。「沒什麼生意的時候，我們需要證明自己沒有在工作，」讓—克里斯多夫一邊說，一邊小心翼翼把自己的縫紉機立起來，轉到「停工」位置。「如果不這麼做，他們就會跟我們收稅。」

也有人試著籌組同業公會或協會來抵抗政府。在市中心附近忙碌的班達爾區，一個巴士駕駛工會的領導人解釋他們面臨的難題。由於剛果的幣值愈來愈弱，過去一年，進口燃料成本飛漲，意味他們再也付不起警察捏造的罰款。因此他們發動罷工、讓金夏沙陷於停擺，直到大眾的抗議迫使警方打退堂鼓。再往外圍一點，馬他迪路 (Matadi Road) 常是初至金夏沙的第一個落腳處。年輕的企業家蓋羅德·納姆貝卡 (Guelord Nambeka) 說，這裡最賺錢的生意之一是賣床墊——每個新來的人都需要有東西睡覺。納姆貝卡先生一組雙人泡棉床墊賣 108,000 法郎（七美元左右）。賣家之間競爭激烈，但會團結對抗稅務員：「我們彼此競爭，但稅可以打敗我們，」他解釋，「唯有合作，才不至淪為重稅的受害者。」這些創新策略終究是種經

濟扭曲，反映他們得花時間想方設法逃避稅務員，而非載運乘客或賣東西給顧客。

海盜市場

在金夏沙待兩個禮拜，你會開始了解整個金夏沙就是一座巨型市場。一街又一街，一區又一區，城市裡到處擠滿賣東西的人，而這些城裡的小村落連成一氣。午後的情景，這裡每個角落都熟悉不過：太陽開始下沉、天色變得橘紅、各式各樣的攤位突然冒出來，迎接通勤尖峰時段。馬路沒鋪柏油、缺乏可靠的大眾運輸，再加上警察攔檢搗亂，回家的路顛簸難行。但這個城市仍在運作，非正式經濟把馬路變成超級市場的走道，解決了這個問題。不論你住在哪裡、在哪裡工作，任何你想得到、給家人吃的穿的商品，都可以在回家的路上順便買，不必繞道。

在這場午後的貿易，沒有一丁點土地被浪費。每一條路旁都有婦女鋪毯子販賣粗大的褐色樹薯塊莖和「chikwangue」，這是一種用葉子包裹煮熟樹薯的食物。有人賣粉白的鹽漬魚、烏黑的煙燻魚，也有形形色色的水果。男人在車流和行人間進進出出，兜售襪子、領帶、仿冒的名牌牛仔褲和三件式西裝。街上有成千上萬名擦鞋童，還有更多男童在賣飲用水。也有小男孩扮演行動藥師，拎著裝滿草藥和根菜的籃子──據說嚼一嚼可避免感染。還有男人販賣價值較高的品項，如 sim 卡、手機、銀飾等，他們用小木箱來做生意，那既是展示櫃、也兼做辦公室和收銀台。

政府禁止這些活動，也宣告這些「海盜市場」(marchés pirates) 為

非法。但一如札塔里難民營的非法市場和路易斯安那監獄的地下交易，金夏沙的攤販反映出經濟規則是怎麼忽視他們而損害他們的基本需求。這就是設計快閃式貨攤如此重要的原因：如果警方或其他政府官員駕到，他們可以馬上消失，來避開支付常規和賄賂的費用。在這場貓捉老鼠的遊戲，警方固然有數千名，但生意人有數百萬個；生意人獲勝，讓金夏沙成為巨大的海盜市場。

妮可‧布萬加 (Nicole Bwanga) 和夏琳‧馬塔多 (Charlene Matado) 說明從事海盜生意的生活：最好的設攤地點是正式市場附近或裡面，可充分利用人潮。我遇見她們的時候，這兩位年近 30 的女子已在自由市場裡擺好攤了。她們的生財裝備包括三個圓形塑膠大臉盆和三個大麻袋。三個袋子都裝滿深黑的泥炭，裡面有大量蠕動的昆蟲。她們會把昆蟲挖出來放進展示盆裡賣。妮可說這一行的女性被稱為「Pose 媽媽」──以她們販賣的其中一種幼蟲為名（pose 是棕象甲〔palm weevil〕的幼蟲，跟成人的小指差不多長，但比較肥，有顆小小的黑色腦袋和圓胖胖的白色身體）。她們也賣「makoloko」，一種比拇指大的大毛蟲，和嬌小、多毛、會發光的「mbinzo」。妮可拿一隻棕象甲幼蟲示範著料理步驟，她作勢摘掉小蟲的頭、擠出內臟、再放進鍋裡炒。過程中都小心不去傷害到扭動的幼蟲，然後放回盆裡蠕動的蟲堆中。

兩位女性解釋，賣昆蟲是好生意。這些昆蟲是美味佳餚，可跟洋蔥、番茄、香料一起炒來吃。正因如此，也反映其稀有，她們開價頗高：一小勺蟲子就賣 4,000 法郎（約 2.2 美元）。這門幼蟲生意的知識──幼蟲和毛蟲的最佳來源──是家族代代相傳的。「我父親教我怎麼做這種生意。」妮可解釋。但這種生意也很脆弱。這

兩位女性為替昆蟲尋求更好的報酬，從班敦杜（Bandudu）來到金夏沙，落腳在馬西納（Masina），該城最貧窮的地區之一。她們有九個小孩要養，包括妮可的小兒子，也就是來幫忙顧攤的菲爾斯（Fils）。「我們來到這個城市，以為日子會比較好過，」妮可說：「但 Pose 媽媽並不好當。」

她們面臨的問題中，有些在任何經濟體都很常見。一是競爭：在我們說話的同時，另一群較年長的女性猛烈批評妮可，宣稱這個市場是她們的地盤。二是季節性：如今是六月底，正值乾燥的月分，這時的情況特別艱困。兩位女性解釋，供應商是在她們的家鄉班敦杜省、靠近開賽河（Kasai River）的地方收集樹上的昆蟲，距離這裡約 400 公里。但由於土地乾涸，在這個時節比較難找到昆蟲，因而拉高批發價，侵蝕她們的利潤。

其他困難就是金夏沙獨有、源於該市反常的經濟規則了。「對每一個做生意的人來說，由於學校考試的緣故，夏天是嚴酷的時期。」兩位女性這麼說。學校行事曆之所以會對金夏沙的經濟造成衝擊，是因為畢業證書也有個非正式的市場。爸媽需要證實孩子的確取得文憑，替學校創造了要錢的機會。由於家庭必須分出一些所得購買證書，連鎖反應便是上市場買東西的開銷銳減。妮可聳聳肩：「pose 就被認為太貴了。在買到考試證書之前，爸媽只會讓孩子吃米飯和豆類。」

在市場裡做生意的海盜商人可能會被重罰，因此這些女人時時保持警戒。在我們說話的同時，夏琳的雙眼一直掃視四周、盯著走道，留意官員的蹤影。為免受罰，她們必須具機動性，要能迅速把幼蟲的盆子收回麻袋、前往新的地點。這樣的銷售方式危險又不穩

定，我問兩名女子能不能進入體制、在市場裡找個正式的攤位。兩人都搖搖頭。她們只需要一點點空間來做生意，但市場裡每平方公尺的年租金要價300美元（官方定價近100美元，但居中收回扣的人哄抬了價錢）。然後每天還得繳法定的稅、「打點」稅務員，或是應市場官員要求把昆蟲便宜賣給他們。

對於未受教育或不具專業技術知識的民眾而言，最簡便的門路是以某種方式服務通勤者。由於每天都有數百萬金夏沙人走入市中心，有成千上萬民眾的謀生之道是林格拉語所謂的「ko teka ndambu-ndambu」──「分裝的生意」(break-up business)。他們是街頭叫賣小販，從批發商那裡買一大袋主要產品（如水、花生、衛生紙、香菸等）分裝成小包裝，在通勤時間販售。而這個街頭叫賣小販階級的底層看似專為女性保留──分裝燃料，把一大袋大型睡袋大小的煤炭分裝成500克的塑膠袋包裝，做為烹飪燃料販售。一如在市場邊緣做生意的「海盜」，叫賣小販在金夏沙是普遍現象。某種程度上，他們雖是經濟交流大軍的一分子，也是孤軍奮戰的勞動力；這種非正式產業，有超過八成是一人獨力進行。

交易風險

比較高竿的「海賊王」(pirateers)另有一種賺錢方式：協助抵銷剛果官方貨幣的不穩定。外匯交易商在這裡甚至比水販和擦鞋童普遍：任何合法商家外，你都可以看到這樣一夥人坐在塑膠椅上。在繁忙的馬他迪路上，管外匯的老大30歲出頭，是人稱「總裁」的庫塔米薩·巴比修 (Kutamisa Papitsho)。跟其他人一樣，他是從「分裝」生

意起家，在街上賣衛生紙，存錢買了第一支手機：15 美元的易利信 (Ericsson)。「那簡直跟磚塊一樣。」他笑談，但有個鄰居喜歡，出了 25 美元把它買走。沒多久庫塔米薩便做起買賣二手機的生意。生意一帆風順，獲利甚至夠他上大學。「但我不得不中斷學業，」他說：「在上課的時候，我的員工會吃掉我的獲利。」而重回街頭買賣後，他轉戰外匯事業。

就像賣乾淨的袋裝水，這種產業是應一種嚴重短缺而生：缺乏穩定貨幣。蒙博托時代抑制不住的通膨和匯率驟貶，仍見於現代金夏沙。2016 年年中，一美元可以買到 900 剛果法郎；到 2018 年夏天，幣值幾乎蒸發掉一半：一美元可換 1,650 剛果法郎。這造成了金夏沙的居民的麻煩：他們需要剛果法郎來支付官方交易，包括繳稅，但心裡明白國家貨幣的價值只會愈來愈低。數千名外匯交易商讓非正式的雙元貨幣 (dual-currency) 制度得以運作。民眾口袋裡同時有美金和剛果法郎：美金用來儲值，剛果法郎做小額日常交易。例如，當購物者上市場或餐廳，會先停下來向坐在外頭的外匯交易商買點剛果法郎。

外匯交易商解決了民眾的貨幣問題，自己則靠買賣的匯差維生（2018 年夏天，法郎買進價是 1,620 法郎兌一美元，賣出價則是 1,650 兌一美元）。持有大量不穩定貨幣的風險極高，因此他們得小心管理資本。「我們試著讓資本保持 60％ 左右是美金，做為緩衝。」庫塔米薩這樣說。為判斷貨幣的需求，他暗中進行調查，前往鄰近市場，扮作想用美金買東西的購物者。「如果店員非常樂意讓我付美金，甚至願意給我一點折扣，我就知道美金短缺了。」這種靈活應變的招數能助他預測貨幣的需求——以及計算該持有多少

美金和多少剛果法郎──也讓他得以充分利用午後尖峰時段。

公、民合作

「我們很容易見到底層的非正式貿易──街上那些人就是，」羅馬天主教神父蒙岡博這麼說：「但非正式的市場也支撐著中產階級的生活。」他解釋似地比了比 ONATRA 辦公大樓──國家運輸局（Office National des Transports，負責經營鐵路和河流運輸的國營公司）。該公司總部是金夏沙最宏偉的建築之一，位於貢貝區主要大道的黃金地段，雇用數千名外表時髦的金夏沙人。「但真相是，那些人上班沒有領薪水。」神父解釋，他這群會眾有時可能被積欠長達 11 個月的薪資。各階層的貪污讓賦稅制度漏洞百出，加上龐大的非正式經濟收不到稅，導致剛果政府財政拮据。運輸人員面臨的難題，教師、醫師、警察感同身受，大家都要隔好幾個月（有時甚至超過一年）才領得到薪水。

結果造成簽全職契約的公部門員工傾向找第二份工作當備胎。金夏沙大學一位講師解釋大學教師的情況。薪水付不出來時，課程會被取消，於是助理教授不見蹤影。這群年輕教師並不是在罷工、堅決要求像正規經濟那樣支薪；他們是去別的地方工作了──兼第二份差事來付租金和養活自己。在金夏沙，受歡迎而需要高技能的兼差包括當援助機構的翻譯人員，或是當司機。這種多職能生涯有明確的優點和代價。好處是第二份差事能提供收入保證，這在一個無法仰賴正式公職的城市至關重要。壞處是這再次錯置了技能與天賦，無法人盡其才：大學講師去開車而非教導學生，這個國家顯然

未能就其人力資本做最有效的利用。

不難想像，那些要求回扣的警官、兼差開計程車的大學講師、要家長花錢買簡單考試證書的教師，就算不被當成騙子，也會被認為不老實。金夏沙人了解這些事情不該發生，但也心知肚明，此城市的經濟需要更有彈性的道德法則。站在任何一個忙碌的交通要衝，都能發現這個城市是如何運作的。一輛輛汽車經過，穿著橘色制服的交通警察會比出微妙的手勢：有人會大拇指和其餘四指指尖一起併攏、慢慢移向嘴巴，彷彿要吃一球烏咖哩 (ugali) 或米飯似的，也有人模仿啜飲瓶裝飲料的樣子。意思很清楚：「我餓了。」或「我渴了。」

有些駕駛視而不見，但很多駕駛會笑著把手伸入他們塞在儀表板上的那一大疊 500 法郎紙鈔，抽出一、兩張從窗口遞出去。當你回到停放的車輛，常會有警察不知從哪裡冒出來，止住後面來車，讓你的車可以駛出或迴轉。在金夏沙擁塞的交通，這種調動一定要有人協助，所以這一千法郎花得值得。大眾了解警察的薪水會使他們窮愁潦倒，因此若警察是這樣委婉地請求，而非強制設路障攔檢，民眾大多樂意幫個小忙。

同樣的現象——公部門的非正式民營化——也可以在金夏沙的學校看到。憲法規定小學階段的免費公立學校教育是普遍性權利，通稱「免費」(gratuité)。但教師的薪水向來比警察或軍人容易被砍，而在搶劫的年代，情況糟到 1992 年，教師厭倦了沒薪水領的日子而發動罷工。往後兩年被這裡的教育工作者稱作「白色之年」(années blanches)：學校關閉，沒有考試，也沒有高中畢業生。

隨著全國家長聯盟同意幫老師加薪，事情終於解決，一種家長

自願資助補貼的「激勵獎金」制度 (frais de motivation) 於焉上路。金夏沙老師的月薪約 80 美元，跟警察一樣接近國際貧窮線，還有一類被稱為「non-payés」的老師，完全不是國家付薪水。家長出資的激勵獎金確保「non-payés」有錢可拿，正規教師的收入也從每個月 80 美元提升到接近 250 美元。既可謂崩壞公共服務「非正式民營化」又一椿，激勵獎金也提醒我們規則在金夏沙運作的方式。由於不為家長所喜，這種費用在 2004 年正式被禁，但實際上仍存在於每一所學校，而且具強制性。

正因要直接付錢維持公共服務，也難怪金夏沙人不想繳納理應支付警察和教師薪水的常規稅。這種負擔可能相當龐大。就連在梅西那等最貧窮的地區，像妮可和夏琳這樣靠賣昆蟲勉強度日的海盜商人，每年也要為每個孩子花超過 100 美元好讓他們上學去。她們正用某種方式籌錢讓九個孩子中的八個得以求學。她們的足智多謀，如神父所言，真的太神奇了。

有韌性的窠臼

不良政府的代價

金夏沙的「靠自己」文化，比我在世界其他地方見到的非正式經濟都來得深刻：它是一張覆蓋整座城市的安全網。舉凡教育、健康、警務，甚至乾淨的水等方面，都仰賴這張網來提供政府未提供

的公共服務。但一如達連，金夏沙也證明，倚賴非正式的人類韌性是有限度的。這座城市告訴我們，有些事物，唯有正常運作的國家可以提供，一旦國家未能提供，市井小民就要付出極大的代價。

最明顯的例子是最簡單的公共建設——道路。1950 年代，全國有 14 萬公里可供使用的道路，金夏沙和大城市之間也有可靠的往返路線。到 1970 年代中期，公路局 (Office des Routes) 儼然變成「坑洞局」(Office des Trous)，路網縮減為二萬公里。兩位卡比拉總統當政時期，數字繼續下滑，這個戲稱更是如影隨形。固然有外國援助確保主要道路的平整（例如到機場的公路是日本資助），但就連在最富裕的貢貝區中心，後街仍是泥土路。目前剛果只有 2,250 公里的柏油路，路網比鄰國稀疏得多，而剛果所有鄰國的面積，又都比它小上許多。

缺少交通連結對經濟而言是沉重的打擊。「這裡國際貿易的潛力比世界任何國家都來得雄厚。」賽巴斯汀・庫奇 (Sebastian Cuche) 這樣表示，他在一家以金夏沙為據點的大型物流公司擔任常務董事。「但這個國家連國內交通運輸網都沒建好。」要從金夏沙經由陸路運送重物到剛果第二大城盧邦巴希（位於剛果東南部），必須先將貨物出口到安哥拉，穿越安哥拉、利用該國較完善的道路，再從目的地附近的邊界重新進口貨物。倘若剛果的道路建設牢靠可行的話，總長是 2,250 公里；從金夏沙到盧邦巴希的貨運路線則超過 50、60 公里，共耗時一個月，每貨櫃要價 18,000 美元。有些城市，例如基桑加尼，是經由河流和金夏沙連結。把東西運到那裡比較便宜，但要逆流而上，仍得花上一個月。

這樣的結果是個簡單的經濟問題，也是剛果前所未聞的醜事之

一。放眼世界各地，更大的油輪和燃料效率更高的貨車——現代貿易的主力——都年年調降運輸成本。反觀剛果，庫奇先生繼續解釋，因為缺港口又缺路網，只能仰賴空運。價值低但重量不輕的進口商品——舉凡從牙膏、洗髮精到蔬菜水果——都是搭飛機抵達剛果、再搭飛機配銷各地，因此推升了價格。如此一來，這個世界國民所得最低、貧窮程度最高的城市，也是非洲生活成本最高的城市之一。剛果的出口品，由於僅能靠昂貴的空運，根本毫無競爭力可言，國家賺不到外國人的錢。政府失能，以及該國僵化的運輸系統，害金夏沙一貧如洗。

剛果的交通系統之糟，其成本從經濟問題外溢到政治和社會問題。最近一場在金夏沙舉辦、由國際捐助者贊助的企業家圓桌會議，請來全國各地的女性農民研議新農業綜合企業（agribusiness）的提案。她們坐下來討論彼此的構想，以及可以尋求投資人出資的方法。首先，一名來自馬西西山區（Masisi）小酪農場的女性提出擴展其乳酪製造事業的方案。馬西西位於剛果東部戈馬附近的地區，是牛隻成長茁壯，也是工匠製作剛果版高達（Gouda）乳酪的地方。但她的簡報卻讓在場眾人一臉茫然：其他農民，甚至鄰近區域的農民，都從沒見過或聽過乳酪。在飛機到不了的地方，這個國家是如此支離破碎，在地農產品並未在國內流通，連短距離的交流也沒有，許多民眾對於其他同胞過著什麼樣的生活、做什麼樣的工作，幾乎一無所悉。

除了面臨進口商品的殘酷高價，物價不穩定也傷害了金夏沙的民眾，特別是赤貧者。我在城市外圍遇到一群小兒麻痺致殘的民眾，政府劃出一小塊長條形的地供他們居住：寬約五公尺、或許有

100 公尺長的窄巷，搭成一面靠著鄰家牆壁的鐵皮屋。每一個住處都沒比一張床大多少，旁邊就是一條無蓋的下水道。一如金夏沙其他民眾，這裡的人也要自謀生計，男人當裁縫師，女人分裝煤炭。被問到需要政府怎麼改善他們的生活，他們列出的第一要務是穩定物價。

夏洛‧瑪塔利 (Charlotte Matalie) 住在這裡，她坐在地上在一大堆煤炭中篩篩選選，一邊解釋通貨膨脹之惡。她拿每星期購買的一大袋煤炭給我看，她得把它分裝成好幾百包，做爲烹飪燃料去街上賣。「物價可能一夕之間暴漲，」她解釋：「有時會發現，我們賣小包裝的價錢太低了。」煤炭分裝商的利潤極薄，以至於一旦這種事發生，夏洛特再向供應商批貨時會發現成本已經高漲，她買不起下一袋煤炭了。通貨膨脹殘酷地侵蝕了這群幾乎一無所有者的營運資本。我是在平日拜訪他們，而在我們討論社區面臨的難關之際，一群可愛的孩子跑來跑去嬉戲、閒聊，全都沒去上學。

奇蹟與災難

現代金夏沙是場人人都該明瞭的災難。自 1960 年剛果獨立那一日以來，就人均 GDP（衡量經濟發展的最佳指標）而言，沒有哪個國家比它表現得更差了。考慮到這個國家與這座城市的潛力，這當然是經濟學在現代最極端的失敗。但金夏沙絕非百業蕭條、意志消沉的城市，反倒生氣勃勃、熙熙攘攘；從它身上，我們可以歸納出兩種觀念，或許能在我們思考未來不確定的經濟時派上用場。

首先是樂觀看待非正式、地下或海盜經濟的力量。金夏沙證明

人類對於貿易、交流、建立市場的渴望能超越小村落、難民營或監獄——也能跨越倫敦大小的巨型都市。儘管規模有天壤之別，但我拜訪過和金夏沙最類似的地方是札塔里難民營。先後對殖民列強與蒙博托、卡比拉家族大失所望的人民，開始仰賴一種自力更生、以叫賣和兼職為主的經濟。一如遭天災侵襲或逃離戰亂的人民，食物、住所等基本需求在金夏沙受到威脅；在這裡，肇因是貧窮，而剛果人用非法的海盜市場做為一種自然防護。差別在於有害的政府存在已久，使某種國家民營化已經發生，公民與公務人員之間進行直接、微型的交易。在金夏沙，有機、非正式的經濟滲入了就連最市場取向的國家也會視為公領域或政府職責的生活範疇，如警務。無論是深度或廣度，金夏沙的非正式經濟都比我們想像中來得大。

但在這座城市，一如達連隘口，也提醒我們非正式經濟的限度。當警察、教師等公職人員需要人民直接付酬勞，「débrouillez-vous」（自己設法求生）的文化——包括自己照顧自己、進行非正式交易、避開腐敗貪婪的稅務人員——便完全合乎邏輯。同樣地，當公務人員久未領薪而改向轄區裡的民眾要小費，或向執教學生的爸媽要求加薪，也屬人之常情。但這些決定讓金夏沙陷入進退兩難：不信任政府，意味人民必須仰賴海盜生意，卻無法對這些交易課稅，就等於沒錢支應或提升對政府信任度的公共服務與基礎建設。較能通力合作的體系當然能促成較好的結果，但正如經濟學的囚徒困境 (Prisoner's Dilemma) 所示，合作可能無法維繫，反而會陷在一種永無止境的惡性循環。金夏沙打破了自由市場必然會反彈或具有某種自我修正特性的觀念——小鎮、城市、國家是有可能陷入窠臼，而且永遠不得翻身。

於是我們見到一座基礎建設只有村莊水準的巨型都市，擁有千萬人口，位於世界最可靠河流的堤岸上，但卻欠缺乾淨飲用水、灌溉和適當的排水系統。這座城市之所以建立，是因為有希望發展有利可圖的自由貿易，也有潛力成為靠低廉水力發電的製造業重鎮，政府的失能卻使它缺乏出口收入、進口商品貴得嚇人，電力網支離破碎而必須輪流停電。

在現代的河港，我遇到阿道夫‧基泰特 (Adolf Kitete) 和朋友巴比 (Papy) 這對打扮入時的交易商，他們在對的時機經營一種名為「平價」(parity) 的聰明方案。「當金夏沙物資短缺或政治動盪，物價就會飆漲。」基泰特先生解釋道。他拿一小瓶水當例子：「這瓶可能要賣 4,000 剛果法郎。」（超過二美元，差不多是正常價格的四倍。）過河到鄰國剛果共和國的首都布拉塞維爾（簡稱布拉塞），物價就比較穩定了（中非法郎〔cefa〕有六個國家使用，匯率緊緊釘住歐元）。當物價開始出現落差，這些人就會帶著美元過河，在布拉塞維爾兌換中非法郎，並購買大批牛仔褲和襯衫。一回到金夏沙，他們就把衣物賣給叫賣小販，然後趕緊把浮動的剛果法郎換回安全的美金。

這些渡河的商人是精明的生意人。牛仔褲在金夏沙可以賣到 20 美元，但在布拉塞維爾八美元就買得到，因此只要帶著 100 美元過河，一天就能讓財富倍增。綜合來看，兩種貨幣、渡河，加上金夏沙的不穩定，加起來是不錯的生意機會。我問兩人能否做得更好：去程從大金夏沙帶點貨物去小布拉塞維爾賣，應該可以提高獲利吧？「門都沒有——這一向是單向的生意，」巴比說：「金夏沙並沒有布拉塞維爾需要的東西。」

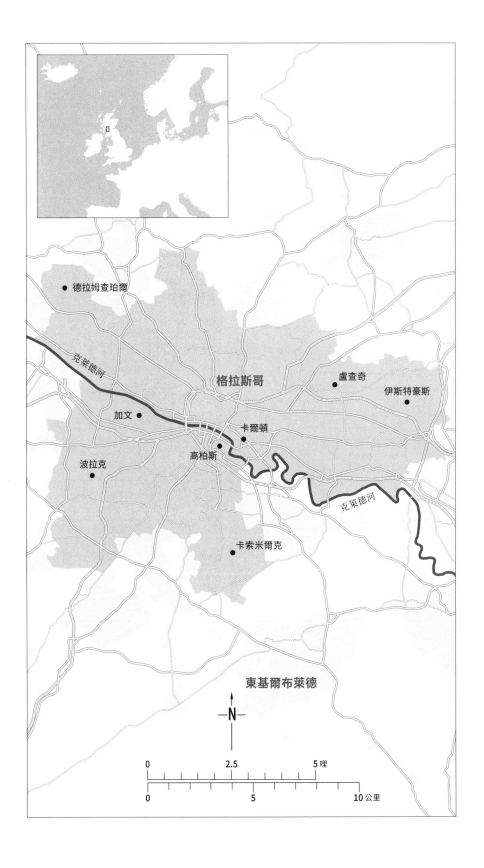

德拉姆查珀爾

克萊德河

格拉斯哥

盧查奇

伊斯特豪斯

加文

卡爾頓

波拉克

高柏斯

克萊德河

卡索米爾克

東基爾布萊德

N

| 0 | 2.5 | 5 哩 |

| 0 | 5 | 10 公里 |

英國格拉斯哥

工業革命發源地的沒落

格拉斯哥的造船可和倫敦較勁,對美貿易可與利物浦媲美。她的子民充滿活力,讓她成為聯合王國第二大城。

史賓賽·沃爾坡爵士 (Sir Spencer Walpole)
《英國史》(*A History of England*),1878 年

蘇格蘭的死亡率比英格蘭和威爾斯高出許多⋯⋯儘管這種死亡率莫名高於大不列顛其他地區的現象普遍存在蘇格蘭各地,但在格拉斯哥市內及附近最高。

大衛·華許 (David Walsh),《歷史、政治與弱點》
(*History, Politics and Vulnerability: Explaining Excess Mortality in Scotland and Glasgow*),2016 年

6

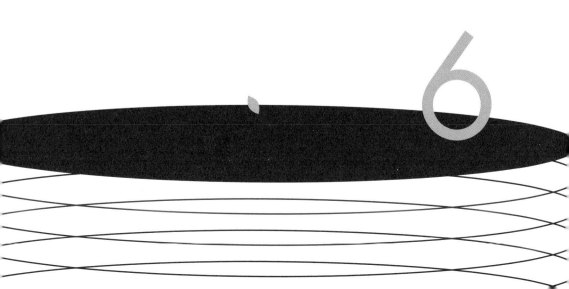

幽靈河

生命的開端

　　格拉斯哥的造船工人是群硬漢，但看著龐大的船身下水，就連最鐵石心腸的人也忍不住激動。「我不在乎人家怎麼說。」74 歲的吉姆・克雷格 (Jim Craig) 說，他來自格拉斯哥市中心以西的加文 (Govan) 地區，那裡曾是英國造船業的心臟地帶。「當你看到自己造的船滑入克萊德河 (the Clyde)，滿滿的成就感便油然而生。」克雷格先生在老公園路 (Elder Park Road) 出生，距離費爾菲 (Fairfield) 造船廠的大門數百碼，他的父親曾在那裡擔任鍋爐製造工。克雷格在 1959 年秋日的一個星期五離開學校，隔週一，也就是他 15 歲生日當天，便開始在費爾菲工作。他在長達半世紀的造船生涯中──做過辦公室小弟、學徒、焊工、工頭，最後當上經理──也周遊了世界；前一份工作是在美國匹茲堡的造船廠。他表明喜歡在國外工作，但他的心、跟所有造船工人一樣，始終屬於費爾菲，他的第一間船廠、或可說是「母」船廠。「不論你去到世界哪個地方，永遠都會深愛第一間船廠。」他這麼說，「只要有機會，你一定會回去。那是一種強烈的依戀，因為你的母船廠給了你生命的開端。」

　　儘管當時可能不得而知，但年輕的克雷格先生加入的是最後幾批徹底改造全球經濟的生產線工人──亦即格拉斯哥的造船工人。就血統而言，格拉斯哥的造船廠高不可攀，因為蒸汽動力與鋼船體的船舶就是在克萊德的河岸發明，而 1870 年到 1910 年間，正是克萊德製造的大船驅動了第一次貿易全球化。論及現代經濟的持久衝

擊，很少城市能與格拉斯哥匹敵：底特律的汽車或許徹底改革了運輸，然而是格拉斯哥的船創造了我們現居的這個互相聯繫的世界。1959 年，當吉姆‧克雷格開始工作時，克萊德上游地區有八間大型造船廠，加起來有一千年的歷史。但在十年內，大部分都破產了。

今日，當你沿著克萊德河堤漫步，已經看不到造船的情景。船廠只剩兩間，其餘都不復存在，而如今僅存的都是小規模的軍事活動，且都在棚場內進行。視線所及唯一的船隻是格蘭里號 (Glenlee)：一艘長 245 呎、鋼製船身、1896 年在此下水的高桅橫帆船。跳上船的觀光客和在甲板上衝來衝去的孩子或許覺得愉快，但她不算大的船身和過時的技術，並未如實描繪盛極一時的克萊德工業：19 世紀晚期，世界有五分之一的船舶——包括超過 350 呎長、最先進的輪船——在這裡建造。河流的南岸尤其殘留著失落工業的傷疤。船隻曾經停泊、載貨和準備必需品的碼頭，如今雜草叢生；辦公室閒置著，破裂的窗玻璃和紅磚牆滿是塗鴉。

格拉斯哥被列為極端經濟，是因為在 20 世紀，沒有其他城市經歷如此嚴重的衰退。要了解箇中原由，不妨先看看該城的高低起落。19 世紀末，格拉斯哥被視為「帝國第二大城」，在許多方面都開始超越英國首都倫敦，包括藝術、設計、建築、工程、創新、貿易等都居於領先。有人甚至稱它為「現代的羅馬」。但一世紀後，船不見了，失業者眾，而在格拉斯哥市郊的卡爾頓 (Calton)，男性平均壽命低到 54 歲（就連有 27％成年人口罹患後天免疫缺乏症候群的史瓦濟蘭，男性平均壽命也達 57 歲）。格拉斯哥從現代的羅馬，淪為比撒哈拉以南非洲還落後的地方，亦從歐洲最佳城市淪為最麻

煩的城市。

　　格拉斯哥的故事——一座成功城市的失敗——之所以重要，是因爲我們之中有好多人是都市人。1950 年，全球人口只有 30% 住在城市，如今都市人口已然過半。到了 2050 年，預計會有 75% 的民衆住在城市。了解某一城市經濟的弱點，相當程度上就是了解未來的風險。於是我來到格拉斯哥，探訪還記得此城強盛年代的人士，聽聽他們親口說明到底是哪裡出了錯。

克萊德的黃金時代

維吉尼亞先生

　　要找格拉斯哥曾經如何獨步歐洲的例子，不妨想想藝術品味。19、20 世紀之交，「印象派」（impressionism）一詞是種污辱：評論家說那樣的畫作看來尚未完成，技巧拙劣；歐陸頂尖藝術學校對印象派畫家避之唯恐不及。但有一小撮藝術交易商支持他們，創造了如今許多人認爲藝術史上最重要的轉變——因爲那象徵從舊日的具象藝術（representational art）邁向現代性（modernity）。亞歷山大・瑞德（Alexander Reid）是格拉斯哥人，他 1877 年開設自身第一間藝廊，在領導潮流的交易商中極具影響力。瑞德賣了大量畫作給格拉斯哥的商人階級，結交並支持重要的藝術家（梵谷一生只畫過兩幅英國人的肖像，兩幅主角都是瑞德）。1902 年，德國主要評論家建議對藝術

感興趣的人可略過倫敦，直接前往格拉斯哥。

藝術只是一項通則的一例：隨便選個領域——從科學、工程到文學、文化——格拉斯哥都是創新的起源，而那種創新已然改變我們觀看世界的方式。我們用來測量溫度（克氏〔Kelvin〕）和功率（瓦特〔Watt〕）的單位，都是以格拉斯哥的發明者爲名。除了走在時代尖端的藝術，這裡許多劇場也以支持安東‧契訶夫 (Anton Chekhov)、亨里克‧易卜生 (Henrik Ibsen) 挑戰傳統的新作著稱。1896 年，隨著世界第三條地鐵系統啟用（也是當時最先進的一條），交通更加便利，並讓格拉斯哥成爲連結緊密的都市。1927 年，當地一位發明家將倫敦的相機連上格拉斯哥中央醫院 (Central Hotel) 的螢幕，完成世界第一次電視轉播。

格拉斯哥是跟著國際貿易成長茁壯。做爲港口，它的位置在英國數一數二：乘著蘇格蘭西部沿海的順風，從格拉斯哥航向維吉尼亞、馬里蘭等美洲殖民地，比從倫敦出發快上不少。18 世紀中葉，在地商人會大肆蒐購消費品，以日後支付貨款的賒銷方式運往美洲；美洲的農場主人則會送回菸草來償還這些借款。這個市場由少數幾個家族掌控，如康寧漢 (Cunningham)、葛拉斯福德 (Glassford)、史皮爾斯 (Spiers) 等，在各殖民地都擁有連鎖店。如此一來，約翰‧葛拉斯福德 (John Glassford)、亞歷山大‧史皮爾斯 (Alexander Spiers) 等人都成了歐洲最重要的商人，也都擁有符合其身分地位的暱稱，例如「菸草王」、「維吉尼亞先生」等。

格拉斯哥軸轉：從菸草到造船

　　美國獨立切斷了格拉斯哥對菸草生意的掌控，使維吉尼亞先生風光不再，但這座城市的崛起才剛開始。菸草商人已投資格拉斯哥的基礎建設，挖深並清理了克萊德河。具創業精神的格拉斯哥人也從事多樣化經營，研發出蒸汽動力織機，亞麻布的製造變得快速又便宜。金屬加工的專業知識與蒸汽技術受惠於亞麻布生意，加上河運改善，都有助於孕育格拉斯哥第二種領導世界的行業——造船。

　　最早讓格拉斯哥致富的是菸草，造船更讓它搖身變成工業革命的超級強權。造船這門生意利潤豐厚：格拉斯哥每年製造超過兩百艘新船，包括英國、荷蘭、土耳其政府委託製造的海軍船艦。至1860年代晚期，克萊德河畔約有二萬人為此效力。

　　做為創新領導世界、就業蓬勃的城市，格拉斯哥大獲好評，而吸引更多企業家和投資人前來。當格拉斯哥於 1888 年舉辦國際博覽會，共有約 600 萬人次前來參觀，超過全蘇格蘭人口的 20%，包括來自世界各地的觀光客。看來格拉斯哥已注定成為 20 世紀最偉大的城市之一了。

三位一體

　　在此同時，格拉斯哥南方 300 哩處，劍橋大學 40 多歲的經濟學者阿爾弗雷德‧馬歇爾 (Alfred Marshall) 正在撰寫《經濟學原理》（*Principles of Economics*），這本書日後可謂是經濟學史上影響最為深遠的著作。

馬歇爾是學有專精的理論家，為使他的學科更平易近人，將經濟學視為「研究人類日常事務的學問」，因此他先用數學方程式闡述論點以確保其精確，然後再用實際生活的例子取代所有公式。一個攸關許多人生活的重要問題是：為什麼公司會選擇聚集在特定的城鎮或都市。馬歇爾敘述，以往許多地方之所以專門從事特定產業，是因為離原料所在地很近——例如雪菲爾（Sheffield）素以餐具聞名，乃是因為出產品質優異的砂岩，可用來製作磨刀石。但他說，更便利的交通聯繫解開了原有的束縛，亦即工廠不再需要緊鄰供應原料的礦區或森林。重工業的老闆可在任何地方設廠，但通常會選擇到某個工業城鎮，與其他工廠為鄰。馬歇爾主張，這種群聚情況，是由三種作用力驅動，也就是今天我們稱之為聚集經濟（agglomeration economy）的「三位一體」（請參表 6.1）。

表 6.1 ｜ 城市經濟——阿爾弗雷德·馬歇爾的三種「聚集經濟」	
勞動力庫	群聚比較容易雇用人手。單獨一間工廠的老闆會發現很難吸引具備技能的勞動者；設在一個有特定產業的城鎮，會提供「穩定的技能市場」。
技術外溢	鄰近會促進創新。在產業集中的城鎮，技術會擴散，而隨著新構想「被他人接納、與他們自己的想法融會貫通，」技術便增強了。
供應鏈	聚攏可以更容易取得輸入。一旦一家工廠開始營運，輔助的生意就會在附近發展起來；工具與原料供應者附近，也會有其他工廠設立。

資料來源：《經濟學原理》，阿爾弗雷德·馬歇爾，1890 年，221～225 頁。

某種程度上，這三種作用力顯而易見：訓練有素的人才庫、創

新的技術、可靠的供應鏈對工業城市的公司有利，簡直是常識。但這些作用力會以微妙的方式影響一座城市。它們並非獨厚一家公司，也沒有哪家公司負責製造它們。它們多少隱而未現——如馬歇爾所言，專門化城鎮的產業就在「空氣裡無處不在」，當地的孩子「不知不覺」就認識了。它們不屬於任一家工廠，而是整個市鎮的財產。套用經濟學的術語，馬歇爾的三種作用力就是「外部性」，而儘管在達連隘口，自由貿易這種外部性造成了傷害，在格拉斯哥的盛世，外部性卻創造了巨大的價值。

在達連隘口，外部性的發生，歸因於伐木者決定砍樹，卻不考慮這個決定會對其他重視雨林的人造成何種衝擊。由於有大批伐木者這麼做，外部性便強化了負面效應。結果，環境惡化程度遠遠超乎任何伐木者的想像。但外部性也可能是正面的。假設有位造船廠老闆正考慮要把工廠設在克萊德河沿岸。若選定加文，就會對其他廠帶來一連串正面影響：競爭對手之間可以雇用被解雇的員工，或挖走最好的員工，亦能模仿、精進新廠的技術；若新廠找來供應商提供原物料，對手也可從中獲益。就如同個別伐木者不明白自己造成的全面性傷害，個別造船廠老闆也不了解這種正面衝擊的程度。結果是正面的事物獲得加乘——勞動力庫 (labour pool)、技術及供應鏈——而每一家公司都可從中獲得好處。好上加好，造就了像格拉斯哥這樣繁榮強大的城市，遠遠超出任何人為計畫所能設想的範圍。

積極的聚集

跟格拉斯哥的民眾聊聊，就能了解馬歇爾所言「產業就在『空氣裡無所不在』」的意思。生於加文的當地史學家柯林‧奎格利 (Colin Quigley) 表示，造船深植在格拉斯哥的身分認同之中。「以往，要定義和解釋這座城市很容易，」他說：「只要簡單地說：『歡迎來到格拉斯哥，這裡是造船的地方。』」奎格利先生帶我遊覽加文，指出早已消失的造船廠、劇場和電影院位於何處。在該行政區的中心，我們來到一個名為「加文十字」(Govan Cross) 的路口，正中央有座鐵鑄的紀念碑，就位於昔日英國造船業的核心地帶，紀念碑上刻著加文的座右銘：「不工作，一事無成。」

加文當然擁有馬歇爾談到的勞動力庫，當地人民也知道如何努力工作。1950 年代的標準一週工作日是六天，且要做足 48 小時（「週末」〔 week-end 〕一詞傳統上指星期六的午餐時間）。這是個篤信宗教的城市，很多人會在星期天休假上教會，但一週工作七天賺加班費的情況也很普遍。男孩在平日的五天會做主要的工作，每星期五把薪俸袋原封不動交給母親，週末再做額外的工作賺取母親准他們自己留用的現金。吉姆‧克雷格年輕時平日早上會先去送牛奶再到造船廠值班，週末幫叔叔運煤。在其全盛時期，造船業在克萊德河畔共雇用十萬人，每週工作 60 小時，在那裡不論男人和男孩都習以為常。

格拉斯哥也是技術如何透過模仿、精進而擴散、強化的最佳例子。世界第一艘蒸汽船「夏洛特‧鄧達斯號」(Charlotte Dundas) 在 1801 年於克萊德河下水，這是一艘木造船身、蒸汽動力的槳輪，長 56

呎、每小時可航行六哩。隨著蒸汽動力用於水道運輸的概念獲得證實，世界第一艘載客汽船「彗星號」(Comet) 隨即問世。1818 年，羅伯特・威爾森 (Robert Wilson) 打造了世上第一艘金屬船殼的船，並首創以船尾推進。這艘小船堪稱後來重塑全球貿易的巨大船舶的原型，有個貼切的響亮名號，人稱「火神號」(Vulcan)。「造船創新」在克萊德河畔的精益求精，正是阿爾弗雷德・馬歇爾第二種聚集作用力的例證，也讓格拉斯哥獨占鰲頭數十載。當克萊德製造的「瑪格麗號」(Margery) 汽船於 1814 年航行到倫敦，被人形容為「離奇的幽靈」(extraordinary apparition)，在「官員及男人間」引發一陣「天大的騷動」──當時泰晤士河畔沒有人見過汽船。

以造船為核心，各式各樣的輔助產業紛紛竄起──即馬歇爾專門化城市的第三種解釋。造船廠需要大量的原料，於是格拉斯哥的金屬和煤炭公司不斷增長，以供應擴張迅速的船廠。造船也刺激了較輕的工業。加拿大人薩繆爾・庫納 (Samuel Cunard) 獲得格拉斯哥在地富人的投資，在 1837 年開了自己的公司，首開豪華旅遊之先河。冠達郵輪 (Cunard Line) 的海報宣傳從格拉斯哥到紐約和孟買的魅力航程。曼哈頓的居民也被吸引前來格拉斯哥和蘇格蘭的「浪漫之境」。雖然這些航程遠遠超出格拉斯哥勞工階級的能力範圍，但豪華遊船卻為木匠和地毯師傅，以及販售家具、銅飾、玻璃和餐具之類的公司，創造數千個工作機會。

格拉斯哥造船工人的生活，不是只有辛苦的工作，加文造船工人吉姆・克雷格回憶道。當汽笛聲在下午五點半響起，代表費爾菲的日班工作結束，加文便逐漸停擺。由高地 (Highland) 彪形大漢擔綱的地方警力得停下路上車輛和有軌電車，因為不出片刻，街上就

會擠滿穿外套、戴軟帽、蜂湧而出的工人了。許多工人的第一站是酒吧。吉姆回想他同事最愛的幾個去處：第一名：馬克的店；第二名：亨利酒吧——他一連說出 17 間酒吧。這裡還有四間電影院，前面總是有人排隊。如今，這些早就通通消失了。

雖然薪資微薄，但格拉斯哥人會省吃儉用，存錢買重要的東西，例如許多勞工階級的家庭都擁有品質不錯的樂器，而加文的大街也靠自己的力量成為地標：街上有百貨公司販售奢侈品。今天這條路是大街繁華落盡的鮮明例子：除了幾家窗戶用木板封起來的便利店、一家賭馬投注站和一家助曬房，其餘空間多是慈善商店和社區機構。很難相信 1950 年代，這裡是可以買到貂皮大衣的地方。

格拉斯哥的沒落

問題在於（同時也是格拉斯哥為所有現代城市提出的警告），如馬歇爾所言，任何存在於「空氣裡」的經濟效應，都會造成惡魔般的問題。在達連隘口，一種負面的外部性使環境惡化，傷害了每一個人，但不能特別歸咎於誰。於是，解決問題的作為太少，改變不了什麼。換成正面的外部性，邏輯就要反過來。勞動力庫、技術與供應鏈之利，造福城市的每一個人，卻沒有特定人士負責維繫。格拉斯哥所顯示的危險就是，保護這些優勢的作為太少了。

衰亡來得很快。1947 年，就噸數而言，英國造船廠製造的新船占全球的 57%。二次世界大戰結束是一大利多；德國和日本的船廠遭到摧毀；在戰爭中失去客輪和油輪的同盟國需要新船。海上和平代表全球貿易欣欣向榮、提高了貨船的需求，1948 到 1965 年

間，世界商船隊的容積增加了一倍。但克萊德河畔的造船廠不但未能把握良機，還開始失去市占率。到了 1962 年，英國占全球造船的比重只剩下 13%，到了 1977 年，這項產業已經國有化，成為聯合企業形式的英國造船廠（British Shipbuilders），沒多久便停止運作。稱霸世界兩百年的造船業，不到 20 年就崩潰，最後披著國營事業的外衣終結。

馬歇爾三大聚集作用力的要義是，每當有一家公司設立於一座城市，便會為其他所有公司創造看不見的優勢。這也能反過來運作：每當有一家公司離開一座城市，就代表勞動力庫會變淺一些、技術創新會減少一些、供應鏈也會單薄一些——這些會衝擊留下來的每一個人。若依正常的邏輯，城市應該嚴肅看待任何會傷害市內任一家公司的事情，包括外國的競爭。

但全英國，包括格拉斯哥，都低估了來自海外的威脅。這一部分是因為他們無法認清亞齊近來證明的一件事：實體的基礎建設可以迅速重建，而一旦重建，通常可以超越先前的一切。漢堡和不來梅的船廠已毀於英國「千架轟炸機」的突擊；日本在長崎的重要船廠也被破壞。但這些競爭對手都能迅速重建，且在重建的同時大幅改善設施。

日本的新廠使用旱塢（dry dock）：船舶是在河邊的窩穴（cavity）建造，等造好再注水啟航。在克萊德河，船隻仍是在河畔有坡度的船台建造，因此格拉斯哥的造船工人無法使用水平儀（spirit level），而必須運用一種依船隻的「斜度」（declivity）設定的特殊工具，把一切排列起來。日本的新船廠面積也大得多，因此可以做更大規模的運作而節省成本。就這樣，日本開始拿下訂單，侵吞格拉斯哥的市占率。

儘管克萊德曾是創新中心，如今河畔的工人卻拘泥於老舊的技術。外國競爭對手發展出新的焊接方法來拼接船殼各部分，克萊德船廠仍執著於費時、高成本（又重）的鉚釘。1965 年，英國政府派出部長級代表團赴日本考察該國的新設備，見到的情景想必令他們心煩意亂：那一年，位於大阪西方 100 公里的相生造船廠，平均每名員工生產 182 噸的船舶。這是一般英國船廠的 22 倍。

　　曾經，造船業最好的構想在格拉斯哥自然流動，工頭無不查訪克萊德沿岸看看競爭對手在做些什麼。但現在這個產業已然國際化，而克萊德的船廠未能對重要的變革做出回應。愈來愈多顧客需要的是柴油引擎推進的長距離貨船和油輪，因而捨棄讓格拉斯哥舉世聞名的燃煤汽船。空中交通的興起，加上對大規模移民的限制，代表大型客輪的需求下滑，偏偏這也是克萊德的專長。以上趨勢早在幾年前都已觀察得出來，但當外國公司紛紛聘請專業經理人時，格拉斯哥的廠內主管仍多半是工人升任──這些人十分擅長目前所做的事，卻不是關注追蹤外國最新技術或發展的專家。

　　造船廠的老闆也不善於投資，他們取走豐厚的紅利，但拿來再投資新機器與技術的錢不到利潤的 5%（反觀汽車製造商再投資的利潤超過 12%）。造船廠在一個理應投資自己、以持續走在技術前緣的時刻，卻捨不得花錢。克萊德河畔空氣裡的構想曾經獨步全球；但現在，整座城市都過氣了。

呼叫登祿普

　　繼任的英國政府也扯了後腿，在萎靡的經濟上實行慘不忍睹的

工業政策。造船像燙手山芋般、被政府各部門丟來丟去，造就一大堆研究與報告，卻少有創新的構想。政客在拿不定主意下，遂於 1965 年指派一個獨立委員會，由雷伊‧蓋迪斯 (Reay Geddes) 擔任主席。該委員會裡沒有造船專家（蓋迪斯是輪胎製造商登祿普的常務董事），也沒有親自造訪過船廠。經過數個月的研議，委員會提出偉大的構想：運用「集結」(grouping) 政策來模仿日本較大規模的船廠。蓋迪斯認為像克萊德河等英國河流沿岸有太多分散的船廠，應透過強制性的購併來形成規模較大的集團組織。每一間船廠可保有自己的廠址，但要以大集團一分子的姿態運作。

就算單就其主張來看，這項計畫也毫無道理。威斯敏斯特官員迷戀的日本船廠每一座都占地遼闊；蓋迪斯的計畫只是新瓶裝舊酒，把現有的場所改名叫做集團罷了。格拉斯哥是這方面最極端的例子，1967 年 11 月，費爾菲、亞歷山大‧史蒂芬 (Alexander Stephen)、查爾斯‧康奈爾 (Charles Connell)、約翰‧布朗 (John Brown)、亞羅 (Yarrow) 等船廠合併為克萊德河上游造船公司（Upper Clyde Shipbuilders，簡稱 UCS）。這個換了新名字的集團看來一點也不像日本大船廠──分散的廠址沒有變大，廠房依然相距數哩。常識告訴我們，這不是達成規模經濟的方法。

要與大型日本船廠一搏，唯一的辦法或許是建造一個設施（或許是公有設施）並招標，讓船廠可視其手上訂單情形投標租用該場地。除此之外，依照馬歇爾成功城市各公司之間的外溢概念，格拉斯哥也需要制定政策重新點燃城市已熄滅的正面外部性──需要大規模的訓練與工具投資計畫來打造技術性的勞動力庫，重新站上造船技術的第一線。

但以上事情都沒有發生，而接下來四年，UCS 固然獲得 7,000 萬英鎊的納稅錢，卻未能達成蓋迪斯保證的效率。到 1969 年夏天，這個集團瀕臨破產，靠著政府的紓困才撐到 1972 年正式解散。隨著造船業沒落，格拉斯哥的失業率開始攀升，從 1947 年趨近於零一路飆升到 1966 年的 18,000 人和 1983 年的 96,000 人。時至今日，有 59,000 戶的格拉斯哥人家（占全市四分之一）沒有成年人在工作；這個比率遠高於英國平均數字。

死亡與工業

卡爾頓的故事

50 多歲的克雷吉 (Craigie)「在卡爾頓出生、長大」。卡爾頓位於格拉斯哥東區 (East End)，保有該市平均壽命最低的幾項紀錄。他是在東區正中央倫敦路 (London Road) 與威爾斯街 (Welsh Street) 交會口附近的家中長大，他還記得失去工作是怎麼影響這個地區。他童年時，東區是人潮熙攘之地：「你忙啊忙啊忙——你很窮，但你有工作，你的爸媽會幫你找到工作。」克雷吉從 1972 年開始在巴拉斯 (Barras) 水果市場工作，之後改賣木柴和晚報給當地酒吧，再換到當地麵包店工作。他的朋友也是從孩童和青少年時期就開始工作，有的做奶油餅乾 (Jacob's Cream Crackers)，有的則幫醬菜裝罐。

克雷吉和他的同伴在 1978 年滿 16 歲，那時一切已然轉變。馬

歇爾的第三種作用力——公司對市供應網和附屬產業的效應——已將造船業消失的痛苦傳遍格拉斯哥了。該市東區的派克海德鐵工廠 (Parkhead Forge) 原本是克雷吉的自然人雇主：全盛時期擁有二萬名員工，其中很多人負責製造船用鋼鐵零件。但隨著造船廠沒落，鐵工廠也在 1972 年關門大吉。威廉‧阿羅爾爵士 (Sir William Arrol) 1872 年設立的達爾馬諾克工程 (Dalmarnock Works) 曾是基礎建設營造的先驅，製造巨大的「泰坦」起重機，用來把火車頭吊上船；這間公司勉強營運，造鐵橋造了幾年，但仍在 1986 年倒閉。隨著這個地區具歷史意義的青年雇主一一消失，對克雷吉和他的許多朋友來說，1980 及大半 1990 年代，就等同於失業、酒精和海洛因了。

無所事事超過十年，今天克雷吉在高柏斯 (Gorbals) ——克萊德河南岸另一個貧困地區——一間臨時中心 (drop-in) 擔任戒毒輔導員。我到訪的時候，該中心十分忙碌，反映了格拉斯哥極高且還在增加的重度毒品使用人數。克雷吉一邊回想自己當初是怎麼染上毒癮，一邊思考卡爾頓民眾的低壽命。他的父親是屋頂工，個性強硬且有暴力傾向。「努力工作、努力喝酒、努力打架、隨隨便便就死了。」克雷吉這麼形容父親。其父和叔叔都在 55 歲過世，姑姑則是 56 歲。「事實就是，你很清楚在卡爾頓就是會早死。」

格拉斯哥的黑暗之謎

酗酒、抽菸、不良飲食習慣、缺少運動——專家所稱「健康行為」的慢性因素——都縮短了格拉斯哥居民的壽命。這個城市是因菸草而崛起，而在派克海德和達爾馬諾克（位於東區卡爾頓隔壁的

郊區），最近的資料顯示有 44％ 居民抽菸，懷孕女性抽菸的比例也高達 36％。因酒精濫用而死的人數，高出蘇格蘭平均數字的許多倍，而依照歐洲標準，蘇格蘭平均已經算高了。格拉斯哥丘陵遍布、綠意盎然，有綿延數哩的自行車道可一覽優美的風光，但在較貧窮的地區，有四分之一的成年人受到殘疾限制。平日午後，在加略給特 (Gallowgate) 這條具歷史意義、從市中心向東延伸的幹道上，街上到處可見失業男女站在酒吧外面抽菸，其中有很多人拄著拐杖，或倚著助行器。

第二組比較激烈的因素──毒品、暴力、自殺──則是 50 歲以下的重要殺手。2016 年，該市有 257 起死亡案例與毒品有關，占人口的比重遠高於英國任何地方。除了毒癮致死的數據，格拉斯哥自殺與凶殺的比率也遠高於蘇格蘭平均。男人又比女人危險，占自殺人數的 69％、毒品致死人數的 70％ 和殺人犯罪的 75％。克雷吉曾吸食海洛因多年，所幸保住一命，但對其他許多格拉斯哥男人來說，毒品、暴力與自殘，確實要命。

這種種因素都跟經濟剝奪有關。貧窮會對健康造成何種衝擊的數據分析，也是格拉斯哥所創，可追溯到 1843 年此地一次破天荒的霍亂疫情研究。現今格拉斯哥對下轄 61 個小行政區，都有深入的資料。數據顯示，在卡爾頓、高柏斯、加文等地（此為受到產業流失打擊最重的地區），居民的所得較低、失業的可能性較高；他們也更可能吸菸、喝酒、染毒癮和早死。換句話說，工業死亡──最終是一種經濟失敗──本身，便有助於解釋格拉斯哥居民何以那麼年輕就過世。

但這種純經濟的解釋並不完整，未能充分說明格拉斯哥過早死

亡（premature death problem）的問題。觀察利物浦和曼徹斯特的情形，是
解析此謎團的一個方式。這些城市（不包括愛丁堡）被當地人視為

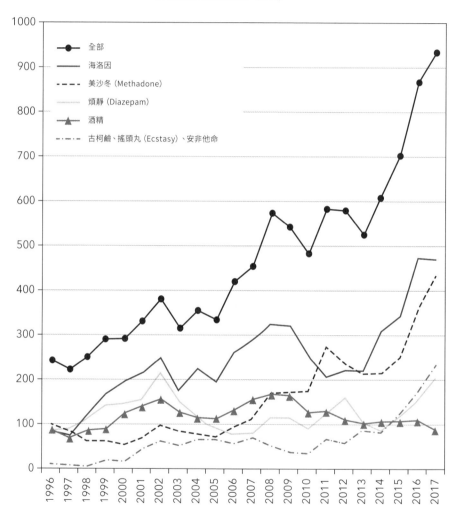

圖 6.2 ｜蘇格蘭：毒品與死亡

蘇格蘭每年吸毒死亡人數

資料來源：英國國民保健署（NHS）

- ● 全部
- 海洛因
- 美沙冬（Methadone）
- 煩靜（Diazepam）
- ▲ 酒精
- 古柯鹼、搖頭丸（Ecstasy）、安非他命

英國格拉斯哥 ── 工業革命發源地的沒落

格拉斯哥的同類——全都是西岸的大都市、有著相同的工業歷史、具備愛爾蘭和宗教傳統，以及歷史悠久的足球隊。若援用更嚴謹的數據來比較，這三個城市很像的概念也站得住腳：舉凡從就業到飲食、從所得剝奪到毒品的資料都顯示，這三地蒙受去工業化的打擊，在伯仲之間。但唯有一個數據特別突出：格拉斯哥的早死率，比利物浦和曼徹斯特高出 30%。而考慮經濟與社會剝奪的深入研究，並不能對此謎團做出令人滿意的解釋：就算把一切因素納入考量，格拉斯哥居民還是死得太早了。

這種超出健康專家所能解釋的死亡「過剩」現象，是在 2010 年發現的，即所謂的「格拉斯哥效應」(Glasgow effect)，每年帶走 5,000 條左右的人命。此效應一般認為大約在 50 年前出現，此後每下愈況。早死之謎暗示有某個隱藏的因素——某件傷害格拉斯哥的事情——沒有在大部分的研究中顯現出來。按邏輯推論，這個作用力一定是某件容易使該地民眾受到衝擊的事情，但較不會危及曼徹斯特和利物浦居民。無論那個潛藏因素是什麼，它都是從 1970 年代開始敲響喪鐘。

隱藏資本

整合、管制與風險

我和多位經歷過格拉斯哥衰退的人進行討論，結果讓我深信，

格拉斯哥謎團的解答，存在於該市黃金時期出版的另一本書中，該書作者是可憐的法國學者、屢遭經濟學家忽視的艾彌爾‧涂爾幹（Emile Durkheim）。在一位摯友自殺身亡後，涂爾幹下定決心要了解法國的自殺率何以那麼高。歷經數十年的戰亂，法國在 19 世紀晚期繁榮興盛，藝術科學大幅躍進，經濟與和平皆快速成長。但隨著美好年代而來的，卻是另一項令人難以理解的數據：自殺暴增。因此涂爾幹決定找出原因，並在 1897 年出版專著《自殺論》（Le suicide）。本書堪稱社會學的奠基之作，卻也是遭到忽視的思考脈絡的根源，有助於解釋格拉斯哥到底是哪裡出了差錯。

涂爾幹發現的模式太過強大，而不能歸因於僅著眼於個人情況的典型解釋——憂鬱或債務等。資料顯示，自殺率不只是國家憂鬱或負債人口的總和，而是一種社會現象，源自更深刻的問題——他稱之為社會的「疾病」或「感染」。這種疾病的原因往往是缺乏「社會整合」：自殺率較高的地方，人們會設定個人主義的目標，因而容易在計畫出錯時感到無情而絕望。相形之下，他發現成員因團體倫理而結合在一起的社會比較堅強，因為具有共同的目標。當事情在這樣的地方出錯，有一種「相互道德支持」能裨益每一個人。就如馬歇爾的優勢經濟作用力可能存在於「空氣裡」，涂爾幹認為，城市裡的每個居民也共享這種具保護性質的安全網。

卡拉布里亞效應

要了解這與格拉斯哥之死的關係，我們需要經由一項以涂爾幹的研究為基礎、具開創性的現代研究，稍微繞個路去一趟義大利。

1970 年，義大利下放了原屬羅馬的權力，設立 20 個新政區（大區），負責掌控從健康、教育、公共工程到經濟發展等一切事務。美國社會學家羅伯特·普特南 (Robert Putnam) 覺得這會是一場值得追蹤的有趣實驗，開始在義大利來回奔波，沿途訪問數百位官員和選民。

新地方政府的表現因地而異。代表艾米利亞·羅馬涅 (Emilia-Romagna) 的政治人物和公僕做了大家希望他們做的事，率先建立創新的法律來促進貿易和保護環境。居民對他們十分滿意，經濟蓬勃發展。位於南端、義大利靴子「腳趾」處的卡拉布里亞 (Calabria)，就是另一個極端了。在這裡，大區官員除了領薪水外幾乎什麼也沒做（官僚動輒荒廢政務，害普特南先生常找不到人採訪）。經濟上，卡拉布里亞萎靡不振，發展水準在歐盟地區墊底——有些村落的卡拉布里亞居民仍住在石屋裡。到了 1990 年，義大利儼然分裂：最強的區域可和德國媲美，最弱的則陷於貧窮。

為了解義大利的極化 (polarization)，普特南比照涂爾幹，蒐集大量資料來補充他在該國旅行的所見所聞。他在社會互動方面見到巨大的差異。艾米利亞·羅馬涅及其北部鄰區有活躍的社交生活，有數千個足球、登山、狩獵俱樂部；民眾會組團賞鳥、共讀，也不缺在地的合唱團和樂團。除了這些主動的社交生活，人們也投入公民生活，參與公民投票、閱讀向政治人物問責的在地報紙、成立信用合作社借款給需要現金的人。義大利北部居民表示他們覺得自己歸屬於一個較大的團體；在涂爾幹的「整合」雷達上，這個區域的得分想必相當高。

義大利南部，如卡拉布里亞、坎帕尼亞 (Campania)、西西里

(Sicily) 等地，令人腦中浮現崎嶇海岸線、溫厚漁夫、農人在橄欖樹林聊天的浪漫印象。事實上，普特南見到的是環境險惡的村落和小鎮。公民參與少之又少，社團或運動隊伍寥寥無幾，多數民眾不追在地消息，也不投票。他們會做出短視、自私、通常腐敗的決定。尤其讓普特南驚詫的是，卡拉布里亞居民會說一些令人意志消沉的俗諺，包括「行為老實、下場悲慘」。毫無意外地，諸如北部信用合作社之類的非正式經濟支援機制，在南部欠缺信任的村落根本聞所未聞。

普特南為這一切下的結論是：一個社區的福祉、民主與經濟，仰賴他所謂的「社會資本」(social capital)。北方的俱樂部、團體、社團都反映並造就了信任的基準、施與受互相幫忙的文化，以及參與公民生活的傳統。綜合來看，這些傳統、非正式的制度與文化規範（即北部的社會資本），有助於貿易與政治欣欣向榮，也促成諸如緊急信貸等特別支援方案。反觀南部就沒有什麼社會資本，反倒遵循一種有害的文化標準，即所謂「無道德感的家庭主義」(amoral familism)，一種鼓勵盡可能為家人奪取一切、壓榨鄰居的行為準則。這與社會整合恰恰相反，於是南部民眾表示自己覺得被剝削、感到無力，彷彿他們的生命毫不重要。

涂爾幹和普特南提出報告的問題——因不屬於更廣大的群體或計畫而產生的漫無目標、缺乏整合、無助和孤寂感——正是許多格拉斯哥居民在被問到城市之死時會提到的事。最令人意外的是，他們並非在討論工業衰退時提及，而是在討論傳統公寓 (tenement) 遭到破壞之時。

格拉斯哥失落的資本

再來談談公寓的故事

當你要搜尋一位加文公寓生活的專家時，所有線索似乎都指向珍・梅爾文 (Jean Melvin)：在圖書館、當地博物館和在地歷史團體，她的名字都會出現。一輩子都住在加文、記憶清澈鮮明的珍，現年93 歲了。她常圍一條絲巾、別上胸針或栓扣，留著一頭蓬亂的白髮。「我對造船所知不多，」初次見面時她這麼說：「但我對公寓生活瞭若指掌。」

格拉斯哥在英國獨一無二的住宅，再次反映了這座城市與眾不同的地位。從 1707 年到 1901 年，格拉斯哥的人口從 13,000 人成長至 96 萬人，速度冠於全英，因而需要量身打造的建築形式。傳統的格拉斯哥公寓高三、四層樓，以砂岩建成，各戶共用前門、樓梯和盥洗室。多數住家都很小，有的是「單室」(single-end)——只有一個房間，全家人都在這裡煮食、用餐和睡覺——還有稍大的「一房一廚」。成年人睡在「穴床」(cavity bed，即一種帶摺疊式床鋪的壁櫥)，孩子則睡在地板。住公寓代表格拉斯哥人口極為密集：1860 年每平方英畝有 330 人，幾乎是孟加拉達卡 (Dhaka) 這座現代最擁擠城市的兩倍。

格拉斯哥的公寓樓房聲名狼藉，以擁擠、骯髒和共用浴廁著稱。但當你親自造訪這座城市，這個想法會湧上心頭：公寓的故事可能有不為人知的另一面。有些公寓仍保有原始風格，相當華麗，是用昂貴的砂岩建造，具有高挑的天花板和大窗子。記得公寓生活

的格拉斯哥人都同意過度擁擠是個問題，但仍滿懷愛意地討論自家樓房。

除了人口稠密，公寓也是各類俱樂部、團體和社團的家：包括樂團、足球隊、基督少年軍、攝影和單車俱樂部等。在加文，六月第一個星期五舉辦的夏日展銷會吸引洶湧人潮，花車由警察風笛樂隊帶頭，沿主街遊行。「隊伍看似永遠走不完。」在地史學家奎格利回憶道。城市的每一個角落都有自己獨特的盛事和慶典。

格拉斯哥生命的里程碑刻著鼓勵鄰居在他人生命扮演要角的傳統，珍・梅爾文解釋道。樓房裡若有新生命降臨，其他幼童便會在樓梯晃來晃去，殷切等待新生兒爸媽贈送的「洗禮餅」(christening piece)——由他們遇到第一個與新生兒不同性別的孩子獨得。「你會拿到兩片阿伯內西 (Abernethy) 的奶油餅乾，中間夾了包著防油紙的一先令。」一個加文居民說出印象中的獎賞。鄰居的婚禮更棒，新郎的父親會丟一便士和三便士的硬幣在街上，製造「婚禮搶奪戰」：孩子紛紛衝上前去挖銅板。

除了知道鄰居生命裡發生的事，你也明白在公寓樓房裡，別人對你有何期望——每個人該扮演什麼角色，負什麼樣的責任。在許多樓房，對清潔的求近乎執著，婦女要輪流擦洗院子的磁磚地板，每星期五晚上，全家人都要投入全棟大掃除。洗衣有嚴格的輪值表，規定誰該在什麼時間使用公寓「後面」(the backs) 公共空間裡的共用洗衣房。女性常互相幫忙洗衣服。現今大眾普遍厭惡共用浴廁，但在格拉斯哥居民的記憶中，這些公共設施潔淨無瑕、一塵不染。

砂岩村落

　　格拉斯哥公寓裡的生活證明為什麼社會資本具有實質經濟效應。在珍·梅爾文敘述的往事中，信任與互惠起了非常重要的作用。公寓住家的入口多半有兩道鎖，珍解釋道：一道大型單門鎖，要用很重的鑰匙開，還有一道較小的「小障礙」(penny check)——用一把小鑰匙轉開小彈簧鎖。但珍說，大鎖從來沒在用：「大鑰匙都擱在抽屜裡生鏽了。」在許多樓房，包括珍住的那棟，沒有人在家時，彈簧鎖的鑰匙會留在門裡；在其他公寓，鑰匙會綁在線上、穿過信箱繞一圈出來，人人都可以拿。儘管不鎖門在英國曾是普遍現象，格拉斯哥的常規卻有更深的意涵：門沒上鎖代表你信任你的鄰居，鑰匙插著，代表你邀請他們進門。

　　既然門對鄰居敞開了，鄰居就可以直接闖進彼此的廚房，借麵粉、鹽、奶油之類的必需品，留張紙條說一聲就好。償還的物品不必一模一樣，但大家期望交換是互惠的。這從根本改變了這棟樓房的經濟結構：每戶人家或許只租用單室或一房一廚，但如有必要，通常能進出整棟樓。這個形式上是諸多小私人空間的地方，實際上是一個大得多的半公共空間。

　　在討論像吉姆·克雷格這樣的造船工人時，我聽說了一件出人意表的事：就算在好時節，就業也不大穩定。哀悼服務業的「聽候差遣」(on-call) 或「零工時」(zero-hours) 合約，並拿這與昔日製造業提供的穩定工作相比，在今天蔚為風潮。但這種看法過於樂觀了：吉姆說，除非你從事的是稀有的「幕僚」工作——或許占勞動力的五分之一，造船工人就是聽候差遣的工人，只在有船要造的時候才會受

雇。這句話的含意在下水那一天表現得最顯著。船廠工人和在地民眾會聚集慶祝新船在克萊德河下水啟動，但慶祝為時短暫且苦樂參半：如果下水典禮在早上舉行，幸運的人下午就可以回去造另一艘船；不幸的人則會被解雇。

對許多男人而言，這裡沒有所謂的通勤，因為造船廠旁邊的街道兩側就蓋滿擁擠的公寓，因此工人中午可回家用餐。鄰里街坊龐大的非正式人際網可協助男人找到工作。很多人就像吉姆一樣，是做「子承父業」的工作，也就是男孩擔任老爹的學徒。這意味著一紙造船合約終止，會至少砍掉兩份收入，重創一個家庭，但他們很快就能在「樓梯間」從鄰居那裡打聽到來自其他船廠的消息。吉姆說，被費爾菲解雇的男人，很快就會打聽到克萊德下游史蒂芬船廠 (Stephen's Shipyard) 或上游哈蘭 (Harland) 和沃夫 (Wolff) 的工作。技術性勞工的流動人才庫——「穩定的人才市場」——是馬歇爾城市成功的第一種作用力，而這直接仰賴社會資本。

女性負責家計預算，也仰賴其他常規來管理家人不穩的收入。有些非常簡單：丈夫失業傳開後，當妻子的會獲得公寓鄰居致贈體貼的食物包，內有麵包和湯。其他常規，包括典當運作的方式，就比較複雜了，珍・梅爾文這麼解釋。考慮到造船工作的不穩定性質，當鋪的服務——拿值錢物品換取現金，雙方同意之後可以換回——甚有用處。這種生意很常見，當鋪四處林立，但不是沒有問題。有些家庭就是沒有可被當鋪接受為抵押品的東西，就算有，拿結婚禮品或孩子的樂器去當也很丟臉。因此，一聽說有男人失業，鄰居會把自己可典當的物品（一套新的亞麻布製品是常見的例子）借給他的妻子，然後由另一個鄰居出馬典當。通常每棟大樓都有一

位專門往來當鋪的跑腿，此人與當鋪老闆關係不錯，也無懼汙名。就這樣，第一個鄰居提供抵押品，第二個鄰居安排當鋪借款，第三個鄰居（即缺錢孔急的人）拿到資金。

加文的金融科技

一如羅伯特・普特南在義大利鄉村看到的情況，格拉斯哥公寓洋溢的信任支持了獨特的財務創新。另一項傳統是俗稱「家務」(ménage) 的借貸系統。典型的「家務」有 20 人參加，為期 20 星期。眾人會設定總金額，通常是二英鎊，而每星期每名成員要付全額的 20 分之一。每星期結束時，大家會抽籤決定誰贏得這筆錢。這一點風險也沒有：你只能「贏」一次，每個人都會在某個階段拿到全額。

「家務」這種沒有輸家的樂透，堪稱理財奇才。比較早拿到二英鎊的人等於拿到一小筆無息貸款。晚拿到全額的人也不會損失半毛錢，而會把這視為一種實用的「承諾機制」(commitment device) ——每星期強迫存一點錢、零存整付的方式。此外，「家務」的成員也常視需求修正結果，珍也說道：「我們會換籤號，確定需要現金的婦女早點拿到錢。」男人會另外辦理「家務」，拿五英鎊的總額來買工具。「家務」系統是種不必負債就能拿到大筆現金的創新方法，而它能夠運作是因為鄰居相信每個人都會按時繳錢，主辦人不會捲款潛逃。

除了在背後支持格拉斯哥的市場和創新財務規畫，這些常規和傳統也提供某種形式的社會安全網。在安奈林・貝文 (Aneurin Bevan)

強迫英國醫生成爲國民保健署 (National Health Service) 的雇員之前，去看一位醫學專業人員就等於花錢。「晚上六點以前收一先令九便士，六點以後要二先令六便士。」* 珍·梅爾文回憶道：「而醫生問的第一句話是：『你有錢嗎？』」** 家家戶戶能不看醫生就不看醫生，而婦女會研發各式各樣治療各種病痛的療法。這種文化在 1948 年國民保健署成立後仍持續良久，並在嬰兒出生時最爲顯著。公寓樓房裡的女性會爲鄰居接生。多數孩子都是在家出生——通常是在廚房地板上呱呱落地。這張安全網也擴及外人，公寓人家會允許無家可歸者——「門廊流浪漢」——睡在梯井，而樓房到處都會燒些炭火，在凜冽的格拉斯哥夜晚提供一些慰藉。

在義大利南部，社會資本跌到谷底的地方，普特南發現公民生活退化成「無道德感的家庭主義」——人們過著憤世嫉俗、短視近利的生活，只顧自己或近親的利益。對於很多接受我訪談的格拉斯哥人來說，公寓生活的故事是截然相反的極端：即是涂爾幹所鑑定的那種「相互道德支持」，一張就像龐大家族一樣的安全網。「你是你那一棟公寓的孩子。」柯林·奎格利回憶道，解釋大人會怎麼幫助或斥責孩子，視如己出。另一個在地人告訴我，在後院發生意外後，傷痕累累的孩子會衝進去找「媽媽」——自己的母親最好，但公寓內哪一位母親都行。「我跑上樓找我阿姨，」珍·梅爾文說，回憶像這樣的一場事故。「呃，她不是我親阿姨，但樓上每一位媽媽都

---

* 　編按：英國的貨幣單位採用現在所用的十進制（一英鎊等於 100 便士），一先令等於 12 便士，其簡寫爲「d」，源自拉丁文的「denarius」（羅馬銀幣）。故一英鎊等於 240 便士。
** 　原書註：一先令九便士（合 21d）略低於今日的九便士。二先令六便士爲 30d，約合 12.5 便士。

是阿姨。」格拉斯哥鄰里街坊的好處是非正式、看不見且無法測量的。而這些好處隱而不現的事實,使之面臨嚴峻的危險。

向上又向外:重塑格拉斯哥

繼菸草和造船後,第三股塑造「帝國第二大城」的力量,是格拉斯哥市議會(Glasgow City Council,簡稱 GCC)。房屋私有市場在 19 世紀失敗過,地主建得太少,而就算每十間住家就有一間沒人住,房東寧可讓他空著也不願降租金。到 1895 年,格拉斯哥城市改良信託局 (City Improvement Trust) 介入,建了 46 棟公寓,有 415 戶住家和近百間店鋪。信託局也蓋了第一批非營利住家給市民租,向後來成為英國福利國家基礎的社會住宅踏出第一步。

但光是這些激進措施還不夠。在城市一些地區,從 1914 到 1915 這一年間,租金就大漲 25% ——約有二萬名格拉斯哥承租人發動罷繳租金(反叛者由加文社運人士瑪莉·巴柏〔Mary Barbour〕帶頭,以團結的鄰里為後盾:一名女性負責監視,帶著搖鈴發出警報,執行官一靠近就會被投擲麵粉炸彈)。1915 年,罷繳租金運動開啟了一場住宅革命:到 1939 年,格拉斯哥市議會提供了近 17% 的住家,而在二次世界大戰後,該機構成了獨大的建屋者,它每蓋 2,000 戶,私人公司才蓋 50 戶。格拉斯哥市議會也開始決定採取有願景和未來主義風格的建築與設計。到 1970 年代中期,除了俄國以外,沒有哪座城市的政府比格拉斯哥更積極投入住宅營建。

這與看來膽小、落伍的造船政策呈現鮮明的對比。英國頂尖城

鄉規畫師派崔克‧阿柏克隆比爵士（Sir Patrick Abercrombie）和在格拉斯哥土生土長的願景家羅伯特‧布魯斯（Robert Bruce）提供了構想。市議會派出代表團到法國馬賽觀摩勒‧柯比意（Le Corbusier）所設計、革命性的高樓住宅區「輻射城市」（Cité radieuse）。市議會決定也要蓋摩天大樓型的住宅：從 1960 年開始，有 300 多棟大樓愈蓋愈高，多數在 1968 年完工。由八大棟組成的紅路園（The Red Road Estate）計畫容納 4,700 人。這八棟樓高 30 層，是當時歐洲最高的住宅大樓。在這段期間被分配新家的在地人猶記得當時有多興奮：從公寓裡只有一個房間的單室搬到摩天大樓的一整層，就像「中樂透」。

就在格拉斯哥市議會把格拉斯哥變成大廈城市的同時，也向外擴張，在卡索米爾克（Castlemilk）、德拉姆查珀爾（Drumchapel）、伊斯特豪斯（Easterhouse）、波拉克（Pollok）等地蓋新房地產。在城市四個象限的外圍，即當地人暱稱「四大」（Big Four）的地區，也有設計可容納近 15 萬人的新住宅區。1950 年代晚期第一批家庭搬進這些外圍住家時，造船業依然蓬勃，而一如前述的住宅大廈，當地人也記得，當年搬進外圍住家是令人興奮的一步——有更多空間、自己的花園和衛浴。

資本失敗

振興造船業的經濟計畫遲鈍、落後、毫不大刀闊斧，且包含許多當時就該看出來的缺點。住宅計畫截然不同：英國頂尖人才驅策格拉斯哥進行釜底抽薪的現代計畫，走在時代尖端的摩天大樓和外圍住宅區興起，使擁擠的公寓無立足之地。在高柏斯，每一棟維多

利亞時期的公寓都被拆除；其他地區則是絕大多數夷為平地。造船業是因為被胡搞瞎搞而沒落；住宅更新計畫則是打定主意、資金充裕、一絲不苟規畫後的失敗。

事後來看，住宅更新看來就像一劑以最快速度摧毀社區結構的處方。搬遷的民眾沒什麼主動權：98%的新住宅是議會所有，議會說搬，住戶就得搬。「四大」外圍住宅區設置後，原有的社區便四散到格拉斯哥各個角落，切斷了鄰居的連結，也讓在市中心工作的人必須長距離通勤。卡索米爾克的高樓成了一首知名民謠的主題，哀悼母親和在樓下玩耍的孩子分開了。更糟的是，周圍住宅區長達多年沒有巴士往返市中心，套用經濟學和社會學的術語，形成了「擱淺」(stranded) 的人口。

這項住宅計畫也流露出一種強烈的新政治觀念：對於地方貿易、店鋪和非正式鄰里經濟在地方結構上該扮演何種角色的看法。格拉斯哥最早設置公共住宅的事實暗示貿易很重要，於是大舉興建一樓適合開店的公寓。但到了 1960 年代，這種觀念已蕩然無存。四大外圍住宅區是購物沙漠；它們有數百條街，但沒有主街，也就是基本生活必需品得長路迢迢進鎮上買。酒吧的生意又更嚴峻了：昔日住了四萬人的中心公寓區高柏斯，在樓房拆毀前有大約 200 家酒吧；重新安置 34,000 名格拉斯哥民眾的德拉姆查珀爾外圍住宅區，一家也沒有。

結果是場大災難。由於缺乏持續投資，格拉斯哥的高樓很快荒廢。不受家庭歡迎，許多住戶表示覺得與世隔絕而孤寂。到 1990 年代初期，地標性的建築開始拆除。外圍住宅區的情況一樣糟：1991 年，一張表現格拉斯哥剝奪程度的地圖上，四個角落布滿黑

點，顯示這些外圍住宅區就是格拉斯哥最荒涼的地方。幫派文化以往就盛行於格拉斯哥，如今變本加厲。伊斯特豪斯當初獲選是因為周遭有綠意盎然的農田，內都市的孩子會搭校車去那裡呼吸新鮮空氣。到 1990 年代，情況惡化到外國顯要紛紛造訪伊斯特豪斯來取經：看看他們自己的社會住宅開發案該避免哪些問題。

柯林‧奎格利生長的公寓也被拆除了。「他們拆掉我們家的那天，我痛哭失聲。」他回憶道。珍‧梅爾文的女兒珊卓拉‧凱恩 (Sandra Kane) 詳述了她兒時住處被拆的往事，表示「悲傷徘徊不去。」珍本人則想到最近和唯一還活著的手足喬治 (George) 回了老家道契爾山 (Teucher Hill) 一趟。那裡的公寓、街道和店舖都不見了，她的孩子上過的學校也剷平了。他們只見到一個過往的遺跡──曾經標示街道盡頭的路燈柱。沒有其他景物可以懷念過往的生活，兩人只好站在燈柱旁邊拍了張合照。

親愛的綠地

很難證明光是一項具企圖心的住宅政策就能解釋神祕的「格拉斯哥效應」，但模式顯然相符。曼徹斯特和利物浦這兩個境遇與格拉斯哥最相似的城市雖然都遭遇急劇的去工業化，但這兩城並都沒有如格拉斯哥那樣強制執行居民重新安置或住宅拆除。格拉斯哥曾是鑰匙可以留在門上的城市，近來幾份調查卻顯示，該地居民認同

「可以信任他人」的比例，比利物浦和曼徹斯特都來得低。原是出生、結婚和死亡都屬公共活動的地方，現在有接近 10% 的格拉斯哥居民覺得與世隔絕而孤寂（全英平均值約在 4%）。這樣的感覺與那些要人命的健康行為——酗酒與毒品濫用——息息相關。這是個複雜的故事，也是熱門的研究領域，但其間接證據強而有力，在地人的故事言之鑿鑿。

格拉斯哥教給我們更廣大的課題是：一個城市經濟體有許多我們無法看見、計數或測量的價值。如馬歇爾所言，促使一個城市成功的強勁作用力，即他所謂的聚集外部性，就在「空氣裡」。在這種意義上，這也類似涂爾幹的「相互道德支持」概念：那種未言明、非正式的協助，可以支撐一個經濟體的成就，也有助於緩和它的缺失。這些事物都不是私人擁有，而是一個城市裡的每一個人所共享。這些事物也無法精確地測量，就存在一個城鎮的蒼穹、哲學和傳統之中。未來，將有四分之三的人類住在城市，而格拉斯哥——名稱原意為「親愛的綠地」——正向我們大聲發出警告：倘若有種經濟作用力是眾人共有、看不見又難以測量的，你很難做些什麼來保護它。

英國的造船業始於格拉斯哥，以加文為中心，費爾菲為首要工廠。這個城市的成就改變了現代世界，但那早已是過往雲煙。話雖如此，加文造船工吉姆‧克雷格仍引以為傲、忠心耿耿並決定保持樂觀。他告訴我一項搭建新橋的計畫：橋梁會橫跨克萊德河，連接蕭條的加文主街和格拉斯哥富裕的西區。在我們討論這件工程案時，吉姆一邊解釋以往過河比現在容易得多，一邊拿出他的智慧型手機搜尋照片：在費爾菲的全盛時期，有小型渡輪載通勤的工人過

克萊德河。

　　吉姆的「相機膠捲」裡滿是孫子的照片，他昔日做工的大船相片穿插其中。有張相片是他與「北海號」(MS Norsea) 的合影，北海號是鐵行輪船公司（P&O）在 1987 年製造、長 588 呎的客渡輪。「那是艘大船。」他說，並放大來呈現細節：「我們打敗了建造其姊妹船的日本船廠，而她開起來順暢無比。」後來我親眼仰望了這艘船。現易名為「約克的驕傲」(Pride of York)，這艘格拉斯哥出品的船隻仍航行於英國赫爾 (Hull) 與荷蘭鹿特丹 (Rotterdam) 之間，可容納 850 輛汽車。這是英國打造的最後一艘大型客輪，預定在 2021 年退役。

FUTURE

THE ECONOMICS OF TOMORROW

PART 3

第三部

未來

明日經濟的樣貌

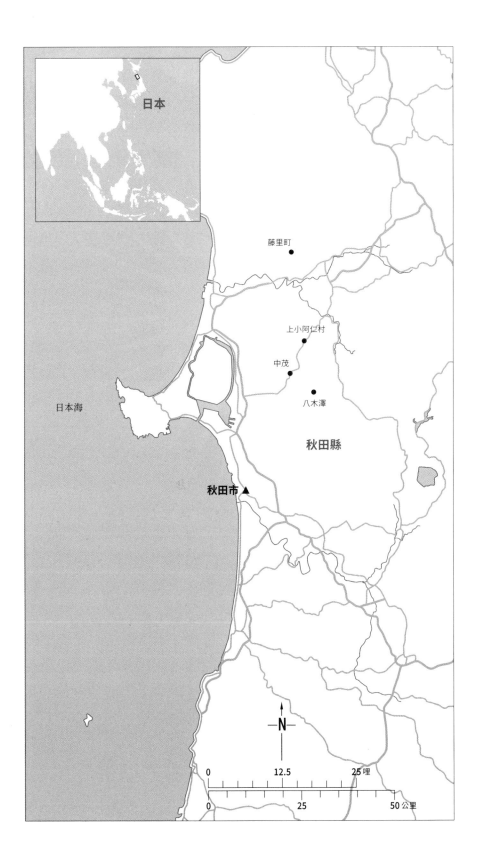

日本

日本海

藤里町

上小阿仁村

中茂

八木澤

秋田縣

秋田市 ▲

—N—

0   12.5   25 哩

0   25   50公里

日本秋田

銀髮之都

Akita

長壽無限美好！

日本國寶級醫師作家 日野原重明
（生於 1911 年，卒於 2017 年）

7

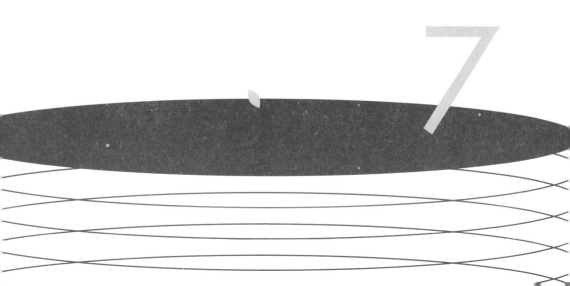

銀色城市

遊戲一直在變

秋田縣的冬季會帶來苦寒和大雪，厚厚的雪白色毯子覆蓋整座城市，日本足球協會（Japan Football Association，簡稱 JFA）總部外面的足球場，也會完全掩埋在積雪中，要不是每隔 100 碼左右可見的生鏽球門柱從雪中突出，大家還會以為這裡是稻田呢。足球在這裡是夏季運動，此時在總部裡，日本足球協會 70 聯盟——70 歲以上球員的競賽——的成員正在反省上一個球季、策畫下一個球季。「管理一支足球隊要應付好多訊息和電子郵件！」高齡 83 歲的球隊總教練菅原勇嘆道：「結果我必須拿兩支手機，」他指著桌上兩支智慧型手機，繼續說道：「一支用來處理足球的事情，另一支專門用來和女朋友們聯絡。」

全球隊和教練一起踢足球已經超過 60 年，談到他們的球風怎麼隨著年紀增長而調適時，73 歲的明星前鋒鈴木俊悅說：「踢法一直在變。」菅原先生點著頭，又用手指在空中描畫球從後衛直接踢給前鋒時形成的拋物線，接著突然雙臂在胸前交叉、比了一個叉，有點難過地說：「不行！現在不能這樣踢了。」前鋒鈴木先生解釋道：日本足球協會 70 聯盟的球員沒辦法很用力踢球，所以不太可能長傳。而且因為大家跑得不快，精準的短傳可以讓球隊保有控球權，同時節省體力，是在聯盟裡比賽的致勝關鍵。

「你變老時，生活也會變，」菅原先生說：「你的計畫和目標都會改變。」和總教練一樣喪偶的鈴木先生也說：「你的計畫會愈變愈

小，現在大家主要的目標只是活著。」任何有例行公事的活動對他們而言都很棒，老先生解釋著他們每星期怎麼在週三和週六訓練兩次、怎麼參與聯盟會內賽，以及一年三次的聯賽。但溝通是最重要的事，說著說著，菅原先生把他的兩支智慧型手機拿近給我看。那是設計給長者使用的簡化裝置，只有四個大按鈕：電子郵件、聯絡人、通話和簡訊。如果有選手沒有出席團練或是比賽，隊友會立刻聯絡他。足球隊是簡直是維繫隊員生命的救命繩索，鈴木先生說：「因為像我們這樣的男人，真正的風險是自殺。」

日本人幾乎把秋田縣視為偏鄉地區。秋田縣是農業縣分，縣裡的溫泉、長著蓬鬆白毛的秋田犬，以及因為豐富降雪量而保持冰涼的清酒等在地特產，讓這裡變得小有名氣。秋田縣也是日本人口老化最嚴重的區域：平均年齡超過 53 歲，也因此成為日本第一個過半數居民超過 50 歲、三分之一以上居民超過 65 歲的縣。只要來到秋田縣幾分鐘，你就會了解統計數字沒有騙人：當地的火車司機、收票員、遊客中心工作人員、餐廳用餐的夫妻、替他們上菜的服務生、建築工人、計程車司機、房務員和大廚——顯然都是高齡的老者。

從人口統計來看，秋田縣卻不是落後地區，而是領先群倫、開啟未來風潮的先鋒城市。世界正在快速老化，很多國家都在遵循秋田縣所樹立的榜樣。南韓緊追在日本之後，但老化速度更快：到2050 年時，日韓兩國都會和今天的秋田縣一樣：平均年齡 53 歲，三分之一以上的人口超過 65 歲。在同一時期，世界上人口最多的國家——中國，平均年齡也會從 35 歲提升到近 50 歲。在歐洲國家，以義大利、西班牙和葡萄牙為先鋒，在未來 30 年內，將會達

到秋田縣的水準（英國和美國老化速度較慢，然而老年經濟的趨勢在兩個國家都很明顯）。巴西、泰國和土耳其也老化得很快。唯一看不見這種趨勢的是剛果等窮困國家。如今全球 76 億居民當中，有 85% 的人，住在國民平均年齡正往上飆升的國家。

世界正邁向如同秋田縣那般高齡化的事實，已經引發相當多的焦慮。老年人的需要——主要是年金和醫療費用——造成國家必須

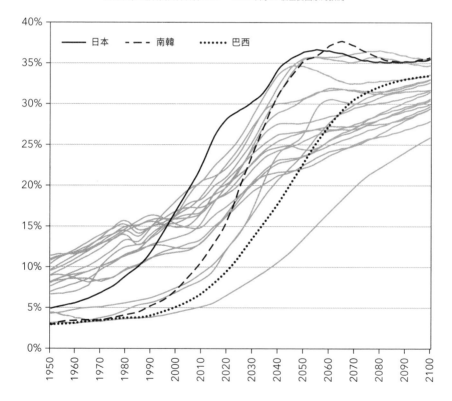

圖 7.1 ｜ 65 歲以上人口比率上升
年齡大於 65 歲以上人口的比率
資料來源：聯合國資料以及 1950 ～ 2100 年間 20 個主要國家的預測

張羅資金，應付這方面的公共支出，形成經濟重擔，以至於國際貨幣基金 (IMF) 提出警告：「各國處於尚未變富就先變老的風險。」我曾經到秋田縣旅行，和當地年老及年輕的居民聊天，討論人口老化在這種極端的經濟體中，如何影響當地人們的生活。我不但想看人口老化怎麼考驗政府的財力，也想觀察人口老化又會如何考驗本書前兩部所探討的經濟深層結構。我想知道近期內將出現的高齡化社會，是否會促成全球通力合作、應用非正式和傳統方法來解決經濟問題，還是各自在一盤散沙中自我毀滅、無法存活？

超高齡社會

有兩個因素正把世界帶向某些研究專家所說的「超高齡社會」(hyper-aged society)。第一個因素是大家的壽命延長。根據世界衛生組織 (WHO) 的資料，1960 年時，全世界出生的嬰兒平均壽命是 52 歲。到了 2016 年，平均壽命已經提高到 72 歲，而且在 WHO 握有統計數據的 183 個國家中，每一個國家的平均壽命都提高了。而日本掌握的長期資料顯示該國如何引領這股風潮：1900 年在日本出生的嬰兒，平均壽命是 45 歲，當時人口的平均年齡是 27 歲；現在的日本人平均壽命是 84 歲，人口的平均年齡是 47 歲。

超高齡者的數目也是觀察這種變化的另一種方式。日本政府自 1963 年開始追蹤百歲人瑞，這一年的百歲人瑞有 153 位。當時能

活到 100 歲往往會登上地方新聞，還會獲贈特別以純銀打造的長壽紀念銀杯。到 2016 年時，100 歲以上的日本國民人數已經攀升到 65,000 位，而且 80 到 90 歲的老人也很健康，因此政府預測：到 2040 年時，百歲人瑞會有 30 萬人。活到 100 歲已經上不了地方新

圖 7.2 ｜日本百歲菁英俱樂部 (centenarian club)

1963 ～ 2016 年日本超過百歲的人口數

資料來源：日本厚生勞動省老人衛生福利局

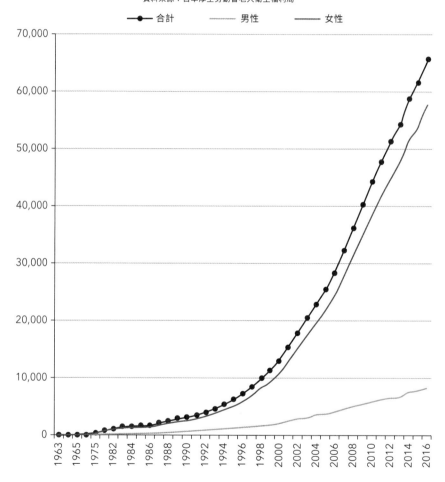

聞了，祝賀長壽的純銀杯如今也改成鍍銀的了。

　　推高平均年齡的第二個因素是低生育率。這裡可以看到另一個全球性的轉變：世界衛生組織的資料顯示，自 1960 年以來，生育率降低了 40％。從長期數據可以看到日本的趨勢：1900 年日本大約有 4,400 萬人口，一個家庭生五個小孩很平常，當年一共有 140 萬嬰兒出生。到了 2015 年，人口數量變成了三倍，有一億兩千七百萬人，但是大家庭變得稀有，出生的嬰兒減少，只略微超過 100 萬。秋田縣不只是日本老年人口比率最高的縣，也是幼兒比率最低的縣，每十人中只有一人小於 15 歲（相形之下，紐約大約有四分之一的人口低於 15 歲）。當生育率下降，能夠拉低平均年齡的嬰幼兒和孩童會更少──所以家庭的子女數愈少，國家就愈老。

老年衝擊

　　我約了石井紀代子和她的朋友高杉靜子，在秋田市郊「休閒和學習」社區中心的「遊學社」見面。紀代子已經 77 歲了，穿著打扮卻很年輕：她穿著巴達哥尼亞品牌 (Patagonia) 的夾克和登山靴，肩上斜背著郵差包。紀代子為我們導覽這個中心，指著舉辦活動的大型現代禮堂；牆壁掛滿照片，皆取材自本地人參與的各種課程，如舞蹈、吹奏尺八（傳統的木笛）、朗誦、辯論和烹飪。這是開放給所有人的社區中心，不是老人中心，但每張照片上的人都很老。這個郊區就像秋田的其他郊區一樣，由高齡人士主導。

　　「其中的大問題是我們缺乏榜樣。」紀代子說著，一邊解釋老化的挑戰，一邊領著我們走向一座舉辦正式會議的寺院風老建築，那

是日本傳統和室的構造，有著半透明的拉門和塌塌米地板，爲了迎合老人的需求：到處都有迷你暖爐，四張椅子圍繞著中央的矮桌。女士們解釋說：「老人家不能再跪坐了。」紀代子回顧她的人生，回顧退休帶給她和社區的難題：「我們沒有準備好活這麼久，」她說道：「因爲我們的父母多半在更年輕時就已經過世了。」

　　我在日本遇見的大部分老年人都有這種想法，這反映出一個事實：許多人活到的歲數，已經超越了 20 多年前的父母。日本人口如此長壽，帶來極大的衝擊。目前日本這一代的百歲人瑞出生時，當時男性的平均壽命是 44 歲，女性是 45 歲（對他們的父母而言，出生在 19 世紀下半葉，還能活到 60 歲是一場壯舉）。然而衛生條件、醫療照護和所得的大幅改善，促使平均壽命在他們這一代急速提高，導致國家對這個族群壽命的預測完全失準。他們的人生比政府的統計學家所期待的要長得多。我問當地 70 多歲的足球隊明星前鋒鈴木俊悅：變老時，哪一件事情最令他驚訝？他的回答很簡單：「每一件事情都是，我根本不知道自己會活這麼久！」

　　老化帶來的衝擊，成了日本要面對的核心問題，這可以用經濟學上極具影響力的概念「生命週期假說」(life-cycle hypothesis) 來解釋。1940 年代，義大利猶太裔經濟學家法蘭科・莫迪利亞尼 (Franco Modigliani) 從 30 幾歲起，開始沉迷於研究個人儲蓄傾向如何因年齡而改變的問題。莫迪利安尼認爲，當前流行的經濟學理論完全沒有妥善考慮到一件事實：那就是人類不喜歡生活方式大幅改變，因此會採取行動來避免生命週期產生重大波動。因此他和博士班學生理察・布倫柏格 (Richard Brumberg) 合作，提出新的理論，他們的概念從成人生命中不同階段出發，莫迪利安尼形容爲「依賴」、「成熟」、

「退休」等階段。他們的見解是，所得會隨著不同的階段大幅改變，衣服、食物、燃料和娛樂之類的需要和慾望，卻不太會改變。每個人面臨的挑戰是必須為未來預先做好準備，無論所得增減，都能穩定地儲蓄和借貸，確保自己依舊能夠滿足個人需求的消費。

這個模型對個人的預測很簡單。經濟學上「依賴」的定義是剛成年的年輕人，他們還在求學或是薪水很低，會借錢以便滿足需求。接著在莫迪利亞尼所說「成熟」期的主要工作期間裡，所得會比花費高，每個月會有多餘的現金可以儲蓄。儲蓄會讓大家在所得遽降時，仍可以動用積存的資產，過著愉快的退休生活。既然所得和花費遵循這些可預測的型態，就暗示著一個人的畢生財富、也就是經濟資產，會漸漸累積，再一一動用，形成駝峰曲線。

單獨來看，這一點有點像是常識，但當你把數百萬人的相同行為加總起來整體考慮時，莫迪利亞尼的模型就可以做出更精細的預測。其中關鍵的識見就是——如果國民懂得做長期退休計畫，這個國家就會富有、擁有高儲蓄率和比較豐厚的財富存量——這就是國民為晚年預做準備的結果。然而我們還可以從中學到一個悲觀的教訓，就是如果大家的退休期間比預期的還要久，他們擁有的財富水準就會太低。大家通常把長壽當成好事，然而生命週期假說卻顯示：預期之外的長壽可能衝擊到個體和整體經濟。

在日本，很多人的退休日子都遠比他們想像的長。今日的勞工在 65 歲時退休，但是 1940 年代國民年金設立之時，退休年齡只有55 歲，卻已比當時男性的平均壽命還高，因此當時的男性一般會在退休前死亡。1920 年出生的人可能會在 1940 年開始工作，預計在 1975 年退休，只有少少幾年的退休時光可以享受。然而現在很

多日本人開始活到 90 或 100 歲，實際的退休期間長達 35 到 45 年。在這個族群中，有些人的退休年數比工作年數還要長，他們的退休歲月甚至其比父母的壽命還長。很多國家的長青人口並沒有預想到會活到今日，過去的世代也沒有爲他們預先鋪路，因此毫不意外的是，他們自己也很少有人爲此預做計畫。

老年的壓力

「靠國民年金過活很辛苦。」高杉女士說道。日本的平均年金所得是每個月 1,700 美元，但年金的多寡是依據工作生涯期間的提存金額計算，因此很多老年人、尤其是女性、每個月的所得遠低於 1,000 美元。雖然從國際標準來看，這樣似乎很不錯，以日本的標準來看卻非如此，因爲這個金額並沒有考慮到日本高昂的生活費用，何況日本有一半以上領年金的人沒有其他定期現金收入。過去十年裡，領取年金卻還要依賴福利給付的人幾乎增加了一倍，研究人員還指出，近千萬名領取年金的老人，生活可能相當貧困。許多人並沒有個人積蓄：17% 的日本老人，已經耗盡生命週期模型預測中他們應該需要的資產「駝峰」，一點儲蓄都不剩。高杉女士說，雖然秋田縣氣候苦寒，卻有很多領年金的退休老人仍會種菜來賣，以便創造一點額外所得。

問題是日本的年金對個人來說太低，對政府而言卻太高。秋田縣的高齡老人縮衣節食、增加儲蓄、戮力耕作，希望度過退休生活之際，長壽的國民卻給日本政府的財政帶來了重大壓力。1975 年，社會保險和醫療照護的支出占國家稅收的 22％；到了 2017 年，

這個比率在老人照護及年金支出的帶動下，衝高到55％。預期到2020年代初期，這個比率會高達60％。相形之下，1975年時，日本所有其他公共服務，包括教育、運輸、基礎建設、國防、環境、藝術等，可以動用的資金占總稅收近80％，但如今高齡相關的支出提升，日本政府只剩下40％稅收，可以用在其他公共支出上。從預算的觀點來看，老化的問題正在吞噬著日本。

這是全球性的議題，南韓、義大利等任何像日本一樣走向超高齡化的國家都必須面對。對老化衝擊準備不周的老年世代，其退休金需要提高，卻必須由年輕一代買單，年輕人和老人之間的緊張勢必會升高。

如果把日本當成考驗世代團結的地方，一定會很有意思，「敬老尊賢」的觀念根植於一般日本人心中，但這樣的觀念卻在高齡化問題之下逐漸瓦解。日本有著崇敬老年人的傳統文化，因為孝道——日文寫作「親孝行」——是儒家的核心道德教條，要求子女孝順父母和崇敬祖先。而其他古老教條也仍然活躍，例如保護歷代祖先，強調感謝父母和照顧老人。在這個國家，敬老不只是禮貌，也與傳統歷史和哲學緊密交織。

像秋田縣這種超高齡地區，有很多機會可以向長者表達敬意。我在當地一所大學和一群學生會面，討論他們對老化的想法，進一步發現許多人要不就是跟祖父母同住，不然就是在專心學業之餘、要花很多時間照顧祖父母。當地公車設有「銀髮座」（silver seat，類似台灣的博愛座），年輕人只要看到長者，就必須起身讓座；另外還有一個「銅板巴士」方案：秋田縣的高齡者只需準備一枚百圓銅板，就可以到全縣任何地方。

然而不同年齡層之間的摩擦卻逐漸加劇。年輕世代對年長者的抱怨有一部分來自日常生活的瑣事，例如：衆所皆知，老年人在馬路上來自一種威脅。而較嚴重的問題則源自年輕人對老年人的失望與不滿，「他們去醫院根本只是爲了聚在一起聊天，」一位學生解釋：「而且他們不必考慮這麼做的成本。」這類抱怨在當地相當普遍，甚年輕人之間甚至還因此出現了相關的笑話（問：那些老人家今天怎麼沒有來醫院？答：因爲他們生病待在家裡）。學生接著還告訴我一個足以代表世代摩擦的詞彙：「世代間格差」，意思是「世代」「之間」的「差距」——這是日文版的「跨世代不平等」。秋田縣的年輕人很清楚老年人造成的費用有多龐大，而且所有人都期待由年輕人一輩負責買單。

　　近年有一些與敬老觀念大相逕庭的新詞彙，沿用「老人」這個字眼，用來表現年輕一代對老人問題的不滿。例如用來形容老人身上容易散發的氣味「加齡臭」、「老人味」；用「老氣橫秋」來罵人死板、沒朝氣。中高年女性也成爲被攻擊的對象：「大媽」*意爲討人厭的中年婦女，特指那種會在百貨公司特賣時，用手肘推開別人、硬擠到前面去，回家時卻要求別人讓位給她的女人。當人愈活愈久，居家看護成了一個家庭往後數十年的負擔，而肩負這個重擔的女人宛如身陷「介護地獄」（看護地獄）無法脫身。

　　諸如此類的歧視用語大多是近 20 年間才創造並流行起來的，

---

* 　編按：原文オバタリアン（obatairan），源自同名日本漫畫（台譯：《開喜阿婆》），此字是由日文的 obasan 加上英文 battalion（大隊）組合而成，現今用以嘲諷旁若無人、沒有羞恥心的「大媽」，在 1989 年榮獲日本流行語大賞的金獎。

這只是老化正在測試世代之間凝聚力的眾多標誌之一。年金制度則是另一個標誌。國家年金體系最初是在 1942 年創立的，大部分國家的年金都是建立在隨收隨付制的基礎上，這點表示年金並非專人專戶儲蓄起來；而是將勞工提撥的資金當成退休年金，直接發放給國內的老人。隨收隨付制的年金是世代之間的約定：現在的年輕勞工支付老一輩的年金，以此交換當他們退休之後也能領到一樣的年金。

然而，隨著「世代間格差」變成日本的熱門議題，這種體系也漸漸崩離。40、50 歲的人已經開始推動比較不慷慨的制度，我碰到的年輕勞工甚至希望更進一步削減每月要支付的國民年金金額，改成只需提撥 15,000 日圓（約合 140 美元），因為他們不信任日本的年金制度，懷疑自己退休時不知道能不能回收這筆錢。而這個懷疑已得到證實：絕大多數先進國家都計畫減輕年金的負擔，方法是削減給付金額和提高退休年齡。歐洲國家率先行動，義大利、西班牙和德國都已經削減年金金額。最有前瞻性的國家是捷克和丹麥，兩國已把本國勞工申領年金的最低年齡，分別訂為 70 歲和 72 歲。

這些改革表示未來 30 年左右，很多國家的年金體系都需要年輕勞工資助，但人人都知道，到了 2050 年，年金制度將遠不如現在這麼大方，這種情形很難讓民眾對公共政策產生信心。日本官方的統計數據顯示：三分之二的人不相信年金體系能夠保障他們的退休生活，年輕人之間的疑慮更加嚴重。目前在英國和美國，只有少數學生會思考年金的問題，但對於我在秋田大學遇見的學生來說，年金問題是他們的隱憂。正如 20 歲的學生佐佐木佳音所說：「年金問題總在我心頭揮之不去。」

嚴重的風險在於大家可能選擇脫離年金制度。日本一般員工自動由薪資中扣掉必須提撥的年金，自營業者則是直接提撥。1990年時，超過85％的人繳交應繳的年金提撥，但是到了2017年，只剩下60％，而且在年輕人之間的比率已降至了50％以下。同時，藉由調查社會貢獻和世代間和諧，長期研究社會團結的政府調查顯示，年輕人對日本的感受，沒有老人家如此正面。就日本這個建立在責任和集體主義概念上的國家來說，以上趨勢令人擔憂。

家庭樂極生悲

　　除了世代之間的焦慮之外，老化還造成性別之間新的緊張情勢。戰後的日本，女性和男性、小孩和老人各有各的家庭定位。妻子掌握預算，決定居家環境的維修和保養，並把一切記載在一種特別的冊子──「家計簿」（即家庭收支記帳本）中。女性還要確保小孩在學校表現良好、預備課後補習的開支，因此有了「教育媽媽」(education mama) 的暱稱。

　　這些都需要財源，也因此設定了社會對「完美丈夫」的期待──指「受雇於企業的男性上班族」(salaryman)。超可靠上班族的任務是保住一份穩定的工作，理想工作是在大公司謀得一官半職，例如名列日經 225* 的公司，像本田、三菱、奧林帕斯等公司都很理想，

---

*　編按：日經 225 指數（Nikkei 225）是由日本經濟新聞社編制的股票指數，該指數包括了東京證券交易所上市的 225 種股票（即 225 家市值最高的東京上市公司）。

不然就是當公務員。上班族一旦就職，就會像牢牢吸附在岩石上的笠螺一樣堅守崗位，每年四月一日新年度開始時，要對公司宣示效忠，跳槽換公司會被視為背叛行為。男性上班族經由「年功序列制」受到拔擢，升職考量的是服務年資，而非工作表現。女性會尋找這樣的穩定男人當丈夫。一位 70 幾歲的女性回想起自己的少女時代時，說道：「我找對象只考慮男性上班族。」

現在「男性上班族＝好丈夫」的概念正在解體，「我們以前認為的成功男性典範，」石井紀代子說：「他的職責就是認真工作賺錢；還有花時間去居酒屋、打高爾夫球和唱卡拉ＯＫ。」她這樣解釋。所有和我談到這個概念的高齡者都同意：男性上班族的職責就是上班，他所參與的休閒活動也需和工作相關。工時很長——一天 16 小時很正常——週末通常被強制參加的「團隊外出休假日」所佔據，也就是和同事一起參加營隊。工作佔據男性上班族極多的時間，以致他們很少待在家裡。

男性上班族和他們的妻子還沒有準備好面對工作數十年後屆齡退休的生活，我聽說許多男性上班族退休後變得漫無目標。有位老年人如此形容這種情形：「公司裡的朋友不是真正的朋友。」有些人因為因為先前在社區並沒有建立人脈網絡，退休後在社會上找不到自己的定位，因此變得很孤單。妻子們形容自己退休後的丈夫在家時抑鬱不樂，既沒有什麼興趣嗜好，而且不會也不願意幫忙做家事，讓她們極為困擾，以至於創造出新的詞彙，來諷刺他們。例如把退休男人形容為「大型垃圾」或是「腐爛的落葉」（黏在鞋底、討人厭的腐爛秋日落葉）；甚至還出現了「丈夫在家壓力症候群」一詞，形容面對退休待在家裡的丈夫總忍不住想發火的妻子們。過去 25

年間，老年人的離婚率急速提高。

　　足球員鈴木先生說：「好好變老，對男人來說很難。」當你沒有任何人脈或社交關係可以依靠時，孤單是一種風險，他解釋：「這也是這麼多像我這個年紀的人選擇自殺的原因。」總教練菅原先生回憶起一位聰慧的高中同學成爲上班族後，把生命奉獻給公司：「他工作太認眞了，沒有眞心的朋友，對工作上的競爭太過投入。」菅原先生說有兩位古代日本武士的人生可以給我們一點教訓：「織田信長聰明又大膽，但他是一匹孤狼，很年輕時就遭到謀殺了。德川家康結交盟友和朋友，他活到了 70 多歲。」太多日本人像信長一樣，是拚命爭奪升遷的個人主義分子。要撐過老年，需要的絕對不只是存夠退休金而已，你也必須投資在朋友、球友這類可帶來活力的社會資產（social asset）上。這些足球隊員們用崇敬的眼光，望著他們年過八旬的領袖做出如下結論：「身而爲人，你必須全力以赴地工作，但是你也需要經營私生活——和朋友在一起無所事事閒晃，或幹些蠢事，或是聊聊天也行。」

自殺和孤獨

　　日本人以其拘謹和禮貌蜚聲中外。我在秋田縣的聚會往往以鞠躬、握手、交換並仔細檢視名片開始，接著是更正式的介紹和說明生平、充分表達謝意、斟上綠茶，並且常常交換禮物。但是客套往往無法遮蓋棘手的話題，跟一位老人家交談十到 15 分鐘後，就會提到兩個詞——自殺和孤獨死。這些詞在這裡成了老化的日常詞彙，看來如果你是超過 70 歲的秋田人，很可能已經有你認識的人，

遭逢這樣的命運。

　　1990 年代中期，自殺變成日本人普遍擔心的問題，預防自殺也從 2000 年代中期開始，成為日本公衛政策中的一個主要目標。政府資助的諮詢服務和心靈健康熱線有助於對抗這個問題，而大量收集的自殺相關資訊概括了最近的自殺型態（例如，大家自殺的方式有了轉變，燒炭製造一氧化碳自殺的人減少，混和浴室清潔劑產生致命硫化氫毒氣自殺的人增加）。另一個新趨勢是老年人自殺率上升：2016 年內，有超過 12,000 位 50 歲以上的老人自殺，以人口比率來說，遠高於其他國家。大部分個案介於 50 至 69 歲之間，以男性為主。在這方面，秋田縣也呈現極端的數值：秋田作為日本最高齡的縣，官方統計的自殺率也最高。

　　老年人的實際自殺率可能遠遠高出很多，因為很多結束自己性命的人離群索居，遺體可能長達幾個月、甚至幾年，都沒有人發現。2016 年，估計有 46,000 起孤獨死；絕大多數死者是老年人，而且統計數字快速攀升。大家認為，很多孤獨死是老人自殺的案例，如今這兩個現象如此常見，以至於專職處理這類現場的公司一家家成立。其中一家擁有專業配備的公司經理西村勝先生解釋，這種工作很複雜，結合管理收納職責（整理往生者所有的物品和文件），及專業清潔任務（該公司使用一種祕密配方，可去除氣味和污漬）。

　　西村先生的公司平均每個月處理四到五起孤獨死，初夏時最忙碌，因為在冬日寒涼中保存良好的遺體開始腐敗，發出腐爛惡臭而被鄰居發現。西村先生說，孤獨死當中也有自殺者，典型的個案通常是離婚的獨居男人，介於 50 至 70 歲之間，這個年紀很危險。他

表示：現在一般人都能活到 90 幾歲以上，大家把 70 歲以下的老人視爲「年輕人」，所以他們得不到國家或同儕的幫助。從自殺遺言和個人文件來看，最普遍的孤獨死原因似乎是貧窮。

消失的聚落

　　出生率愈來愈低已蔚爲全球趨勢，這也意味著國家整體規模會開始縮小。和人口高齡化不同的是，這種趨勢並非隨處可見——美國、英國和法國都因出生率略高與外來移民（inward migration），導致人口持續增加。而日本身爲領先全球趨勢的國家，這十年來人口數量持續下降，從 2010 年 1.28 億的人口總量高峰，降至 2019 年的 1.26 億人，緊追在後的國家尤以南歐國家爲最，義大利、西班牙和葡萄牙的人口都減少了，預料德國、南韓將分別在 2022 年、2030 年趕上。而居於日本高齡經濟領先地位的秋田，早在 25 年前人口就開始逐年減少，爲我們開啟了瞭解未來的一扇窗，提供了寶貴的參考資訊。

　　藤里町的大街是日本鄉下人稱之爲「關門街」（shutter street）的地方。每間商店都停業，鐵捲門拉下，蓋住了櫥窗。門廊上的褪色漢字顯露出這一間曾經是麵包店，那一間本來是鞋店，對街是一間停止營業的女裝店。大街再過去一點到路口時，有一間歇業的加油站和停車場。

藤里町在秋田市北部 90 公里處，坐落在占地廣大、分隔秋田縣和隔壁青森縣的白神山地樺木林邊陲。藤里是一座沒落的市鎮，十年前該市鎮人口數接近 5,000 人，現在只剩 3,500 人居住於此，使這裡成為日本消失速度最快的地區之一，預估 20 年內，人口會下降超過 40％。由於太少客人光顧，商店紛紛倒閉。只有一家「垃圾商場」(junk emporium) 還開著，販賣和回收巨大的箱型電視、生鏽的冰箱和檔案櫃──全都是 15 年前淘汰的物品。我信步街上尋找町公所時，一位老太太騎腳踏車經過，前往位於該市鎮邊陲的現代化賣場，那裡有賣少許基本家用品。日本人也有一個新詞彙來形容這種人──買物難民，即「購物難民」。

61 歲的佐佐木文明是藤里町的町長，一輩子住在藤里，大部分職涯都在本地當公務員，2016 年底升任町長，他對小町的人口減少心裡有數，一個示意，助理便趕忙取來藤里人口統計資料表。列印資料把這個蕞爾之地的居民分成五個年齡層，細節之詳盡令人難以置信。佐佐木町長說，他首要的目標是確保當地小學每個年級至少有 20 名兒童，當地每個年齡層都要有 100 人。町長的資料顯示出問題的嚴重程度。藤里的高齡化到了岌岌可危的程度：這裡 90 歲以上人口有幾百位，五歲以下的孩童卻只有 77 位。除非大家帶著襁褓幼兒遷入該町，否則町長將來一定無法達成目標。

秋田縣的其他鄉村地區，甚至早已走在滅絕的路上。八木澤的深秋美景如畫：坐落在群山之間，一條會冒水泡的河流把這裡分割成兩地，兩地靠著一座木橋連接。當地嚮導森本先生解釋：這個村落以前的人口超過 200 人，現在卻只住了 15 個人。一間又一間的房子用木板釘死，少數遭到遺棄的房地產門戶洞開，遭受風吹雨

打。大型的中心建物——學校——坐落在河流旁的精華地帶，卻已經廢校了。最近的大村落上小阿仁村有一座小型圖書館，收藏了60年前八木澤的照片：當時正值夏日，村莊正在舉辦運動會，至少有17個孩子參與，如今這裡卻連一個孩子都沒有。

沙金世代

相較於脾氣暴躁的高齡男性上班族開始成為秋田縣民的嘲諷對象，另一個年齡族群卻開始大受歡迎。有小孩的家庭在維持村鎮的生命力上，扮演著重要的角色。店家老闆、當地政客和餐廳通常都很重視他們，這些人總是在討論「子育世代」，即「育兒世代」。20、30歲的年輕夫婦在這裡就像沙金一樣寶貴——他們會消費支持當地商店，他們的孩子則能維持當地學校的運作。

藤里町居於秋田縣長壽趨勢的最前線，65歲以上的人口已經高達52％。町長為此做了規畫，以便抵銷町上因此增加的開銷：「我希望大家工作到75歲。」他解釋說，他已經吸引馬鈴薯加工廠之類的產業，進駐該町，以此增加老年人的就業率和所得。但他身為町長的最大作為，是讓藤里町的生活愈來愈能吸引年輕家庭。這個計畫包括在教育方面，投資幼稚園和重新利用廢棄建築物做為中學，他對這裡的住宅同樣有想法，希望確認哪些住家是廢棄空屋，可以讓年輕人以低廉的價格買進，或免費供他們居住。町長注意到當地勞動力缺乏，因此把希望寄託在遠距工作者身上，並且加強町上的無線網路訊號，以便滿足這個需求。

但是單純對照日本人口統計的資料，町長的計畫可能不太樂

觀。藤里是擁有許多優點的好地方，臨近的白神山地是東亞最大的原始林，地球其他地方都看不到的鳥類棲息於此；有美麗的健行小徑和天然溫泉吸引遊客前來。但是日本的人口縮水，代表全國各地都有美麗的村莊正在消失。最近一份報告顯示，如果目前的趨勢持續下去，接下來的 21 年內，會有 869 個直轄市——占全部直轄市的一半——「消失」。在搶奪年輕人的大戰中，町長面臨許多競爭，他需要更多足以戰勝其他競爭者的強大「武器」。

隨著人口數量暴跌，本州南部的津和野在吸引年輕勞工方面，變得更加積極主動。我跟來自津和野的兩位代表宮內秀和以及林賢司，在東京見面；年約五旬的林先生拿町裡的人口統計數字給我看，1980 年時，那裡的人口有 13,400 人，到了 2015 年，卻已經掉到 7,600 人。他說：「多年來，人口每年持續下降 11%。」為了因應這種情勢，他們在東京設立了行銷辦公室，宣揚津和野的優點；他們投入資金在精美的商標設計、華麗的網頁和媒體宣傳上，希望吸引對都市生活幻滅的年輕人，來到他們的町上住，並小有成就。今年 31 歲的林先生，當初就是受夠了狹窄的東京，所以搬到津和野。他稱讚那裡有便宜的住宅和人情溫暖的社區，還不必天天通勤。「你可以看到我們有些小小的成就，」宮內先生笑著說：「去年我們的人口只掉了 8%！」

人口縮水之苦

藤里町和津和野這類的地方領域有一個主要的隱憂，就是學校和醫院之類的公共服務，愈來愈難以為繼。這一點使村莊合併成為

日本鄉下地區的熱門議題，政府鼓勵縮水的地區結合在一起。義大利和葡萄牙之後很快也會採取相同的政策，因為兩國荒廢的村落開始成為公眾應該擔憂的問題。秋田一位本地人解釋：整合是很好的主意，如果町和村共用公眾服務——巴士、學校和圖書館——會有比較多的公共服務，也更有機會維持下去。

但秋田縣面臨的問題是，每次提出的整併計畫都失敗，最根本的歧見是新整合後的區該怎麼命名。秋田縣的村町名稱都具有重要的歷史或自然意義：我駕車從藤里町回程時，經過井川町（此地為賞櫻勝地）、長面（意為長臉）和五城目町（意為五座城堡）。整合的村町往往會把漢字符號結合起來，產生看起來很醜、又沒有意義的名字。舉例來說，潟上市靠近秋田市，是板川町、昭和町和天王町的融合體，潟上市的地名為綜合字詞，是沒有深層意義的漢字雜燴。一位當地人帶著失落感對我解釋：「舊時的町名意味深遠，現在的名字令人落寞。」

當地的抗爭行動和權勢階級也阻撓了村町的融合，傳統上，一個地區地位較高的村莊或家族，往往是創立這個地區，或是能以漁獵收穫供應村民的家庭。舉例來說，八木澤就是以獵熊人定居而出名，這些獵熊人有能力提供熊肉和熊的器官製成的傳統藥物，因而備受尊敬。這些家族和村莊擁有龐大的影響力，儘管是非正式的力量，也足以讓民選町長和官員的整併計畫延後。

另一個難處是債務。負債累累的村莊往往期待與他處整合，而財務健全的其他村莊卻希望保持獨立。上小阿仁村是鄰近八木澤的大村莊，預期未來 20 年內，人口會減少 40%，當地人都知道這裡即將和另一個村莊合併，但這個村子的債務卻使當地成為沒有吸引

力的夥伴。最近提出的整合計畫打算把藤里町（神明居住之町）和另外五個比較小的町合併，創造一個新的整合居地，以原始森林白神爲名。除了地名、債務和權力的差異之外，在秋田縣，即使是最小單位的聚落之間，都有著細微的文化和傳統差異，各自擁有特定的神明、舞蹈、節慶和料理做法，結果這個整合計畫最後失敗了。在這段期間裡，這些地方的小學班級人數一直很少，預期將來會廢校，當地醫生漸漸出走，更多的商店會拉下鐵門。

市場失靈

當日本大部分老化村莊開始消失時，以往爲止視爲理所當然的政治與經濟結構當然也會開始衰敗。就拿地方政治來說吧，從某個角度來看，藤里町長野心勃勃的想法確有道理：過去 40 年來，因爲東京尋求下放中央權力，釋出更多的自治權，允許某些稅收和預算方面的決策權——例如設定教師薪水的權力——下放到地方。但是，換個角度來看時，這種作法卻不切實際：當村或町注定要滅絕時，宏大的改革遠景變得毫無意義，「政治不重要」的想法吸乾了地方民主的生氣。綜觀日本全國，2015 年的地方選舉中，有五分之一的席位因爲缺乏候選人，變成不競而選。儘管權力下放得到熱烈的支持，許多村莊卻缺乏有意願的政治家，不願考慮爲民服務，完全放棄地方民主的議案。

在某些衰亡中的地方，重要的市場已經停止運作。最好的例子就是房市。秋田縣遭到遺棄的村莊絕非唯一的例子，一般認爲，日本有 800 萬棟幽靈屋，加上超過四萬平方公里的無主廢棄之地。

最近的一份研究報告估計，到 2040 年，荒地的面積會倍增，屆時日本的荒地面積就會超過奧地利全國的面積。另一份研究指出，幽靈屋原本是鄉下才有的現象，現在卻也開始出現在大城市中，預期 15 年內，幽靈屋將占全國所有住宅的 35%。這種結果和英美兩國十年前的房市暴跌或低迷大不相同，日本的房價並沒有下跌。因為這些房子既然沒有人住，就沒有出售價格可言，不論價格多低都一樣。既然完全沒有交易，「價格」的概念便不重要。日本房市的某些部分已經完全凍結。

秋田縣民說，消失的村町中，關門商店街和幽靈屋尤其令人覺得悲傷，住在秋田縣海邊小村子的 70 歲退休人士金谷賢解釋：「喪失傳統令人難過。」在他居住的小村落裡，至少有五戶廢棄住宅，儘管他憂心未來，但他身為家族中的長子，受到一種特別的責任——掃墓——束縛，必須參拜和維護家族的祖墳。這份責任很嚴肅，代表即使村莊漸漸稀微，長子也很難遷移，如果長子最後決定離鄉背井去外地找工作或求學，等他成為一家之主後會覺得非常羞愧，往往會拒絕告訴子女的故鄉大小事，因離土而徹底失根。正如金谷先生解釋的一樣：「長壽的人生很好打發，但面對一個地方的末日很難。」

秋田縣的老化，對不久之後會發生同樣問題的所有地方，無疑是一個警訊。老化經濟帶來新的緊張——不只是政府預算上的考量，還有夫妻之間的壓力、年輕人與老年人之間的緊張——包括韓國與中國這些國家，之後可能都會碰到這種壓力。這種壓力形成的原因之一是生育率低落，而壓力也會引發失落感，這種感覺類似第六章我在格拉斯哥所見的情形，也類似義大利和葡萄牙鄉鎮開始衰

亡時予人的感覺。然而，即使有這麼多憂慮，老化經濟卻還有另外一面，我在日本最長青的地區旅行時，也看到了這股明確的未來經濟趨勢，其中有著令人驚喜、正向和新穎的一面。

要金不要銀

　　即使領國民年金造成的貧窮令人擔憂，我在秋田縣會見的長青族都不把低所得當一回事。「要記得，現在的老年人是『戰末世代』，」石井紀代子解釋二次世界大戰後他們所忍受的艱熬：「他們當時真的很窮──餓著肚子，沒有足夠的食物可以吃。」你在秋田縣鄉間旅行時，便能明白在這裡湊合、修補的文化深入骨髓──木屋都是以木板、木條和合板補丁拼湊而成，就像絕大多數 1990 年代生產的豐田汽車一樣，細心的車主都會把車子保養得光亮潔淨，繼續慢慢地開上路。我聽說在這裡，老人種菜是龐大的事業，即使是不太大的屋子，也擁有像樣的菜園，大部分菜園上方會搭建巨大金屬支架，外層覆蓋著半透明的厚塑膠布，形成一個相當大的溫室。

　　正如本書頭兩章討論的經濟情勢一樣，秋田縣也是由非正式經濟開始發展，以便協助解決老化所帶來的問題。這裡的很多老夫老妻根本不只是自給自足而已，還可以把溫室生產的蔬果，送到當地的「道之譯」（路邊休息站），透過誠實商店的形式，把一箱箱當地

人的農作物，放在休息站裡寄售。秋田縣的市場裡有一種美味食物叫做「愛情小偷」，是介於番茄和李子之間的水果，其酸甜滋味據說能偷走食客的心，還有利用這種水果做的果醬，叫做「雙頰熱情」。賣家在每箱蔬果旁，留下自己的照片，創造出數百位八旬小農的蒙太奇（montage）＊景觀。

人生 75 才開始

「我非常開心，」百元夏繪說：「終於能成爲『合格』的老人。」剛滿 75 歲的百元太太解釋，她已經和日本的「前期高齡者」區隔開來，成爲所謂的「後期高齡人士」。我從秋田縣到南邊的埼玉縣拜訪在藝術中心工作的一群演員，埼玉市是東京北部的邊陲市郊。劇場裡爭取角色的競爭很激烈，百元太太解釋道，由於她有很多朋友和競爭對手年紀都比她大，成爲後期高齡者俱樂部的一分子就像得獎一樣，她說：「75 歲以上是我們配戴的榮耀勳章。」

在埼玉縣演出，和英國鄉下村公所禮堂的業餘長青戲劇截然不同，劇團藝術總監請川幸子與埼玉縣藝術文化振興財團團長渡邉弘解釋，大家非常嚴肅看待表演。這一切始於名稱：這個劇團叫做「埼玉黃金世代」，名稱的發想是起源於日本老人受夠了大家總是用「灰色」和「銀色」來形容他們的頭髮——因此他們爲劇團命名時，

＊　編按：蒙太奇一字源自法語，原爲建築學術語，意指「構成，裝配」，可解釋爲「有意義的時空人地拼貼剪輯手法」，簡單來說，就是將不同的鏡頭剪接並列，產生出新的意義。

刻意避開任何屈尊俯就或低人一等的狀態。這裡的設施都是頂尖的——坑紋混凝土、拋光鋼鐵和類似倫敦南岸中心的流暢線條。

最重要的是，藝術資歷不容置疑。埼玉黃金世代劇場在 2006 年由蜷川幸雄創立，蜷川幸雄是日本最受好評的劇場導演之一，曾在倫敦籌演過很多戲劇，並在 2002 年獲得大英帝國勳章（CBE）。2016 年過世的蜷川想要和擁有人生歷練、受到脆弱身心阻礙的演員，一起進行實驗，結果所有演員都超過 65 歲的超高演出水準，讓黃金世代劇團可以進軍巴黎和布加勒斯特巡演；埼玉縣主要的劇場能夠容納超過 750 人入場，一般的情況下，劇場公演都會滿座。

「我生在戲劇世家，卻從沒有演出過。」百元夏繪說話時，挺直腰桿坐著，彷彿受過美姿美儀的良好訓練一樣。她父親是知名的歌舞伎演員，由於太常巡迴演出，因而很少待在家裡，她從少女時代便下定決心，絕對不要和演員扯上關係，一心要嫁給優秀上班族安定下來。她開朗笑著說：「我的美夢成真了。」百元先生是日產汽車公司的工程師。但等她丈夫退休後，她開始感到不安：「覺得好像少了些什麼。」於是她努力設法回歸舞台。

同台的演員高橋清已經 90 歲了，他戴著垂到腦後的黑色毛帽，穿著充滿朝氣、在室內還能兼充毯子、保持膝部溫暖的羽絨外套。高橋先生曾服役於日本陸軍，經歷過盟軍占領時期。他有著叛逆氣息，這是他在退伍後改當技師的原因，但是他說：「我的錢都是賭博賺來的。」81 歲的遠山陽一是另一位主要演員，他過去是工會成員，退休前從來沒演過戲，如今卻成了劇團的明星，他把自己的成功，歸因於常保青春活力，包括跑到車站吶喊政治口號。「我背台詞背得很快，」他說：「也能爭取到所有最好的角色。」

這些埼玉縣演員令人吃驚之處，不在於商業上的重大成就，而在於這些來自不同背景的人，全都是在退休至少十年之後，才開始展開成功的人生新篇章。高橋先生 65 歲退休，75 歲才開始演戲；遠山先生 60 歲退休，70 幾歲時才開始演戲。他們希望像秋田縣的 70 歲足球隊一樣，能夠老得有目標，養成新興趣，面對新挑戰。演戲是他們想持續下去的新工作：他們說，所有老年演員的目標都是在台上演出愈多愈好。記憶力和行動力是限制他們的兩個因素，「我知道自己的極限和自己扮不來的角色，」拄著拐杖、緩慢行走的高橋先生表示：「但是我記得住台詞……演戲就是我活著的方式。」

重塑老年品牌

把老年從某種可怕的事轉換成值得慶祝的事，正是山本遼把房地產仲介公司命名為 R65 背後的概念。這個品牌名稱呼應只允許成人觀看的 18 歲限制級 (R18) 的電影分級：正如青少年嚮往他們的 18 歲生日一樣，山本先生希望達到高齡狀態，也是應該得到特權的成就。這位 27 歲的企業家從房地產租賃仲介公司的員工做起，但他很快就發現了問題──同時也看到了機會：房東太害怕老年人自殺和孤獨死，因而拒絕接受退休的承租人。房東的擔憂確實有其道理：一旦房客過世，需要時間尋找下一位房客，而且孤獨死會給房子帶來汙名，導致房子難以招租。山本先生打了 200 位房東的電話後，只找到五位房東樂意把房子，租給 80 歲以上的租戶。

這是嚴重的市場失衡問題，山本先生解釋，因為有活力又可靠的老年人要租房子其實有很多原因，包括：離孫子近一些、換小一

點的房子、離婚，或單純想搬離需要費心維護的傳統木屋，搬進不需維護的現代化公寓。因此山本先生打電話給好幾千位房東，建立起願意接納高齡租戶的新資料庫。接下來他舉辦多場研討會，把老年租戶的優點灌輸給屋主。他說，房東的想法過時了，即使是75歲的老人，也可能在屋子裡獨立居住十年以上，這使得他們變得更加可靠，和四、五年後就要搬走的學生或青壯年人相比，麻煩更少。每次山本先生說服一位新房東，讓對方知道租給老年人對房東更有利時，他的資料庫就又更豐富了。

這位年輕的企業家同時也設立了一個早期警報系統，來監看孤獨死的徵兆。「你不可能百分之百預見孤獨死，」他解釋說：「但是會有些徵兆。」他的同事像報馬仔般掃過蛛絲馬跡，尋找客戶可能摔倒或不舒服的徵兆，例如：報紙堆積在屋外，或是小徑被落葉覆蓋，都是紅燈亮起的警訊。他說，要真正的幫助別人，就需要知道屋子裡發生了什麼事。他的公司曾經考慮過，要在出租屋內安裝攝影機，這一步雖然有點過頭，但如果裝置動態電子感應裝置，能夠在屋內的人異常平靜時發送警報，就可以在照護和隱私之間達成平衡。每一位老年租戶繳交房租時，R65公司的員工都會親自致電，表達感謝之意，這通電話既展現禮貌，也是確認租金是否由活人支付的重要方式。由於年金所得和房租支出往往都是自動轉帳，租戶可能在死後幾個月，都能繼續收到年金、並繼續支付租金。

老化帶來的衝擊，造成日本的需求快速變化。而經濟必須適應這些變化，這種情形在整個秋田縣都可以看到：男性小便斗反映出人生的不同階段——在正常高度的男性小便池旁邊，有讓小男孩用的較低小便斗，現在還設有第三種小便斗、也就是周圍用框架圍

住、可幫助老年人穩住身體的小便斗。秋田縣自動提款機旁邊的牆上，貼了凸起的小小綠色塑膠扣環，老年人在輸入個人密碼時，可將柺杖套在上面。汽車保險桿和引擎蓋都貼了四葉幸運草形狀的彩色貼紙，上面的葉子有橘色、黃色、薄荷綠和賽車綠色，這是「老年駕駛標籤」，告訴大家駕駛座上坐的是高齡人士。貼紙本身也進化了，原來只有黃色和橘色兩種顏色，大家認為這樣是代表衰退的「秋葉」或「落葉」的標誌。新增加的兩種綠色調反映春天和夏天，是老人活力的新主張。

高齡人口與加拿大總人口差不多

滿足老年人的需要，會引發世代間不平衡、不公平的所有問題，但是解決老人的需求也能夠創造巨量的經濟活動。日本有 1,300 萬個超過 75 歲的後期高齡人士，人數超過瑞典的 900 萬人口、葡萄牙的 1,000 萬人口，以及希臘的 1,100 萬。把比較年輕的前期高齡日本人（年齡介於 65 至 75 歲之間）加上去後，數字會攀升到 3,300 萬——幾乎和整個加拿大的人口一樣多。老年顧客的消費金額接近 120 兆日圓（相當於一兆美元），跟墨西哥或印尼的經濟規模類似。換句話說，如果日本的老人家建立自己的國家，足以在決定全球經濟走向的富強 20 國集團（G20）中，占有一席之地。

這樣的龐大族群，會替預計打進「銀色市場」的年輕人，創造不少商機，譬如前述創立特殊房產仲介公司的山本遼先生。我遇見的不少學生都有長遠的打算，準備展開為老年人提供商品及服務的職涯。秋田縣 19 歲的石塚光說，她想變成實業家，經營幫助老年

人的某種商務；梶原健司以東京爲基地，發展出「近」電視機上盒，讓孫子女可以從自己的智慧手機，直接播送影像到祖父母的電視機上。有的公司製造（比較容易擊中球的）特製高爾夫球桿；有的公司生產緩解髖骨痛的特殊鞋子；有的製造（容易咀嚼的）老人食物；還有老人健身房、具陪伴老人功能的玩具娃娃，以及老人電玩遊戲。日本老年人數持續成長不只是缺點而已，本身就是龐大消費族群的他們，更是極大的商機。

新的跨世代產業把日本的年輕人和老年人結合在一起，形成新的連結。日本都市中有許多單身人士，現在是住在「共居住宅」(share house) 裡，共居住宅是由 15 位以上住民同住一個屋簷下的公用建築，一開始時是爲希望逃避 1990 年代日本複雜租客規定的外國旅人所設立的住宅，後來開始在日本流行起來。目前日本估計約有三萬戶共居住宅。「每間共居住宅都有自己的理念，」山本遼解釋說，這些迷你社區具有共同的倫理、目標或是美學：「有的人家喜歡花錢，有的努力存錢，有人喜歡藝術和流行風格，也有人喜歡安靜。」共居住宅的廣告都明確的列出目標：例如學英文、減重、創業等都很受歡迎。

山本先生說，共居住宅要順應這種理念，目標或精神是重要的條件，這一點比住民的年紀還重要（他自己的共居住宅室友年齡層分布介於 27 歲到 62 歲之間，20、30、40、50、60 歲等各世代都有）。爲了促進世代同堂，還有新型的共居住宅紛紛興起。石井紀代子解釋，秋田縣興起「單親媽媽共居住宅」，讓單親媽媽可以和小孩一起居住，還有幾位小孩可以共享的「奶奶們」。這些老奶奶並不是親戚，大都是寡婦或失婚女士；她們承擔照顧孩童的工作，換取

比較便宜的房租。老化的社會當然會創造世代之間的緊張感，卻也能在彼此之間建立新的連結。

盛裝打扮的日間照護

　　菊地和子（Kazuko Kikuchi 音譯）是牌桌上的皇后，她也明白這一點。她穿著輕薄的絲質外套，剪裁像睡袍大衣 (smoking jacket)＊，上面點綴著明亮的黃色、藍色和紅色蝴蝶；她的頭髮染成榛果棕色，抹上深紅色唇膏，戴著有色鏡片的眼鏡。她和三名友人同坐，主導著遊戲，也主導著對話。我首先詢問她們的年紀，她迅速回答說：「不知道，我 60 幾歲時就忘記歲數了。」她的朋友熊川洋子（Yoko Kumakawa 音譯）羞怯地透露自己已經 87 歲了。「妳跟我們說妳 82 歲！」她的同伴尖叫。（菊地女士後來吐露她已經 86 歲。）接著我問這幾位女士多常聚集在一起玩牌。「噢，也沒有常常啦，只有每週二、四、五和六。」她得意地笑著說話，並沒有抬起頭。

　　這些女士都全神貫注在麻將這種嚴肅的遊戲中，照順序輪流打出白色的方塊，把有點像骨牌，只是比較小也較為粗短的牌張，放在她們面前的綠呢檯面上。遊戲結束時，桌子正中央會自動打開一個大洞，牌友把她們的牌往前推，落入洞中。活板門隨即關上，桌

＊　編按：「睡袍大衣」在 19 世紀時是專為活躍於正式社交場合且有抽菸的人士所設計的便服，穿上後既不失禮又可防止菸味附在身上。

子搖晃一秒後，洗好的牌再度彈出到每個玩家面前，得以進行新的一局。牆上的排行榜顯示，在足立這個鄉下地方的這間遊戲室裡，菊地太太是得分最高的玩家。

這間遊戲室讓老年玩家花這麼多時間流連，看起來卻像是介於違法地下酒吧和內華達賭場之間的場所。玄關入口非常小，牆上有金屬數字鍵盤，輸入密碼後，大門向旁滑開，眼前的裝飾風格一變：長毛地毯是波爾多酒紅色，壁紙是裝飾著金葉子的巧克力棕色，玩家所坐的軟墊椅覆蓋著乳白色的合成皮。裝飾中也揉入了當地風格：一整面牆的柏青哥遊戲機——日本式的彈珠檯，銀色珠子在裡頭彈跳時會發出嗶嗶叫、叮咚響和嗡嗡聲。房間的另一頭有一張玩 21 點的大桌子，兩位老紳士正試圖擊敗莊家，一位穿著黑色絲質背心的賭桌服務生負責發牌。一位女服務生繞著場子，手上端著盛在廣口玻璃杯裡的飲品，房間側面一扇半掩的門中，露出了按摩床和一疊潔白的毛巾。屋子外頭停著一整排黑色廂型車，車上貼著深色的隔熱窗紙、還有閃亮的輪框，車身上還有醒目的「拉斯維加斯」大字，等著將玩了一天的玩家載回家。

這是政府資助的日本式老人日間照護所，參與設計及管理這個中心的森薰說：「這個地方參考了美國的大賭場。」衣著時髦、任事認真的森先生曾經去拉斯維加斯考查，仔細記下賭城的運作方式，然後辦理日本日間照護中心必需的所有法定程序，並融入他在凱薩宮酒店和百樂宮酒店的所見所聞。賭桌服務員是擁有執照的看護，坐在看起來像是收銀台後面的員工正在繕打病歷，地下酒吧式的密碼和滑門之所以存在，是因為失智的客人往往有一股想跑出去放風的衝動。按摩師是合格的治療師，矮胖玻璃杯中誘人的雞尾酒實際

上是果汁或輔助藥物。

這個方法很聰明——透過活動來提供基本的醫療需要，創造出有目的、有競爭還有社交互動的環境。這個地方感覺像是貨真價實的賭場，而不是老人呼朋引伴來家裡打牌。唯一和真正賭場不同的地方是，由於賭博在日本並不合法，因此所有的交易使用的都是「拉斯維加斯美元」代幣。來這裡的老人每天都會領到一定數目的代幣，用來支付麻將、21 點和柏青哥遊戲的費用（這裡的員工說，抓預算是很好的動腦訓練），他們必須完成伸展、手指和肩膀運動之類的任務，以及解開訓練腦力的謎題後，才能賺取更多代幣。除此之外，這裡沒有玩具或虛假花招：21 點賭桌是永久性結構 (permanent structure)，又重又寬；柏青哥遊戲機正是東京遊戲場裡常見的那種。森先生說：「這裡所有的設備都是專業級的。」

競爭的價值

森先生解釋說，日本至少有五萬間日間照護中心，大家可以從當地一長串選項中，選擇要去哪一所。老人家先支付費用的一成，剩下的九成由政府買單。對賭場背後的母公司「ACA Next」來說，主題房間的概念運作良好，大受居民歡迎，因此該公司計畫在全日本大規模推廣這種概念。

主題日間照護對玩家來說也很有幫助，這些人很老，已經深入後期高齡者的晚期——當玩 21 點的一位女士身體開始搖晃時，一位賭桌小弟照護員趕緊上前，把她抬到床上量血壓。這些老人顯然很清醒，專注玩遊戲，看起來很快樂。公司深信賭博的療癒作用，

其宣傳手冊充滿關於認知功能、腦力進步和溝通能力的事實和圖表。森先生解釋道，用運動換美元所得的方案裨益良多：這裡的住民每天平均運動超過 40 分鐘，遠超過全國平均。而且這裡的玩家全都看起來很聰明，這點相當重要：日間照護中心是值得盛裝出席參與活動，讓朋友和對手都留下好印象的地方。

對整個日本來說，真正的挑戰是花費。老人長期照顧是社會保險預算膨脹的一個因素，而且大家的確有理由擔心這個重擔很快就會更大幅竄高。日本在未來的幾年裡，會需要再投入數百萬個照護人力，但是這種工作完全符合求職者盡力避免的 3K 職業。3K 源於骯髒（日文發音是「kitanai」）、危險（日文發音是「kiken」）和辛苦（日文發音是「kitsui」）。若要招募足夠的日本年輕勞工從事 3K 工作，勢必會讓人事成本和政府支出不斷向上攀升。

森先生說：「我們需要把照護變成更有吸引力的工作。」他解釋：任何日託中心經理面臨的主要挑戰，都是怎麼留住工作人員。在拉斯維加斯的日託中心裡，照護人員通常肩負平淡無奇的職責，包括幫助老年客戶上廁所──但他們一天大部分時間都在玩遊戲，而這位年輕的 21 點賭桌服務員似乎樂在工作。員工會仔細配對具有類似認知功能的玩家，而且很多桌的玩家都非常專注，以至於幾乎不需要員工照顧。我跟菊地和子說再見時，她們麻將正打得火熱，這位 80 多歲的麻將大師把我叫到她的桌前，透過鏡片看著我並問道：「告訴我，如果英國的老人沒有這種拉斯維加斯設施，他們到底都在做什麼事？」

照護機器人

即使是在日本，生命最後總是會開始消退，進入最後階段，很多人在生命的最後階段裡，會無法參加日托，需要專職的個人護理和觀察。日本在這方面臨著另一個危機：末期護理通常需要一對一的服務，例如餵食患者，把他們從床上抬到浴室裡，並照顧他們的個人需求，這是另一種 3K 工作，很難招聘願意從事這種工作的人，就算不是 3K 也一樣很難。日本的醫療人員預測，到了 2040 年，日本會需要增加四倍的個人照護人員。其他國家也面臨相似的需求，2020 到 2030 年間，義大利、西班牙和葡萄牙超過 65 歲的老人人口數合計會增加 320 萬人，因為目前這個年齡群的人當中，有二成的人，需要全日或半日協助，表示將來還需要 64 萬個新照護人員，但是這些國家的工作年齡人口 * 都在減少，所以基本上不會有足夠的人力，提供客製化的末期照護。全日本的發明家、醫療人員和看護都有一個共同的問題：個人化的照護是否真的需要由人來提供？機器人會不會是這個問題的解決之道？

在東京銀翼 (Silver Wings) 醫療設施住院的病人，年齡跟琦玉黃金世代劇場的演員和拉斯維加斯日間照護所的玩家相仿，卻處於人生中比較晚期的階段。他們都是患有阿茲海默症或其他失智症的病患，所以在這裡接受治療。七戶多奈子（Taneko Nanako 音譯）年屆 90 高齡，她坐在輪椅上時高度很低，以至於眼前的桌子差不多

★　編按：一般認為工作年齡人口是 25 至 64 歲。

與她的眼睛同高。她的桌子上放著一個大型白海豹絨毛玩具。七戶太太只有幾顆牙，眼神迷茫，卻面帶笑容，還很愛講話。我問她怎麼稱呼她的寵物，她回答說：「小男孩，他是我的小男孩！」她伸手向前抓住桌上的玩具，拖到她的大腿上，表情亮了起來，就像得到耶誕節禮物的孩子一樣。

「小男孩」的真名叫 PARO，價值五千美元，可是很昂貴的玩具，是由政府資助的「智慧系統研究機構」(Intelligent System Research Institute) 所研發的產品。2009 年，PARO 是第一個獲得醫療輔助用途許可的寵物型機器人：換句話說，PARO 已證實可讓病患好轉。這隻海豹的毛皮底下、鬍鬚尖端和鼻子上，藏著微小的感應器，可讓內建電腦評估老人拿著 PARO 時的行為，據此做出反應。機器海豹如果受到良好的對待，就會發出悅耳的聲音和動作，但如果遭到毆打或掉到地上，就會停止溫和的蠕動和咕咕聲，改發出尖銳的噪音，這樣有助於處理一種失智的症狀──突如其來爆發的怒火。

兩位 90 幾歲的女士坐在七戶太太旁邊，把玩著屬於她們個人的 PARO，雖然這些海豹外觀上看起來都一樣，但是每一隻 PARO 體內的機器，都會在與主人反覆互動的過程中學習，巧妙地改變遭到毆打時的反應。這種人工累積知識的方式叫做「機器學習」，意思是經過一段時間後，沒有兩隻 PARO 是一模一樣的機器海豹，因為它們已經進化了，變得更適合自己的主人。在臨床試驗中，使用 PARO 的老年病患比對照組更能使用語言進行良好的溝通，也更會利用臉部表情。病患和機器人之間的共生很明顯：七戶太太允許我撫摸她的 PARO，然而這隻海豹對陌生人的手沒有反應，當她親自示範應該怎麼做時，PARO 就變得躍然如生。這裡的看護員說，

PARO 的好處無庸置疑，其中一位照護人員說：「PARO 對七戶太太的幫助非常大，她剛來這裡時，完全不願意說話。」

　　銀翼中心位於照護機器人的研究尖端，使用很多種不同的機器。隔壁桌坐的是三位生理狀況比較穩定的老太太——不用輔助就能端坐在椅上——她們正在逗機器狗玩。吉澤敏子（Toshiko Yoshizawa 音譯）和大久保伽紗（Kisa Ohkubo 音譯）兩位 90 歲的老太太，全神貫注地看著機器狗，和機器狗說話、玩耍。這些機器狗叫做 AIBO，由索尼公司製造，和 PARO 相比，AIBO 的聲音更大、更具體也更活潑，它會在桌上巡邏，並發出嘩嘩叫和狗吠。

　　AIBO 體內的人工智慧離完美還有一段距離——桌子邊緣圍著一整圈橡膠護欄，避免狗狗從桌邊掉下去。然而，這些機器寵物跟 PARO 一樣，都有學習能力，能夠學會主人的口音和方言，對觸摸和聲音都有反應。和 AIBO 互動似乎跟 PARO 互動一樣，可以幫助大腦運作。大久保太太的短期記憶已經嚴重消失，她剛來到中心時，會忘記自己已經洗過澡了，一整天都不停要求看護幫她洗澡，並為此日漸變得焦慮。照顧她的一位看護員說，機器狗提供的刺激和專注解決了這個問題。99 歲的古田島綾子（Ayako Kotajima 音譯）告訴我，她很期待自己的 100 歲生日，卻也因為無法再行走而難過，而且很想念她年輕時養的狗。她的 AIBO 雖然無法完美替代逝去的愛犬，卻對她很有幫助。

機器人同儕

　　「協助老人家的工作很累人。」40 多歲的照顧服務員（簡稱照

服員）杉本隆司說道。他利用一張空床模擬怎麼扶起一位體弱的病人，示範身體前傾、把病人從床上抱起時，很容易傷到下背部。這個問題非常普遍，因此各家公司都持續研發全套的穿戴式行動輔助外骨骼機器人，以便保護照顧服務員。杉本隆司先生面帶微笑、心情愉悅，顯然是位優秀的照服員，他還是高科技產品的粉絲，迫不及待的想要向我炫耀這種產品。

他展示的第一款輔助機器人是肌力裝，由東京理科大學創立的因諾菲公司 (Innophys) 生產。肌力裝看起來像是攀岩用的安全吊帶，可充氣的腔室環繞照服員的髖部，透過壓縮空氣驅動，一路往上延伸到下背部，並向下延伸到四頭肌群。照護服務員把他們的手放在老年病人身體下方、抬起他們的同時，會對一個小管子吹氣、也就是對肌力裝發送充氣的信號。另一個選項是生化人公司 (Cyberdyne) 生產的機器人裝，這種裝備像巨大的白色塑膠樞紐，環繞著髖部和下背部，這款裝備不需要手動訊號，自己會讀取大腦發送的電波，得知照服員即將抬起病人，並據此加強動力。生化人公司的團隊說，兩種裝備都能減少下背部三分之二的負擔。

Pepper 是這裡看起來最像典型機器人的機器人，像個身高不高的小男生，可能只有四呎高（約 120 公分），表面覆蓋著白色塑膠製的皮膚。Pepper 腰部以上的外型就像人類，有著身體、手臂、手指和拇指，也有頭有臉。Pepper 機器人在銀翼的二樓工作，這裡更像是日間照護中心，而不是照護病房，Pepper 對待病人親力親為，會和病人一起坐在中央的公共休息室。Pepper 就像外骨骼機器人一樣，任務是協助照服員的工作，節省他們的時間，讓他們更有生產力。

銀翼醫學中心的杉本先生打開了 Pepper 機器人的電源，一秒鐘後，Pepper 的眼睛亮了起來，還伸展自己的指頭。Pepper 開始說話時，女性病患不需催促，就會面向機器人，把坐椅和輪椅排成半圓形。Pepper 首先示範了幾個手臂動作和伸展，一步步指導團體成員。接著他開始唱童謠〈春天來了〉，他唱第二句歌詞時，開始隨著歌唱，重複手臂伸展動作，齊聚一堂的女性大部分都會模仿 Pepper 的動作，其餘的人則會微笑、拍手。而大多數男性看起來並不買單，他們坐在房間的後面，顯出厭惡的表情。但是在 Pepper 帶動半數以上的病患做活動、娛樂他們之際，杉本先生就可以在不參與活動的人之間快速自由移動，詢問他們今天好不好，鼓勵他們伸展身體。

　　老化為日本經濟帶來很多挑戰，其中勞力短缺和預算緊縮的挑戰顯示，機器人照護可能是值得嘗試的適當解決之道。機器人在老化的歐洲也很可能受到歡迎。Pepper 機器人可以租借，一年租金不到 6,000 美元，隨著競爭者進入市場，價格也在持續下跌。2019 年內，照護服務員的平均年薪略高於 350 萬日圓（約合 32,000 美元），而且這個領域的薪資正在穩定攀升。兩者價差這麼大，代表照護設施的經理人在照護團隊缺少兩個人且人手難尋之時，可以改為雇用一個人類照護員、同時租用兩個 Pepper 機器人。這麼做的話，一年還可以省下二萬美元。只要像 Pepper 這類的機器人能執行有用的工作，機器人就能幫助填補日本勞力短缺造成的差距，同時舒緩預算壓力。

領導世界的偏鄉

極端老化的偏遠縣秋田縣無疑是高齡經濟的先鋒，促使經濟體趨向老化的兩個因素——壽命延長和生育率下降，在秋田縣展現無遺，卻也催生了未來其他國家也會經歷的經濟狀況。

從秋田縣可以學到的第一個教訓是：高齡經濟是互相矛盾的現象——我們看著高齡經濟出現，卻仍然大受衝擊。和我聊過天的日本老人都說高齡出乎他們的意料，因為這種事在他們的家族或市鎮裡史無前例：平均壽命的躍進在這一代人之間發生，表示今天的高齡族群沒有前人的榜樣可以依循，讓他們在年過 90 歲之後，仍能過著有益的生活。人口縮水屬於很新的現象，在很多地方都還沒有發生過，僅有短短十年歷史，即使是這股潮流的先鋒日本也只有十年的經驗。但是人口縮水又老化的世界即將來臨：南韓高齡人口繼續成長的時間，大約只有十年；德國則剩不到幾年。

高齡經濟是緩慢進展的趨勢，會對沒有準備的人造成打擊。高齡經濟帶來的壓力，可以從經濟學中直覺性的「生命週期」看出來。當年齡高到超出預期之外，表示一生累積的資產庫存太微薄，不足以安度退休歲月，結果造成退休金不足，也造成看護費的支出，對政府財政形成壓力，產生世代間不平等的新斷層線爆發的摩擦。秋田縣大多數老年居民的故事顯示，生命週期觀念——建立緩衝性資產、以便安度老年——也適用於財務以外的其他地方。孤獨死和自殺率的攀升，點出現金以外的個人準備、退休後的社交俱樂部、人際網路和社交團體，對於曾經是成功人士的上班族而言，是他們安

享餘生的重要因素。

　　許多人和國家可能都還沒有爲這個問題做好準備，一旦開始思考老化的意義，令人焦慮的統計數字和隨處可見的現象，將加重每個人的憂心。老年人口的數量之多和老人照護的龐大花費，似乎沒有人可以應付這種挑戰，然而我在日本卻看到了仍可抱持希望的理由。

　　本書前兩部顯示，韌性和失靈之間的分界線，經常表現在一個地方的隱形經濟結構中，表現在依據信任、合作和共享目標而建立的非正式市場中。即使我對學生和退休老人之間的摩擦有所耳聞，但是整體而言，老化似乎像戰爭或災難一樣，爲每一個人帶來了有用的挑戰。其他的極端經濟狀況顯示，應付這種問題最好的方法，是利用無法量化的經濟方針，也就是利用人類自然發明創造商品和服務的天性。當你在秋田縣旅行時，會看到大量的經濟活動，包括蔬菜交換、非正式的市集、還有隱含以托嬰交換房租的跨世代「共居住宅」，而這些積極的嘗試在比較悲觀的報告中都看不到。

　　除卻攜手合作因應老化之道之外，還有一個正式且規模龐大的高齡經濟，這個和墨西哥經濟規模一樣大的經濟體，正在創造幾百萬個新職缺。日本人活得很久，表示年長的國民需要新型的行動電話、有拐杖掛鉤的自動提款機，以及和對老人友善的小便斗。人口縮水表示開發先進照護機器人很重要，這些挑戰正好造就了年輕人的職涯發展。領年金者一貧如洗、社會福利搖搖欲墜的事實確實存在，但是日本應對老化的案例也是促使大家發揮巧思，讓老年生活更便宜、更有趣、更健康、更有收穫的故事。

　　我在秋田縣四處走訪之際，開始思考大家低估的一個危機。在

人口縮水的國家裡，很多村、町、市鎮消失是很自然的結果。我努力尋找大家奮力掙扎的跡象，卻發現不可能找出真正的解決之道，來應付這些地方居民的負面和惱怒情緒。從非常長期的角度來看，人類減少占用地球可能是好事，但是秋田縣鄉間人口日益減少，廢棄的社區形成了荒涼、令人沮喪的幽靈地區。這種景況似乎再一次回歸到「人類會向前看」的經濟學基本理念。當一個地區明顯邁向滅絕時，市場和地方民主制度也會徹底崩壞。今天在日本發生的事情，葡萄牙和義大利也都快速跟進上演，到了 2030 年更會蔓延至德國。對很多地方來說，未來經濟的重點將落在如何管理地區衰落這一門學問上。

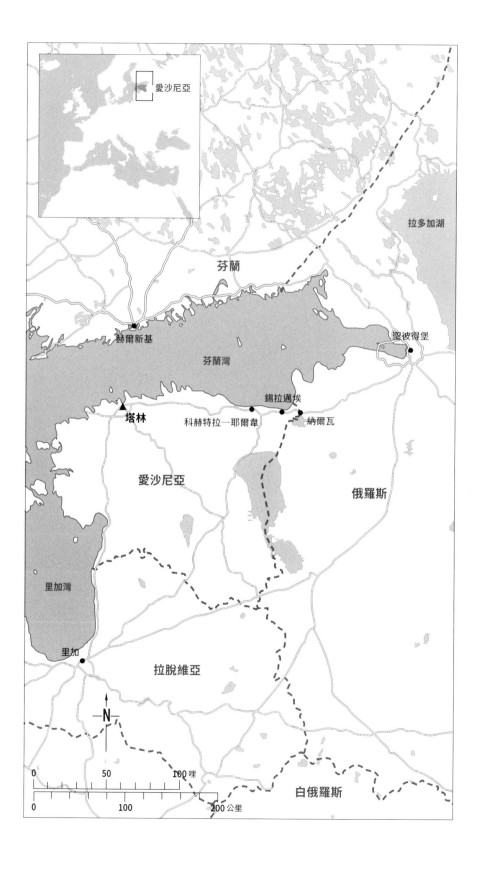

芬蘭

拉多加湖

赫爾新基

聖彼得堡

芬蘭灣

錫拉邁埃

塔林

科赫特拉—耶爾韋

納爾瓦

愛沙尼亞

俄羅斯

里加灣

里加

拉脫維亞

N

0　　　　　50　　　　　100 哩

0　　　　　　100　　　　　　200 公里

白俄羅斯

愛沙尼亞

愛沙尼亞塔林

科技之城

Tallinn

在運輸和農業中，機器目前幾乎消弭了人力需求，人不再從事搬運重物的工作，改以啟動、安裝、組裝和維修為主。

瓦西里.李昂提夫 (Wassily Leontief)
《機器和人》(*Machines and Man*)，1952 年

8

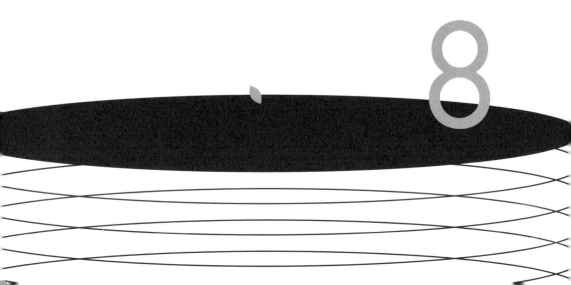

波羅的海國家科技進步

怪叔叔用盆子種菜

　　如果你冒險參加電視才藝競賽節目，可能會碰到尷尬的場面，每個節目都會出現丑角，例如歌手原來是音癡，舞者原來毫無韻律感。2010 年時，34 歲的馬帝亞斯・雷普 (Mattias Lepp) 參加愛沙尼亞大受歡迎的電視節目《天才在這裡》(Ajujaht)，碰到其他競爭者時，心中浮起自己注定要扮演這種角色的難過感覺。「其他參賽者全都比我年輕，才 20 來歲，」雷普回憶：「我意識到自己是競爭者中的笑柄──一個來參加比賽的怪叔叔──而我帶來的東西，只是放在小花盆裡的一顆種子。」追尋這種夢想容易令人焦慮，但雷普先生堅持不懈，並在數月之後榮登《天才在這裡》節目的冠軍寶座。

　　而在愛沙尼亞首都塔林的辦公室裡，雷普先生坐在一張極簡時尚的辦公桌後，外表不像典型的真人實境節目參賽者：他穿著寬鬆灰襯衫，和他的一頭亂髮很搭。他的一舉一動也不太像參賽者：他喜歡閱讀哲學家柏拉圖 (Plato) 和塞內卡 (Lucius Annaeus Seneca) 的作品，喜歡思考植物學的問題，還說他假日最愛獨自一人在西伯利亞荒野中散步，好好釐清思緒。他會贏得大獎，靠的是一個偉大的構想──一種栽種植物的新方法，而愛沙尼亞這個國家向來熱愛創新發明。《天才在這裡》是愛沙尼亞眾多發明類競賽之一，原文名稱Ajujaht 可大致翻譯為「挖掘奇才」(brain hunt)。雷普先生奪冠後抱回三萬歐元的獎金，各家媒體爭相採訪。七年後，他的公司 Click and Grow 擁有 35 名員工，最近才募得 900 萬美元的資金，投資者

包括深具影響力的矽谷創業加速器 Y Combinator (YC)。

　　雷普先生讓我看他所發明系統的第一部分，外觀像是爲巨人設計的超大顆乙醯胺酚（paracetamol，爲普拿疼、百服寧等止痛藥的主要成分），一面是扁平的錫箔紙包裝，另一面是一整排大型膠囊，每個膠囊裡放的不是藥片，而是一團泥土，形狀就像你清空乾燥盆栽時所挖出的根部土球。使用者可以把這團「智能土壤」(smart soil)，放進其新系統的第二部分──一個外觀俐落的機器，土裡的植物（這裡以羅勒爲例）就會開始生長。只要按下開關，Click and Grow 智慧種植系統就會搞定一切。而植物本身並不好過：羅勒生長時，機器會對其施加壓力，在關鍵時刻會故意不提供植物所需的水分和光線，以便刺激羅勒分泌所需化學物質。

　　這種現代的栽種方式，可以種出更好的蔬果，雷普先生一面解釋，一面從筆記型電腦叫出一張圖表來說明他的觀點。他採用的是名爲色層分析法（chromatography，簡稱層析法）的技術，可以分離和追蹤植物所含的化學物質。以他這盆羅勒來說，重要的化合物是迷迭香酸 (rosmarinic acid)，這是一種具有潛在健康功效的抗氧化劑。電腦螢幕上顯示的是一般店頭販售的羅勒分析圖，有個小突起代表迷迭香酸的含量；然而在 Click and Grow 機器中生長的羅勒，圖中則出現了一個高高突起的曲線。雷普先生將其發明命名爲智能花園 (Smart Garden)，以風味和健康而言，用這台愛沙尼亞機器栽種出來的羅勒，比外頭店裡買的或香草園種的都還要好。

為科技歡呼

科技樂觀主義者（類似雷普先生或我在日本見過的照護機器人發明者）都認為，他們的發明會解決未來經濟帶給我們的挑戰。但是世界各地的科技進步也會引發恐懼不安，人們擔心選舉、隱私和道德方面的問題，以及隨著這些政治憂慮而來的兩大嚴重經濟問題。第一個問題是大規模失業的可能性，也就是節省勞力科技的軟體或機器，會導致勞工毫無用武之地。各國對自動化迫在眉睫造成的失業預估大不相同，但是最新的研究顯示，高達 25%、30% 的美國和英國勞工都面臨被機器取代的風險。一般的說法是：機器人快來了，它們會搶走我們的工作。

第二個問題是恐懼科技進步會導致不公、產生一種新的不平等，有人將這種現象稱之為「數位落差」(digital divide)。這種擔憂的核心問題在於科技所帶來的好處將有利於某種特定族群──年輕族群、都市居民、受過教育，以及富裕階級，而不利於其他群體。

人們對於科技影響的關注，讓塔林形同一個有意思的測試案例 (test case)。正如日本秋田讓我們一窺所有人很快就會經歷到的高齡經濟學一樣，塔林是科技上的先鋒，當地已經採用的許多技術，很快就在我們的經濟體流行起來。塔林以兩件事聞名於世，一是通訊應用軟體 Skype 的發源地，二是政府基於某種理由所推動的「新創企業樂園」(start-up paradise) 政策（塔林的人均新創企業數量，名列世界各國前茅）。但是愛沙尼亞在這方面脫穎而出、領導群倫的方式，有一個和全球高科技重鎮矽谷 (Silicon Valley) 不同的地方，那就是科技在政府之中所扮演的角色。塔林是全球第一個數位國家的權

力中心所在，這裡提供全球最多種網路服務，同時也是第一個落實全民數位公民（digital citizenship）計畫的地區。

愛沙尼亞在經濟和國家行政上，全面擁抱科技，因而成為值得研究的潮流引導國家。不過令人倍感興趣的是該國有一條斷層線（fault-line）。愛沙尼亞除了是科技專家公認的全球熱點外，還有一個鮮為人知的特點，那就是它堪稱世界上分裂最為嚴重的國家。1944

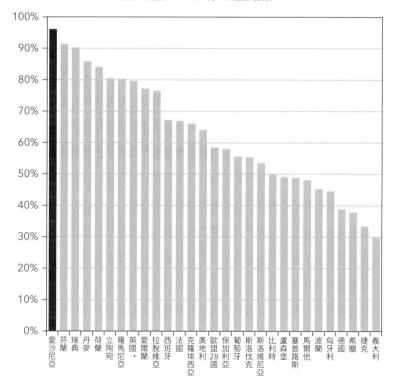

圖 8.1 ｜愛沙尼亞在科技上領導群倫

2018 年歐盟各國人民利用電子化政府服務的比率

資料來源：歐盟執委會

* 編註：英國於 2020 年 2 月 1 日起正式脫歐。

年到 1991 年間，愛沙尼亞是前蘇聯 (USSR) 的一部分，卻仍保留著自己的語言、種族和文化，因而形成分歧。根據人口總數計算，愛沙尼亞是世界上無國籍人口比率最高的國家之一。這個小而分裂的國家何以能在科技上大躍進？愛沙尼亞將來眞的會變成該國最聰明人民所追求的烏托邦嗎？

電腦和夢想

處處皆可種

雷普先生不但希望種出比競爭產品更美味、優質的食物，也希望能將價格壓得更低。他最初的 Smart Garden 是小型設備，原本專爲家庭設計，可在窗戶或書架上種植香草。每台售價 60 美元，而一年份的膠囊（可供種植 18 種植物）售價也一樣。下個階段的目標是供應工廠用的巨型設備，這種新系統叫做智能農田 (Smart Farm)。從新系統的藍圖可看出植物是種在一系列的架子上，像多層輸送帶般，在一排排燈光下緩緩移動。機器的一端是預先裝了種子和泥土的新膠囊，等這些膠囊傳送到另一端時，架子上的植物已經長成，隨時可以採摘。

這個構想起初是受到美國國家航空太空總署（NASA，簡稱美國太空總署）啟發。不過據雷普先生所言，美國太空總署的泥土系統需要改進，他解釋自己花了三年時間改善流程，把這套系統變成

可以調整的機器，因此植物通過時，可接收專為每一種植物設計的壓力。這代表用戶可以同時種植多種食用植物，從沙拉菜葉、小番茄到辣椒和草莓都可以種。Click and Grow 的機器在設計時，不是為了在外太空使用，但是其內建的照明系統的確讓住在北歐國家高樓大廈裡的人，也可以栽種含羞草、薄荷、牛至 (oregano) 之類的地中海植物。

愛沙尼亞的科技專家都希望有一個美好的結局，雷普先生也不例外。他表明自己是受到食物浪費和食物缺乏的問題所啟發，他舉富裕國家低所得社區品質不好的飲食為例，批評大型農業企業大量傾銷「神風特攻隊自殺種子」(kamikaze seeds) 給開發中國家（這些種子只能種植一種作物，而且只能收成一次，顧客若想再次栽種只得向供應商購買更多的種子）。他也感嘆植物多樣性的喪失，「我們愛沙尼亞人以前認識和食用 150 種野生植物，現在大概只剩下 30 種，而且我們知道怎麼利用的植物只剩下 15 種。」他希望利用他的系統，重新引進失去的植物物種，任何人在任何氣候下，都可以種植自己的健康食物。長期目標是製造更大的機器，壓低這種系統的成本，最後製造出具有完美效能、完全自動化的機器，讓每個人享用富含維他命的免費食物。

回到愛沙尼亞蘇維埃社會主義共和國的時代

愛沙尼亞是很小的國家，總共有 130 萬人口，在世界上名列第 155 名，跟模里西斯 (Mauritius)、賽普勒斯 (Cyprus) 之類的小島國相去不遠。但是在數位科技和創新方面，愛沙尼亞卻是重量級的國

家，政府帶頭引領潮流，該國的稅務已接近無紙化，網路報稅的比率高達 94%。愛沙尼亞人可以在世界任何地方，透過筆記型電腦上網投票。政治管理也已經無紙化，從 2000 年起，內閣的所有文件全面電子化（英國國會每年用掉 1,000 公噸的紙張）。法律文件也可以利用智慧型手機，以數位方式簽署。在愛沙尼亞，只有三件事不能在網上完成：結婚、離婚和買房子。我在塔林認識的林納爾・維克 (Linnar Viik) 是政府顧問，也是建立愛沙尼亞數位國家的先驅。據他所說，想了解愛沙尼亞為何能夠大膽採用科技，首先要了解推動科技運用背後的心理，也要了解愛沙尼亞是出於需要，才大力採用科技。

愛沙尼亞原是獨立的共和國，1940 年先遭前蘇聯併吞，而後被納粹德國占領，到了 1944 年，又重新落入史達林的手中。以面積而言，愛沙尼亞蘇維埃社會主義共和國（Estonian Soviet Socialist Republic，簡稱 ESSR）僅占前蘇聯面積的五百分之一（即 0.2%），但是這個小國迅速變成蘇聯經濟體系中非常重要的一環。這種轉變並不順利：農業上的變化最劇烈，私有農地變成集體所有制，土地遭到國家徵收，所有經營農業有成的農民，都被打成「富農階級」，意味著他們是自私的吝嗇鬼。就在 1949 年 3 月短短的四天裡，超過二萬個愛沙尼亞「富農」遭到圍捕，送上專用列車，放逐到 5,000 公里外的西伯利亞城市，像是伯力（Khabarovsk，又譯哈巴羅夫斯克）、克拉斯諾亞爾斯克 (Krasnoyarsk) 等地。

愛沙尼亞的工業基礎也出現變化，工廠紛紛於東北部海岸設立：昆達 (Kunda) 有一座巨型水泥廠和一座紙漿廠；科赫特拉—耶爾韋 (Kohtla-Järve) 蘊藏豐富油頁岩，是重要的能源來源；錫拉邁埃

（Sillamäe）原是寧靜的度假勝地，包括柴可夫斯基在內的俄羅斯藝文界名人都曾來這裡度假，現在卻改建成濃縮鈾提煉中心，性質保密到家，連地圖上都找不到。

對愛沙尼亞來說，莫斯科當局所規畫的經濟模式釀成大禍，農業集體化（agricultural collectivization）的原意是要把家庭農場合併成大型農園，以便減少小農場的數目，從而提高農業的效能，結果卻造成農業產出減少一半，形成缺糧，從頭就破壞了愛沙尼亞的共產主義模式：在這段期間，人民能夠存活下去，完全是靠（非法）私營農場網路，這種非正式的農業產出與國家官方體系同時並行。到了1980年代晚期，蘇聯開始瓦解，愛沙尼亞蘇維埃社會主義共和國東北部的工廠和軍事城市，也逐漸被廢棄風化。

愛沙尼亞人評估自身命運時，往往會取經狹窄波羅的海海峽對岸的芬蘭，在蘇聯統治時期，這種對比令人覺得痛苦：1939年，兩國的生活水準差不多，但是到了1987年，芬蘭的人均GDP為14,000美元，愛沙尼亞卻只有2,000美元。1991年，愛沙尼亞重獲獨立時，舉目所見都是沒有產能的農場和倒閉的工廠，商店架上幾乎空無一物，絕望的顧客為搶購基本物資而造成物價飆漲，1992年的通貨膨脹率甚至超過1,000%。錫拉邁埃海濱一度是聖彼得堡（St Petersburg）詩人、畫家和作曲家鍾愛的地方，現在卻遭到祕密鈾煉製計畫核廢料的毒害。

盲目下注

愛沙尼亞以新興國家之姿，表現勇猛而大膽，在某種程度上，

忘掉過去的心願、轉而擁抱激進的新觀念比較容易：許多 40、50 歲的愛沙尼亞人口中的 1991 年，是「明確決裂」(clean break) 的一年，因為人人都希望擺脫和舊政權有關的所有記憶。在愛沙尼亞蘇維埃社會主義共和國時代，政治階級皆由莫斯科當局官派，全都是與當時的蘇聯特務機構「國家安全委員會」(KGB) 有關係的黨內人士；若想出人頭地，一定要跟他們合作。塔林有名投資人回憶：「這代表不信任，不只是不信任當權派而已，也不信任在舊政權統治下功成名就的成年人。」

新國家轉由年輕人掌權，愛沙尼亞第一位總理馬爾特‧拉爾 (Mart Laar) 上任時才 32 歲。拉爾是歷史學家兼哲學家，20 多歲時都在講課和寫書。「剛開始，政治就像動物園，有各式各樣的人參與其中，」維克解釋時也憶及草擬愛沙尼亞憲法的各領域專家：「我們當中有作曲家、藝術家、作家、工程師、化學家、核子物理學家和詩人，研究政治學的人反而很少。」聽起來十分完美。

愛沙尼亞的問題在於，儘管當地陷入危機，人民卻對國家抱有極高的期望。該國首席資訊官西姆‧斯庫特 (Siim Sikkut) 如此解釋這項挑戰：「愛沙尼亞人都希望國家能夠迅速羽翼豐滿。」人民對於脫離前蘇聯統治的這個波羅的海小國有諸多要求。此地的國防很重要、又很花錢（至今仍是）。選民以北方的北歐國家為標竿，要求政府建立健全的社會福利保障體制和良好的健保制度，並提供高品質的國民義務教育。但於此同時，由於曾受蘇聯長年統治，導致愛沙尼亞人也害怕政府權利過於膨脹，以至於瑞典式的稅制完全得不到民眾的支持。而且愛沙尼亞四周鄰近國家都逐漸分崩離析。1992年，後蘇聯時代獨立國協的 15 個會員國全都陷入經濟衰退。到了

2000 年，愛沙尼亞新獨立的鄰國每人國民所得平均減少了 30%，烏克蘭更是腰斬了一半。

治理愛沙尼亞的年輕團隊需要盡快想出對策。他們有部分政策遵循歷久不衰又健全的經濟建議，包括採用全世界最簡單的新稅制；設立獨立的監察機構來監督國家支出；而比較引人注目的行動是全國上下、經濟體的各個方面齊心發展數位科技。

維克先生回想政府早年的經濟策略：「基本上，我們只是盲目下注，把前途全都押在科技上了。」到 1990 年代晚期，愛沙尼亞 97% 的中小學都能上網，學生從國小開始學寫程式，政府並大舉投資數位基礎建設，同時政府也實施一連串措施，鼓勵企業投入技術開發。於是，在邁入 21 世紀的頭十年，愛沙尼亞變成後蘇聯 15 個獨立國家中，唯一出現經濟正成長的國家，成長率達 14%，而且此後這頭波羅的海之虎的景氣仍持續走揚。人均 GDP 從 1987 年的 2,000 美元，飆漲到 2018 年的 22,000 美元，急起直追其對手國芬蘭。★

維克參與設計了初期的計畫，他回顧當時政府下的賭注，以及對經濟造成何種影響時，語帶謹慎：「科技只是加速器，倘若僅套用在舊有的行為模式上，可能會導致效率更差。」數位經濟是一種政經力量，十分複雜奧妙，他說：「科技本身沒有好壞之分，但也絕對不是中性的。」

★　譯註：2018 年的芬蘭人均 GDP 約為 50,000 美元。

馴服老大哥

　　若請愛沙尼亞人出示身分證，他們拿出來時通常會帶著一抹微笑。那張淺藍色塑膠卡片看來並不顯眼——外觀就像英美兩國的駕照，不過像金融卡一樣內嵌晶片。這張身分證功能強大，可以連上政府所有的線上服務。而愛沙尼亞人之所以露出微笑，是因爲這張卡替他們省下了很多時間。年長者就會開始比較前蘇聯時代的情形，塔林一位居民說：「我記得當年做什麼都要排隊，而且往往排了好幾個小時後，才發現政府官員早就吃午餐去了，而且午休時間還很長，要等你給錢才會加快辦事速度。」愛沙尼亞的年輕人則說出國旅遊時才眞正注意到本國身分證的好處。他們發現在其他國家，賣車、開立銀行帳戶或簽租約，都以紙本爲準，流程緩慢又痛苦。相形之下，在愛沙尼亞只要有身分證和筆記型電腦，就可以輕鬆又便捷地辦妥上述事情。

　　駐塔林的發明家賴特・藍德 (Rait Rand) 則說：「愛沙尼亞人缺乏耐性，做事很容易厭煩。」2017 年，藍德以新式醫療設備在《天才在這裡》節目奪冠。他解釋，這種身分證正中愛沙尼亞人下懷。此系統的基本規則是：政府只能向公民索取某一項個人資料（如生日、血型或駕照號碼），而且僅限一次。如果有個愛沙尼亞人曾在政府任一個網站中輸入這項個資一次，政府就永遠不得再索取這項個資，而是必須從既有紀錄調出資料。對照美英兩國的數位轉型過程，形成了極爲鮮明的對比：英美只是換湯不換藥，以冗長的線上表格，來取代政府單位的排隊人龍。然而在愛沙尼亞，政府會依法替民眾填好表格，當科技以這種方式替人民節省時間，人民往往會

欣然接受。

　　針對科技與個資應用的疑慮，愛沙尼亞也展現要如何建立起人民對政府的信任。這種信任是近年來諸多爭議的核心，愛沙尼亞的系統觸及範圍很廣泛，身分證幾乎串連了國家的每一種互動服務，看來似乎跟英國作家喬治‧歐威爾 (George Orwell) 筆下的「老大哥」(Big Brother) * 沒有兩樣，風險極高，倘若系統失靈或遭到濫用，人民該怎麼辦？愛沙尼亞人並不太擔心這點：有97%的愛沙尼亞人隨身攜帶這種身分證，且大部分人都了解這種系統的安全保障，可以解釋其中的道理。防止系統遭到攻擊的第一個保障，是資料並非集中存放在中央資料庫，而是「分散」儲存。因此每個政府單位只保留自己搜集的資料，並沒有透過中央資料庫來匯集整合所有資訊。某個局處想索取你的某一項個資，必須向第一個搜集到這項個資的政府機關提出申請，索取單位透過個人資料交換系統 X-Road 拿到資料之後，必須立刻刪除。譬如，如果交通部想寄一張超速罰單給你，必須先獲得郵局的批准，郵局透過 X-Road 提供你的地址給交通部後，後者完成所需事項後必須銷毀這筆資料。這一切都在彈指之間完成，也就是說駭客找不到中央資料庫可以攻擊。

　　第二個保障是利用這種系統的人都會留下數位足跡。每次有人搜尋、利用或交換某一個人的資料時，個人的「資料日誌」(data log) 中都會留下線上檢查的紀錄，任何公民都能查閱跟自身有關的一切

---

*　編按：「老大哥」是歐威爾小說《一九八四》中的獨裁者，指無所不在的政府，透過國家機器對全國人民進行無微不至的監視與控制，如今已成如今已成大大小小監控的代名詞。

查詢資料，包括是誰在索取資料。最後，每一個擁有愛沙尼亞人個資的機關，都必須用本身的識別號碼，來連上這些資料，而最後都會顯示在公民的私人資料日誌中。塔林一位年輕居民對我解釋：「這就是我控制政府的方法，因為我很清楚政府知道我那些事情。」

這樣一路下來，也會有草創階段的困難，問題之一是這種系統變得很風行，所有部會首長和官僚體系都熱中於利用這種系統。維克說：「各地都樂於推動數位化，有時甚至不知道原因何在，而且這個系統也出過問題。」例如，2000 年代初期，愛沙尼亞邊防警衛的電腦系統曾當過機。最讓人擔心的是，爆發了若干密謀犯案。2007 年地方選舉時，一位候選人鎖定塔林郊區領取年金的俄羅斯裔老人，以直接郵寄的方式寄送選舉宣傳小冊子給他們，由於這種小冊子只寄給特定家庭，顯示有人非法檢索並取得了一份地址和族裔背景的名單。這是嚴重的違法行為，卻也證明了這種系統的安全措施如何運作。官員只花不到一小時的時間掃描資料日誌，就揪出了搜尋這種資訊的歹徒，報警逮人。維克回憶此案件如是說：「在數位世界裡總會留下蛛絲馬跡。」

但是，並非每一位愛沙尼亞人，都滿意科技在愛沙尼亞政經體系中所扮演的角色。我問到有關經濟狀況的問題時，有些人會嗤之以鼻。一名店主的答覆是：「科技和觀光，僅此而已。」塔林居民似乎都很喜歡自己的身分證，卻也知道公共服務自動化和數位化，代表政府的角色減少。科技公司研發出取代公務員的軟體、裝設取代公車司機的機器人時，似乎形成了一股破壞就業的力量。這是全球都該擔憂的問題，美英兩國預期失業恐會更加嚴重也清楚說明了這一點。塔林政府在科技上「盲目放手一搏」，率先掀起巨大的科技浪

潮，促使愛沙尼亞人變成了某種犧牲品，其他群起效尤的國家，則應該密切關注愛沙尼亞所碰到的問題。

終結就業之路

最後一哩路

我把車停在塔林舊城西郊的穆斯塔麥埃區 (Mustamäe) 一棟辦公大樓外面時，看到了科技衝擊就業的關鍵——一台機器人。這台機器人是星艦科技公司 (Starship Technologies) 的產品，模樣像冷藏櫃和遙控車的綜合體，機身高及膝蓋、帶有圓形彎角的白色箱子，靠著六個黑色輪子移動，背面右後角處有一支天線，天線高度略低於人的頭部，頂端飄著一面迷你橘色三角旗。這台小型泡泡車的造型偏溫和的未來派，比較像經典動畫影集《傑森一家》(The Jetsons) 裡的人物，而不是《魔鬼終結者》(Terminator)。仔細端詳後，你會發現這具機器人的精密之處——機身的前保險桿上裝了很多感測器，包括八具攝影機、雷達和多個麥克風。星艦科技創辦人阿提・海因拉 (Ahti Heinla) 表示事關商業機密，所以他不能透露太多。這台小車是送貨機器人，因此需要上述配備才能知道怎麼移動。

海因拉先生從來沒有參加過《天才在這裡》，但他無疑是愛沙尼亞的頂尖人才。他十歲就開始寫程式，20 多歲就和事業夥伴簡納斯・弗里斯 (Janus Friis) 協助創立卡薩網站 (Kazaa，類似 Napster 的

檔案分享軟體網站），後來兩人共同創立了 Skype。海因拉先生的身高超過六呎（約合 183 公分），五官分明、一頭金髮，外表活脫是典型的北歐人。他穿著高級訂製西褲，搭配褪色的 T 恤，看來既像書呆子、又像生意人，這種外表很吃香：根據報導，Skype 在 2005 年以 26 億美元的高價出售給 eBay，然後私人企業主買回後，再次於 2011 年以 85 億美元的天價，賣給微軟公司。大家認為，海因拉先生在 Skype 股價看漲期間仍持有創立初期的股權，身家應是百萬富翁的好幾倍；而其共同投資人弗里斯先生目前身價超過十億美元。

　　塔林這兩位發明家財力雄厚，握有追求遠大創意所需的資源。海因拉先生說：「目前物流作業大致上仍是以人為本，這就是我們構築未來願景的起點。」海因拉先生細數網購作業的整個流程，指出網購商品會在倉庫裡經人為揀選出來，放在由人駕駛的貨車上，送到收貨站再由人來分類，然後裝進真人駕駛的送貨車上。因此他預測：「但是 20 年內，物流鏈中的每一個環節都會由機器人代勞。」對星艦科技這類的公司而言，關鍵在於整個作業程序的最後一個環節，也就是從地方收貨站送到顧客門口的路程能否全自動化。物流專家把這點叫做「最後一哩路」，他們也積極想要解決這個問題（最後一哩路是亞馬遜〔Amazon〕和優步〔Uber〕投下巨資研發送貨無人機的原因）。海因拉先生說：「這是整個過程中最困難的部分，最後一哩路是自動化程序中最複雜的地方，原因很簡單，街道上可能出現更多無法預測的事。」最後一哩路的成本也最高──送貨車的成本由車上所載運的數百個包裹平均分攤，相形之下，一個人帶著一個包裹送到一位顧客門前時，成本無法分攤。如果小型送貨機器人面

對的複雜問題得以解決，或是誠如海因拉先生所說那般，貨車和廂型車相對容易實現自動化，那麼人類送貨的時代很快就會結束。

自動送貨世界的展望讓人又驚又喜，和自動化風險有關的研究預測過，自動化會造成大量勞工失業。運輸和物流是各國重要的用人產業，光是美國一國，目前就有 400 萬人以此為業，海因拉先生預測，這類工作不久之後都會自動化，占美國整體勞動力的 4%，其中包括 150 萬貨車司機、63 萬快遞送貨人員、14 萬校車和公車司機、75,000 個計程車和豪華轎車司機等。以英國來說，從事這種工作的勞工比率更高，達到 6% 之多。物流自動化會對經濟造成嚴重衝擊，急遽改變千百萬人的工作方式。

愛沙尼亞的情況差異不大：近 39,000 人（占整體勞動力的 6%）從事類似的運輸和物流業。塔林滿街都是中年計程車司機，成千上百的年輕人騎著自行車，穿梭在首都街道上，替愛沙尼亞版的 Wolt* 送餐服務應用程式外送餐飲。如果機器人要接管世界，就不需要有人駕駛廂型車、送信或外送咖哩，這些人全都必須另謀生路。我出了星艦科技辦公室、準備返回舊城市中心時，一列無人駕駛的電車疾駛而過。愛沙尼亞對科技的「盲目下注」，是天才還是瘋狂？

---

* 　編按：Wolt 總都位於芬蘭，是知名的食品外賣配送公司，經營點餐外賣 App 與線上平台。

人與蘿蔔

　　秋田縣退休養老的經濟趨勢還很新、直到 20 世紀末期才出現，相形之下，科技和勞動力問題卻至少有 300 年的歷史了。如果把愛沙尼亞視為研究現代發明的培養皿，英國的田野和工廠就是過去的培養皿，秋田人抱怨沒有正確的榜樣可茲遵循，愛沙尼亞則擁有許多世代傳承的經驗，提供各種啟示，包括：科技怎麼影響工人、創新型態會不會引發憤怒，以及愛沙尼亞人可能抱有何種期望。

　　18 世紀初期，英國超過 80％的勞動力從事農業，而糧食短缺和饑荒仍然普遍，無論男女老幼，整天都忙於耕作、收割和照顧家畜。

　　他們都受限於工具，例如 18 世紀末葉農民在收割時，有 90％的人使用短柄鐮刀，這種鐮刀非常不符合人體工學，農民收割時必須蹲下身子。長柄大鐮刀的刀鋒與短柄類似，但刀柄比較長，農民使用這種刀就可以站著收割。農民放棄短柄鐮刀、改用長柄大鐮刀後，收割一畝田地可節省一半時間。蘿蔔提高了土地的生產力，育種提高了牲口的生產力，工具提高了農民的生產力。這些改良全都表示完成一項任務所需的工時減少，但對農業勞動人口卻是一種威脅，就像愛沙尼亞的送貨機器人有搶走郵差飯碗之虞。但可能出於簡單好用，又或者是這些科技確實滿足了人們的需求，因此沒有人不滿推廣長柄鐮刀或種蘿蔔的人，導致農產量增加，糧食短缺情形減少，人口開始成長。

斯溫船長

　　隨著更多先進機器問世，我們可見到人和機器之間的緊張情勢開始升高。約瑟夫・福爾賈姆 (Joseph Foljambe) 和迪士尼・史丹尼福斯 (Disney Stanyforth) 申請了羅瑟勒姆犁 (Rotherham Plough) 的專利，相較於上一代的「重犁」，這種犁比較便宜、輕便，也更為堅固，只需要一個人就能犁田，無須像以前那樣必須兩人以上才能作業。傑思羅・涂爾 (Jethro Tull) 發明的播種機是一種多功能機器，可在田畝中開溝、播種，然後覆土，精確度相高，因此種子用量減少了70%。1780 年代晚期，安德魯・梅克爾 (Andrew Meikle) 發明了蒸汽脫穀機，收割一英畝田地的時間只需要半天，比農民用鐮刀收割的時間減少 90%。到 19 世紀初期，農業工程的發展如日中天，農民引進機械收割機、乾草機、蘿蔔切割機、脫穀機和去糠機。隨著新技術於英國鄉間普及後，生產力大幅提高，到了 1985 年，農場的產出比 100 年前高出 2.5 倍。

　　但是很多農場工人仇視這種節省勞力的新技術。1830 年，肯特郡爆發了暴力事件，工人開始破壞打穀機，且怒火持續延燒，當時接連發生的數百起暴力事件統稱為「斯溫暴動」（Swing Riot，寄給使用打穀機農民的威脅信函上署名常是斯溫船長〔Captain Swing〕這個常見的假名）。數千暴民被捕入獄，近 500 人被送往位於澳洲的流放地 (penal colony)，數百人被處以死刑（最後有 16 名暴民遭判公開絞死）。在斯溫暴動初期，暴民的確有訴求成功，提高工資的要求往往會被採納，打穀機的投資也因此喊停，但是這些暴動幾乎沒有延緩科技的進步。農業科技從打穀機進階為曳引機（1896 年）、

聯合收割機（1911 年）`、屠宰場自動化（1960 年代）和擠奶機
（1970 年），乃至愛沙尼亞一家新創企業提倡的「Smart Farm」智
能農場（2015 年），科技始終沒有停下進步的腳步。

　　工業革命期間，害怕科技衝擊就業的心理、變成了對發明家
發出的怒火，並演變成敵視機器的暴力行動。以英國蘭開夏郡
(Lancashire) 出生的詹姆斯·哈格里夫斯 (James Hargreaves) 為例，17 世
紀初期，紡紗──把天然纖維揉捻在一起，變成織造用紗線的方
法──是生產布料製程中的瓶頸：織造的速度快多了，五個紡紗工
人的產能才能供應一個織造工人所需的紗線，布料是勞力密集的產
品，生產一件襯衫大約要耗用 580 小時，其中 500 小時花在了紡紗
上（場景若換成現在的美國，以基本工資來計算，使用 18 世紀的
科技生產一件襯衫，需要高達 4,000 美元的成本才能生產出來）。
哈格里夫斯發明的珍妮紡紗機 (Spinning Jenny) 是大型機具，一個紡紗
工人可以在上面填裝八個紗軸，大幅提高產出。布萊克本 (Blackburn)
附近的一群紡紗工人擔心失業和減薪，找到哈格里夫斯的住所，破
門而入，搗毀他所有的機器。

　　因擔心織造每一碼布所需的人力減少，毋庸置疑會引發紡紗
工人的恐懼。第一代珍妮紡紗機有八個紗軸，但是到了 1784 年，
紗軸數量已增加到 80 個，全英國採用的紡紗機高達二萬台左右。
然後珍妮紡紗機又和其他發明結合──理察·阿克萊特 (Richard
Arkwright) 的水力紡紗機和塞繆爾·克朗普頓 (Samuel Crompton) 的走錠
細紗機 (mule) ──進一步減少了織造每一碼布所需的勞工人數。現
在幾千個工人可以生產出過去幾百萬工人的產出，但出乎意外地，
不僅沒有造成勞動人口急遽減少，反而促使就業人數大幅上升，布

價下跌，需求擴增，出口繁榮發展。紡織工業非但沒有削減勞工人數，反而變成吸引人才的磁石，過去以織造爲副業的農民放棄耕種，轉而專事布料生產，蘭開夏郡變成了當時的矽谷，吸引了本地以外的家庭，法國和美國的發明家也移居此地。

服務的世界

現代農業和工業建立在幾世紀以來節省勞力科技的基礎上，此一事實說明了爲什麼到 2019 年時，英美兩國農業就業人口只占 5%、製造業就業人口只占 10%的原因。超過 80%的勞工被生產率高的機器趕出了農田和工廠，如今改行從事服務業。

「服務」的定義很廣，包括商店、旅館和餐廳的工作，提供會計、建築之類的專業服務，以及教學、講課、職業治療之類的公共服務。服務經濟中的交易經常跟節省時間有關，或是與避免烹飪、清潔、開車、洗衣等雜務有關，不然就是跟付錢給別人、完成自己沒有能力做好的工作有關，例如翻譯、畫建築藍圖、設計網站等。在現代經濟裡，很少人會專門種植或製造東西，有八成的人每天都在交易時間、工作、技術和知識。

另一方面，大家很容易因爲人類具有善於提供服務的獨一無二才能，因此斷定這樣應該可以爲人類提供些許保障，對抗搶走人類工作的機器。而且聽來嚇人的自動化研究中，也有比較樂觀的說法，指出如果四分之一的工作有消失的風險，就會有四分之三的工作不受威脅，而且剩下的工作大致平均地分布在各種不同的專業技術與薪資水準上。商店老闆、服務人員、美髮師所做的很多事，人

類做來很容易，像是察言觀色、判斷顧客的情緒等，但機器卻很難做到。涉及各種類型的服務時，人類有著天生的優勢。

切勿跟機器人競爭

星艦科技創辦人海因拉先生說：「關於機器人無法做到某事的所有假設，都是錯誤的。」他指出，機器人現在會爬樓梯、處理 3D 影像、辨識人類的情緒和感覺。機器之所以能做到這些，要歸因於一種名叫「機器學習」(machine learning) 的專業技術，也就是機器可從經驗中學習，並在學習過程中創造人工智慧的技術。其中的構想是為電腦或機器人設定一項任務，要求機器人認識一個影像、從架子上拿起一樣東西、在設有障礙的室內行動，然後給予機器人什麼地方做對（錯）的回饋，如此反覆持續地訓練下去，待次數高達數百、甚至數千次時，機器人會自行調整，避免再犯同樣的錯誤，提高正確執行任務的機率。

這些構想並不新穎，由美國科學家亞瑟‧塞繆爾 (Arthur Samuel) 率先提出，他在 1950 年代，創造出「機器學習」這個名詞，並且利用這種技術，教導一台電腦下西洋棋。但是過去十年裡，電腦的功能改善，人工智慧變得更複雜，現在電腦的辨識能力比過去好多了，在尋找癌細胞的測試中，經常擊敗實驗室的檢驗人員。機器人在解讀圖像和視訊影像以外事物的能力也愈來愈好：塔林軟體新創企業真眼公司 (RealEyes) 利用網路攝影機和機器學習，發展出的人工智慧可以解讀使用者的情緒。海因拉先生還說，實驗室裡的發展遠勝目前已公開的部分。到目前為止，星艦科技的機器人在塔林、倫

敦和加州試駕，已完成 16 萬公里的訓練，每次出車，資料都會回饋給位於愛沙尼亞總部的超大共享資料庫。

大家不要誤以為，愛沙尼亞重要發明家的警告真能撫慰人心。人工智慧的基礎技術顯示，人工智慧是大家必須正視的東西。機器人的人工腦由電腦晶片中的電晶體推動，晶片就像珍妮紡紗機一樣，改善的速度驚人。1965 年，當時 36 歲的戈登‧摩爾 (Gordon Moore) 預測，電腦晶片的功能每兩年會增加一倍。如今名為摩爾定律 (Moore's Law) 的預測極為精確：1971 年到 1989 年間，英特爾 (Intel，摩爾協助創立的公司) 所生產的晶片上，電晶體數目從 2,300 個增加到 120 萬個 (見下頁圖 8.2)。最近的證據顯示，增加速度可能已經略為放慢，但是即使功率每三年才成倍增長，到了 2030 年，晶片的功率還是會比 2018 年高出 16 倍。極為先進的人工智慧即將來臨，將會出現在我們的工作和生活之中，而我們能做的唯一明智判斷是：人工智慧控制的機器除了會做好我們能做的一切事情之外，還綽有餘力，可以做好其他事情。

研究尖端科技的人提供了可以讓其他人遵循的教訓，那就是不要低估機器。愛沙尼亞的生活也提供了和本書頭兩部有關的第二個教訓，亦即科技會造成新裂痕，傷害城市內部的社會結構。塔林有許多地區是科技中心，是塔林能夠閃閃發光、居民可以看到無限機會的地方。就像一位企業家告訴我的一樣：「在科技業服務的話，即使你只是個半調子，在這裡也不可能失業。」但是首都其他地區的景氣卻很低迷，還沒擺脫 2010 年爆發的歐債危機影響。不光是若干商店老闆會抱怨政府偏愛 IT 公司、把前途賭在科技上，連受過高等教育的年輕人也都憂心忡忡。一位最近從俄羅斯移民來的居

民說：「一開始要融入這裡很簡單，但是過一陣子後，你會發現這
個國家有兩個不同的世界。」

圖 8.2 ｜ 人工智慧背後不斷擴張的腦力

1970 ～ 2017 年每台電腦處理器的電晶體數量（單位：千個）

資料來源：Rupp（2018 年）

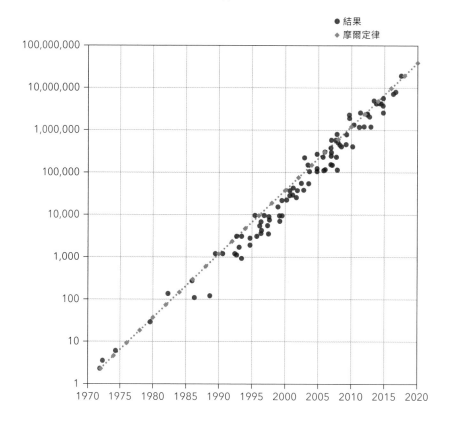

愛沙尼亞的第二個世界

在歐洲邊疆龍困淺灘

納爾瓦市 (Narva) 在塔林東邊 200 公里，是愛沙尼亞第二個世界的首都，納爾瓦市的人口略低於六萬人，卻是歐盟最東邊的地方，離聖彼得堡比較近，離塔林比較遠，是俄羅斯影響力強大的邊疆城市。納爾瓦的道路上排著等待出境的貨車，連掛著愛沙尼亞車牌的貨車上，坐的都是俄羅斯司機——前車窗上展示的名牌都是米哈伊爾 (Mihail)、謝爾蓋 (Sergei)、阿列克謝 (Alexei) 這類的俄文名字。廣告牌上的文字都是俄文，商店櫥窗裡的海報，宣傳的是俄羅斯的艾利 95.6 調頻廣播電台。納爾瓦美術館裡收藏的作品，大都是彼得大帝和俄羅斯商人謝爾夫蓋‧賴夫瑞佐夫 (Sergei Lavretsov) 遺贈的收藏品，以及俄羅斯畫家伊凡‧艾瓦佐夫斯基 (Ivan Aivazovsky)、亞歷山德‧馬科夫斯基 (Aleksandr Makovsky) 和伊凡‧希施金 (Ivan Shishkin) 繪製的海景和山隘景色畫作。納爾瓦市在 1993 年，曾經舉辦公投，支持納爾瓦自治的票數高達 97%（愛沙尼亞政府拒絕接受投票結果）。今天超過九成的納爾瓦市居民都是俄羅斯裔。

如果你的臂力很好，可以把石頭從納爾瓦市丟到俄羅斯境內。納爾瓦舊城沿著湍急的納爾瓦河而建，納爾瓦河中點代表歐盟非正式的邊界（愛沙尼亞和俄羅斯之間，一直沒有正式達成邊界線的協議）。兩座巨型城堡是這一帶邊境的主要景色：愛沙尼亞境內的城堡名為赫爾曼城堡 (Hermanni Linnus)，俄羅斯那邊的城堡叫做伊凡戈洛要塞 (Ivangorod Fortress)。在愛沙尼亞這邊的河岸上，可以看到成排

的漁夫，把加了鉛墜的釣魚線和魚餌，甩到深水裡。在遠處的對岸河邊，可以看到三位俄羅斯漁民站在及胸的水裡，襯著背後俄羅斯最大要塞伊凡戈洛要塞扶搖直上的圍牆，把釣魚線甩到河裡。在最東端的砲塔頂上，一群老年遊客遙望歐洲，白髮隨風飄揚，一切看來十分安詳。

但是愛沙尼亞整合基金會 (Integratsiooni Sihtasutus) 研究部主管瑪麗安娜‧馬卡羅娃 (Marianna Makarova) 說，愛沙尼亞背負著不少深刻的傷疤，很多問題起源於人民在前蘇聯的制度下，必須聽從國家的命令，到處搬遷。馬卡羅娃解釋：「你不能選擇自己要去什麼地方。」年輕工程師才剛剛在附近的聖彼得堡拿到學位，就被派到納爾瓦和愛沙尼亞最東端的東維魯縣 (Ida-Viru) 工廠和油頁岩廠工作。這種工作不是肥缺，當時莫斯科的生活水準遠高於愛沙尼亞，但是沒有家累的員工仍會接受能源公司指派的工作（〔北極圈以北的加拉干達〔Karaganda〕和沃爾庫塔〔Vorkuta〕煤礦的工作糟糕多了）。因為前蘇聯的制度決定人民應該住在什麼地方，愛沙尼亞蘇維埃社會主義共和國的族裔結構因而改變。二次大戰結束後，至少有 21 萬蘇聯其他共和國的人民來到愛沙尼亞（絕大部分來自俄羅斯，也有部分人來自烏克蘭和白俄羅斯），因此愛沙尼亞裔國民占總人口的比率，從 1945 年的 94％，下降到 1953 年的 72％。

今天愛沙尼亞的人口中，有 33 萬人具有俄羅斯血統，占全國人口總數的 25％，俄羅斯族裔是納爾瓦和東維魯縣 (Ida-Viru) 的主要人口族群。塔林有 155,000 個俄羅斯族裔（占首都人口總數的 40％）。他們聚居在塔林的兩個主要地區，一個區是舊城東郊不很起眼的拉斯納麥區 (Las-namäe)，區內的雙向道路兩旁高樓林立。但

是另一個威克歐伊斯麥（Väike-Õismäe，意爲小花瓣山丘），蘇聯風味卻十分明顯：小區裡的每一個街廓都有著非常微小的曲率，建築物形成規則的序列——每三棟較低的灰色大樓後，就是一棟高聳的高樓大廈——走在街上時，這種型態會重複出現，精確的幾何結構把附近的道路變成一系列巨大而完美的同心圓。

定居在威克歐伊斯麥的移民大都表現良好，因此 1990 年代初期前蘇聯崩潰時，他們面臨了艱難的抉擇。只有 5% 的人回到俄羅斯，但是留下來的人說，他們也不覺得自己認同愛沙尼亞。跟我談過話的很多人描述自己好比龍困淺灘。一位俄羅斯裔愛沙尼亞人告訴我：「我眞的不知道自己適合那個地方，或應該說自己是那裡人。」另一位本地人用很複雜、可以勉強翻譯爲「我太冷淡，不適合當俄羅斯人，卻又太熱情，不適合當愛沙尼亞人」的說法，說明大家刻板印象中的民族性，意思是俄羅斯人具有猛爆的民族性，愛沙尼亞人卻具有冷靜而理性的民族性。

對於八萬個俄羅斯族裔來說，無國可歸不但是一種感覺，而且是法律問題。要取得愛沙尼亞正式的公民身分，你必須提出申請，通過很多人無法通過的語言考試。因此，這群人不是拿著愛沙尼亞淺紫色的歐盟護照，而是拿著上面燙了金色浮凸文字「välismaalase pass」、下方附上「外國人護照」英文翻譯的淺灰色護照。持有這種通行文件的人既不是愛沙尼亞公民，也不是俄羅斯公民，他們可以獲得愛沙尼亞的公共服務，必須在愛沙尼亞納稅，卻沒有資格在全國選舉中投票。拉脫維亞也有這種奇特的現象，困在歐盟的俄羅斯裔群體堪稱世界上最大的無國籍人士族群。

愛沙尼亞的俄羅斯族裔通常際遇不佳，比較可能失業，有工作

的人工作契約的保障比較差，在景氣不好時，比較容易遭到解雇：2008 年金融危機後，愛沙尼亞族裔的失業率升到 17%；俄羅斯族裔的失業率升到 27%，持有「外國人護照」的人失業率超過 30%。考慮侵害就業的科技隱隱襲來的威脅時，這種現象等於發出了警訊。

愛沙尼亞瞻望未來、決心推動高科技經濟策略之際，這個族群也可能錯失機會。俄羅斯族裔在很多方面已經落居人後：他們比較容易染上酒癮，平均壽命比愛沙尼亞人少，男性尤其如此。在遠離納爾瓦河旅遊景點的納爾瓦市內很多條後街上，沿路成排前蘇聯時期的廉價建築嚴重毀損。在塔林舊城做沒有技術或低薪工作的人，如計程車司機、旅館女僕或清潔工人，以及把商品搬到貨架上的工人，全都是說俄語的人。馬卡羅娃解釋說，真正的悲劇是，這些最低薪的工人當中，有不少 50、60 歲的婦女，是擁有俄羅斯大學的高深學歷，當初接受派遣，到愛沙尼亞管理前蘇聯能源設施的人。

不足為奇的是，很多俄羅斯族裔似乎已經放棄希望。一位友善的當地人引領著我，走到威克歐伊斯麥圓形社區中心巨大的池塘邊，看看每天聚集在那裡的望六、望七本地男性。我朋友說：他們是「漁民」，同時用手指比出問號，對我眨眨眼，巧妙的指出一大袋塞在岩石下的濃烈啤酒罐。當時是工作日早上十點，很多啤酒罐已經空空如也。

新橋梁

國家帶頭行動

　　愛沙尼亞把前途賭在科技上 25 年後，經濟狀況顯示出數位化的威脅和機會在什麼地方。對科技悲觀的人確實可以說出一番大道理：X-Road 現在可以視爲愛沙尼亞的「骨幹」，像脫穀機或珍妮紡紗機對現代經濟一樣重要。政府發展數位化服務，因此包括預約、出門、排隊這類的人際互動都會消失不見。研究顯示，這種系統節省的工時呈現持續上揚的趨勢，到 2014 年爲止，一年節省了 6,400 個人工。從令人害怕的角度來解讀，這表示此系統會影響 6,400 個人的工作，也就是愛沙尼亞政府任用的 25,000 個公職員工中，超過四分之一員工有失業的風險。其中中央機關的員工是受到嚴重影響的核心族群，光是 2015 年到 2018 年間，中央政府的職位就減少了 2,450 個。

　　但是樂觀主義者更容易說出一番大道理，可以指出中央政府減少的工作機會，其實是在進行一個更重大的計畫。愛沙尼亞老化勞動力正在萎縮，就像日本一樣，除非政府找出方法，每年減少雇用 750 人，否則公職人員占就業人口的比率就會提高，從這個角度來看，自動化是需求，而不是風險。而且從整個愛沙尼亞經濟來看，看不到多少因爲科技帶來衰頹風險的跡象。目前的失業率只有4.4%，勞動參與率卻高達 72%，是 20 年來最高水準，遠高於美國或歐盟國家的平均水準。機器人和軟體似乎也沒有傷害愛沙尼亞工人的薪資：近年內，勞工的平均實質工資提高了 4%。2018 年的一

項官方研究顯示，護士、教師、電腦程式設計師、公車和卡車司機的人力需求殷切。從洞察一切的觀點來看這些整體統計數字，情勢的發展似乎很順利。

最近贏得《天才在這裡》冠軍的發明家賴特‧藍德表示，愛沙尼亞的經濟復興始於國家的帶動，歷任政府都實施積極為發明家創造機會的政策，以失業救濟制度為例，凡是決定立志當發明家或企業家的愛沙尼亞人民，都可以領取失業補助，前提是人民要提出明確的事業計畫，而且能夠證明他們的計畫有進展。藍德先生說，這一點對他很重要，鼓勵他放棄穩定的工作，冒險進取。

藍德才 40 出頭，職涯中的大部分時間，都花在設計小東西上，攻讀完電子設計和物理後，受聘擔任大企業的內部發明家，曾經替通用汽車公司設計轉向鎖，替再生能源業者艾波比公司 (ABB) 設計風力渦輪機，也曾為電信業者易利信公司 (Eriksson) 設計電子產品。2017 年初，他受邀到母校塔爾圖大學 (Tartu University) 教學醫院，針對電子感測器發表演說，院方為他導覽醫院時，他注意到護士花很多時間書寫觀察所得，而不是照顧病患。最常見的讀數——體溫——每天要量四次，如果是接受初生嬰兒護理的嬰兒，量體溫的次數更多。藍德先生演講結束後問聽眾，如果他把這種程序自動化，是否可以幫得上忙。聽眾的反應極為熱烈，因此他在 2017 年 3 月，辭掉工作，全心全意追求這個構想，花了很多個月的時間，推出名叫體溫身分證 (TempID) 的解決之道。

藍德從褲子口袋裡掏出他的小發明時，笑著說：「這個產品太好了，我以前的大部分發明都必須用曳引機載過來。」體溫身分證是薄薄的粉紅色圓形貼片，在病人接受治療期間，都黏貼在病人皮

膚上。藍德先生把他發明的小玩意滑過手機，手機上出現一張記錄每分鐘的圖表，顯示他過去四星期的體溫。他的發明有一些競爭對手，但是目前的美國製感測器電力使用 24 小時就會耗盡，而且是透過藍芽傳輸資料，這種作法會讓醫院心生警惕（而體溫身分證直接和使用者的手機連結，電池可以使用一年）。藍德先生贏得愛沙尼亞政府贊助的《天才在這裡》大獎後，幾星期內，就和愛沙尼亞三大製藥業連鎖廠商，簽定供應這種裝置的合約。

愛沙尼亞的數位民主制度在支持發明家方面，有著間接的助益。體溫身分證產生的資料是個人的體溫紀錄，是高度個人化的資料，只有在醫療圈中分享和討論時，才會變得有價值。但是到了 2018 年，為了保障資料安全，即使是利用電子郵件，分享與病患、醫師有關的機密資訊，都是非法的行為。為了因應這種情勢，體溫身分證團隊正在研究一種安全的途徑，以便病人和醫生直接溝通。這種新途徑比電子郵件安全，要利用政府支持的「行動身分證」（Mobile-ID），這種身分證是愛沙尼亞人所攜帶實體身分證的智慧型手機版本。藍德先生解釋依附在國家力量上的好處時說：「政府的途徑是我們安全途徑的基礎，對愛沙尼亞的科技發展人員來說，基礎往往已經準備好了。」

數位公民

愛沙尼亞首席資訊官西姆・斯庫特回憶，數位身分證的成功產生了一個新問題。愛沙尼亞經濟改善後，開始吸引外資，也吸引外國人出任愛沙尼亞公司董事。身分證系統的效率顯示，很多大企業

已經改用數位方式簽名和分享所有董事會文件，但是外籍董事卻無法提供經過政府驗證的必要電子簽名，愛沙尼亞企業必須恢復舊式的方法。斯庫特先生解釋：「企業必須恢復紙本的方式，這樣做起來很麻煩。」

　　最初的解決方案是提供臨時身分證，給愛沙尼亞主要的外國投資人，好讓他們可以透過數位簽署董事會的文件。但是開發這種身分證的人突發奇想：就是如果愛沙尼亞要對投資人開放身分認證系統，何不乾脆對所有人開放？他們預感這樣做可能帶來下列好處：新的「電子居民」最後可能變成愛沙尼亞企業的顧客，花錢購買會計或網站設計之類的專業服務。由於這個構想極為新穎，找不到半個個案研究可以作為評估依據，因此他們再度豪賭一次。斯庫特先生回憶說：「我們就這樣把這種作法丟出來，看看有沒有吸引力，於是，經過 24 小時後，成果超乎我們的想像——市場用某種方式告訴我們：『繼續加油！』今天愛沙尼亞有 35,000 個電子居民，出身世界 138 個國家，全都是政府推廣文宣中所說「新數位國家」的成員。

　　要變成愛沙尼亞的電子居民很容易：你只要在網站上，填好一些基本資訊，上傳一張相片和護照的掃描影像，繳納 100 歐元費用，最後就是選擇領取身分證的愛沙尼亞大使館。申請時間花不到五分鐘。真正的問題是你為什麼要這麼麻煩。現年 29 歲、負責電子居民計畫的歐特・華特 (Ott Vatter) 說，使用者分很多種，有些人只是粉絲，喜歡這個構想，認為取得身分證有點好玩，視之為國際團結的象徵。也有人是出於事業因素，因為電子居民可以開立銀行帳戶，以便進行歐元匯款。還有人似乎是出於焦慮和願望，期望在

穩定的國家裡，得到立足之地，就算是電子式的立足之地，也沒有關係。從事歐盟所資助研究計畫的英國人對這個方案也有興趣，原因可能是擔心英國脫歐之後，可能會為他們的資金來源帶來壓力，認為這種居民身分可能是應付這種局面的一種保障。

賭注和就業

協助舉辦《天才在這裡》的本地企業家哈利．塔林 (Harry Tallinn) 解釋，愛沙尼亞在刺激創新上所做的激進實驗，似乎可以創造就業，他追蹤最近五屆贏家的發展後，發現他們已經雇用了 250 位員工，2017 年上半年，合計繳納了 100 萬歐元的稅款。而且這些數字一定會繼續上升，因為近年來，跟《天才在這裡》節目有關的新創企業，已經從投資人手中，募集了超過 3,000 萬歐元的資金，他們動用這些資金時，供應商的營收、員工的薪資和政府收到的稅款都會增加。

愛沙尼亞新創的公民類別似乎也會創造就業：截至 2017 年底，愛沙尼亞的海外電子居民在該國總共設立了將近 3,000 家企業，可望在未來四年裡，為愛沙尼亞創造超過 3,000 萬歐元的國內生產毛額。華特先生解釋，愛沙尼亞的主要挑戰不在於電子居民身分證的需求不多，而在於確保供應無虞，因為身分證是政府的正式文件，只能到愛沙尼亞的大使館領取，然而，愛沙尼亞在全世界只設立了 34 間大使館。我和華特先生見面時，他們正在研究跟外國著名機構合作，確保每個國家至少有一個領取身分證的地方。政府的目標似乎極為遠大，希望在 2025 年前，吸引 1,000 萬位電子居

民，即使愛沙尼亞政府能夠達成目標的一半，都會對經濟產生重大影響。

愛沙尼亞這番成就帶來的教訓是：制定從國家分享資料、微調失業救濟金、獎勵企業家等貫穿整個經濟的遠大目標，是非常重要的事情。這一切成就的核心是 X-Road，這個系統是塔林政府建立的數位基礎，也是民間企業據以建立多種服務的系統。這種系統可以節省時間和公共資金，又可望創造民間部門新的就業機會，因此演變成這個系統從愛沙尼亞迅速擴散的原因。北歐地區有些鄰邦直接跟塔林政府合作，例如芬蘭從 2017 年起，開始運用 X-Road，法羅群島 (Faroe Islands) 和冰島後來也宣布要這樣做，其他國家則派遣公務員到愛沙尼亞，考察數位身分證、X-Road、電子投票，以及電子居民系統的運作。愛沙尼亞因此設立電子簡報中心，接待訪客，在 2018 年，這個中心一共接待了 800 位官員。

科技從來沒有造成整體經濟的大量失業，卻經常促成就業機會的重大變化。這種翻轉勞工、而不是取代人工的過程，在愛沙尼亞清晰可見：很多公司的計畫暗示會有若干職位消失，同時也會創造其他就業機會。Click and Grow 是箇中典範：該公司的智能農田一方面降低了人力需求——一位成人每星期只要花兩小時不到的時間，就可以監督生產幾千株植物的機器，同時，這種科技會創造設計、生產、銷售和提供這種機器維修服務所需的就業機會。就像過去的科技一樣，結果是工作形態的變化，而不是工時的改變。而且大家很難質疑雷普先生談到自身案例時所說明的動機：Click and Grow 最近在美國開創業務，在美國這樣的國家，食物在運輸和儲存過程中，損失或浪費掉的比率高達 40％。你在家裡種植糧食跟

在本地種植一樣，需要的用水只有農場用水的 40 分之一，同時不需要噴灑殺蟲劑。在輪作制度和打穀機發明後幾百年的今天，利用正確農法，顯然仍然可以創造龐大的利益。

跟我們的經濟前途有關的另一種恐懼是：雖然就業機會的數量大概可以維持，工作機會的素質卻也會遭到侵蝕：機器人會做所有有價值的工作，人類會淪落到去做重複、呆板和廉價的工作。愛沙尼亞在這方面也提供了相反的例證——在科技公司裡跟機器人併肩工作，會讓大家學到一系列看來相當有趣的技術，我離開星艦科技公司時，參觀了公司員工監督送貨機器人運作的樓層，很多技客模樣的年輕人，坐在一間大房間裡，觀察一排又一排的電腦螢幕，每個人監看著一台機器人：螢幕會轉傳機器人利用攝影機和雷達所擷取每一樣東西的影像，再在螢幕上規畫路線，讓人類知道機器人下一步的進行方向；機器人到達交叉路口時，會停下來等待——在機器人發展的這個階段，負責控制的人必須發出許可，准許機器人穿越路口，監控團隊觀察規畫好的路線，對機器人發出回饋，同時改善機器人的人工腦部。

控制室的工作像是打電腦遊戲可以領薪水一樣，但是這種工作相當無聊。我離開這棟建築物大門時，一台有六個輪子的機器人笨重的向上移動，等著進入主會客室的大門，所有這些機器人在「訓練」階段都一樣，都要由一位負責照顧的人伴隨著同行。這位伴隨的人看來像是年輕的 007 情報員詹姆士・龐德，才 20 出頭，穿著公司供應的飛行員皮夾克，戴著黑色的太陽眼鏡。愛沙尼亞勞工供應不足——包括貨車和公車司機短缺——因此大家還有其他工作機會可以選擇。星艦科技公司的員工沒有去當司機，而是在這裡教導

機器人駕駛，這種工作涉及跟機器人一起遊戲，戴著遮陽鏡、穿著涼爽帥氣的夾克，跟機器人一起漫步塔林街頭，新工作顯然比舊工作有吸引力。

新語言

如果數位科技會為社會增添新的經濟差距，或是擴大現有的差距，即使數位科技不會消滅就業，也可能造成傷害。烏雷米斯特市 (Ulemiste City) 是塔林的主要科技中心，這個地方提醒大家，此地存在著族裔和語言的斷層線，促使愛沙尼亞變成一個極為寶貴的測試案例。新近完成的企業園區接近拉斯納麥區 (Lasnamae)，這個區的居民以說俄語為主，是塔林的過去和未來交融在一起的行政區。新企業園區坐落在列寧國家聯盟工廠巨大的廠區上，這個廠區在 1991 年停止營運前，是國營的鐵路車輛製造廠，然後經過重新打造，現在號稱「北歐矽谷」。烏雷米斯特市是幾百家科技公司的根據地，各家公司所在的新辦公大樓區旁邊，是前蘇聯興建的巨型倉庫，這些舊建築龐大的門口上方，被人用深紅色的磚頭塞進牆壁裡，做成高度達一公尺的標語。讓俄語系人民看的標語寫著：「蘇聯共產黨萬歲！」讓操愛沙尼亞語人民看的標語寫著：「愛沙尼亞共產黨振翅高飛！」大型停車場上停滿員工閃閃發亮的新車，角落上的書報攤出售精美的雜誌，藏在書報攤後面的是一座紀念碑，紀錄著哀輓國營列寧工廠時代鐵路車輛工人的長文。如果你對社會上新的數位落差感興趣，這裡是你必須注意的地方。

烏雷米斯特市企業的雇用紀錄是初步的線索，顯示科技可能製

造裂痕，但也可能有助於彌補裂痕。這裡有很多俄羅斯裔的發明家和企業家，很多人都是資深經營階層。玩樂科技公司 (Playtech) 於 1999 年在愛沙尼亞創立，經營的業務是為很多賭博和遊戲網站寫軟體，目前在 17 個國家裡，雇用 5000 名員工；該公司的塔林公司裡雇用很多說俄語的員工——這一點確有必要，因為玩樂科技公司在更東邊的烏克蘭分公司裡，雇用了幾百位程式設計師。平行公司 (Parallels) 是另一家軟體業者，經營的業務是替麥金塔電腦和個人電腦用戶建立橋梁，確保用戶的工作總是能夠相容，平行公司的 800 名員工在塔林工作，也在莫斯科設有分公司。隔壁赫姆斯軟體公司 (Helmes) 的人說，他們在塔林和白俄羅斯的明斯克 (Minsk) 都雇有員工。艾斯特瑞克資料公司 (Astrec Data) 經營機器學習業者所需龐大資料儲存業務，在塔林和聖彼得堡都設有伺服器，該公司主要標誌下方，寫著「連結東西方」的說明文字。

實際上，本地科技公司的員工中，出身包括俄羅斯在內前蘇聯共和國的人，或跟這些國家有關係的人比率似乎稍微多了一些，我問愛沙尼亞重要的科技創新專家，為什麼會這樣？遭到邊緣化的族群，在新產業中的際遇大多很糟糕，不是嗎？得到的答案有一部分和教育有關。海因拉先生說，前蘇聯的體制大力強調數學和技職技能，他清楚的回想起參加物理競賽、跟俄羅斯學校對抗時的情景。俄羅斯族裔以善於計算聞名；1990 年代程式產業開始蓬勃發展時，對這些族裔的程式人員和開發人員需求十分殷切。現況仍然反映這一點，說俄語的愛沙尼亞父母仍然極為重視技職教育，並且在家裡強調這一點的重要性。

也有人說，關鍵不在於數學本身，而在於溝通能力。語言在塔

林是重大的議題，也是政治上的燙手山芋，基本問題在於這個國家的兩種語文根本互不相通，連遠親的關係都沒有，字母不同，難得有共同的字眼。政治上的問題是國內有兩種平行的中小學制度，一種是愛沙尼亞式的制度，一種是俄羅斯式的系統，這意味著兒童和家庭很少交流。塔林的一位大學教授解釋，單一大學制度的確迫使兩個族群整合在一起，但是學生在上課前和下課後，語言還是楚河漢界，仍舊會分成兩群聊天。科技公司不同，因為科技公司的運作是根據數學、電腦程式碼和英語三種「國際語言」，因此徹底消除了語言上的障礙。

政府的教育政策——雙軌的中小學制度——現在仍然維持分裂的狀態，支持創新的政策卻似乎有助於彌平其中的鴻溝。企業家哈利·塔林解釋說，近年來，國家支持的《天才在這裡》競爭中，參加的俄羅斯語系隊伍很多，參賽隊伍在 2017 年的競賽中，分別用愛沙尼亞語、俄語和英語，說明自己的發明；其中有一隊來自莫斯科，還有一隊是由說俄語的愛沙尼亞隊伍，他們拿波洛系統 (Poirot Systems) 參賽，結果在決賽中，敗給藍德團隊的體溫身分證系統，這群本職是酒保的年輕人推出控制庫存的小發明，會自動訂購物料供應，確保雞尾酒吧永遠不會斷料。和《天才在這裡》節目相關的消息，像 X-Road 和電子居民系統的消息一樣傳開後，塔林先生目前正在協助摩爾多瓦政府推動類似的節目。愛沙尼亞極東地區的納爾瓦市從 2014 年開始，一直主辦非營利組織 TED（Technology, Entertainment and Design，意為科技、娛樂與設計）旗下的研討會，2017 年研討會的主題是「沒有邊界」，與會人士包括愛沙尼亞、俄羅斯和烏克蘭的科技發明家和科學家。

這並不代表愛沙尼亞已經透過盲目下注在科技上的作法，治癒了國內的分裂，愛沙尼亞獨立將近 30 年後，勞動市場種族隔離的弊病仍然很嚴重，法律、公共行政和藝術之類的很多專業，仍然閉門不接納俄羅斯族裔——有關部門的就業統計數字全都偏向愛沙尼亞本國族群，的確可以支持這種說法。2018 年內，不懂愛沙尼亞語族群的失業率，是操愛沙尼亞母語族群的兩倍以上。邊緣化的俄羅斯族裔有一個最新的問題，就是海洛英和類鴉片止痛劑芬太尼 (fentanyl) 成癮盛行，還有相關的愛滋病病毒感染率和藥物過量比率提高。

但是談到科技可以協助癒合社會裂痕時，40％人口說俄語的塔林市卻帶來了希望。樂觀的初步理由始於下述說法：職場是愛沙尼亞最善於化解既有語言和種族分歧的地方，因爲在所有種類的產業中，擁有俄羅斯和愛沙尼亞傳承的人，在工作中建立關係的可能性，都比在閒暇時間中建立關係的可能性高多了。大家公認，依賴數學、寫程式和英文三種「國際語言」運作的科技業，是相當公平的產業，俄羅斯族裔在這個產業中人多勢眾。當然不是每個人都會找到這種工作，根據經驗法則來看，每十個大學生裡，大約只有一位會進入科技公司服務，但是資訊通訊業對人才還有龐大的需求，而且這些產業跟法務或公共行政不同，對任何族裔傳承的愛沙尼亞人才都無任歡迎。對於一個分裂如此嚴重的國家來說，重要的事情是：增加一個根據能力、而不是根據族裔或語言來安排就業機會的部門。

波羅的海特快車

「期待未來大家會聽到更多跟愛沙尼亞經濟模式有關的消息。」目前從塔林傳出來的這種可望節省成本、增加就業希望的構想，正在快速傳播。在塔林電子政府學院的牆壁上，有一張巨大的世界地圖，上面點綴著幾百個小小的發光二極體燈泡，每一個燈泡代表一個跟愛沙尼亞人合作的城市，這所學院下一步要和奈及利亞的拉哥斯政府合作，拉哥斯每天有 2,000 人遷入，合作計畫準備藉由追蹤智慧型手機的運用，看出人口成長的方式，以便據此調整能源供應、衛生、運輸和政策的制定。

藍德摸著手掌上的體溫身分證貼片，一面解釋說：「歸根究柢，發明就是和自由有關，如果你想出一個新構想，而且設立了一家公司，那麼你就可以主導一切。」在過去企業決策必須由莫斯科決定的愛沙尼亞，這一點的意義重大。其他人沒有否認他的說法，而是認為科技是保護和強化愛沙尼亞民主制度的重要方法。愛沙尼亞的電子化民主制度藉著拋棄實體投票箱，吸引年輕人投票，而且大家透過這種系統，可以追蹤政客的所有資產，貪污受賄的可能性也會減少，就像愛沙尼亞科技部長斯庫特說的一樣，「你無法賄賂電腦。」

發明送貨機器人的海因拉先生表示，對於諸多追求「人工智慧

聖杯」＊的人而言，他們的目標是利用電腦強化民主制度。世界各國的團隊正在互相競爭，希望創造一種名叫「通用人工智慧」的東西，做出功能極為強大的電腦化思維，以便能夠自行推斷和規畫自己應該學習什麼東西，並且以策略性方法，建立本身的數位大腦，而不是接受人類主人教導該做什麼事情的人工智慧。從事這種研究的人認為，通用人工智慧或許可以協助人類，解決裁減核子武器之類的政治難題，或是解決貿易協議經濟難題之類的複雜問題。

科技人員不只追求運作更順暢的民主制度，也追求更平等的經濟狀況。在海因拉先生描述的未來，當藍領工人迫切需要基本民生物資，例如需要一盒牛奶或一支牙刷，可以在網上訂購，然後花少許費用，讓東西在自己到家前送達。他也說，這將會是踏出達成真正平等的一步。過去是這種光景：「國王總是請得起僕人，平民卻請不起──而且這種事實不會改變。」雇人四處送貨需要發薪水給他們，還要創造一個平台，這麼一來，交貨成本就不可能下降，聘請一位人類快遞員在一天內遞送一個小包，平均需要付出五到十美元的成本，但是海因拉先生說：「這樣太貴了──機器人是解決之道。」機器人不需要薪資，因此他們的時間很便宜，在海因拉先生對未來的設想中，送貨機器人會變成每一個人的僕人，機器人會把我們所有的人都變成國王。

＊　編按：人工智慧的聖杯即指「通用人工智慧」（artificial general intelligent，簡稱 AGI），強調人工智慧擁有像人一樣的能力，可以通過理解和學習勝任人類的任何智力任務。

迷思的浪潮，想像的風暴

　　科技很快會影響經濟的預測，看來令人極為擔憂，據說我們在十年內，一定會看到專為消除人類勞動力而設計的新種智慧機器，上千萬到上億的人會發現自己的角色遭到自動化，一定會形成慘痛的打擊，描述這種狀況的字眼已經把重點說的很清楚，說這種情況是毀滅性的「浪潮」，是自動化的「完美風暴」。龐大的數字和災難性的用詞描繪出恐怖的景象，顯示自動化會突然來襲，造成廣泛的損害，而且我們會完全無法控制。

　　這趟愛沙尼亞之旅，再加上我訪問其他極端經濟體時，跟當地人討論過他們所面對的壓力和緊張，讓我相信以這種方式敘述科技的故事，是在用錯誤的方法看待挑戰和風險。我要先從時機的問題談起，我在塔林所看到讓我印象最深刻的構想，是把農耕移入食用這些食物的人家裡，這種激進的理念可能為環境帶來極大的好處。同時雷普的智能農田只是另一種農業機械，概念來自數百年前問世的播種機和打穀機。自動化機器的使用，在產業界已有好幾百年了，而機器學習、人工智慧這種當代科技最近才慶祝誕生 70 週年。科技的發明、擴散和應用是長期現象，而不是急切可就之事；是緩慢發展的過程，而不是突然完成，而且多少世紀以來，科技一直在改變人類的工作方式。自動化機器已是老生常談了；工作場合內的科技是未來的趨勢，我們對它熟悉的程度甚至超出了我們對它的理解。

　　以科技見長的愛沙尼亞，透過獨一無二的方式提醒世人，讓大家知道科技的某些壓力可能藏在何處。工作或工作重要環節的自動

化，會改變人類的責任，同時也會改變人的角色和社會地位。歷史的教訓是：科技雖然沒有造成大規模失業，卻會導致人類行為產生重大變化，例如從務農變成生產製造，再轉而從事服務業。處於科技前瞻的愛沙尼亞，歷史也正在重演：工作並不會短缺，但是工作的性質會改變。根據一、二部所提出的警示，這種經濟震撼很重要，會對人們的角色、責任和地位產生衝擊。以馬斯洛的需求層次理論來解釋就是，為滿足更高需求而付出的代價，可能會像天災毀滅經濟一樣慘重。即使是在經濟強勁成長、勞工短缺的國家，經濟波動、工作變化也可能造成傷害。

對於主張顛覆舊有方法的科技專家而言，這一點可能是盲點。考察過俄語系居民居住的塔林郊區，也去過歐盟最東邊、充滿濃濃俄羅斯風情的納爾瓦市，世人應能清楚了解被新的經濟模式遠遠拋在腦後，代表何種意義。雖然有很多證據顯示，科技正吸引擁有頂尖技術的俄羅斯年輕勞工，但是愛沙尼亞「盲目下注」在科技上、藉著科技追求經濟成長模式 25 年後，仍然有很多落伍的人慘遭淘汰。人工智慧會以某種方式解決一切政經問題的這種假設，令人不安。愛沙尼亞公民現在可以在世界上任何地方投票，外國人也可以用 100 歐元和五分鐘時間，取得愛沙尼亞的電子居民身分，但是在這個全球第一個數位民主國家，卻仍有八萬個沒有國籍的人民。持灰色「外國人」護照、操俄語的族群必須納稅，卻沒有投票權，這種情形從根本上就違反了民主制度。連最快、最強大的人工智慧都解決不了這種問題。

愛沙尼亞破除了科技變革的最後一個迷思，打破了科技變革來自某種無法控制的外力。在塔林，科技並不是來自某家會派出機器

人大軍來搶飯碗的無名企業，反過來說，這是一種由政府主導的工業策略，把目標鎖定在解決預算緊俏、勞工短缺等基本問題。讓人們趕到興奮的許多自動化機器，從農業機械到採摘蔬果、乃至送貨和照護機器人，都是為勞工短缺的產業而設計的，而非勞工過剩。請「慎重」面對未來，換言之，請認真因應自動化對勞動市場造成的威脅，例如失業率飆升的問題。不過，科技也的確可以解決目前已經出現、而且幾乎確定還會繼續延燒的各種問題，科技可以協助大家因應高齡經濟、環境惡化、各國預算短缺的挑戰。而「慎重面對」就意味著請認真看待此一觀念：我們的自動化技術發展速度，或許還不夠快。

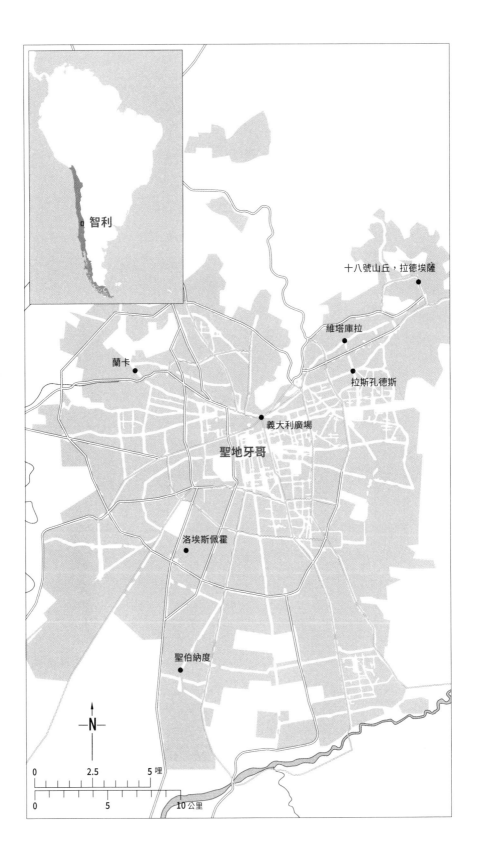

智利

十八號山丘，拉德埃薩

維塔庫拉

蘭卡

拉斯孔德斯

義大利廣場

聖地牙哥

洛埃斯佩霍

聖伯納度

N

0   2.5   5 哩

0   5   10 公里

智利聖地牙哥

Santiago

經濟奇蹟之後的極度不平等

> 最大的錯誤是判斷時根據政策和計畫
> 的意圖，而非根據結果。
>
> 米爾頓.傅利曼（Milton Friedman），1975 年

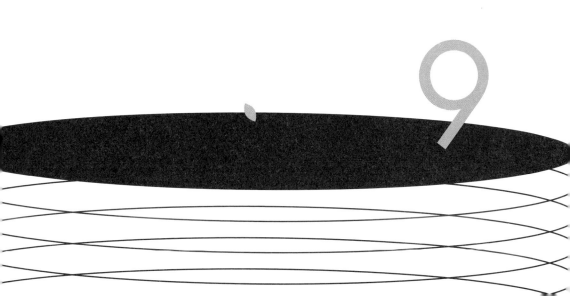

9

模範生經濟

山丘之頂，金字塔之底

　　想一覽聖地牙哥的美景，迪埃切山丘 (Cerro Dieciocho) 社區的視野無可比擬。迪埃切山丘常常會寫成十八號山丘 (Cerro-18)，是個市郊小社區，看起來很像巴西里約熱內盧周圍群山上著名的貧民窟，這裡臨時搭蓋的五顏六色住家沿著極陡的山坡搭建，以至於看起來像是一間疊著一間的樣子。連接山丘小村和市中心的巴士只開到半山腰，接著是一段在住屋之間蜿蜒迂迴、陡上陡下、很長、又很狹窄的階梯。這段攀爬很累人、卻很值得：你在最頂端，可以看到簡陋小屋的鐵皮屋頂一路延伸，和相鄰的拉德埃薩 (La Dehesa) 乾淨方格般的街區融合，那裡是為暴發戶興建的市郊社區，再過去連接到維塔庫拉 (Vitacura) 和拉斯孔德斯 (Las Condes) 枝葉扶疏的花園，以及智利傳統菁英的市區住宅。十八號山丘這個貧民小鎮夾雜在富裕社區之間，為世界上經濟最不平等的這個已開發國家的首都，提供了一個獨一無二的視角。

　　這些山坡上的社區可不是貧民窟，雖然屋頂可能是鐵皮，牆壁卻通常是磚牆，有些家庭既寬敞、又美觀，是自行蓋在陡到無法進行商業開發的山坡住家，因此每一棟住宅都與眾不同，都延伸到所有可用的空間裡。山丘最頂端沒有建築物，這裡的空間留給一片荒地，作為足球場之用，也有幾位當地人搭建了臨時車庫，在這裡改裝樸實的雷諾克里歐 (Clio) 車款，加上閃亮的輪框和粗大的排氣管。山丘的另一面太過陡峭，無法興建住宅、踢足球或改裝車輛，

因此只有灌木叢、廢棄物，和現年 43 歲、手上提著粉紅色麻布袋的建築工人克里斯提安·阿拉維埃拉 (Christian Aravehala)。

阿拉維埃拉先生在這裡撿拾鋁罐，十八號山丘的山頂很適合做這個工作。除了維修車輛和球類運動之外，當地人也在這裡非法丟棄垃圾，所以有很多垃圾袋，可以讓阿拉維埃拉先生挑揀。這裡可以俯瞰聖地牙哥最富裕地區的美景，因此也吸引了年輕人來這裡點燃營火、飲酒作樂。阿拉維埃拉先生偶而也會撿到迷你樂透——藍色塑膠袋裡裝著的五、六個大空罐，他會用腳踩扁罐子，裝進他的麻袋，跟我解釋每公斤罐子可以讓他賺到 300 智利披索（約合 0.45 美元或 0.35 英鎊），他今天的計畫是要撿足六公斤的罐子，讓他可以買些食物和買張車票，去看住在 45 分鐘車程之外普羅維登西亞 (Providencia) 郊區醫院裡的年邁老母。他穩定的移動，袋子漸漸填滿——但現在是中午，氣溫高達攝氏 31 度，而且愈來愈熱，一個罐子的重量只有 15 克，他需要撿 400 個空罐，才能達到目標。酷熱毫不容情，他的指甲都掉了，指尖末端嚴重腫脹。

聖地牙哥是智利首都，也是該國最大的經濟樞紐，它像秋田縣和塔林市一樣，是讓人窺看未來情勢的極端經濟窗口。聖地牙哥有520 萬人口，占智利總人口的三分之一，是第二大城安托法加斯塔 (Antofagasta) 的十倍大；經濟產出則占全國將近一半。1970 年代時，智利還是窮國，國民所得只有阿根廷的一半，今天的人均 GDP 是14,000 美元，高居拉丁美洲國家之首，已經和希臘或葡萄牙相去不遠。2010 年，富國俱樂部的經濟合作發展組織 (OECD) 考慮到智利不凡的表現，把智利納為會員國，智利因此成為南美洲第一個從新興國家畢業，進入已開發國家的例子。經濟的快速成長逐漸消除了

貧窮，使大家認爲智利是「經濟奇蹟」，是經濟發展的模範，也是具有影響力的國際組織敦促其他國家仿效的「智利模式」。

這個成功故事中有一個小小的波折，就是智利奇蹟式的成長帶來了極端的不平等。智利除了身爲經濟合作發展組織最新、表現最

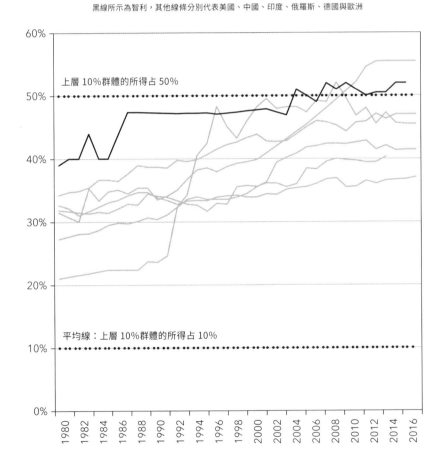

圖 9.1｜所得不均──跟著智利前進

特定主要經濟體中「上層 10% 所得群體」的所得占比

資料來源：世界不平等資料庫（2018 年）。

黑線所示爲智利，其他線條分別代表美國、中國、印度、俄羅斯、德國與歐洲

優異的會員國之外，也是這個富國俱樂部中經濟最不平等的國家，貧富差距極大。貧富不均有一個常用的指標，就是上層10%最高所得者的收入占整體所得的比率，智利的這個指標從1970年代初期的30%，提高到1990年代末期的將近50%，後來這個比率還進一步攀高，代表除了上層10%最高所得者以外的所有族群、也就是九成的人，分不到智利國民所得的一半。

今日，聖地牙哥走過的路——快速成長和急速升高的經濟不平等——已經變成最多國家遵循的發展之路，智利的不均程度快速成為全球的標準。印度和中國的人口加總起來，超過全世界人口的三分之一，兩國都在過去30年的經濟擴張中，變得更為貧富不均。世界上擴張最快速的城市，從智利鄰國祕魯首都利馬 (Lima)，到奈及利亞的拉哥斯 (Lagos) 和馬來西亞首都吉隆坡，都成為地球上貧富最不均的城市。未來的經濟會像秋田縣一樣古老、像塔林一樣數位化、像聖地牙哥一樣經濟不平等。

我去聖地牙哥會見本地所得層級頂端和底部的人，也見了設計出充滿爭議極端經濟模型的立法議員。智利式經濟學受到推崇，再推廣到其他國家複製。我想了解一般智利人對他們國家發展的看法如何：如果經濟成長能夠消除貧窮，那麼經濟不平等真的重要嗎？倘若確實重要，那麼像秋田和塔林一樣，聖地牙哥的不平等可說處於引領全球趨勢的地位，此地是否有可以樂觀的理由，有無衰退的跡象，有沒有出現合作與韌性？

重大實驗

芝加哥幫扶搖直上

「我們那時候認為，不平等最後會消失，」羅夫・路德斯 (Rolf Luders) 人坐在拉斯孔德斯的公寓裡，心卻回到至今還在智利迴響的 1970 年代早期的事件中。聖地牙哥劃分成 32 個區，這裡是最豪奢的一區：馬路對面有一處高級高爾夫球俱樂部，當地的埃爾高爾夫地鐵站周圍的道路上，排滿了鋪著綠色草皮的大使館。路德斯先生現年 83 歲，穿著開領襯衫和簡單的灰色羊毛衣，看起來非常像他近年轉變成的學者，但他所坐之處環繞著早年周遊各國帶回來的美術作品、雕像和地毯。路德斯先生年輕時，當主導智利全部經濟施政，在 1980 年代初期，主持過智利的財政和經濟兩個部會，也是主導一場獨特經濟實驗的小組成員之一。

智利的這場實驗，是以小羅斯福 (Franklin Delano Roosevelt, Jr.) 1933 年就職典禮演講所提的政策為基礎，這位美國總統描述了自己對戰爭的厭惡，承諾他的國家不會再以武力，干涉美洲大陸鄰邦的國內事務──他會保持中立。取而代之的是，美國試圖以懷柔的方式影響鄰國。從 1930 年末期開始，名叫國際合作總署 (International Cooperation Administration，簡稱 ICA) 的機構，開始和拉丁美洲國家分享技術指導人員和受過專業訓練的人力資源，也就是開始推動所謂的「技術援助」。國際合作總署提供資助，意味著美國專家會參與橫跨全美洲的計畫，從新的殺蟲劑試驗、到厄瓜多香蕉農指導、薩爾瓦多的衛生條件改善的計畫，還另有其他數百種計畫，包

括祕魯的豆類栽植、宏都拉斯的政策制訂，以及瓜地馬拉的教師訓練。

另一個計畫是以提升智利大學品質為目標，其中一環涉及芝加哥大學和智利天主教大學合作，在 1955 年，簽訂國際合作總署贊助的技術支援協定。正式的計畫是智利的博士班學生到芝加哥大學研讀經濟學兩年後，可以返國在聖地牙哥教書。這項交換學生計畫可以改善智利的經濟學標準，也能鼓勵學生遠離左傾和社會主義思想。最後，這個計畫的影響遠遠超過當初所訂的渺小目標，讓現在智利人稱「芝加哥幫」（Chicago Boys，又稱「芝加哥小子」）的這批交換學生，全盤掌控了智利的經濟。

密爾頓和阿里托

1950 年代智利學生抵達美國時，芝加哥大學教授的綜合經濟學已經風靡學界，芝加哥學派經濟學自成一個有自己的方法、態度和興趣的體系，與其他地方的經濟思想不同。所謂的「芝加哥學派」利用嚴謹的方法學，以及用資料測試理論的堅定決心，發展出具有強烈政治影響的結論。他們的分析促使他們相信市場是分配稀有資源的方法，也促使他們對政客和國家保持警惕。芝加哥學派經濟學認為，賺錢的人才是最適合花錢的人，也就是既然國家的支出是從勞工的口袋和企業家的金庫挖出來的，政府扮演的角色應當盡量縮小，對經濟的參與應當受到限制。

有兩位傑出的芝加哥學派學者，對交換學生發揮了重大影響，進而對智利產生重大影響。一位是米爾頓・傅利曼 (Milton

Friedman），1950 年代中期，年近五旬的他已經在芝加哥大學經濟系擔任系上指路明燈十年之久。所有的智利交換學生都上過他的課，稱讚他備受尊敬和喜愛，卻也有點高傲和嚇人。路德斯先生請傅利曼當論文指導教授，他回想起傅利曼清楚明白的教學，常用簡單的日常小故事，解釋複雜的理論。另一股影響力來自阿諾·哈柏格（Arnold Harberger），他和傅利曼一樣，對獨占的規範、公司稅制之類的實際經濟問題感興趣。後來大家把哈柏格先生叫做「阿里托」（Alito），他是芝加哥幫的日常顧問、親密長輩和酒友。

　　1958 年，第一批在芝加哥受訓的智利交換學生，帶著滿懷的理念和計畫，回到聖地牙哥。頭幾年裡，他們的主要成就是以訂定難上加難的檢定考試聞名，以致智利同事和學生無法達到他們在美國學到的嚴格標準。隨著時間過去，芝加哥幫的成員開始增加，大部分都回到學術和智庫的工作崗位上。以當初設定的目標來衡量，教育交換計畫很成功，如今聖地牙哥的經濟學變得更為嚴謹，融合芝加哥學派對市場友善的理念，經過淬鍊後，變成了更傾向社會主義的學問。但這一切完全僅限於學術殿堂，芝加哥幫學者長達 15 年以上的時間，對智利的一般人毫無影響。

第一次實驗

　　1970 年代初期，智利的一切幡然大變，62 歲的左翼社會主義黨領袖薩爾瓦多·阿葉德（Salvador Allende），以微小差距勝選，當選總統，從某個角度來說，阿葉德認為自己是智利自由派傳統的延續，1972 年還在聯合國的演說中，承諾要打造「無限容忍文化、宗

教和思想」的國家。同時，他也是忠誠的馬克思主義分子，開出改善藍領階級和農民工生活的經濟政策支票。為了保證實現自由市場無法保證的公平結果，國家必須接管經濟，推動工業國有化和農地集體化。

阿葉德言出必行，當選後不久，屬於美國的兩座銅礦和智利的主要電信公司都收歸國有，外國業主完全沒有獲得任何回報。政府也接管了金融體系。到了 1971 年底，國家已經買下每一家外商銀行，並控制了國內九成的信用供應體系。政府利用久已被人遺忘的 1930 年法律的漏洞，強制企業主出售公司，讓國家能夠直接控制工業體系達 40% 之多。凡是大於 80 公頃的農場，都被政府任意開價買下，導致政府用這種方法，徵收了超過 5,800 座大型農園，面積共 1,000 萬公頃——大約等於智利農地面積的 60%。阿葉德提高藍領和白領階級的基準工資，並且由國家雇用的督察機構——採購與訂價委員會——管制物價，確保商店定價不偏離政府訂定的價格。

所有這些措施——國家掌握企業、市場、物價和產出——正好和芝加哥幫所學相反。這些作法起初十分成功，在智利深受歡迎，隨著大型國宅計畫啟動，政府的支出提高了三分之一以上，1971年的經濟成長率從 3.6%，躍升至 8%，創下 1950 年代以來最高的經濟成長紀錄。失業率急速下降，由於物價管制抑制了通貨膨脹，工人的購買力在一年之內，提升了 22%，智利的經濟成長也變得更平均了：低薪工人的薪水在強迫加薪下，提升了 56%，增幅高於智利專業人士（也很慷慨的）23% 的加薪幅度。技術和非技術勞工之間的薪水差距縮小，所得不均也壓低了。阿葉德在短短的一年

間，似乎已經實現了諾言。

　　然而，衡量經濟路線如此巨變所創造的成就時，應該以幾十年為單位，而不是以幾年為單位，如果抱持比較長遠的眼光來看，阿葉德創造的短期繁榮顯然只是人為的曇花一現，無法永續維持。在住宅營建和公共部門大肆投入資金，造成政府赤字從 1970 年的 3％，飆升至 1973 年的 30％以上。公司行號付不起高漲的薪資，開始減產，而罷工也造成很多工廠停工。隨著經濟開始萎縮，失業率攀升，形成全球性的衝擊，這種衝擊破壞了 1970 年代金夏沙剛果強人蒙博托 (Mobutu Sese Seko) 所實施的經濟計畫，智利的阿葉德也受到同樣的打擊：國際銅價暴跌，導致智利的出口收益枯竭，通貨膨脹率卻始終居高不下，每年大約 25％的通貨膨脹率是正常水準，但是隨著中央銀行加印鈔票，融通阿德葉的支出，1972 年，通貨膨脹率飆升到 250％，1973 年更是超過 650％。物價上漲的速度超過薪資成長率，以至於 1973 年內，智利勞工的購買力幾乎下降了 40％。地下經濟開始運作，海盜版商販在黑市裡銷售各種物資；政府為了因應這種情勢，宣布禁止銷售 30 種主要生活必需品，油、米、糖、肉完全從市場經濟中抽走，直接由政府依據家庭的需求提供，而不是依據所得提供。

　　由於物價上漲率遠比薪資成長率高太多了，智利人變得更窮困。可想而知，政府承諾提供的米和油幾乎無法消除勞工的憂慮，到了 1973 年初，大罷工爆發。同時，一場齊心協力的報紙宣傳——後來的解密文件顯示，美國中情局資助了這種行動的一部分資金——批評阿葉德及其馬克思主義政策。動盪不安的情緒開始醞釀，到了六月，政變預謀爆發，軍方以坦克車包圍總統府拉莫達

宮 (La Modena)。這次推翻阿葉德政權的企圖失敗了，但是到了 1973 年 9 月 11 日，智利空軍轟炸總統府，部隊進行地面猛攻。阿葉德自我了斷，顯然是用了古巴強人卡斯楚贈送的 AK-47 機關槍自殺。同一天裡，陸軍總司令奧古斯汀‧皮諾契特 (Augustine Pinochet) 接掌大權，承諾要讓智利擺脫「馬克思癌症」。智利短暫的社會主義實驗結束了，新階段的極端資本主義正要開始，快速成長和極端的不平等即將出現。

在城市裡露營

聖伯納度區 (San Bernardo) 是聖地牙哥最南端的社區，也是最窮困的一個區。每逢星期天，鎮上的中心廣場附近，都會出現寬十公尺、長約 500 公尺的大型市集、張滿了大大的遮陽傘，打造出一個露天購物大街，同時提供受到攤販和購物者歡迎的遮蔭效果。耶誕節前的採購季正好碰到南半球的熱浪來襲，紅色的耶誕主題三角旗在微風中搖曳，顧客檢視著平安夜要吃的農作物，如大顆的西瓜、圓滾滾的紅椒和一球球超大大蒜。

在市場的陰涼處之外，太陽把人曬得筋疲力盡，賣水小販安潔拉‧席爾瓦 (Angela Silva) 讓我坐在她的陽傘下。我說中央廣場和攤商非常迷人，她的回答是：「這裡和我住的地方是不同的世界，你去我們的市集就會知道了。」在她住的社區裡，大家用很「安心貼肚」 (assinado) 的方式住在一起，安潔拉比手畫腳地解釋這個字，說她和鄰居以上下交疊的形式，住在一起。閒逛市場的中產階級顧客穿著仿冒的 Ralph Lauren POLO 衫走過，跟她開玩笑說，在這麼無情

的酷熱中，她應該賣鳳梨可樂達調酒。

聖伯納度的另一個市場叫做洛布蘭科 (Lo Blanco)，以市集所在的街道為名。這裡沒有公共建築設施，無法輔助攤商和顧客；最棒的攤商擁有藍色的油布屋頂，但是大部分攤子只是簡單的桌子，上面擺著商品，用奇怪的雨傘充當陽傘。非法攤商擠在市場的邊緣，把出售的商品排在撞球桌大小的長方形塑膠布上。攤販的商業模式和金夏沙的「海盜市場」相同，我注意到，有些塑膠布的每個角落都附有長長的繩子，如果攤商需要快速開溜，可以把繩子拉起來，將塑膠布綑成一個袋子。聖地牙哥市中心的非法攤販販賣香菸和蘋果手機充電器，生意興隆，但在這個市場裡，海盜攤販都長得又老、身子又單薄，看起來窮困極了。沒有人有興趣買他們塵封的舊衣服、破舊的塑膠玩具，或是早已停用的笨重 2G 手機充電器；洛布蘭科很多非法攤販的塑膠布上面沒有繩子；這裡沒有警察，也沒有人會自尋煩惱來查緝。

洛布蘭科市集有種邊緣化的感覺，我們要進去時，當地人建議我們留心竊盜事件。但是大家都很友善，很多海地夫妻穿著體面的週日服裝，在這裡輕鬆的散步，和巧遇的朋友聊天（智利近年所接納受到天災侵襲的海地移民愈來愈多，很多新住民在建築工地裡工作）。我走到市場的邊緣時，看到 48 歲的潔西卡‧魏雅 (Jessica Villar)，在那裡經營一家小店，販賣襪子、內衣和迪士尼卡通圖案的兒童游泳毛巾，為即將到來的夏天做準備。

魏雅憶起 1979 年她隨父母從智利鄉下搬到聖地牙哥，抵達鄰近的市郊埃爾博斯克 (El Bosque)，那年她只有九歲。她們的家就是「營地」——某種隨著智利快速都市化而臨時搭建的帳篷。她說：

「營地的現實就是我們很冷又很餓。」這種住處不是正式住家，是用油布和床單覆蓋在木頭框架上，再用繩索和石頭固定在適當位置，一家人必須時常在臨時營棚之間搬家。後來，這些居民投資在自己的臨時住家上，魏雅的營地經過重新定位，變成比較正式的住處，可以長久居住，像是棚屋區或貧民窟的「群聚」，光是這樣就花了他們十年時間，而且這種住家仍然讓人覺得單薄又寒冷。

魏雅說，跟那時相比，事情改善了非常多。她在帳篷和搖搖欲墜的棚屋裡長大，把房子當成經濟成就的主要指標。她說：「現在我有了房子，我媽媽也有了房子。」她解釋，2004 年時，她有能力買下一小塊已經蓋好房子的土地。我們聊天時，一位身上滿是建築工地混凝土塵灰的年輕海地移工，查看她特賣的四角短褲。和最近來到聖地牙哥的移民相比，魏雅看起來已經生了根，過得很舒適：她穿著深紫色點綴著亮片的上衣、賈姬‧歐納西斯風格的太陽眼鏡和人造鑽石耳環，她說：「我們很幸運能身在智利。」

脫貧和居住品質改善的這類故事，正是打造智利的建築師引以為傲的驚人發展。這一切全都必須回歸到一個計畫——由芝加哥學派訓練出來的智利年輕智囊團描繪的嶄新藍圖。

支配自由市場

皮諾契特在軍事政變後警告大家，說他擁有「強拳」，凡是試圖越線的智利人，都會受到軍法制裁。媒體立刻開始受到審查，任何報紙、電視或廣播發送的資訊，都需要得到軍方的批准。接著政府頒布了一項「沉默行動」(Operation Silence) 法令，只准《信使報》(*El*

Mercurio）和《第三日報》(La Tercera) 兩家報紙出刊；至少 11 家左傾報紙、眾多雜誌和廣播電台都遭到關閉。發表異議非常危險，皮諾契特和黨羽會立刻拘留和刑求批評者。在他長達 17 年的獨裁治期間，大約有四萬個智利人民，受到從監禁到刑求之類的人權迫害，已知死亡人數至少有 3,200 位。聖地牙哥的中央墓園裡，巨大的灰色石柱表面上，刻著受害者的姓名：遺體已經尋獲的刻在同一面，遺體仍然下落不明的刻在另外一面，阿葉德的名字刻在中間。

　　遇到經濟議題時，皮諾契特採取改弦易轍的方式。這位獨裁者對經濟一竅不同，但他沒有以其所受的軍事訓練，來控制和規畫智利市場的每一個精細環節，而是轉而求助芝加哥幫和他們的自由市場概念。芝加哥幫因為智利走向馬克思主義而沮喪不已，從 1970 年大選起，就開始替右翼候選人做政策簡報，阿葉德的社會主義領導開始崩壞時，他們仍然繼續研究自己的替代藍圖（謠傳他們的工作受到美國中情局的間接資助，但是芝加哥幫否認對此知情）。到了 1973 年，芝加哥幫的計畫擴增，變成了 200 頁的鉅著，因為太厚，又被稱為「磚頭」。芝加哥幫把「磚頭」交給皮諾契特，皮諾契特決定全盤接受。起初，芝加哥幫扮演智囊的角色，到了 1975 年，第一批參與國際開發總署交換學生計畫的賽吉‧卡斯楚 (Sergio de Castro) 出任經濟部長。隨後的一年半裡，芝加哥幫從學術界的死水中雞犬升天，成為獨裁者御用的經濟學家，幾乎全盤掌控智利經濟。

　　「磚頭」診斷出智利的很多問題，包括通貨膨脹、動盪不安和貧窮，但主要的討論放在膨脹的政府上。削弱政府在經濟中扮演的角色，代表除了要撤銷阿葉德執行的所有政策，還要採取更進一步的

措施。以民營工業為例，1970 年到 1973 年間，阿葉德社會主義政府推動企業國有化政策，國家控制的企業從 46 家增加到 300 家。隨著芝加哥幫推動民營化，到了 1980 年，這個數字降回到 24 家。金融體系也見證了相同的模式：國營的智利銀行賣給私人企業主，允許國際資金回流；拋棄先前的利率規定，允許銀行自由設定利率條件。政府支出削減，基礎設施、國宅、教育和社會福利預算大幅削減。到了 1980 年代，唯一批評這些計畫的芝加哥幫經濟學家里卡多·傅蘭奇—戴維斯 (Ricardo French-Davis) 稱讚這些作法，譽之為世界上「極端市場經濟模式最傑出的案例」。

起初的結果好壞不一。消費者的選擇變多了，香菸和雞肉之類物資的配給制度廢除了，智利敞開貿易大門，把進口稅從 90% 砍到 10%，使來自美國、德國和日本的舶來品，突然變成大家買得起的東西（相機的進口因此躍增兩倍，收音機躍增 8.7 倍，電視則暴增 90 倍）。然而經濟成長卻比預期差多了，不到 3% 的成長率雖然比阿葉德時期好一些，卻低於國內的長期平均值。

芝加哥學派經濟學的第一個十年以嚴重衰退作為終結：1982年金融危機橫掃拉丁美洲時，景況最悽慘的就是由經濟巨星主導的智利。產出下降 14%，製造業萎縮四分之一，失業率攀升到27%；雖然經濟向下沉淪，物價仍然上漲了 20% 以上，實質薪資一路降到 1973 年的水準。很多搬到聖地牙哥求職的智利人因為找不到工作和住所，最後只能屈身在首都外圍，住在魏雅一家住過的那種臨時帳篷營地上。

歸根究柢，虛弱無力的頭十年和末期的崩潰，可以歸因為智利對國際貿易和金融體系開放帶來的成長痛苦，因此芝加哥幫可以不

受民主制度干擾，繼續向前推進。退休金制度、教育、醫療照護，還有低收入戶住宅都出現權力下放、政府減少控制和民營化的現象。最後智利終於開始蓬勃發展，在 1985 年到 1997 年間，平均每年成長 7％。經濟這麼快速的擴張，有可能點燃通貨膨脹，但是智利的物價上漲幅度微小而穩定。過去智利的投資和出口速率都落後鄰國，現在卻領先南美洲群雄。從經濟角度來看，祕魯和厄瓜多之流的鄰國長久以來，表現都和智利在伯仲之間，現在已經屈居智利之後。阿根廷在歷史上，一向遠比智利富裕，1970 年代中期的所得幾乎是智利的兩倍，但是到了 1996 年，聖地牙哥也擊敗了布宜諾斯艾利斯。

智利奇蹟

「磚頭」的頭幾頁就精確的設定了下述目標：「這個計畫包括保證盡快制訂措施來提升永續經濟發展的速度。」依據這個成長神咒建立的智利開始贏得國際讚賞。早在 1982 年，傅利曼就已在《新聞週刊》（*Newsweek*）中撰文：「智利是一個經濟奇蹟。」雖然這一年裡，智利經濟出現崩跌現象，隨後的亮眼成長卻坐實了傅利曼的這句話。到了 1990 年末期，在華府和日內瓦負責輔導國家成長、發展和貿易的國際組織官員眼裡，智利已經變成寵兒。國際貨幣基金在紀念智利經濟起飛的研討會中，表示智利已經走到經濟發展的最後階段，世界貿易組織認為，自由貿易使智利變成「世界上最有韌性的」經濟體，世界銀行則以智利這種「開路先鋒」為題，出版了一本厚達 450 頁的書，建議其他國家遵循智利「可以複製的眾多教訓」。

芝加哥幫表示，經濟成長的重要性，在於拉抬最貧困族群的所得，確保貧窮消失。這件事在智利千真萬確：1987 年的官方統計數資料示，45% 的智利人活在貧窮中（意思是他們的所得低於能維持基本食物、衣服和居所所需的水準），還有 17% 人民歸類為貧民（表示他們買不起食物）。到了 2000 年，貧窮比率掉到 20%，貧困人口的比例只剩 6%。貧窮人口降低在快速成長的年代最為明顯，在蹣跚前進的年代卻沒有太大的改變，國家統計數字的改善也表現在人民生活中的實質變化上。「以前這裡的孩子都光著腳到處跑，」我認真的請教市場裡的一位攤販，請他說明經濟成長有什麼好處時，他表示：「現在他們都有鞋子穿了。」

所得不均也同步擴大，大家往往把這件事視為阻礙，而不是根本問題。路德斯在處處綠蔭的拉斯孔德斯表示：「相對所得跟絕對所得相比，才是關鍵問題。」智利的「奇蹟」年代顯示，隨著一國經濟愈趨富裕，對所得不均的爭論而言，原本至關重要的措施可能會產生反效果。1973 年到 1980 年末期間，所得最低 10% 智利勞工的所得提高了，因此從「絕對」的角度來看，他們的情況確實好轉了，這一點說明了打擊貧窮獲得可觀成就。然而在同期內，高所得階層所得成長的速度卻快多了，上層 10% 群體所得和智利平均所得相比的倍數，從七倍竄升到 35 倍。智利的經濟大餅愈來愈大，然而分給上層 10% 群體以外族群的餅卻愈變愈小，從「相對」的角度來看，較低所得者的情況變差了。

芝加哥幫認為，貧窮減少的事實證明他們的經濟發展模式有效。聖地牙哥原本是貧窮社區小孩光腳亂跑、很多家庭住在帳篷裡的城市，現在變成小孩有鞋穿、大家有房子住的城市。對芝加哥幫

來說，兩相對照之下，所得不均程度擴大似乎是值得付出的代價。雖然芝加哥幫經濟學家對於不均的看法似乎相當殘酷，他們卻還有另一個自認為應該能夠幫助底層人民的絕妙主意。在受到芝加哥學派啟發的經濟藍圖「磚頭」中，有很多討論都談到應該採取那些措施，以便保障機會平等，釋出智利的「內在潛能」。

實踐這個理念的政策就是徹底改革教育，取得學位變得更為容易。這種理念認為，高等教育的好處基本上會落在畢業生身上，因此國家不應該再資助高教，取而代之的是，要提供更寬鬆的學生貸款，讓出身貧困家庭的年輕人可以資助自己。因為社會上平均散布了很多未經琢磨的人才，促使窮人接受教育，就可以利用智利的潛在人力資源：這樣做很公平，也會強化經濟成長。芝加哥幫經濟學家建議中央政府，把大家認為落伍又沒有效率的大學相關部門的控制權，下放到地方政客和大學本身。於是，皮諾契特適時的賦予地方立法官員新的自由，也解除了大學部門的管制。

其結果是，教育部門蓬勃發展。1970 年代時，智利只有八所大學，全都是靠政府資助，到了 1990 年，大學增為 60 所，其中有三分之二是私立大學，另外還有接近 250 所的專科和技職學院。十年之間，接受高等教育的智利人數增加一倍以上，從大約 12 萬人，增加到將近 25 萬人。高等教育不再免費，不過學校提供的學程更多元化，似乎有更多的年輕人獲得學位。增設大學和增收學生的模式持續推展，似乎暗示 1973 年藍圖中揭示的「機會平等」目標已經達成。

芝加哥大學培訓的經濟學家如今年近九旬高齡，卻仍然認為他們的體系完整、連貫而且公平，智利遵循他們市場導向的藍圖快速

成長，貧窮率下降，更多的大學入學機會，代表更好的受教育機會。然而，芝加哥幫的經濟發展模式雖然備受世界銀行之類機構的讚譽，卻是今天聖地牙哥頻繁示威抗爭的主題。芝加哥幫對此感到十分困惑，無法理解為什麼他們的畢生心血沒有受到珍視。路德斯先生說，他不懂這些抗議，認為：「抗議一定是出於嫉妒。」他們的恩師哈柏格對 2011 年的示威也百思不解，驚訝的說：「這是南美洲最好的經濟體，但是大家並不欣賞。」對他們來說，智利現代化的工作已經完成，他們不了解大家在抗議什麼。

隱藏城市

聖哈頓視野

智利的高級建築地標是 64 層樓高的大樓，這座大聖地牙哥塔高達 300 公尺，是拉丁美洲最高的建築物，傲視這個相對低矮城市中的所有其他建物。大聖地牙哥塔的重大吸引力之一是購物，利用其中六層樓設立的南美洲最大購物中心像磁鐵一樣，吸引南美地區求財若渴的中產階級（這個地方極受荷包滿滿的巴西遊客歡迎，因此商品說明會並列葡萄牙文和西班牙文）。高塔閃閃發光的藍綠色玻璃帷幕捕捉暮光之際，整座塔都會閃爍著流光，彷彿紐約的天際線，以至於拉斯孔德斯區獲得「聖哈頓」(Sanhattan) 的暱稱。這座高塔拔地而起，意味著擁有全市 360 度的開闊視野，不管你住在聖地

牙哥的什麼地方，你都可以看到這座塔、看到聖哈頓。

　　新十四區位在南邊 12 公里處，是個型態大不相同的社區：沒有坑紋混凝土、鋼筋或玻璃，只有爐渣磚塊和鐵皮浪板屋頂構成的廉價建築。對這個近郊住宅區的某些居民來說，他們的住所還更簡陋。一群 40 個家庭，住在曾經是當地居民當成非正式垃圾場、亂倒垃圾的一塊荒地上。住在這裡的居民把這裡變成迷你村莊，蓋起臨時住所，環繞著當作社區集會所和廚房兼餐廳，放著所有家庭共用的唯一冰箱和瓦斯爐的中心建築物。

　　這裡的居民過著公社生活，中央集會所牆上貼著不同的重要事務清單：一張是寫著姓名和日期的夜間留守輪值表（這些家庭解釋，他們必須防止藥頭和有毒癮的人闖入）。還有一張比較長的清單是債務分類帳，記錄了以智利披索標示的借據，以及非正式的食物和雜工交易。集會所外有一間廁所兼淋浴室，由撫養 56 個兒童的這些家庭共用。這間共用浴室旁邊有一堆高約 2.5 公尺的垃圾，聖地牙哥大塔在遠處閃閃發光，像一塊閃亮的白金條。

　　這裡的所有物品都是拼接、回收或是借用的，這種臨時性的生活方式，加上共用的公共空間和輪值工作分配表，讓社區染上新紀元運動（New Age Movement）嬉皮營地的色彩，不過新十四區垃圾場的居民卻不是尋求遠離凡塵生活方式的經濟局外人，這裡所有的男性和女性都有全職工作，都在鄰近的拉斯孔德斯或維塔庫拉等富有社區裡工作。

聖地牙哥的新中產階級

24 歲的梅莉莎・聶拉 (Melissa Neira) 說：「我們住在這裡，是因為這裡是接近工作地點的最好選擇。」聖地牙哥是廣大的通勤城市，到市中心去工作，搭公車大概要花 90 分鐘（新十四社區得名自一條很多年前開通的「新」巴士路線的第 14 站）。聶拉太太說，智利的確有國家補貼的國宅，但這種房子位在城市的邊緣地帶，因此通勤上班變得不可行。因為大家下班回來，這時的中央集會所裡，開始擠進很多人，其他居民紛紛點頭，表示同意，於是聶拉太太又說：「而且，總之我們太富有了，沒有資格領取國家的補貼，國家認為我們是中產階級，不是貧民。」大家聽了全都笑了起來。

矮矮胖胖的賽吉歐・穆尼歐茲 (Sergio Munioz) 是英國曼徹斯特聯合足球俱樂部的支持者，我在垃圾場見到他時，他告訴我他 43 歲，「你 44 歲了，老公！」他太太貝莎哈哈大笑。他在市中心一家小店裡當電工，每月賺進 40 萬披索（約合 600 美元或 460 英鎊），扣除必要的稅、退休金提撥、健康保險和失業保險後，穆尼歐茲每個月拿 32 萬披索回家。他太太貝莎則在高級的市郊社區當園丁，我問薪水多少時，她望著其他女性，其他女性全都哈哈大笑大喊：「最低工資啦！」（2018 年智利的基本工資為 25 萬披索。）這裡的夫妻薪資普遍都是這種型態，穿著平克・佛洛伊德牌 (Pink Floyd) 恤衫的厄內爾・戈梅茲 (Ernel Gomez) 的工作是回收鋁罐和玻璃，每個月所得 42 萬披索，他太太瑪格麗特在髮廊裡當設計師助理，跟貝莎一樣，賺的是基本工資。這裡的夫妻合計的每個月所得大約落在 70 萬披索左右。

智利把家庭的貧窮線設爲每個月 60 萬披索，既然慕尼歐茲夫婦、還有這裡其他所有夫妻的所得都超過這個水準，根據官方的定義來說，他們不是窮人。然而他們的收入正是聖地牙哥所得不平等現象中十分鮮明的例子：如果智利的國民所得平均分配，每個家庭可以分到 280 萬披索——是垃圾場居民家庭所得的四倍之多。但是即使這些家庭以公社的方式購物，他們還是不能證明自己從全職工作中，賺到了什麼錢。這個社區沒有電力或天然氣供應：中央集會所僅有的幾只燈泡和唯一冰箱的用電，是由跨出圍欄的一條橘色電線接通的非法電力供應。硬紙板搭蓋的房子很小（地坪大都不到兩坪，而且沒有窗戶），雖然這間房子的三面牆還算穩固，第四面牆卻只是一堆垃圾。約旦札塔里（Zaatari）難民營的難民在沙漠中替自己蓋的住家，都還比這裡的房子好。

生活預算緊縮的高昂代價

跟我在垃圾場社區裡聊過的十位成人中，沒有人抱怨住在市內富裕社區的居民薪資遠高於他們的不公平，令人驚訝的是，也沒有人大聲疾呼要求提高薪資。即使有這麼多人——包括所有的女性——領取最低工資，也沒有人相信政府提高基本薪資可以解決問題。「那樣做沒有好處，」聶拉太太說：「唯一會發生的事情就是我們的食物和公車票價格也會同等提高。」他們對物價反而更爲不滿，瑪格麗特說：「我們這個社區裡的人很窮，卻要支付很高的物價；拉斯孔德斯區商店裡的價格比較低。」她說的是日常必需品，如食物和基本的家用品，她不滿的是有錢人的生活費用比較便宜，

窮人的付出卻比較高。聖地牙哥有一大堆經濟問題，證明她所言不虛。

聖地牙哥低薪工人的所得只夠糊口，賺來的每一分錢都得花掉，甚至還不夠花。穆尼歐茲解釋，他們因為缺乏正式的信用額度，通常都以在當地商店賒帳購物的方式，私下欠債，然後在月底薪資進來時還清債務。他們估計，這樣下來，他們要負擔的物價大約會提高 20％。利用信用購物在智利很普遍，現任智利總統塞巴斯蒂安‧皮涅拉 (Sebastián Piñera) 就是因為引進信用卡而成名致富。近年來民眾的卡債大幅增加，但這種信用形式還沒進入新十四社區。聖地牙哥有很多購物中心，都附設大賣場和折扣超市，但是這些人靠著欠債度日，根本無法大量購物。最貧窮地區的當地市場裡，大家都小量購物，衛生紙以一捲為單位販賣，小販以一支菸為單位賣菸。住這個垃圾場社區的家庭知道，避免昂貴的賒帳、大量購物可以省下不少錢，但是賺的錢太少，以致不能利用這種方式獲得好處。

新十四社區的居民還說，他們可能會買他們不應該買的奢侈品，「我們當然會做出錯誤的決定，」有兩個小小孩的聶拉太太自首，當她碰到一個名叫「瘋孩子」的兒童主題公園時，人會特別脆弱。聶拉太太說：「我知道這個地方很貴、很浪費錢。」但她卻常把一些意外之財、小費或獎金，花在和小孩出門玩一整天的支出，而不是塞在床鋪底下存起來。她的伴侶艾曼紐‧聶拉 (Emmanuel Neira) 談到低收入戶很難過上好日子：「看看我們吧──我們都有點臃腫。」（近年智利的肥胖比率飆升，超過四分之一的成人、五分之一的兒童符合肥胖的定義，這股潮流也沒有漏掉新十四社區：這裡

的人都超重，男性尤其明顯過重。）艾曼紐笑說：「我知道拉斯孔德斯的人都吃藜麥，我也知道我該吃藜麥，但是當你上完 12 個小時的班，只會想吃點有飽足感的食物。」

芝加哥幫認為，教育應當在聖地牙哥扮演促進平等的力量，這種想法讓聶拉太太和鄰居氣憤，在負擔不起的商店物價之外，教育支出是這群人的主要不滿。穆尼歐茲的太太貝莎解釋，想上公立學校必須證明你在經濟上屬於弱勢，負擔不起私立學校的費用。這個過程非常花時間，要填很多的表單、參加很多次的面談——代表不論父母以什麼工作維生，都會失去賺錢的機會。必要的教科書價格也很傷本——聖地牙哥一本基礎教科書要價二萬披索，相當於領取最低薪資工人的兩日所得（如果英國的教科書也依據這種方式訂價，要價會超過 100 英鎊）。由於大家買不起書，地下市場應運而生，小販提供裝訂精美的黑白影印本，售價只要正版的一成。盜版書商遭到警察查緝，手頭拮据的父母卻替他們辯護，貝莎說道：「看吧，就算是免費教育，在智利也不是那麼免費。」

夜幕降臨新十四社區後，聶拉先生和穆尼歐茲先生護送我到大馬路上招計程車回家。聶拉先生的眼睛發亮，說道：「如果你想了解聖地牙哥，你應該把聖地牙哥想成人的心臟，髒血從下方流進心臟，乾淨的血向上循環到達頂端。」這是眾所周知，說明這個都市裡所得和海拔之間關連性的對照說法。貧窮的通勤者從南邊低矮的社區往上爬，進入市中心，富人則從北邊地勢較高的巴里奧歐托（Barrio Alto）地區下來。聶拉先生用完美的英語，說出這個既有機鋒又很灰暗的笑話，這位受託在垃圾場守夜，防備竊盜和毒蟲闖入這種不需要技術工作的男性還真有才，說得出這種絞架式的幽默。優

步計程車終於到來時，司機坦承，能接到客人帶他離開新十四社區，讓他鬆了一口氣，他說：「這裡很危險。」

教育隔離

「我們面臨著殘酷的不平等。」61 歲的卡門‧瑪特瑪拉 (Carmen Matemala) 說道。我們坐在聖塔瑪莉亞貢薩雷茲 (Escuela Domingo Santa María González) 公立學校的校長辦公室裡，這是聖地牙哥最貧窮社區蘭卡區 (Renca) 的學校，瑪特瑪拉女士在這裡擔任教務主任，校長露西‧聶託 (Lucy Nieto) 用力點頭，表示同意。她們的學校教學對象是 650 位從五歲到 11 歲的小男生，當中有八成被歸類為弱勢學生，兩位女士解釋會這樣分類，是因為他們的學業表現很差，或曾經因行為不良遭到退學，無法在其他學校取得學籍。她們的學校是設在窮人社區裡的貧民區學校，教育目標有所限制。聶託女士說：「我們其實不會思考上大學院校的問題，我們的目標只是確保教出堂堂正正、不會給自己惹麻煩的年輕人。」

瑪特瑪拉女士帶領我們在學校裡走了一趟，她身材嬌小，穿著簡約的海軍藍衫裙，人像鋼鐵般堅強，卻有著柔和、甚至有點神性的光環。光看建築物，這所學校似乎是個體面的學習場所：教室蓋得很整齊，形成一圈，環繞著中央操場，午餐時間可在操場同時舉行多場足球比賽。瑪特瑪拉女士說：「只有那些小男孩知道誰在踢哪一場球賽。」她認為學校的問題並沒有顯現在頹敗的建物和教室上，而是表現在學習成就上：很多男生不會說話，更別說閱讀了。「他們入學時，唯一會做的事情，就是指著他們想要的東西。」

這是智利發展中的另一個矛盾，官方的貧窮統計數據卻掩蓋了這種事實，幾十年的經濟成長，讓聖地牙哥的學校擁有體面的建築物，卻仍然造就出一群還不會說話的學齡兒童。

不平等的問題在她教的小男孩出生前就已經存在，瑪特瑪拉女士解釋道，很多孩子出身家裡大人失業的家庭，或是沒有男性榜樣

圖 9.2 ｜聖地牙哥地鐵：站名、所得、教育程度之間的關係

聖地牙哥地鐵四號線沿線車站的每月人均所得和教育品質評量系統（SIMCE）分數

資料來源：教育 2020（Education 2020）網站

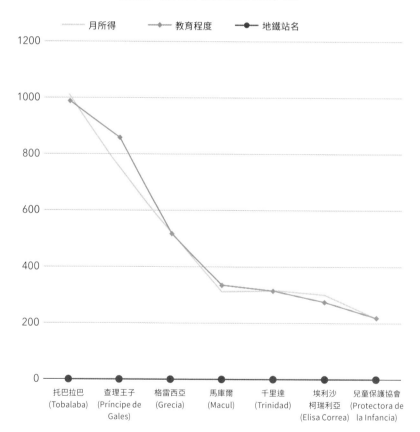

可以模仿、又沒有書報可以閱讀的家庭。學校因此爲這些最困難的個案安排了緊急對策，包括密集課程和語言治療。「成果眞的很驚人。」她高興的微笑，形容人生開始時很辛苦的男孩怎麼迅速跟上進度。最頂尖的學生會進入國內最好的國立聖地牙哥大學。我問道，這樣不就是制度運作良善，透過教育達到機會均等嗎？兩位女士同聲說道：「不是這樣。」這些男孩是稀有的少數。智利的教育是可以買賣的商品，「有一個富人的體系，還有一個窮人的體系。」兩位專家表示，教育系統根本不是達成平等的力量，而是人生大樂透的延續和加固。

我在教育 2020 (Education 2020) 這個當地智庫見到的研究專家，針對這個問題，想出了把一切概括在一張圖表裡的驚人分析方式。他們沿著橫軸，列出市內地鐵四號線的沿線車站，從起點托巴拉巴（靠近拉斯孔德斯和富有的「聖哈頓」核心區），一路下坡，開到南邊貧窮的艾爾多橋 (Puente Alto) 社區。他們列出每一個車站周邊地區的人均所得，發現人均所得隨著地鐵南下而降低。他們還描繪了學童的學業成就，依據標準是當地孩童在教育品質評量系統的考試分數——這種考試是決定學生該上大學、還是該去念技術學院的標準，發現考試成績會隨著地鐵路線逐站遞減，結果是所得、地點和成就出現幾近完美的關聯性。這個模式很絕對：富有地區的學生都不會搞砸教育品質評量系統考試，貧窮社區的學生都不會在考試中稱霸。這一點顯示聖地牙哥是分裂的城市：只要知道某個人住在哪裡，你就可以準確預測他的學業成就。結果就是教育 2020 執行長馬利歐·魏斯布魯斯 (Mario Waisbluth) 所說的「教育隔離」。

教育戰爭

「聖地牙哥的教育市場是個千層蛋糕，」魏斯布魯斯先生說：「有富人子女上的學校，有稍微有錢的人孩子上的學校，沒那麼富有的人子女上的學校，還有很多層的中產階級學校，以及窮人子女上的學校。」最底層占 34%，由類似蘭卡區聖塔瑪莉亞貢薩雷茲這種學校的學生構成，由政府全額資助免費教育。接著，還有中產階層的學校，這種學校涵蓋六成的孩子，接受政府的補貼，但是父母仍需要負擔部分費用，從一年象徵性的幾千披索，到超過 24 萬披索（大約 350 美元），介於兩者之間的收費形成數百個細微分層。最頂層是進入私立學校的 6% 學生，蛋糕上的糖衣則是格蘭齊學校(Grange)，格蘭齊學校是公認聖地牙哥最好的英式公立學校，在這裡上學，父母一年要花費將近二萬美元。

在教育上花多少錢很重要，聖地牙哥的雇主會要求求職者在履歷表上列出曾經就讀的中學，即使他們已經取得大學學位，還是要列出來。當地人說在商言商，這樣做很合理，因為經營者雇用從格蘭齊學校畢業的人時，同時也「買到」了這個人的人脈，雇用才幹相同、卻畢業於較不知名學校的人，你花錢買到的東西會比較少。如果你希望子女在聖地牙哥混得很好，你就必須在教育上大力競爭。一位中產階級家長解釋：「比方說這個城市裡的私立中學分成十個等級，那麼，每個人都會鄙視等級比他低的人，也會竭盡所能的更上一層樓。」另一位家長形容這種情況是「教育戰爭」。

中層的學校，也就是需要父母負擔部分費用的學校，是戰爭中的主要角色，1980 年代推出的部分付費政策提供父母「教育代金

券」，讓父母能夠在自己選擇的學校裡「花用」；然後學校會根據這些教育券，向政府申請每個月的給付，並在給付之外，向父母收取額外的費用。教育品質評量系統也在同一時間推出，為每一所學校的表現提供透明的評分。其中具有芝加哥幫式的思維：父母可以根據可靠的資料，自由選擇把小孩送到哪一所學校，學校之間會互相競爭，以便提升水準，市場會自我調節。

今天絕大多數收取「教育券」的學校都不是免費的，父母都需要負擔部分費用。這些學校雖然接受國家補貼，卻有四分之三的學校是以營利為目的。大家把公開的教育品質評量系統的成績，當成股票價值，告訴潛在的學生家長某一所學校的股價是高是低。這種制度的理念是老師會加倍努力，以便提高孩子的成績，而且會對苦苦掙扎的孩子，付出特別的注意力。實際上，聖地牙哥的學校卻努力的利用入學考試，選擇表現最優異的學生，淘汰表現不好的學生，以便保護學校的教育品質評量系統總成績。類似的篩選方式也出現在老師身上：受過最好訓練的老師會進入提供高薪、同時收取教育券的私立學校；不合格和表現不佳的老師會流落到市立的貧民窟學校。

智利教育市場兩個極端學校的校長一致同意：這種分層是大問題。聶託校長在她位於蘭卡區小小的辦公室裡說，教師的素質是主要挑戰：我們見面時，她正把希望寄託在新的計畫上，要在教師的訓練上投資，同時為學校可以選擇學生的範圍設限。格蘭齊學校的校長拉齊・貝南瑪 (Rachid Benammar) 則在他豪華的辦公室說道：他的學校能夠提供的最大幫助，就是在他們新設立的學院提供公益教師訓練。這些構想很有價值，卻也是艱鉅挑戰：智利雖然創造了「經

濟奇蹟」，躋身已開發國家之列，在比較中學生的表現時，卻和哥倫比亞這類貧窮許多的拉丁美洲國家不相上下。

聖地牙哥的高中運作方式強化了經濟階層，而不是攪動混合。這對「磚頭」一書中羅列的經濟計畫造成了挑戰，因為書中指望教育能成為社福的形式。芝加哥幫的藍圖把目標訂在持久的成長、能夠對抗貧窮、開啟高品質教育的通路，從而實現機會平等。他們推動教育改革時，依靠的是芝加哥學派的理念，包括選擇和競爭的重要性、放鬆管制和私有化帶來的自由創新，以及最根本的市場角色。然而達連和金夏沙具有破壞性和自我毀滅性質的交易顯示，市場機制無法保證良好的成果。智利教育的市場是另一個體現：中學階段的教育很糟糕，但是到了大學階段，市場機制還會更糟。

畢業稅

中學生設法從分層式的中學市場脫身後，如果想就讀聖地牙哥的大學，就好像進入狂野奔放的西部一樣。芝加哥幫的計畫是建立私立大學體系，政府不花什麼錢，但學生卻有很多選擇。實際上，智利絲毫不差地遵循這個計畫：智利只投入國內生產毛額的 0.5%在高等教育上，是經濟合作發展組織中投入最少的國家；大學院校體系卻持續擴張，頒授學位的大學超過 150 所，其中三分之二是由私人企業興辦以營利為目的的學店。聖地牙哥大學林立，大街小巷和汽車展示間之間，都設有大學，市內地鐵站和公車站裡，都張貼著各家大學學生笑容滿面的海報，多半的海報都許你一個美好職涯的願景。

住在新十四區垃圾場營區年輕的聶拉夫婦都認為，大學學位意味著可找到薪水更好的工作。聶拉太太完成了心理學學程，卻沒有什麼幫助：她的工作是拉斯孔德斯一位保姆的助理。她丈夫上了三年的資訊科技學程，但是這對夫妻的第二個孩子出生時，聶拉先生中斷了學業，開始擔任保全，他告訴我，他很願意在孩子長大一點後，完成學業；聶拉太太則說她在尋找更好的機會。他們兩位在心願達成前，賺的錢跟社區中沒有受過高等教育的勞動階級沒有兩樣，唯一的差別是他們現在背負著需要好多年才能還清的學貸。

市場競爭有效運作時，企業之間的競爭應該會壓低價格、提升品質。依據自由市場理想打造的智利教育系統中，大學課程的平均花費占平均所得的比率達到 41%，是經濟合作發展組織會員國中最高的水準。這代表得到學位的學生都必須清償巨額債務──普通大學畢業生必須連續 15 年，把所得的 18%，拿來清償學貸。大學也因為以利潤為導向，所以學費高昂，而成本──包括教職員工的成本──則必須壓低：智利的大學輟學率高達 50%，在這個令人不安的統計數字上，智利是世界的領導國家，聖地牙哥有很多人像聶拉先生一樣，學位吊在半空，債台高高築起。

雖然學費很高，品質卻不然。國家認證委員會理應負責規範，但是認證是自發性的行動，約有 70% 的學程沒有認證，代表這些學程都未經審查或品質管控。問題的一部分在於缺乏經驗：大部分學生都是家裡第一代上大學的人，教育部門卻充分利用這點：人民通常天真或耳根子軟，常做出玩世不恭的行為。一位資深的前教育部長跟我形容說：「智利近年來最好做的生意就是創立大學，收取學費，然後掏空學校的資產。」某些醜聞兼具悲喜劇性質，其中一

所大學的經營者厚顏無恥地把學費中飽私囊，實際教學卻乏善可陳，最後終於因為涉及洗錢而關門。另一所大學的學生修習多年，完成牙醫、建築和法律學位後，才發現自己實際上無法勝任這類工作。更多、更便宜、更好的教育是芝加哥幫計畫的中心，在希望和承諾帶來失望和債務的情況下，教育變成了聖地牙哥最具象徵性的議題。在這個帶領潮流的城市裡，我發現所得和機會不均已經徹底改變政治，很可能會催生一種全新型態的經濟。

新學校

從企鵝到總統

學生的反擊始於 2006 年、近 80 萬名中學生發起的一場罷課。那次罷課事件以「企鵝革命」聞名（智利學生穿的白襯衫和黑外套像是「企鵝」裝，因此企鵝是對學童友善的暱稱）。到了 2011 年，學生運動茁壯：有 60 萬學生，帶著譴責芝加哥幫和他們市場導向政策的海報，參與在聖地牙哥舉行的大規模示威。2011 年的抗議（稱為「智利之冬」）讓學運領袖——智利大學的卡蜜拉·瓦耶荷（Camila Vallejo）和天主教大學的喬治歐·傑克森（Giorgio Jackson）受到公眾矚目，到了 2013 年，兩人都變成國內政治要角。瓦耶荷小姐加入支持智利中間偏左聯盟的共產黨，傑克森先生較為激進，他保持中立，並成立了新黨派民主革命黨，並且勸誘其他小黨，共創新的

廣泛陣線聯盟（Frente Amplio）。2017 年，廣泛陣線在參與成軍以來的第一場主要選戰中，贏得了 20% 的選票。傑克森先生在他的選區中獲得 60% 的選票，躋身智利 120 位參議員中支持度最高的參議員之一。

傑克森的選區辦公室為聖地牙哥的不平等提供了一個絕佳的視角，在這棟八層樓建築物的頂樓，有一個大陽台面對著聖塔露西亞公園，公園裡古老的大樹和殖民時代的雕像林立。右手邊有一條寬闊的大道緩緩向上爬，穿過富裕的普羅維登西亞和維塔庫拉兩個地區，耀眼的大聖地牙哥塔則在太陽下閃閃發光。左手邊的路緩緩下坡，通往義大利廣場，聖地牙哥市的人都知道，這裡正是富人和窮人之間非正式的分界線，長途公車由此出發，前往蘭卡之類的社區。傑克森參議員騎著單速腳踏車抵達，他留著雜亂的鬍子，揹著一個裝滿書、算是他的註冊商標的小背包；才 30 出頭的他已經開始掉髮，因此他戴黑色棒球帽蓋住腦袋瓜。大家可能輕易的就會把他誤認成研究生，聖地牙哥很多民眾卻認為，他是當代最重要的政治家、也是未來的智利總統。

傑克森先生出生於上層中產階級家庭，在富裕的普羅維登西亞就讀私立學校。他很有運動天賦，從青少年時期起，就在國家代表隊裡打排球，然後靠著體育獎學金的部分資助，進入大學，研讀電腦工程。他說，他原本無意踏入政壇，卻被教育示威和聖地牙哥不公不義的經濟不平等推向政治。罪惡和憤怒的感受開始在他體內累積，因此他決定採取行動。從學生運動中走上當權派的很多政客，都希望智利回歸阿葉德啟發的社會主義，傑克森先生卻提供了新的見地，而且他的想法正在流傳開來。

傑克森先生的儀容宛如政客——巍然挺立、氣吞全場，然而他卻也是講求精確的書呆子。他說，左翼和右翼光譜的古老理念已經失敗，現在需要多面向、而非兩種面向的新政治。擺脫政黨陣線和知識分子包袱的他，顯得清新而誠實，他承認民主革命黨正忙於制定新政策，還沒有訂出可以媲美芝加哥幫「磚頭」政策的新政策，但是他們的團隊正在努力推出新的政策組合。我急於知道智利未來經濟劇本的內容，就詢問傑克森參議員喜歡看哪些書。

　　他口中有影響力的思想家都是不落窠臼的人，從古典哲學家到現代政治理論家都有，其中，韓炳哲 (Byung-Chul Han) 最近的著作特別讓他驚豔，韓炳哲是在韓國出生、目前定居柏林的學者。韓炳哲是現代版的小冊子作家，產出很多薄薄的小書，因此變成德國哲學界的明星。韓炳哲批評傅利曼的東西，連帶的也批評芝加哥幫和智利的經濟模式，他主張：現代資本主義告訴大家，他們可以自由選擇想買的東西和想追求的事業。實際上，我們是消費主義的「奴隸」，受到既有市場所創造的虛假需求誘惑。舉例來說，時尚的存在讓大家覺得自己非常需要——以馬斯洛的需求層次來看——最新剪裁的牛仔褲或新款洋裝。從韓炳哲先生的角度來看，資訊經濟也一樣，我們得到免費提供的大量資訊，卻也變成了資訊的奴隸，追尋別人認可的象徵，如臉書或 Instagram 上的按讚，我們誤以為這些東西有價值。

　　傑克森先生由這些思想中，汲取了一個重大理念，就是「飢餓行銷」的觀念。市場的物價高到把很多人排除在外，喪失原本應該可以提供基本資源給每個人的功能。他說，會出現這種情形，是因為「促進壟斷」(facilitated monopoly) 控制了物資的供應。他特別抨擊專

利制度、智慧財產權法規和任何隔絕市場競爭的事物。一旦你了解對商品流通至爲重要的產業——從銀行到書店、從退休金到藥品——在聖地牙哥的自由市場中何運作，你就會了解他的論點，知道爲什麼他的想法會引起大衆的共鳴

聖地牙哥式的市場失靈

洛埃斯佩霍社區裡的市集每週日舉行，規模非常龐大——有一位攤商宣稱，這裡是拉丁美洲最大的市集——這個市集沒有眞正的中心，遍布在這個塵土飛楊貧窮郊區裡的每一條後街，還延伸到外緣的火車鐵軌爲止。時裝攤販出售的衣飾中，包括英格蘭足球超級聯賽的仿冒球衣，攤子上有大量的電器可供選擇，包括手機、充電器，還有盜版專輯、影片和軟體的雷射唱片和影音光碟。販賣食物的攤位也有幾百個：蔬果商的桌子快要被巨大的綠色南瓜壓垮，這是一種類似南瓜的蔬菜，劈開後露出的果肉是明亮的金黃色，可以用來製作可口的麵點油炸蜜糕。大家一面逛街，一面吃東西，攤商賣的食物有烤雞、鮮榨酸橘汁醃魚沙拉，還有無所不在的義大利狗仔，這種東西是一呎長的熱狗，因爲上面綠色的酪梨、白色的美乃滋和紅色的番茄而得名。

洛埃斯佩霍的攤商展示了功能良好的市場應該怎麼運作。以鮮魚爲例，魚販卡洛斯花幾秒鐘時間，迅捷的揮幾下鋒利的魚刀，便把白魚去頭、去內臟、再切成魚排，擺出推積成山、每公斤售價 2,000 披索的智利竹筴魚和智利無鬚鱈的魚肉。卡洛斯說，如果他能進到高價的魚，如歐洲海鰻（類似鮟鱇魚）、黃花魚（一種鱸

魚）、甚至是蜘蛛蟹（南美帝王蟹）——他就可以在更富裕的區域銷售，賺到更多的鈔票；然而因為這些魚種都是由大型漁業公司捕撈上岸，他只能拿到他可以到手的魚貨，在這裡賣。我們一邊聊，他一邊繼續切魚排，由一位助手協助販賣。

另一位攤商供應岩石般的巨大巧克力塊，他把巧克力塊切成板球大小，再裝在透明塑膠袋裡出售。旁邊的硬紙板上草草的寫著「雀巢」的品牌：這塊下腳巧克力來自當地的工廠，是巧克力工人清潔機器時刮下來的沉澱物，在富有的拉斯孔德斯區，製造商會把下腳料丟掉，但是這種東西在洛埃斯佩霍就會有價值。這種市場會扮演適當的角色，把價格低廉、樸實無華的產品跟購物者緊俏的預算搭配起來，讓買家和賣家達成對雙方都有利的交易。商品會經過分級、揀選和出售；市場攤商的貨架會清空。市場為顧客和小商人這樣安排、確保東西不會浪費掉，這一點正是經濟學家喜愛市場的原因。

新入行的人會發現，在洛埃斯佩霍廣大的市場裡起步很容易。58 歲的赫南 (Hernan) 解釋說，他因為製造商把生產線移往海外，失去當地腳踏車工廠的工作，就用一次支付的一筆小額裁員補償金，作為開業資金，在家門外設立攤位，專賣衛生紙捲和清潔劑兩樣產品。赫南說明他怎麼為顧客準備各種品質和價位的產品，從最便宜的「諾布蕾」（Noble，五捲衛生紙 1,100 百披索），到「康芙特」(Confort) 和「法芙麗塔」(Favorita)，還有售價最貴、要價 1,700 披索的「愛麗特」(Elite) 衛生紙。赫南指出，他每種衛生紙的價格都比當地超市便宜非常多（例如超市的愛麗特要價 2,400 披索）。價格是真正的問題，他說：「但是顧客知道他們可以信任我。」

信任在聖地牙哥很重要，因爲很多單純物資的價格對智利平民很不利，其中包括衛生紙捲：2015 年，控制 90% 銷售量的兩大製造商祕密勾結、合謀拉抬價格；案發前的十年內，一共搾取了四億六千萬美元。這儼然形成了某種模式，而此案就是模式中的一部分。其他調查發現，卡特爾抬高公車票價，對聖地牙哥的通勤人士造成嚴重傷害。還有另一項調查發現，掌握九成雞肉銷量的三家公司串通一氣，放棄競爭、聯手拉抬價格。

舒適的資本主義

昂貴的雞肉、公車票價和衛生紙捲訂價過高，讓智利低收入戶家庭的生活更爲艱難，在國家結構中扮演更重要角色的市場機制也有問題。同樣的兩家公司控制了 85% 的報紙市場、85% 的網路新聞和 80% 的廣告收益。健康醫療也高度集中化：少數幾家健保業者控制了市場，三家連鎖藥局掌握了 90% 的藥品採購——這三家企業全都參與了最近的勾結案。

「市場才不在乎，」丹尼爾・賈杜（Daniel Jadue）說：「處方藥的供應鏈證明了這種情形。」46 歲的賈杜先生是雷柯列塔（Recoleta）市長，這個城市是聖地牙哥東邊的貧窮地區，他也是智利共產黨的代表。他解釋問題在於他這一區居民的所得太低，不值得藥商供應藥品，所以藥廠也不想自找麻煩。他還說，拉斯孔德斯每二萬人就有一家藥局，雷柯列塔每 14 萬人才有一家藥局，智利全國還有數百萬人住在完全沒有藥局的地區裡。新十四區居民聶拉太太指出，這意味著窮人必須付更多的錢。雷柯列塔的醫藥費更高，因爲當地人

必須搭公車去拿藥；老人和慢性病患的狀況因此特別困難。

賈杜市長為了因應這種情況，親自開了一家「人民藥局」。藥局位在市公所一樓，以利嘉圖·索托 (Ricardo Silva Soto) 為名，紀念這位遭到皮諾契特的祕密警察殺害的藥師，這裡販售抗生素處方藥、抗組織胺，和老年人所需要、從眼藥水到尿失禁護墊等各種產品。為了擺脫智利的聯合獨占市場的控制，這所藥局從國外進口藥物，和聖地牙哥私人藥房的售價相比，這家藥局可以為大家省下多達70%的費用。

眼鏡也是一個問題，整個雷柯列塔沒有半個驗光師，因此這裡開設了一家人民眼鏡行，以便填補市場缺口，銷售價格 6,200 披索（約合九美元或七英鎊）的眼鏡，還有 8,800 披索的有度數太陽眼鏡。店長自豪的說，這樣本地人可以省下一趟所費不貲的旅程，而且和雷柯列塔之外的私人驗光師相比，他們的舶來品價格可以讓居民省下 90% 的錢。如果有人讚揚智利、希望從智利資本主義模式中找到「可以複製的經驗」，這位共產黨徒市長被迫進口基本產品的這件事，證明這些人可能漏掉了一些東西。

涇渭分明的城市

公園變成私人空間

造訪秋田和塔林，看看這兩個全球老化和科技潮流極端的經濟

先鋒，會看到一件鼓舞人心的事，就是這些國際趨勢雖然讓人憂心忡忡，卻也把大家團結在一起。日子雖然不好過，卻仍然可以在年輕人與老年人之間，找到很多交易、合作和了解的證據。在受到歷史、傳統和語言撕裂的族群之間，同樣可以找到很多這種證據。這種合作方式動用人力和社會資源，同時利用和修補信任、施惠和共同努力的準則。我在智利看到很多非正式的合作方式，包括垃圾場營區和教科書的黑市，但是我離開時認為，這裡有更多讓人擔心的理由。

聖地牙哥的上層菁英私底下擔心這個城市的狀態，他們說：用心看，有不少裂痕同時影響富人和窮人。很多人擔心正式的經濟不夠多元化：智利創造驚人的發展後，現在變得固步自封，像阿葉德時代一樣依賴礦業，光是銅礦，每年就提供政府歲入的30%。芝加哥幫的經濟藍圖「磚頭」設定過計畫，就是要以礦業之類的基本工業活動為基礎，推動多元化，建立更先進的產業。但是這個計畫雷聲大、雨點小，以至於智利很容易受到全球商品價格波動的嚴重影響。

自豪的本地人會用兩個故事為此辯解，說他們的國家很小，實際上像個島嶼（智利人認為他們被北邊的阿他加馬沙漠、南邊的南極洲、東邊的安地斯山脈和西邊的太平洋包圍）。很多人說，智利的國家大小和難以抵達的位置使多元化難以推動。移民和比較有批判精神的當地人會說，這些藉口都是胡言亂語：以人口數來看，智利可以輕易排進世界人口最多國家排行榜的前面三分之一，並且從19世紀初期開始，便成功的推動海上貿易。依賴銅礦業而無法達成多元化的真正原因和不平等有關。對經營既有穩定企業的人來

說，他們沒有理由自找麻煩，因為有很多人在集中的產業裡，過著舒舒服服的日子，生活有點太美好了。

把子女送去格蘭齊學校的菁英家長在私底下，也會抱怨這種極端舒適的環境對自己的子女，會有什麼影響，他們抱怨時，經常提到自己擔心子女會變成上流社會新典型的「蘇洛內」(Zorrone)。「蘇洛內」基本上是帶有垃圾搖滾 (grunge) 風的美國兄弟會成員，他們穿著斜紋棉布休閒褲和喀什米爾羊毛衣，卻也刺了刺青、留著油膩的頭髮。他們不想去上老牌的菁英大學，喜歡進入學術表現中等、學費卻極高的新興私立大學。「蘇洛內」不需要跟比他聰明的同胞競爭，因為他們父母開設或經營的公司裡，早就安排好空缺，等著他來坐。一位憂心忡忡的父親說：「智利的菁英階層跟美國和歐洲不一樣，不讓自己的小孩接受考驗。」

不平等也影響聖地牙哥公共空間的使用方式。一位外國人回想自己員工旅遊主辦夏日野餐，卻以失敗收場時解釋：「在這裡，社會階層完全不融和。」問題在於社會上存在一種不成文的隔閡，把某些地方和活動描述成是否符合「庫依科」(cuico)（庫依科大致上是指高等階層，勞工階級可能把這個字眼用在負面用法中，富人可能用來拉近彼此之間的親密關係）。這位外國人說：「大家在工作以外就不能見面，因為公園有庫依科公園和非庫依科公園之分，屬於某個階級的人不會造訪另一個階級的人。」官方的說法是：聖地牙哥的公園是公共空間，由一般的稅收設立和維護，任何人都能使用；實際上，不平等把公園變成私人場所，所得才是決定大家有沒有使用權的依據。

考慮韌性這個因素時，這種情形就令人擔心。最近的研究顯示

圖書館和公園等場所之類的「社會基礎建設」，是對抗惡劣時機的某種保單，這一點呼應我在格拉斯哥觀察到的狀況，也就是大家融合在一起，知道鄰居面對的挑戰、知道鄰居的才能時，他們會更善於應付衝擊或挫折。但是，聖地牙哥的公共場域卻是閉鎖空間。聖地牙哥的犯罪率很低，然而，不論是貧窮和富有的社區，大家一致在保全設施上投入巨資，很多住家都圍在鐵欄杆裡，穿越社區的小徑都遭到封路，把公有通道變成私人空間，以至於想走路或騎單車穿越這個城市，變成難上加難的事情。一顆載著閉路電視攝影機的巨大氫氣球，日夜漂浮在維塔庫拉上空，協助舒緩這個區裡有錢居民的恐懼。每五個智利人中，只有一個人說自己信任國人，比率遠低於已開發國家的標準。

聖地牙哥底層所得階級似乎不會嫉妒別人的薪水，彼此之間卻存在一些怨恨。新十四區的聶拉太太解釋：「大家期待拉斯孔德斯區的女傭走在外面時，穿著制服，期待她們在午餐時間或在下班回家的路上走進商店裡時，穿著制服，這種方式意在顯示她們不同、她們不屬於這裡。」這不是規則或法律，而是文化規範，是維護階層和地位區隔的一種方式。如果資本和社會基礎設施對韌性很重要，那麼智利經濟會比大家認定的還脆弱。

看成果，不看用心

智利的很多年輕人認為，路德斯這批芝加哥幫就是貪婪資本主義和冷酷自私自利的代表。然而，如果你看完「磚頭」這本經濟藍圖，卻不得不肯定作者一心追求國家最大利益的美意——因為他們

的理念和雄心躍然紙上。當時這幫年輕人看出自己國家的潛力；對智利屈居於鄰邦之後深感厭惡，他們的經濟計畫植根在傅利曼和哈柏格在芝加哥大學的教導，他們承諾創造一波波用成長根除貧窮的漲潮。

然而傅利曼有一句最為人所知的格言：「談到經濟政策時，不應該根據立意來評斷，應該根據成果來判斷。」狹義的說，智利的成果顯示，大家仍然可以把智利視為芝加哥學派經濟發展模式的勝利，這個國家仍然是拉丁美洲的項上明珠，是支持民營化改革群眾最喜愛的個案研究。最極端的貧窮——人民無法滿足吃飽飯這種基本需要的狀況，在智利幾乎已經完全絕跡。你在聖地牙哥最貧窮的地區，很容易可以找到忍飢受凍、在顫巍巍營地臨時住所裡長大的人，但是幾十年來，經濟年復一年的持續成長，降低了貧窮率，使基本需要變得比較容易滿足，也大幅改善了這些社區的生活。

快速成長加上極端不均的智利路線，是很多新興國家和持續擴張城市遵循的路線。聖地牙哥為這種路線的追隨者提供了警示。正如自由市場並非總是能夠創造價值一樣，強勁成長也並非總是能夠帶來成長所承諾的發展。尤其是聖地牙哥已經變成馬斯洛需求金字塔遭到拉高變形的城市，也就是基本需求變得更容易滿足，更高的需求層次——教育和能動性（agency）——卻變得高不可攀。智利有南美洲大陸上最高的人均國民所得，但是在經濟合作發展組織這個已開發國家俱樂部裡，智利卻有著上升速度最快的肥胖率、最糟糕的學習成績，最貴的大學學費，以及最高的輟學率。我在聖地牙哥這段時間顯示，這一切都跟不平等有關。

這些實質失敗意味著聖地牙哥再度變成耐人尋味的地方，同時

也是各種理念的新戰場。芝加哥幫在經濟遭嚴密控制、人爲市場受社會主義目標束縛的期間後開始掌舵，希望證明自由市場是管理經濟運作最好的方法，他們創造的「奇蹟」似乎證明了他們的勝利。但是從現代聖地牙哥現狀的角度來看，市場顯然帶來了反常的競爭形式，教育擂台上猖獗又腐敗的競爭就是最重要的例子。在聖地牙哥，市場創造出機會平等無望、不均程度加劇的地方，也因爲所得太低，店家也不在乎有沒有顧客上門了，反正基本物資都會由國家供給。聖地牙哥是引領世界經濟潮流的先驅，推動的極端經濟在世界各地有很多追隨者，但是聖地牙哥的年輕人在這種極端制度中遭到煎熬之際，卻質問大家到底能不能信任市場。

結語
未來指引

Conclusion
A Rough Gudie to the Future

> 我承認學習和講授解剖學時，不是根據書本，而是根據解剖，不是根據哲學家的立場，而是根據自然的構造。
>
> 威廉·哈維
> 《心血運動論》（*De Motu Cordis*），1628 年

> 經濟學研究人類的日常事務……一則研究財富面，一則研究更重要的人性面。
>
> 阿爾弗雷德瑞·馬歇爾，《經濟學原理》，1890 年

目標 2030 年

　　去到一個遙遠、未知又令人心生恐懼的地方時，有個優秀的當地導遊極其重要。你需要找個在地人士，既能爲你解釋地理環境，也能說明將會遇到的困難，同時針對如何做好妥善準備，給予寶貴的建議。而我之所以動筆寫這本書原因，是想探訪生活充滿緊張壓力的人，因爲他們所經歷的一切、可能與我們所有人都會前往的地方有關——那就是未來。這代表我不會去一般經濟學家所研究的國家和城市，而是會打破常規來實踐一個概念——研究極端案例。此概念於 400 年前由威廉·哈維率先提出。極端案例的分析已廣泛應用在醫學上，並在遵循大衛·柯卡迪「從極端經驗中學習」的理念之下，極端案例也在現代工程學和物理學上發揮基礎作用。世界上最

極端的經濟體對 2030 年的緊張壓力有何看法？我們又該如何因應準備？

先從自身瞭如指掌的地方開始談起，都市化即是一例。1950 年，世界逾 70% 的人口住在鄉村地區，對大部分人而言，經濟上的挑戰指的是鄉村所面臨的挑戰。人類歷經數十年遷徙後，見證了城鎮逐漸擴張，鄉村凋零。而後來到 2007 年這個具有里程碑意義的一年，都市人口首次超過鄉村人口。此一趨勢將會持續下去。預計在 2020 年至 2030 年間，都市人口會增加近 7.9 億人（此為美國人口的二倍以上），出現 43 個人口超過 1,000 萬的巨型城市。到了 2050 年，一世紀以前的居住型態將會徹底翻轉：全球七成人口會住在都會區。這意味著未來城市生活的經濟力量會脫穎而出、成為主導力量——這種力量是以阿爾弗雷德·馬歇爾的理論為基礎，在格拉斯哥所見的三種「聚集」作用力。持續發展的趨勢會指出我們未來的走向，以及未來重要的經濟型態。

未來十年最重要的趨勢，是本書第三部說明的三種力量。這三種力量影響遍及全球，目前引起極大關注，而且可能會繼續增強。到 2030 年，日本、義大利、西班牙、葡萄牙等四國，看來會像如今的秋田縣，50 歲以上人口比 50 歲以下的人口多；機器人、自動化軟體之類的科技，會大幅影響更多的工作場域；當各國政府為了節省開支而仿效塔林所採用的措施，數位化會擴散至整個公部門。聖地牙哥式的經濟不平等會愈來愈常見，因為在世界最大新興經濟體中，上層 10% 群體所得所占比率，將攀升至 50% 的門檻。到了 2030 年，對全球大多數人口而言，世界會由三種都市組合而成：一個高齡化、頂尖科技和經濟不平等共存的都市社會 (urban society)。

變化莫測的中間路線

極端情況除了有助於釐清目標外，還能指出過程中的陷阱。在蒙受壓力與破壞的地方，經濟學會回歸到簡單而原始的形式，通常能揭露那些反應政治經濟學核心問題的現代例子，也就是自由市場的作用。2020 年，如何管理市場的觀點出現兩極化：左派計畫賦予國家更大的權力，以便管制企業，操縱結果；右派卻希望賦予企業家更大的自由，認爲渴望獲利能解決問題，競爭亦能製造紀律。世界上最艱困地區的生活，會說明大家應該避免這兩種極端情況的原因。

就像本書第一部所述，社會保有韌性，經常會創造自己的非正式市場，在遭到海嘯蹂躪的印尼亞齊、札塔里的難民營，甚至在路易西安那州最高安全等級的監獄裡，交易和交換都會在困難重重的情況下快速興起。這是一種自發的過程，市場不需要政府的協助，反而經常是在面對政府大力阻攔下，自然而然地欣欣向榮發展。自我形成的金融體系也會蓬勃發展。美國監獄的地下經濟同時使用多種貨幣，包括鯖魚、咖啡和最新的數位點數貨幣；亞齊的傳統黃金文化提供了儲蓄和保險；札塔里難民營的商人把奶粉變成可以交易的資產，以便換取強勢貨幣。人人都有創造市場的能力，也有能力建立移轉價值的複雜方法——即建立經濟賴以運作的固有支付系統，但是人爲操控的經濟體卻壓制這種作法，浪費了這些技能。

嚴密管制的體系藉著抑制自行建立的交易，不只是阻礙商品的交換而已。如果你依賴某種經濟優勢過日子，通常可以相當清楚的看出自由貿易的價值。我在遊歷期間，看到大家探討經濟問題時，

不只把經濟體系當成取得商品和賺錢的東西而已，也把經濟體系當成認同的重要來源。貨品的生產和買賣全都會激發維持品質、履行合約和準時交貨的責任感。妥善達成這些責任時，會得到健全的聲譽和隨之而來的尊敬。市場是買方和賣方配置商品的地方，卻也是支持個人精神和自我表達的地方。國家控制極為強而有力、以致自由貿易無從勃興的地方，是我所到過最荒涼、最悽慘的地方。

　　賈杜市長認為，市場並不在乎這些事情，問題在於聖地牙哥最貧窮郊區這位共產黨徒市長的看法正確無誤。就像良好的市場會創造價值一樣，差勁的市場會摧毀價值，我們從達連雨林的例子裡可以看出來，問題是一種經濟上的「外部性」（externality），外部性會出現，經常是因為某些行為人做決定時——在這個例子裡，行為人是伐木業者——忽視自己所做的決定將強加在別人身上的成本。達連是無法無天的地方，自然本能和貿易能力侵蝕了當地居民的長期展望。外部性問題很常見，代表的意義是自由市場會生產太多不好的產品、太少優良的產品，一旦你親眼看過這樣造成的破壞，可以依靠不受監督的市場處理公共政策問題的想法，就顯得過於天真、幾乎是危險的想法了。

　　市場並不可靠，不會在你最需要它時出現，也不會在下跌時反彈。若是曾有兩種人可以透過貿易獲利，其一就是達連叢林中貧窮但知識淵博的游擊隊；而另一種就是拿著大把現金、卻在叢林小徑迷路而驚慌失措的移民，然而世上並沒有設好安全通道的市場。剛果金夏沙因殖民政府與政治領袖怠忽職守，最後導致人民陷入了一種低劣貪腐的困境，阻礙了每筆日常交易的進行。團結具有放大的力量，這種力量促使格拉斯哥得以迅速崛起，卻也在衰退時予以重

擊。誠如我們所見，所謂失敗的核心（外部性造成的損害、理性選擇弄巧成拙的影響、人際網絡的脆弱等）全都和經濟有關，這類失敗也讓市場徹底失靈。剛果金夏沙因殖民政府與政治領袖怠忽職守，最後導致人民陷入了一種低劣貪腐的困境，阻礙了每筆日常交易的進行。團結具有放大的力量，這種力量促使格拉斯哥得以迅速崛起，卻也在衰退時予以重擊。誠如我們所見，所謂失敗的核心（外部性造成的損害、理性選擇弄巧成拙的影響、人際網絡的脆弱等）全都和經濟有關，這類失敗也讓市場徹底失靈。

2030 年將興盛繁榮的城市，會找到一條中間路線——找到利用人類創造市場的本能，同時減輕不受約束的自由貿易所導致的代價高昂的負面影響。我看到的極端失敗證明這樣做並不簡單，我所見韌性崩潰的很多事例，都是用心良善的政策造成的反效果，例子包括亞齊山丘上的模範村莊、達連的柚木補貼、格拉斯哥整併眾多造船廠、希望創造更強大競爭力的計畫，連蒙博托想把金夏沙變成水力發電工業樞紐的計畫，也都是類似的例子，這一切計畫紙上談兵時都很有道理，都涉及國家試圖以某種形式，馴服或影響市場，結果每一個計畫最後都一敗塗地。未來和通往未來的中間路線崎嶇難行，這種情形促使更深入了解經濟韌性這件事，變得更加彌足珍貴，韌性不只是國內生產毛額的增減而已，更是我們承受災難性衰退的能力。

非正式是日常要務

要了解韌性，我們必須把目前經濟生活中隱而未見的環節，變

成統計、辯論和政策的核心部分，非正式經濟的角色是一個巨型鴻溝，比較寬廣、比較複雜、比較創新的程度遠超過決策官員所知。我到世界上的任何一個地方，和大家討論他們的經濟實際上是怎麼運作時，都會發現有一個隱藏起來的系統，跟統計機構追蹤及新聞記者記錄的系統平行運作。金夏沙是官方資料不盡不實的例子，官方統計顯示，金夏沙的數百萬居民窮得可怕。然而，金夏沙也是運作繁忙的非正式貿易和創新寶地，是一個巨型的鄉村經濟體，是資料上不會顯現出來、因此只能靠看資料了解狀況的大部分外人不知道的東西。難民營則是另一個例子，根據難民營中官方公司來計算，札塔里和阿茲拉克 (Azraq) 是完全一樣的雙子城，從地面上看，兩地卻有著天壤之別。

透過現場蒐集來的軟訊息（soft information，又譯不可驗證資訊），會改善我們對經濟狀況的了解，從中對韌性如何運作得到一點啟發。金夏沙是一個突出的例子，一位天主教神父告訴我，當地居民能夠存活下來，完全是靠非正式的街頭小販和「解散」企業。在亞齊，金手鐲變成潛在的保險機制時，傳統的財富體系就會遭到侵蝕。格拉斯哥造船工人家庭的艱苦日子能夠減輕，靠的是非正式的安全網──從維護面子的典當物品基準，到「家庭」儲蓄會等，都是經過微調，以便因應格拉斯哥苦日子的作法。目前非正式特性在主流經濟學中，沒有半點地位，如果我們想關心韌性，這種情形勢必需要改變。

財富的新研究

我們也需要從新的角度,看待我們衡量財富的方法。經濟學把重點放在一個地方的「資本」,也就是放在長期可以儲值、也可以用在村莊、城市或國家產出和所得的年度流量上。大家把注意力放在兩種資本上:一種是財務資本 (financial capital),像現金、股票和債券之類的資產;另一種是實體資本 (physical capital),包括建築物、工廠和機器。兩種資本都很重要,而在金夏沙和達連這類悲劇經濟體中,缺少資本是兩地衰敗的原因之一。但是,這種財富形式只是整體情勢中的一環,專注這兩點,以至於排除所有其他工具,表示我們的作法狹隘而類似,錯失了隱藏在欣欣向榮、又有韌性經濟背後的資產。

亞齊、札塔里和路易西安那州是非常不同的地方,但是每個地方的金融和實體資本的供給都很稀少,然而,每個地方的人都用不同的方式,顯示深奧理念、技術與知識的重要性。過去 30 年來,大家逐漸承認國家的這種「人力資本」是經濟成長的重要來源。極端經濟體為大家增加了另一個視角:人力資本不但有助於經濟擴張,更是保障經濟對抗災難性衰退的方式。人力資本像非正式作法一樣,是韌性的集合地點。19 世紀中期的約翰‧司徒‧彌爾就已經知道這一點,亞齊人民在 2004 年南亞大海嘯後的重建中,也證明了這一點。但是,大部分國家都沒有認真、努力地衡量人力資本,包括英國在內,少數這樣做的國家,只把這種作法當成附帶計畫……

但是,經濟學中最大的隔閡是完全漠視社會資本,原因之一是

這種觀念引發爭議。左派的批評者說，依賴社會資本的經濟體系，會讓右派政客找到削減公共服務的空間。右派人士則認為，最好的方法是讓社會資本自行出現，社會資本不是政府應該干預或在上面花錢的東西，其他人則認為這個觀念太不精確，實際上不會有用。社會資本既然難以衡量，又容易引發麻煩，因此很容易遭到忽視。

但是在出現極端壓力和變化的地方，社會資本扮演的角色卻顯而易見，是把社會其他資產凝聚起來、從中擠出更多東西的膠水。我在信任和互惠程度很高、也就是社會資本很高的地方，親眼目睹和聽到實體和金融資本得到更妥善利用的事例，包括從亞齊的共享機車，到利用格拉斯哥租戶商店裡的磅秤，替嬰兒量體重之類的作法，都是加強和有效利用工具、機器或部分基礎建設的例子，背後的原因都是社會得到良性文化的支持。就像羅伯・卜特南 (Robert Putnam) 遊歷義大利時所看到的一樣，社會資本也經常作為非正式金融安排的後盾。我在遊歷時所見到的驚人韌性證實了這一點。在最嚴重考驗出現時興起的非正式支付、保險、信用和儲蓄系統，都得到地方傳統和規範的支撐。社會資本其實相當簡單，可以提高生產力，使經濟體變得更有韌性。

大家錯過的這些經濟學環節，也就是我們所擁有財富中的所得、人力資本和社會資本，都可能捉摸不定，難以衡量，但是，如果我們不把這些東西考慮在內，我們就會錯過整個經濟中的一大部分，我們看到的經濟大局就會不完整，連我們對近期經濟趨勢的評估能力，都會受到抑制。

未來的道路

　　近 400 年前，哈維主張，要了解大自然，最好的地方是「人跡罕至之處」。哈維本來要建議的對象是解剖學家，但套在現代經濟的脈絡裡，此一建議卻具有無與倫比的重要性。未來數十年內，數百萬人民會走上我們以前不曾走過的路，進入一個經濟新世界──滿布老人、先進軟體和機器，以及世上最不平等的新型超級大城。今日的秋田、塔林和聖地牙哥，都是奇怪又極端的地方。在經濟論述中，邊緣城市向來不是主要探討的內容，但到了明日，這些極端城市的生活將會變成常態。

　　我們需要全新的經濟學，才能安然面對這一切。人類喜歡交易，也善於交易，但是我們創造的市場可能會摧毀價值；前方只有一條路可走──新的中間路線。即使是最有潛力的地方，也可能失敗。所以我們必須加倍關注韌性。韌性經濟學坦承，對許多人和國家而言，所得始於非正式的交易，也認可社會的財富建立在人力資本和社會資本的基礎上，再上一層才是財務資本和實體資本。如今，所得和財富中較為微妙、人性化的層面，在經濟衡量或規畫上幾乎沒有發揮作用。我的每一趟旅行也證實了這點：倘若所得或財富確實發揮作用，我們或許可以看出自己錯過了什麼東西，例如針對高齡化所做的強力反擊，科技進步衍生出來的真正痛點，以及在全球最有前途的經濟體中，不平等所造成的隱性缺點如何逐漸破壞韌性。

致謝
Acknowledgements

首先要感謝的是所有出現在書中的人物。這次研究調查期間，我旅行超過十萬哩路，跟 500 多人說話，不管我走到哪裡，大家都很樂意與我交談。從隆冬秋田結凍的小村莊，到夏日金夏沙悶熱的後街，人們都熱情招呼我、帶我參觀他們的住家和辦公室、教堂和清真寺，給我食物、飲料，和他們的故事。

沒有 Caroline Michel 及她在 Peters Fraser + Dunlop 的團隊鼎力相助，這項計畫不會開始，遑論結束；感謝 Tim Binding 給我寶貴的建議，Alexandra Cliff 給我鼓勵和數不清支持簽證的信件。這本書大大受惠於企鵝藍燈書屋 (Penguin Random House) 的 Henry Vines，以及 Farrar, Straus and Giroux 出版社 Colin Dickerman 專業的編輯指導。我也感激 Doug Young 率先支持這個構想，感激 Stephen Morrison 煞費苦心地讀完我在路上寫的粗陋草稿，提供寶貴的意見。Rahat Siddique 是孜孜不倦的研究助理，找了數不清的報章、書籍和絕版的文章，還在我移動期間幫忙安排訪談。Amy Sebire 睿智的忠告讓我得以毫髮無傷地進出地球上一些最麻煩的地方。

有一群當地嚮導跟我一起旅行、幫我翻譯，確保我接觸到擁有最重要故事的人。在亞齊，Juik Furqan 身兼翻譯、登山嚮導和每天的晚餐夥伴。Jinan Naskabandi 介紹我認識札塔里和阿茲拉克的敘利亞人家，Mohammed Shabana 讓我參觀他的家，還帶我去見他在札塔里難民營區的朋友及清真寺。在路易斯安那，Wilbert 及

Linda Rideau 為我提供門路及 Wilbert 已絕版的初版文章；Kelly Orians 帶我認識親身體驗過當地監獄制度的人。在達連，Juan Velasquez 解釋了他在經濟方面的憂慮，並讓我睡他的吊床；庫納族的 Delifino Davies ——我們同姓但是沒有親戚關係——在我迷路、孤獨時給我協助、建議和醃魚吃。在金夏沙，Sylvain Muyali 是造詣精湛的嚮導和翻譯，Jean-Marie Kalonji 則帶我認識一群散居城市各處的年輕人。在格拉斯哥，費爾菲爾德遺產中心 (Fairfield Heritage) 的 Abigail Morris 助我聯繫當地的造船工人。在秋田，Milly Nakai 幫忙翻譯，森本先生開車載我穿越冰天雪地到達他發現的幾座被遺棄的農村。Camila Cea 和 Francisco Ramirez 是聖地牙哥造詣精湛的翻譯，也有辦法接觸到那個階級分明城市的每一層人士。

很榮幸有一群同事鼓勵我在研究經濟學的同時思考人們的故事。Zanny Minton Beddoes 和 Andrew Palmer 率先說服我嘗試新聞寫作，並教我怎麼寫。曾是室友的 Anne McElvoy 一直叨唸，要我用簡單的術語解釋經濟學。Emma Duncan 經由委託支援我最早的一趟札塔里之行。Noreena Hertz 在我告訴她寫這本書的構想時就慫恿我著手進行。Soumaya Keynes 在我坐下來寫提案時提供想法和門路給我。長久以來 Edmund Conway 和 Will Page 一直是我的智囊團，更是資料、構想和學識的泉源。

自始至終，我一直依賴我的家人。Josephine Davies 告訴我她遇到的隱藏版監獄經濟，播下了構想的種子。Ian Booth 提供以威廉・哈維 (William Harvey) 為題的文章和論文。Alexandra Davies 則是讓我感到急迫。Peter Davies 給我很多本在寫這本書時派得上用場

的書。最深的謝意要獻給 Frances Booth，感謝她予我信心大膽一試，也要感謝 Isabel Shapiro 當我的讀者、編輯、旅伴、摩托車駕駛和每天的支柱，沒有她，我絕不可能完成這本書。

最後，我要感謝早期指導者和啟蒙導師的恩情：Oliver Board、John Tasioulas、Peter Sinclair、Paul Klemperer、Peter Davis。這本書要獻給兩位大學老師——一位醫師和一位經濟學家——對於他們，我永遠感激。.

註釋和參考文獻
Notes and References

第一章 印尼亞齊

註釋

◆ **災難**：班達亞齊遭遇地質學家稱作「近源」海嘯的災難襲擊。探訪該地的科學家結合目擊者的敘述和現場蒐集的資料（包括建築物受損程度和破瓦碎礫的位置），研判海嘯的浪有多大。西北沿岸如洛克納村和蘭普克等地，遭遇超過 30 公尺高的海浪沖擊：Gibbons 和 Gelfenbaum（2005）。

NASA 科學家理查‧葛羅斯博士（Dr. Richard Gross）和趙豐博士（Dr. Benjamin Fong Chao）很快掌握地面傾斜度與形狀的變動情況——請參考 NASA（2005）。

因為有太多失蹤者被推定死亡，死亡人數只能估計。官方數字和人口學模型推斷亞齊省死亡人數在 128,000 至 168,000 人之間。班達亞齊和大亞齊各區的死亡率最高（約 23%）——請參考 Doocy 等人（2007a 和 2007b）。

◆ **歷史**：Ricklefs（2001）闡述了印度尼西亞的歷史。較詳盡的亞齊史，包括蘇丹統治、與荷蘭的戰事、印尼獨立和亞齊例外論（或分離主義），可參閱 Graf 等人編輯的論文集（2010）。胡椒的重要性，以及亞齊如何崛起供應世界半數胡椒量，請參 Reid（2015）。

◆ **關於災難與成長**：率先以天災對經濟有何影響為題的現代研究之一是 Albala-Bertrand（1993），他研究了 1960 至 1979 年 26 個國家的災難。後續文獻檢視了一場災難是否可能對成長「有利」——有關評論請見 Cavallo 和 Noy（2009）。

檢視災難衝擊的研究人員援用了災害流行病學研究中心（Centre for Research on the Epidemiology of Disasters，CRED）所編纂緊急事件資料庫（Emergency Events Database，EM-DAT）的公開資料，可上網站 www.emdat.be 查詢。

◆ **裴迪、史東和 GDP**：威廉‧裴迪的工作在他 1662 年以稅務為題的書籍，及 1676 年的《政治算術》（*Political Arithmetick*）中有詳盡闡述；Kendrick（1970）及較近期的 Davies（2015 編）追蹤了他對國民經濟會計制度發展的貢獻。

儘管有其他經濟學家——特別是美國的西蒙‧庫茲涅茨（Simon Kuznets）——協助發展了現代的 GDP 計量方式，理查‧史東（Richard Stone）可說是最重要的一位，並以其成果在 1984 年獲頒諾貝爾獎。Johansen（1985）討論了他的貢獻，Studenski（1958）更詳盡地介紹所有貢獻者，Coyle（2014）則是一部平易近人的現代史。

◆ **海嘯的經濟衝擊**：世界銀行（2006）評估了亞齊地區的受創情況，也包含援助機構

支出對地方通膨造成衝擊的數據資料。在 BRR（2009），監督救災工作的印尼機構公布了它的發現，並詳盡說明損害的範圍及 2005 到 2009 年之間的重建工作。

我的 GDP 計算是採用非石油 GDP，按實際價值計算，資料來自印尼中央統計局（Statistics Indonesia）。

◆ **內戰、亞齊獨立運動組織 GAM 及和平進程**：Graf 等人（2010 編）敍述了亞齊的戰爭史。和平會談在 2000 年及 2002 年雙雙失敗，此後，印尼政府似乎致力於徹底掃蕩 GAM。2005 年的新要角是前芬蘭總統阿提沙利（Martti Ahtisaari）主持的危機管理倡議組織（Crisis Management Initiative，CMI）。2005 年備忘錄由印尼部長阿瓦勒丁（Hamid Awaludin）及 GAM 領袖穆罕默德（Malik Mahmud）在阿提沙利先生見證下簽訂，阿提沙利後來贏得諾貝爾和平獎。和平進程及 CMI 在其中扮演的角色，請參考 Daly 等人（2012 編）文中之討論。

◆ **現代亞齊的伊斯蘭律法**：2016 年，有 300 多人遭到公開鞭刑。絕大多數（90%）是男人，主要是被控賭博。但受罰者也包括被控賭博和飲酒的女性，以及有婚前性行爲的伴侶——請參考刑事司法改革研究所（The Institute for Criminal Justice Reform，2017）。

◆ **裴迪與彌爾論人力資本**：「人力資本」這個現代術語要到二十世紀後半才蔚爲流行，但裴迪（1662）和彌爾（1848）顯然就在談論這個。裴迪寫到殺害或監禁臣民的國家只會害到自己，因爲臣民——經由勞動——是財富的泉源。彌爾寫到「國家能非常迅速地從荒廢恢復，」並解釋說，因爲人不斷使用、損害和重建無職資本（例如機器和工廠），物質生產工具的重建速度才能遠快於我們所想像，只要人力資本和人口相對完好就沒問題。

參考文獻

- Albala-Bertrand, J. M. (1993), *Political Economy of Large Natural Disasters*Albala-Bertrand, J. M. (1993), *Political Economy of Large Natural Disasters* (Oxford: Clarendon Press).
- BRR (2009), '10 Management Lessons for Host Governments Coordinating Post-disaster Reconstruction' (Indonesia: Executing Agency for Rehabilitation and Reconstruction (BRR) of Aceh–Nias 2005–2009).
- Cavallo, E., and Noy, I. (2009), 'The Economics of Natural Disasters: A Survey', Inter-American Development Bank Working Paper 124.
- Coyle, D. (2014), *GDP: A Brief but Affectionate History* (Princeton: Princeton University Press).
- Daly, P., Feener, R. M., and Reid, A. J. S. (eds.) (2012), *From the Ground Up: Perspectives on Post-tsunami and Post-conflict Aceh* (Institute of Southeast Asian Studies).
- Davies, R. (ed.) (2015), *Economics: Making Sense of the Modern Economy* (London: Profile Books).
- Doocy, S., Gorokhovich, Y., Burnham, G., Balk, D., and Robinson, C. (2007*a*), 'Tsunami Mortality

Estimates and Vulnerability Mapping in Aceh, Indonesia', *American Journal of Public Health*, 97 (Suppl 1), S146–51.

——, Rofi, A., Moodie, C., Spring, E., Bradley, S., Burnham, G., and Robinson, C. (2007*b*), 'Tsunami Mortality in Aceh Province, Indonesia', *Bulletin of the World Health Organization*, 85 (4), 273–8.

- Gibbons, H., and Gelfenbaum, G. (2005), 'Astonishing Wave Heights Among the Findings of an International Tsunami Survey Team on Sumatra', in *Sound Waves* (US Geological Survey).

- Graf, A., Schröter, S., and Wieringa, E. (eds.) (2010), *Aceh: History, Politics and Culture* (Singapore: Institute of Southeast Asian Studies).

- Institute for Criminal Justice Reform (2017), 'Praktek Hukuman Cambuk di Aceh Meningkat, Evaluasi atas Qanun Jinayat Harus Dilakukan Pemerintah' (Jakarta). Johansen, L. (1985), 'Richard Stone's Contributions to Economics', *Scandinavian Journal of Economics*, 87 (1), 4–32.

- Kendrick, J. (1970), 'The Historical Development of National Accounts', *History of Political Economy*, 2, 284–315.

- Mill, J. S. (1848), *Principles of Political Economy with Some of Their Applications to Social Philosophy* (London: Longmans, Green & Co.).

- NASA (2005), 'NASA Details Earthquake Effects on the Earth', Press Release, 10 January.

- Petty, W. (1662), 'Treatise of Taxes and Contributions', republished in Hull, C. H. (ed.) (1899), *The Economic Writings of Sir William Petty Vol. 1* (Cambridge: Cambridge University Press).

———, (1676; published 1691), *Political Arithmetick* (London: Mortlock at the Phoenix, St Paul's Church Yard).

- Reid, A. (2015), *A History of Southeast Asia: Critical Crossroads* (Chichester: John Wiley & Sons).

- Ricklefs, M. C. (2001), *A History of Modern Indonesia Since c 1200* (London: Palgrave Macmillan).

- Studenski, P. (1958), *The Income of Nations* (New York: New York University Press). World Bank (2006), 'Aceh Public Expenditure Analysis: Spending for Reconstruc-tion and Poverty Reduction' (Washington, DC: World Bank).

第二章 約旦札塔里

註釋

- **圖表。難民人數資料：**難民營規模的資料取用自聯合國難民署（UNHCR）。營區人口一直在變動，而我取用的是 2010 至 2015 年高峰期的人數。其他大型難民聚落包括肯亞東部的達達阿布（Dadaab，實為五個較小營區的聚集），以及孟加拉的庫圖帕朗（Kutupalong，收留逃離緬甸的羅興亞難民）——詳見 UNHCR（2016a）。以國家區分（出身國和收留國）的難民資料，可進 UNHCR 人口統計資料庫查詢。

- **札塔里——重要事實——創建、就業率、創業率：**札塔里的初期年代，包括難民

營的非正式處境，在 Ledwith（2014）有詳盡說明；其他資料，包括在札塔里未經許可的生意所創造的收入，則取用自 UNHCR 的定期事件一覽表，可參閱 UNHCR（2016c）等。創業率的計算方式是新生意的數量占現有生意的百分比。欲了解難民在營區前 18 個月建立的穩固市場，詳見 REACH（2014）。後期店鋪數的資料是由 UNJCR 持續追蹤，可參閱 UNHCR（2016c）等。

- ◆ **阿茲拉克——刻意打造：**阿茲拉克提供設施優於札塔里的主張，請參閱 ReliefWeb（2014）；聯合國官員對兩營區的看法，詳見 Leigh（2014）和 Sweis（2014）。關於在阿茲拉克建立模範營區的步驟，請參考 Gatter（2018）。這個敍事如何影響一開始關於阿茲拉克的報導，Beaumont（2014）是一例。.

- ◆ **馬斯洛的動機理論，以及該理論在災區的影響：**最早的需求層次理論在馬斯洛（1943）的著作中詳盡闡述。近期實徵測試該理論的研究，請參考 Diener 和 Tay（2011），該理論於難民情境的應用，請參閱 Lonn 和 Dantzler（2017）。

- ◆ **阿茲拉克的蕭條：**營區缺乏工作機會而導致蕭條，是與當地難民訪談後做出的結論。欲更深入了解官方觀點與阿茲拉克生活現實的差異，請參閱 Gatter（2018）；五號村，即營區監獄的情況，詳見 Staton（2016）。營區官方支薪的工作（「獎勵志工服務」）以及志工相對於職務之供過於求，詳見 UNHCR（2016d）。就業對難民福祉的重要性，請參考 Bemak 和 Chung（2017）。

- ◆ **童工與失落一代的風險：**童工的風險及嚴重程度，請參考 UNICEF（2014）；關於在札塔里提供教育的挑戰，詳見 Schmidt（2013）。

參考文獻

- Amnesty International (2013), *Growing Restrictions, Tough Conditions: The Plight of Those Fleeing Syria to Jordan* (London: Amnesty International).
- Beaumont, P. (2014), 'Jordan Opens New Syrian Refugee Camp', *Guardian*, 30 April.
- Bemak, F. and Chung, R. C.-Y. (2017), 'Refugee Trauma: Culturally Responsive Counseling Interventions', *Journal of Counseling and Development*, 95 (3), 299–308.
- Diener, E., and Tay, L. (2011), 'Needs and subjective well-being around the world', *Journal of Personality and Social Psychology*, 101 (2), 354–365.
- Gatter, M. (2018), 'Rethinking the Lessons from Za'atari Refugee Camp', *Forced Migration Review*, 57, 22–4.
- Institute on Statelessness and Inclusion (ISI) (2016), 'Understanding Statelessness in the Syria Refugee Context'.
- *Jordan Vista* (2012), '26 Security Officers Injured in Zaatari Riots', 28 August. Ledwith, A. (2014), *Zaatari: The Instant City* (Boston: Affordable Housing Institute). Lonn, M., and Dantzler, J. (2017), 'A Practical Approach to Counseling Refugees:

- Applying Maslow's Hierarchy of Needs', *Journal of Counselor Practice*, 8 (2), 61–82.
- Luck, T. (2014), 'Jordan's "Zaatari" Problem', *Jordan Times*, 19 April.
- Maslow, A. H. (1943), 'A Theory of Human Motivation', *Psychological Review*, 50 (4), 370–96.
- Montgomery, K., and Leigh, K. (2014), 'At a Startup Refugee Camp, Supermarkets and Water Conservation Take Priority', *Syria Deeply*, 6 May.
- REACH (2014), *Market Assessment in Al Za'atari Refugee Camp, Jordan*, November.
- ReliefWeb (2014), 'Opening of Azraq Camp for Syrian Refugees in Jordan', summary of ACTED report, April 2014.
- Schmidt, C. (2013), 'Education in the Second Largest Refugee Camp in the World', *Global Partnership for Education*, 20 June.
- Sherine S., Lachajczak, N., and Al Nakshabandi, J. (2014), *Exit Syria*, Film (SBS Online).
- Staton, B. (2016), 'Jordan Detains Syrian Refugees in Village 5 "jail"', *IRIN*, 27 May.
- Sweis, R. F. (2014), 'New Refugee Camp in Jordan Tries to Create a Community for Syrians, *New York Times*, 30 May.
- UNHCR (2015), *Factsheet: Zaatari Refugee Camp*, February.
  ——— (2016*a*), 'Life in Limbo: Inside the World's Largest Refugee Camps', ESRI Story Map: https://storymaps.esri.com/stories/2016/refugee-camps
  ——— (2016*b*), *Factsheet: Jordan – Azraq Camp*, April.
  ——— (2016*c*), *Factsheet: Zaatari Refugee Camp*, October.
  ——— (2016*d*), *Incentive-based Volunteering in Azraq Camp*, October. UNHCR Population Statistics, available at www.popstats.unhcr.org
- UNICEF (2014), *Baseline Assessment of Child Labour Among Syrian Refugees in Za'atari Refugee Camp – Jordan*, November.

第三章 美國路易斯安那

註釋

- **全球、美國及路易斯安那州監禁的數據**：全球監禁人口的數據取用監獄研究（Prison Studies，2016）；美國監獄人口的數據取用自美國司法統計局（US Bureau of Justice Statistics，2018）。路易斯安那州立監獄的刑期資料引用自路易斯安那矯正局（Department of Corrections，2010）；監獄趨勢的進一步資訊取自矯正局的「彙整文件」。

- **喬治・拉瓦爾・雀斯特頓**：第 87 頁的引言來自喬治・拉瓦爾・雀斯特頓 1856 年出版的《監獄生活的真相》（*Revelations of Prison Life*）。雀斯特頓在 1829 至 1854 年擔任密德薩克斯郡柯德巴斯菲爾德矯正所所長。那座被稱為「鋼鐵」的監獄位於倫敦中部克勒肯維爾區（Clerkenwell）的快樂山（Mount Pleasant）。雀斯特頓的紀事表明受刑人在

這座監獄有相當大的自主權，包括各種相互聯絡的方式，以及發展健全的地下經濟。

◆ **威爾伯特・里多：** 威廉伯特・里多的犯罪紀錄、牢裡的時光、更生和寫作在 Rideau（2010）有詳盡說明。這本書獻給長期擔任安哥拉典獄長的保羅・菲爾普斯（C. Paul Phelps），他支持並指導里多的寫作生涯。

◆ **《安哥文藝》：** 許多美國監獄都設有獄內報紙，但在里多主持編輯事務下，《安哥文藝》或許最為知名，也贏得許多全國性的新聞獎項。當期雜誌仍可訂閱，或在監獄的博物館裡購買。過期報紙由路易斯安那州立大學收藏。威爾伯特一些最早期的作品已經失傳——他的妻子 Linda 親切地提供給我他的作品的掃描版。

◆ **路易斯安那的數據：** 所得、貧窮、肥胖、畢業、殺人率：所得和貧窮的資料引用自美國普查局的所得表。美國肥胖資料引用自美國疾病管制與預防中心（CDC，2017），可上視覺化網站「肥胖的國家」（State of Obesity）查詢；學歷的資料來自國家教育統計中心（National Center for Education Statistics，2016）；殺人案件數和占每十萬人口的比率來自聯邦調查局（FBI，2018）。

◆ **剛果人：** 剛果人是過去住在非洲中、西部一個大帝國的一支民族。帝國領土橫跨今剛果共和國、剛果民主共和國、加彭和安哥拉，在十九世紀末被葡萄牙人占領。剛果人說剛果語（Kikongo），現代剛果民主共和國四種官方語言之一，剛果人也是該國最大的族群之一。

◆ **奴隸耕種、安哥拉的歷史、富蘭克林與阿姆菲爾德公司：** 安哥拉有一座維護良好的博物館，收藏了它大部分的歷史。關於路易斯安那的刑罰制度及租用奴隸的重要性，最先出版的記述是 Carleton（1967、1971）。關於奴役囚犯做農場工人的政治經濟，近期的研究有 Forret（2013）和 Cardon（2017）。富蘭克林與阿姆菲爾德公司扮演角色的相關資訊於維吉尼亞州亞歷山德利亞黑人歷史博物館（Alexandria Black History Museum）展示。

◆ **監獄企業：** 監獄企業的作物和產出在其網站有深入介紹，其財務績效被含括在路易斯安那州的合併財務報表中（2016）。

◆ **美國監獄及英國的工資率：** 受刑人的工資率是由各州制定，並未以全美的格式發布：Sawyer（2017）親手蒐集並加以比較。在英國，受刑人的工資較不透明——探面議。關於英國受刑人工資，最近的出版品是 HMPS（2004）。

◆ **傑文斯、金錢與「需求雙重巧合」：** 傑文斯，連同門格爾及里昂・瓦爾拉斯（Leon Walras）被視為經濟學「新古典」學派的創始人。第 85 頁的引文來自傑文斯（1875）。

◆ **奇怪而美好的非正式貨幣：** 羅塞爾島的貨幣制度已獲得廣泛研究，最早是 Armstrong（1924），較近期則有 Liep（1983、1995）。Buckley（2002）描述了使用啄木鳥頭皮做為貨幣的情況；剛果王國使用「nzimbu」貝殼和安哥拉使用羅菲亞棕櫚葉的情況，詳見 Vansina（1962）。早期貨幣類型的較正式檢視可參見 Pryor（1977）。

- **合成大麻：**以色列合成 HU-210，請參閱 Mechoulam 等人（1990）。Hudson 和 Ramsey（2011）針對搜尋大麻主要物質的合成版本，提供更多歷史與證據；聯合國（2011、2013）的全球一覽圖追蹤了合成大麻的使用及發展，並提供一些歷史。大衛·羅茲加（David Rozga）之死和之後的立法（羅茲加法案）在 Sacco 和 Finklea（2011）有詳盡描述。美國海軍刑事調查局（Naval Criminal Investigative Service，NCIS）在 2000 年代晚期意識到「Spice」合成大麻的問題——請參考 NCIS（2009）和《今日海軍》（*Naval Today*，2013）。美國海軍水手使用合成大麻後抱怨心理問題的個案研究詳見 Hurst 等人（2011）。

- **安哥拉監獄的毒品氾濫；英國監獄的毒品使用：**《倡導者》（*The Advocate*）經常報導安哥拉監獄的醜聞（2017、2018）。

- **「點數」貨幣；商店卡：**《石板》（*Slate*，2005）雜誌介紹了電子禮物卡的部分歷史；多芬顧問公司（Dove Consulting，2004）追蹤了卡片在 2000 年代中期的興盛，聯邦準備系統（Federal Reserve System，2018）討論了近年來預付簽帳卡交易數量暴增的趨勢。皮尤（2015）調查了使用者的人口統計特徵。

- **英國的「Spice」：**英國合成大麻問題，請參考英格蘭威爾斯監獄總督察（Her Majesty's Chief Inspector of Prisons for England and Wales，2014）、英國公共衛生部（Public Health England，2017）和 Gauke（2018）。

- **前科犯的聲音和「First 72+」：**路易斯安那司法體系改革的奮鬥，請參閱 VOTE（2018）、First 72+（2018）和上升基金會（Rising Foundations，2018）。

參考文獻

- Adams, J. (2001), '"The Wildest Show in the South": Tourism and Incarceration at Angola', *TDR*, 45 (2), 94–108.
- *Advocate, The* (2017), 'Department of Corrections: Cadet, Visitor Caught Smuggling Drugs into Angola', *The Advocate* Staff Report, 13 June.
  ——— (2018), 'Four Angola Employees Arrested, Two Sanctioned After Investigation into Drugs, Sexual Misconduct at Prison', author Grace Toohey.
- Alexandria Black History Museum, www.alexandriava.gov/BlackHistory.
- *Alexandria Times* (2017a), 'The Center of Alexandria's Slave Operations', 19 January.
  ——— (2017b), 'Franklin and Armfield Office', 20 May.
- Angola Museum History, www.angolamuseum.org/history/history.
- Armstrong, W. E. (1924), 'Rossel Island Money: A Unique Monetary System', *Economic Journal*, 34, 423–29.
- Buckley, T. (2002), *Standing Ground: Yurok Indian Spirituality, 1850–1990* (Berkeley: University of California Press).

- Cardon, N. (2017), ' "Less Than Mayhem": Louisiana's Convict Lease, 1865–1901', *Louisiana History: The Journal of the Louisiana Historical Association*, 58 (4), 417–41.

- Carleton, M. (1967), 'The Politics of the Convict Lease System in Louisiana: 1868– 1901', *Louisiana History: The Journal of the Louisiana Historical Association*, 8 (1),5–25.

  ———— (1971), *Politics and Punishment: The History of the Louisiana State Penal System* (Baton Rouge: Louisiana State University Press).

- CDC (2017), *Prevalence of Obesity Among Adults and Youth: United States, 2015– 2016*, NCHS Data Brief No. 288, October.

- Chesterton, G. L. (1856), *Revelations of Prison Life* (London: Hurst and Blackett). Dove Consulting (2004), *2004 Electronic Payments Study for Retail Payments Office at the Federal Reserve Bank of Atlanta*, 14 December.

- FBI (2018), *Crime in the US 2017*, https://ucr.fbi.gov/crime-in-the-u.s/2017/ crime-in-the-u.s.-2017.

- Federal Reserve System (2018), *The Federal Reserve Payments Study: 2018 Annual Supplement*, Federal Reserve System, 20 December.

- First 72+ (2018), 'Small Business Incubation', accessed December 2018: www.first72plus.org.

- Forret, J. (2013), 'Before Angola: Enslaved Prisoners in the Louisiana State Penitentiary', *Louisiana History: The Journal of the Louisiana Historical Association*, 54 (2),133–171.

- Gauke, D. (2018), 'From Sentencing to Incentives – How Prisons Can Better Protect the Public from the Effects of Crime', Speech, Ministry of Justice, 10 July.

- Her Majesty's Chief Inspector of Prisons for England and Wales (2014), *Annual Report 2013–14* (London: Her Majesty's Inspectorate for England and Wales).

- HMPS (2004), 'Prisoners' Pay', Prison Service Order 4460, 30 September. Hudson, S., and Ramsey, J. (2011), 'The Emergence and Analysis of Synthetic Cannabinoids', *Drug Testing and Analysis*, 3, 466–78.

- Hurst, D., Loeffler, G., and McLay, R. (2011), 'Psychosis Associated with Synthetic Cannabinoid Agonists: A Case Series', *American Journal of Psychiatry*, 168 (10), Letters, October.

- Jevons, W. S. (1875), *Money and the Mechanism of Exchange* (London: Henry S. King & Co.).

- Liep, J. (1983), 'Ranked Exchange in Yela (Rossel Island)', in Leach, J. W., and Leach, E. (eds.), *The Kula* (Cambridge: Cambridge University Press).

  ———— (1995), 'Rossel Island Valuables Revisited', *Journal of the Polynesian Society*, 104 (2), 159–80.

- Louisiana Department of Public Safety and Corrections (2010), *Annual Report 2009–2010*.

- Louisiana DOC (2018), *La. Department of Public Safety and Corrections, Briefing Book*. Data available at https://doc.louisiana.gov/briefing-book.

- Mechoulam, R., Lander, N., Breuer, A., and Zahalka, J. (1990), 'Synthesis of the Individual, Pharmacologically Distinct, Enantiomers of a Tetrahydrocannabinol Derivative', *Tetrahedron: Asymmetry*, 1 (5),315–18.

- Menger, C. (1892), 'On the Origins of Money', *Economic Journal*, 2 (6), 239–55. National Center for Education Statistics (2016), *Digest of Education Statistics: 2016*, https://nces.ed.gov/programs/digest/d16.

- *Naval Today* (2013), 'Naval Criminal Investigative Service Brings New Drug Awareness Campaign to NMCP', 27 March.

- NCIS (2009), 'Introduction to Spice', Norfolk Field Office, 9 December.

- Pew (2015), 'Banking on Prepaid: Survey of Motivations and Views of Prepaid Card Users', Pew Charitable Trusts, June.
- Prison Enterprises, www.prisonenterprises.org.
- Prison Studies (2016), *World Prison Population List*, eleventh edition. Statistics available at www.prisonstudies.org.
- Pryor, F. L. (1977), 'The Origins of Money', *Journal of Money, Credit and Banking*, 9 (3), 391–409.
- Public Health England (2017), 'New Psychoactive Substances Toolkit: Prison Staff', 1 January.
- Rideau, Wilbert (2010), *In the Place of Justice: A Story of Punishment and Deliverance* (New York: Knopf).
- Rising Foundations (2018), 'Our Small Business Incubator', accessed December 2018: www.rising-foundations.org.
- Sacco, L., and Finklea, K. (2011), 'Synthetic Drugs: Overview and Issues for Congress', *Congressional Research Service*, 28 October.
- Sawyer, W. (2017), 'How Much Do Incarcerated People Earn in Each State?', Prison Policy Initiative Blog, 10 April.
- *Slate* (2005), 'Why Gift Cards Are Evil', 4 January.
- State of Louisiana (2016), *State of Louisiana Comprehensive Annual Financial Report for the Year Ended June 30, 2016*, 30 December.
- United Nations (2011), 'Synthetic Cannabinoids in Herbal Products', United Nations Office on Drugs and Crime, UN document SCITEC/24, April.
- ———— (2013), *World Drug Report 2013*, United Nations Office on Drugs and Crime (United Nations: New York).
- US Bureau of Justice Statistics (2018), available at www.bjs.gov.
- US Census Bureau, Historical Income Tables, www.census.gov/data/tables/timeseries/demo/income-poverty/historical-income-households.html.
- Vansina, J. (1962), 'Long-distance Trade Routes in Central Africa', *Journal of African History*, 3 (3), 375–90.
- VOTE (2018), 'Advancing Justice in Louisiana: Policy Priorities', Voice of the Experienced, accessed December 2018.

第四章 巴拿馬達連

註釋

◆ **隘口、歷史、人民、著名的十字路口：**Burton（1973）討論了達連的原住民、植物和鳥類生態，以及汎美公路對他們構成的危險。美國審計長報告（Comptroller General of the US，1978）對完成這條公路的挑戰有實用的討論，還附了有趣的地圖。曾有交

通工具在船隻的協助下穿越險口：1972 年跨美洲探險隊（Trans-Americas Expedition）在乾季經由英國陸軍少校布雷施福—史奈爾（John Blashford-Snell）的協助穿越達連。更多關於達連隘口歷史的資訊，包括布雷施福—史奈爾探險隊的照片，請參閱 Miller（2014）。

◆ **哥倫比亞內戰、哥倫比亞革命軍、右翼準軍事團體：**大量記錄哥倫比亞內戰的文件，包括事實與數據，在 2013 年發表，英文版可參閱 GMH 撰寫的《已經夠了！》（*BASTA YA!*，2016）；內容簡短許多，也附有數據的新作是 Miroff（2016b）。

◆ **海盜的歷史和故事：**亨利・摩根、威廉・丹皮爾、萊昂內爾・威佛：第一部詳述英國海盜亨利・摩根生平的紀事是 Exquemelin（1684）；影響蘇格蘭輿論的紀事是丹皮爾（1697）和威佛（1699）。網路可見各種版本。在這三部作品中，威佛的敘述最令人興奮，他提供大量細節，包括達連的地圖。

◆ **蘇格蘭公司和達連計畫：**蘇格蘭公司是世上第一間「合股」公司（個人可以投資的上市公司），後來也稱達連公司（Darien Company）。Watt（2007）對該公司的組成、投資人及目標有出色詳實的紀錄。

◆ **達連災難：**達連探險的悲劇在 Prebble（1968）的經典現代紀事中有鉅細靡遺的描述。McKendrick（2016）則提供一趟尋找新加勒多尼亞的個人旅行的現代紀錄。親身經歷過那場災難的倖存者日記在 Watt（2007）中引用，包括 Borland（1779）。Millar（1904）追溯了美國總統羅斯福在蘇格蘭船上的祖先。

◆ **亞維薩——歷史、博物館、道路的衝擊：**亞維薩附近的地區和原住民保護區的範圍，在 Herlihy（2003）有用地圖繪製出來；這份報告也敘述了這個地區的歷史，包括興建堡壘來保護西班牙的黃金河運路線。

◆ **達連空照圖、巴拿馬消失雨林範圍的證據：**有關巴拿馬東部森林砍伐速率的數據，請參見 Mateo-Vega 等人（2018）。雨林變更為農地，以及防止森林砍伐的政策，相關討論及評估請見 Nelson 等人；關於各時期森林涵蓋範圍及伐木衝擊的地圖，請參考 Gutierrez（1989）；論及森林砍伐的問題和牧牛的興起，詳參 Arcia（2017）及 Belisle（2018）。

◆ **「公有地的悲劇」：**生態學家哈汀（Garrett Hardin）1960 年代在討論人口過多和環境時創造了「公有地的悲劇」一詞——哈汀（1968）。

◆ **自由市場的失敗：**公有地因過度使用而受損的例子在洛伊（William Forster Lloyd）1832 年於牛津大學發表的〈論抑制人口成長的兩場演說〉（*Two Lectures on the Checks to Population*）的第一場中有詳盡闡述。

◆ **歐斯壯的研究成果、管理公有地、特伯爾、日本村落：**歐斯壯的研究成果在她的《管理公有地》（*Governing the Commons*）一書中展現——請參閱歐斯壯（1990）。McKean（1996）討論了日本村莊用來管理資源的非正式制度。

◆ **巴拿馬第 24 號法與柚木：**Griess 和 Knoke（2011）討論了柚木在巴拿馬造成的衝

擊：使其生物多樣性漸趨同質化。Sloan（2016）討論了第 24 號法獎勵柚木種植的影響；關於「柚木熱」及更好的重新造林可以怎麼消除這種弊病，請參閱 Hall（2018）。

◆ **巴拿馬自然環境的經濟潛力：**巴拿馬的鳥類多樣性，請參閱 Ridgely 和 Gwynne（1992）。Dorosh 和 Klytchnikova（2012）評估了若得到保護，巴拿馬的自然環境具有什麼樣的經濟潛力。

◆ **FARC 解除動員後的麻煩：**聯合國（2016）追蹤了古柯樹栽種為製造古柯鹼而興盛的情況。亦可參閱 Miroff（2016a）。

◆ **進入美國的新移民路線：**取道達連進入美國的移民路線沒什麼官方資訊。一篇較詳盡敍述路線與人數的論文是 Miraglia（2016）。

◆ **巴拿馬的販賣公民權政策，柚木的角色：**關於「投資換取公民權」的政策，包括四萬美元的重新造林簽證計畫，請參閱巴拿馬領事館（2018）。

◆ **安貝拉木材的全球市場：**國際熱帶木材組織（ITTO，2018）追蹤了安貝拉硬木在國際公開市場的價格。

參考文獻

- Arcia, J. (2017), 'Panama: The Ranching Industry Has Moved into Darién National Park', *Mongabay*, 26 June.
- Belisle, L. (2018), 'Darien Suffers from Illegal Deforestation', *Playa Community*, 20 April.
- Borland, F. (1779), *The History of Darien* (Glasgow: John Bryce).
- Burton, P. J. K. (1973), 'The Province of Darien', *Geographical Journal*, 139 (1), 43–7. Comptroller General of the US (1978), 'Linking the Americas – Progress and Problems of the Darien Gap Highway', Report to the Congress by the Comptroller General of the US, PSAD-78-65, 23 February (Washington, DC: General Accounting Office).
- Consulate of Panama (2018), 'Panama Reforestation Visa Program', accessed December 2018.
- Dampier, W. (1697), *A New Voyage Round the World* (London: Knapton).
- Dorosh, P., and Klytchnikova, I. (2012), 'Tourism Sector in Panama Regional Economic Impacts and the Potential to Benefit the Poor', World Bank, Policy Research Working Paper 6183, August.
- Dudley, S. (2004), *Walking Ghosts: Murder and Guerrilla Politics in Colombia* (New York: Routledge).
- *Estrella de Panama* (2009), 'Deforestation Is Killing Darien', 13 April. Exquemelin, A. (1684), *Buccaneers of America* (London: William Crooke).
- GMH (2016), *BASTA YA! Colombia: Memories of War and Dignity* (Bogotá: CNMH).
- Griess, V., and Knoke, T. (2011), 'Can Native Tree Species Plantations in Panama Compete with Teak Plantations? An Economic Estimation', *New Forests*, 41, 13–39.
- Gutierrez, R. (1989), 'La deforestación, principal causa del problema ecología ambiental de Pánama', Dirección Nacional de Desarollo Forestal.
- Hall, J. (2018), 'Curing "Teak Fever" in Panama through Smart Reforestation', UN-REDD, 4 Sep-

tember.

- Hardin, G. (1968), 'The Tragedy of the Commons', *Science*, 162 (3859), 1243–8. Harris, W. (1700), *A Defence of the Scots Abdicating Darien* (Edinburgh).

- Herlihy, P. (1989), 'Opening Panama's Darien Gap', *Journal of Cultural Geography*, 9 (2), 42–59.

  ——— (2003), 'Participatory Research Mapping of Indigenous Lands in Darién, Panama', *Human Organization*, 62 (4).

- ITTO (2018), 'Tropical Timber Market Report', International Tropical Timber Organization, December.

- Lloyd, W. F. (1833), 'W. F. Lloyd on the Checks to Population', *Population and Development Review*, 6 (3), 473–96.

- McKean, M. A. (1996), 'Common-property Regimes as a Solution to Problems of Scale and Linkage', in Hanna, S. S., Folke, C., and Mäler, K.-G. (eds.), *Rights to Nature: Ecological, Economic, Cultural, and Political Principles of Institutions for the Environment* (Washington, DC: Island Press).

- McKendrick, J. (2016), *Darien: A Journey in Search of Empire* (Edinburgh: Birlinn). Mateo-Vega, J., Spalding, A. K., Hickey, G. M., and Potvin, C. (2018), 'Deforestation, Territorial Conflicts, and Pluralism in the Forests of Eastern Panama: A Place for Reducing Emissions from Deforestation and Forest Degradation?'

- *Case Studies in the Environment*, June.

- Millar, A. H. (1904), 'The Scottish Ancestors of President Roosevelt', *Scottish Historical Review*, 1 (4), 416–20.

- Miller, S. W. (2014), 'Minding the Gap: Pan-Americanism's Highway, American Environmentalism, and Remembering the Failure to Close the Darien Gap', *Environmental History*, 19, 189–216.

- Miraglia, P. (2016), 'The Invisible Migrants of the Darién Gap: Evolving Immigration Routes in the Americas', Council on Hemispheric Affairs, 18 November.

- Miroff, N. (2016*a*), 'Peace with FARC May Be Coming, So Colombia's Farmers Are on a Massive Coca Binge', *Washington Post*, 8 July.

  ——— (2016*b*), 'The Staggering Toll of Colombia's War with FARC Rebels, Explained in Numbers', *Washington Post*, 24 August.

- Nelson, G. C., Harris, V., and Stone, S. W. (2001), 'Deforestation, Land Use, and Property Rights: Empirical Evidence from Darién, Panama', *Land Economics*, 77 (2), 187–205.

- Ostrom, E. (1990), *Governing the Commons: The Evolution of Institutions for Collective Action* (Cambridge: Cambridge University Press).

- Paterson, W. (1701), *A Proposal to Plant a Colony in Darien*.

- Playfair, W. (1807), *An Inquiry into the Permanent Causes of the Decline and Fall of Powerful and Wealthy Nations* (London: Greenland & Norris).

- Prebble, J. (1968), *The Darien Disaster* (London: Martin Secker & Warburg). Ridgely, R., and Gwynne, J. A. (1992), 'A Guide to the Birds of Panama with Costa Rica, Nicaragua, and Honduras' (Princeton: Princeton University Press).

- Sidgwick, H. (1887), *The Principles of Political Economy*, second edition (London: Macmillan and Company).

- Sloan, S. (2016), 'Tropical Forest Gain and Interactions Amongst Agents of Forest Change', *Forests*, 27 February.
- United Nations (2016), *Monitoreo de territorios afectados por cultivos ilícitos 2015*, UNDOC, June.
- Wafer, L. (1699), *A New Voyage and Description of the Isthmus of America* (London: Knapton).
- Watt, D. (2007), *The Price of Scotland: Darien, Union and the Wealth of Nations* (Edinburgh: Luath Press).

第五章 剛果金夏沙

註釋

- **剛果經濟的事實與數據：** 這一章的 GDP 和失業數據取自世界銀行世界發展指標（World Bank Development Indicators）資料庫。剛果在「易於做生意」一項在 190 個國家中排名 184，世界銀行 (2018b) 解釋了箇中原因。生活於每天 1.9 美元貧窮線下的人數引用自世界銀行貧窮與公平（World Bank Poverty and Equity）資料庫；剛果的資料匱乏，而僅兩年可得的資料—— 2004 年（94%）和 2012 年（77%）雙雙顯示這裡是世界極度貧窮的國家。瘧疾的盛行率請參閱世界衛生組織（WHO，2018），瘧疾在金夏沙的治療則請參閱 ACT 觀察團體（ACT watch Group，2017）。

- **沃爾尼・拉維特・卡麥隆越過非洲之行：** 韋茅斯出生的沃爾尼・拉維特・卡麥隆在 1877 年的著作中敍述他穿越非洲的探險；他做爲廢奴運動人士的角色及重要性在 Casada（1975）文中有討論。

- **金夏沙的稅率——官方與實際稅率：** 官方稅制理應如何運作的摘要請參閱 PwC（2018）。現實如何運作的資訊來自於金夏沙進行的面訪；亦請參閱 Nkuku 和 Titeca（2018a、20-18b）。

- **亨利・摩頓・史坦利——著作與生平：** 受歡迎的史坦利環遊非洲紀錄是他自己 1878 年的著作。提姆・布徹（Tim Butcher）在 2000 年代回顧那次探險，並在回憶錄中討論史坦利的生平和旅行——布徹（2008）。
  現代版的傳記，包括討論史坦利的殘暴和反對奴隸制度，請參閱 Jeal（2007）和 Jeal 專欄版（2011）；亦請參閱 Bierman（1990）。剛果人的觀點，請參閱 Mbu-Mputu 和 Kasereka（2012）。

- **柏林會議和瓜分非洲：**「瓜分非洲」的決定性事件是 1884 年的柏林會議。與會的十四個國家簽署協定。法國和英國索取最大的權利，德國和葡萄牙次之——請參閱 Pakenham（1991）。

- **利奧波德二世；剛果自由邦的人道災難：** 利奧波德統治的現代紀錄請參閱

Hochschild（1999）及更近期的 van Reybrouck（2015）。喚起世人注意剛果自由邦事況的當代重要文獻包括 E. D. 莫瑞爾（E. D. Morel）所著的《紅橡膠》（*Red Rubber*，1906）和 1904 年的《凱斯曼報告》（Casement Report），後者概述了悲慘的虐待情事，特別是在利奧波德私人的「皇家封地」（Domaine de la Couronne）──請參閱凱斯曼（1904，特別是「附件一」中的訪問）。

剛果到 1920 年代人口達到一千萬時才有官方的人口普查。欠缺人口普查和殯葬紀錄代表可歸因於剛果自由邦的死亡人數仍無法達成共識。凱斯曼的報告包含許多已瓦解或消失村落的紀錄，莫瑞爾估計的死亡人數則達到 2,000 萬。其他許多人則估十萬──請參閱 Hochschild（1999）和 Vansina（2010）。

- ◆ **剛果危機：**剛果危機同時代對其指控及輿論的評論，請參閱 Neff（1964）；美國及比利時在危機中扮演的角色，請參閱 Kaplan（1967）。

- ◆ **蒙博托主義──初期成功：**危機如何在蒙博托執政下如何趨於穩定，以及 1967 年改革方案的之成就，請參閱 Young 和 Turner（1985）。

- ◆ **蒙博托貨幣幣值崩盤：**蒙博托被迫在 1993 年進行貨幣改值：「新薩伊幣」價值三百萬舊薩伊幣；一九九八年夏天發行的剛果法郎值十萬新薩伊幣，或三億舊薩伊幣。

- ◆ **蒙博托當政時的農業和工業：**蒙博托的農業計畫及其災難性的成果，包括作物產量和農地產出的資料，詳見 Young 和 Turner（1985）。

  大規模基礎建設計畫背後的構想，請參閱 Young 和 Turner（1985）。聯合國檢視了馬盧庫煉鋼廠的差勁績效（1989）。關於該國大型基礎建設計畫，特別是英加水壩的持續性討論及政治，請參閱 Gottschalk（2016）。

- ◆ **金夏沙兩度遭到洗劫：**兩次洗劫有時也稱作第一次及第二次劫掠（First and Second Plundering）。同時期記載蒙博托執政失敗和兩次洗劫之文獻，請參閱 Berkely（1993）及 Richburg（1991）；Haskin（2005）及 van Reybrouck（2015）討論了這些事件。兩次洗劫造成的經濟衝擊清楚呈現於該國的產出數據，導致蒙博托的垮台；他最後幾年在金夏沙的生活，請參閱 Wrong（2001）。

- ◆ **餵馬：公僕與非正式稅負：**警方徵收的非正式的稅在金夏沙隨處可見；Baaz 和 Olsson（2011）文中有討論。蒙博托執政時的貪腐情況，請參閱 Reno（2006）。

- ◆ **海盜城市：**「憲法第 15 條」非正式經濟的範圍及程度少有現代文獻評估，但其重要性在 Putzel 等人（2008）有所討論，國際貨幣基金（IMF，2015）也做了一些估計。金夏沙人的反應──在金夏沙內建立非正式的村落──在 de Boeck（2013）中有所討論。不法及非正式活動對薩伊經濟的重要性，請參閱 MacGaffey（1991）。當地特有的非正式稅制詳見 Nkuku 和 Titeca（2018a、2018b）。其與剛果經濟數據的牽連，請參閱 Marivoet 和 de Herdt（2014）。

- ◆ **教育制度、民營化和激勵獎金：**國家教育經費的崩跌在 Brannelly（2012）有所討論；非正式的民營化請參閱 Trefon（2009）；公立學校教育的民營化請參考 Brandt

（2014）、de Herdt 和 Titeca（2016），以及 Brannelly（2012）。

◆ **公路局與公共建設（道路）**：公路局在蒙博托執政時的苦難，請參閱 Young 和 Turner（1985）；對剛果基礎建設狀況的較近期分析，請參閱 Foster 和 Benitez（2011）。

◆ **卡比拉家族與後蒙博托時代之國家資產遭竊**：有關卡比拉家族的財富及其來源，請參閱剛果研究團隊（Congo Research Group，2017）。全球見證（Global Witness，2017）估計了採礦收入遭竊而失落的資金；鈳鉭鐵礦在剛果東部衝突扮演的角色，請參閱 HCSS（2013）；對卡比拉的評論，以及他的做法和蒙博托的雷同處，請參閱 Bavier（2010）。

◆ **進退兩難——深陷「憲法第 15 條」**：這個衰弱國家令人費解的力量在 Englebert（2003）文中有所討論。非洲新聞社（Jeune Afrique，2013）探討了貪腐如此流行，一旦消滅反而會使全國經濟遭受重創的想法。「憲法第 15 條」和「拿一點」的文化在現代薪資結構中起了何種作用，請參考 Moshonas（2018）。

參考文獻

- ACTwatch Group (Mpanya, G., Tshefu, A., and Losimba Likwela, J.) (2017), 'The Malaria Testing and Treatment Market in Kinshasa, 2013', *Malaria Journal*, 16 (94).

- Bavier, J. (2010), 'Congo's New Mobutu', *Foreign Policy*, 29 June. Bayart, J.-F. (2009), *The State in Africa* (Cambridge: Polity Press). Berkely, B. (1993), 'Zaire: An African Horror Story', *Atlantic*, August.

- Berwouts, K. (2017), *Congo's Violent Peace: Conflict and Struggle Since the Great African War* (London: Zed Books).

- Bierman, J. (1990), *Dark Safari: The Life Behind the Legend of Henry Morton Stanley* (New York: Knopf).

- Brandt, C. (2014), *Teachers' Struggle for Income in the Congo (DRC): Between Education and Remuneration*, thesis, University of Amsterdam.

- Brannelly, L. (2012), 'The Teacher Salary System in the Democratic Republic of the Congo (DRC)', Case Study: Centre for Universal Education, Brookings.

- Butcher, T. (2008), *Blood River: A Journey to Africa's Broken Heart* (London: Vintage).

- Cameron, V. L. (1877), *Across Africa* (New York: Harper & Brothers).

- Casada, J. A. (1975), 'Verney Lovett Cameron: A Centenary Appreciation', *Geographical Journal*, 141 (2), 203–15.

- Congo Research Group (2017), *All the President's Wealth: The Kabila Family Business*, Pulitzer Center on Crisis Reporting, July.

- Dash, L. (1980), 'Mobutu Mortgages Nation's Future', *Washington Post*, 1 January. de Boeck, F. (2013), *Kinshasa: Tales of the Invisible City* (Leuven: Leuven University Press).

- de Herdt, T., and Titeca, K. (2016), 'Governance with Empty Pockets: The Education Sector in the

Democratic Republic of Congo', *Development and Change*, 47 (3), 472–94.

- Englebert, P. (2003), 'Why Congo Persists: Sovereignty, Globalization and the Violent Reproduction of a Weak State', Queen Elizabeth House Working Paper 95. Eriksson Baaz, M., and Olsson, O. (2011), 'Feeding the Horse: Unofficial Economic Activities Within the Police Force in the Democratic Republic of the Congo', *African Security*, 4 (4), 223–41.

- Foster, V., and Benitez, D. (2011), *The Democratic Republic of Congo's Infrastructure: A Continental Perspective*, Working Paper 5602 (Washington, DC: World Bank).

- Global Witness (2017), *Regime Cash Machine*, Report.

- Gottschalk, K. (2016), 'Hydro-politics and Hydro-power: The Century-long Saga of the Inga Project', *Canadian Journal of African Studies/Revue canadienne des études africaines*, 50 (2), 279–94.

- Haskin, J. M. (2005), *The Tragic State of the Congo: From Decolonization to Dictatorship* (Algora).

- HCSS (2013), *Coltan, Congo & Conflict*, Hague Centre for Strategic Studies.

- Hochschild, A. (1999), *King Leopold's Ghost: A Story of Greed, Terror and Heroism in Colonial Africa* (New York: Mariner Books).

- IMF (2015), *Democratic Republic of the Congo – Selected Issues*, IMF Country Report No. 15/281 (Washington, DC: IMF).

- Jeal, T. (2007), *Stanley: The Impossible Life of Africa's Greatest Explorer* (London: Faber and Faber).
  ——— (2011), 'Remembering Henry Stanley', *Telegraph*, 16 March.

- *Jeune Afrique* (2013), 'RD Congo: la saga des salaires', 5 November.

- Kaplan, L. (1967), 'The United States, Belgium, and the Congo Crisis of 1960', *Review of Politics*, 29 (2), 239–56.

- MacGaffey, J. (1991), *The Real Economy of Zaire: The Contribution of Smuggling and Other Unofficial Activities to National Wealth* (Philadelphia: University of Pennsylvania Press).
  ——— (2018b), 'How Kinshasa's Markets Are Captured by Powerful Private Interests', *The Conversation*, 11 March.

- Marivoet, W., and de Herdt, T. (2014), 'Reliable, Challenging or Misleading? A Qualitative Account of the Most Recent National Surveys and Country Statistics in the DRC', *Canadian Journal of Development Studies/Revue canadienne d'études du développement*, 35 (1), 97–119.

- Mbu-Mputu, N. X., and Kasereka, D. K. (eds.) (2012), *Bamonimambo (the Witnesses): Rediscovering Congo and British Isles Common History* (Newport: South People's Projects).

- Morel, E. D. (1906), *Red Rubber: The Story of the Rubber Slave Trade Flourishing on the Congo in the Year of Grace, 1906* (New York: Nassau Print).

- Moshonas, S. (2018), 'Power and Policy-making in the DR Congo: The Politics of Human Resource Management and Payroll Reform', Working Paper, Institute of Development Policy, University of Antwerp.

- Neff, C. B. (1964), 'Conflict, Crisis and the Congo', *Journal of Conflict Resolution*, 8 (1), 86–92.

- Nkuku, A. M., and Titeca, K. (2018a), 'Market Governance in Kinshasa: The Competition for Informal Revenue Through "Connections" (Branchement)', Working Paper, Institute of Development Policy, University of Antwerp.
  ——— (2018b), 'How Kinshasa's Markets Are Captured by Powerful Private Interests', The Conver-

sation, 11 March.

- Pakenham, T. (1991), *The Scramble for Africa* (London: Weidenfeld & Nicolson). Peterson, M. (ed.) (2015), *The Prisoner's Dilemma* (Cambridge: Cambridge University Press).

- Poundstone, W. (1992), *Prisoner's Dilemma* (New York: Doubleday).

- Putzel, J., Lindemann, S., and Schouten, C. (2008), 'Drivers of Change in the Democratic Republic of Congo: The Rise and Decline of the State and Challenges for Reconstruction', Working Paper No. 26, Crisis States Research Centre, London School of Economics, January.

- PwC (2018), 'Congo, Democratic Republic: Corporate – Taxes on corporate income', PwC.

- Reno, W. (2006), 'Congo: From State Collapse to "Absolutism", to State Failure', *Third World Quarterly*, 27 (1), 43–56.

- Richburg, K. B. (1991), 'Mobutu: A Rich Man in Poor Standing', *Washington Post*, 3 October.

- Stanley, H. M. (1878), *Through the Dark Continent* (London: Sampson Low, Marston, Searle & Rivington).

- Stearns, J. K. (2012), *Dancing in the Glory of Monsters* (New York: PublicAffairs). Trefon, T. (2009), 'Public Service Provision in a Failed State: Looking Beyond Predation in the Democratic Republic of Congo', *Review of African Political Economy*, 36 (119), 9–21.

- United Nations (1989), 'Report on the Rehabilitation of the Mauluku Steel Mill (Sosider), Zaire', United Nations Industrial Development Organization, PPD.112 (SPEC.), 21 March.

- van Reybrouck, D. (2015), *Congo: The Epic History of a People* (London: Harper Collins).

- Vansina, J. (2010), *Being Colonized: The Kuba Experience in Rural Congo, 1880–1960* (Madison: University of Wisconsin Press).

- Verhaegen, B., and Vale, M. (1993), 'The Temptation of Predatory Capitalism: Zaire Under Mobutuism', *International Journal of Political Economy*, 23 (1), 109–25.

- WHO (2018), *World Malaria Report 2018*, 19 November.

- World Bank (2018*a*), *Atlas of Sustainable Development Goals 2018: World Development Indicators* (Washington, DC: World Bank).

- World Bank (2018*b*), *Doing Business 2019* (Washington, DC: World Bank).

- Wrong, M. (2001), *In the Footsteps of Mr Kurtz: Living on the Brink of Disaster in the Congo* (London: Fourth Estate).

- Young, C., and Turner, T. (1985), *The Rise and Decline of the Zairian State* (Madison: University of Wisconsin Press).

第六章 英國格拉斯哥

註釋

◆ **格拉斯哥，盛極而衰——沃爾坡到華許：**丹尼爾‧笛福（Daniel Defoe）對格拉斯哥的自然美景有為人熟知的評論（1707），沃爾坡闡述了這座城市的工業發展（1878）。華許等人探討了「格拉斯哥效應」（2010）。

◆ **格拉斯哥藝術風景、亞歷山大‧瑞德與印象派畫家：**格拉斯哥的藝術風景勝過倫敦的說法來自德國建築師赫爾曼‧穆特修斯（Hermann Muthesius），他在 19、20 世紀之交於倫敦德國大使館擔任文化工藝專員，出版《英國的房子》（*Das englische Haus*）——詳見穆特修斯（1904）。亞歷山大‧瑞德的影響在 Fowle（2011）文中敍述。威廉‧布瑞爾爵士（Sir William Burrell）常向瑞德購買，相信是瑞德在蘇格蘭營造了對藝術的熱愛——許多作品仍由布瑞爾收藏，詳見格拉斯哥博物館（Glasgow Museums，1997）。

◆ **格拉斯哥的「第一」——瓦特、克氏、地下鐵：**格拉斯哥的物理學和應用科學史，以及科學發現協助支持的事業（包括瓦特、克爾文、藍金〔Rankine〕和羅傑‧貝爾德〔Logie Baird〕），在 Johnston（2006）文中有所討論。格拉斯哥大學的歷史及角色，請參閱 Coutts（1909）和 Moss 等人（2000）。1896 年啟用的格拉斯哥地下鐵，雖然晚於倫敦及布達佩斯，卻是首度行駛由獨立引擎室提供動力的電纜拉動，也就是不會在路上排煙的火車——請參閱 Wright 和 MacLean（1997）。

◆ **「維吉尼亞先生」的起落：**「菸草王」的起落及他們對格拉斯哥中心建築風格的影響，可參閱 Nichol（1966）。Devine（1990）闡述了格拉斯哥商人投入的菸草生意。

◆ **格拉斯哥造船業的全盛時期：**對河流與河流支持產業的投資是這句當地名言的基礎：「克萊德河打造了格拉斯哥，格拉斯哥打造了克萊德河。」關於格拉斯哥造船業的興起，詳參 Bremner（1869）。現代史的部分，請參考 Walker（2001）。另有一章探討格拉斯哥以精製船艦出名的條件，可參考 Smith（2018）。

◆ **城市經濟與群聚效應：**馬歇爾的聚集經濟討論引用自他的《經濟學原理》（1890）。援用馬歇爾模式的近作包括 Potter 和 Watts（2012）及 Brinkman 等人（2015）。

◆ **造船業的迅速沒落：**英國造船業沒落的歷史一般都是從克萊德河說起，也聚焦於克萊德河上。該產業的迅速沒落和國家在管理、補助及最終任造船業倒閉上扮演的角色，詳參 Johnman 和 Murphy（2002）；史蒂芬船廠最後一任經理的個人紀錄，請參 Stephen（2015）。英國造船廠的工藝傳統使它難以達成規模經濟的論點由 Lorenz（1991）提出；亦請參閱 Burton（2013）。

◆ **英國遙望日本：**英國政府在造船業沒落上起的關鍵作用由 Connors（2009）闡述；日

本造船廠的研究，包括其生產力數據資料，由貿易局（Board of Trade）出版（1965）。缺乏投資的論點引用自 Johnman 和 Murphy（2002）。

◆ **蓋迪斯委員會、克萊德河上游造船公司──創建和倒閉**：蓋迪斯委員會的組成和產出在 Johnman 和 Murphy（2002）及 Connors（2009）中有所討論；報告由貿易局出版。布洛威（Broadway，1976）是一部克萊德河上游造船公司「實驗」之形成與失敗的簡明史。該公司規畫時期船廠的錄影片段，可在康納利（Sean Connery）執導、講述的紀錄片《波勒與邦妮》（*The Bowler and the Bunnet*）中見到，可向英國電影協會（British Film Institute）借閱──請參見康納利（1967）。

◆ **健康行為**：「健康行為」方面的資料（飲食、抽菸、運動）取自格拉斯哥人口健康中心（Glasgow Centre for Population Health）及其研究人員的出版品──請參考 GCPH（2008）、Whyte 和 Ajetunmobi（2012），以及 Dodds（2014）。剝奪與健康成果的地圖和數據資料可上該中心網站查詢──亦請參閱 Carstairs 和 Morris（1991）。

◆ **暴力與毒品**：關於毒品致死的數據資料取自《蘇格蘭毒品致死》（*Drug Deaths in Scotland*）年刊、蘇格蘭全國紀錄（National Records of Scotland，2018）；自殺率取自蘇格蘭國民保健署。

◆ **涂爾幹和《自殺論》**：詳見涂爾幹的法文原著（1897）；第一版英文譯本是 1952 年的版本，近期重新出版（2002）。涂爾幹的生平和作品，請參見 Lukes（1992）；他的作品是否適用於現代的討論──包括「社會事實」概念的重要性──請參閱 Berkman 等人（2000）等書。

◆ **普特南、義大利和社會資本**：普特南在義大利的旅行，以及對社會資本與民主的探究，請參考 Putnam（1993）；亦請參考 Pagden（1988）。這個概念的正式和數學處理請參考 Coleman（1990）。

◆ **左翼與右翼對社會資本的批評**：經濟學家對社會資本的批評包括 Arrow（1999）和 Solow（2000）。這個概念支持新自由經濟政策的論點，可參考 Ferragina 和 Arrigoni（2017）。

◆ **格拉斯哥租屋過度擁擠和貧窮狀況**：許多知名的流行病學研究皆闡述了擁擠、貧窮與疾病之間的關聯──請參閱 Pulteney（1844）和 Perry（1844）。

◆ **城市改良信託局、瑪莉・巴柏和罷繳租金運動**：城市改良信託局的歷史，以及格拉斯哥第一批社會住宅的介紹，請參考 Withey（2003）。關於格拉斯哥女性的資訊，包括瑪莉・巴柏和罷繳租金運動，請參考 King（1993）；亦可參考紀錄片《克萊德河畔的紅裙子》（*Red Skirts on Clydeside*），Woodley 和 Bellamy（1984）。

◆ **布魯斯、阿柏克隆比爵士、格拉斯哥計畫的夢想與失敗**：兩項整頓格拉斯哥的計畫是布魯斯（1945）、阿柏克隆比和馬修（Matthew）（1949）。布魯斯大部分的計畫──包括拆除格拉斯哥具歷史意義的中心區──被視為太過激進，但該計畫的概念影響了格拉斯哥未來數十年的計畫。阿柏克隆比版的計畫──「克萊德河谷區域計

畫」——更是影響深遠，請參考 Smith 和 Wannop（1985）。Checkland（1976）也討論了這兩項計畫。

- **「四大」地區——企圖與失敗：**數幅驚人的剝奪地圖顯示四大地區房地產的狀況，可查詢《格拉斯哥住宅調查》（*Inquiry into Housing in Glasgow*，1986）。兩次大戰期間「摩爾公園」（Moorepark）住宅計畫的詳盡細節、訪問和評論，皆可參考 Damer（1989）。那裡已成爲惡名昭彰的地區，有「酒巷」（Wine Alley）之稱。關於德拉姆查珀爾的生活，請參考 Craig（2003）。欲知如何檢視伊斯特豪斯的問題，詳參 CES（1985）。城市外圍房地產的問題至今依然持續，可參考 Garnham（2018）。

- **出租公寓的歷史：**關於出租公寓的歷史、法律基礎、建築、設備、對社會的衝擊，以及其地圖、計畫和照片，詳見 Worsdall（1977）。共居出租公寓的居民紀錄，在 Faley（1990）蒐集成文。拉爾夫·葛拉瑟（Ralf Glasser）自傳三部曲包含一段在高柏斯展開的人生，也述及在典當物品時保留尊嚴的重要性——請參閱 Glasser（1986）。

- **描述外圍地區生活的詩歌：**亞當·麥克諾頓（Adam MacNaughton）創作的〈Jeely Piece Song〉亦稱〈放棄摩天大樓〉（*The Skyscraper Wean*），描述孩子被送去卡索米爾克地區住高樓大廈的困境。

- **格拉斯哥毒品致死與愛滋病患增加的情況：**蘇格蘭毒品致死的人數持續增加。2017年達到有可比較的紀錄以來的最高點。格拉斯哥在其中占了極高的比例，過去兩年，古柯鹼注射之盛行似乎導致更多死亡——請參考蘇格蘭國家紀錄（2018）。愛滋病流行相關研究，請參考 Ragonnet-Cronin 等人（2018）。

參考文獻

- AAPSS (1897), 'Notes on Municipal Government', *Annals of the American Academy of Political and Social Science*, 9, 149–58.

- Abercrombie, P., and Matthew, R. H. (1949), *Clyde Valley Regional Plan 1946* (Edinburgh: His Majesty's Stationery Office).

- Arrow, K. (1999), 'Observations on Social Capital', in Dasgupta, P., and Serageldin, I. (eds.), *Social Capital: A Multifaceted Perspective* (Washington, DC: World Bank).

- Atkinson, R. (1999), *The Development and Decline of British Shipbuilding*.

- Barras, G. W. (1894), 'The Glasgow Building Regulations Act (1892)', *Proceedings of the Philosophical Society of Glasgow*, xxv, 155–69.

- Berkman, L. F., Glass, T., Brisette, I., and Seeman, T. E. (2000), 'From Social Integration to Health: Durkheim in the New Millennium', *Social Science and Medicine*, 51, 843–57.

- Board of Trade (1965), *Japanese Shipyards: A Report on the Visit of the Minister of State (Shipping) in January 1965*.

———— (1966), Shipbuilding Inquiry Committee 1965–1966 – Report (London: HMSO), Cmnd.

2937.

- Bourdieu, P. (1986), 'The Forms of Capital', in Richardson, J. G. (ed.), *Handbook of Theory and Research for the Sociology of Education* (New York: Greenwood Press).

- Bremner, D. (1869), *The Industries of Scotland: Their Rise, Progress and Present Position* (Edinburgh: Adam and Charles Black).

- Brinkman, J., Coen-Pirani, D., and Sieg, H. (2015), 'Firm Dynamics in an Urban Economy', *International Economic Review*, 56 (4), 1135–64.

- Broadway, F. (1976), *Upper Clyde Shipbuilders – A Study of Government Intervention in Industry* (London: Centre for Policy Studies).

- Bruce, R. (1945), *The First Planning Report to Highways and the Planning Committee of the Corporation of the City of Glasgow*, 2 volumes (Glasgow).

- Burton, A. (2013), *The Rise and Fall of British Shipbuilding* (Stroud: The History Press). Carstairs, V., and Morris, R. (1991), *Deprivation and Health in Scotland* (Aberdeen:

- Aberdeen University Press).

- CES (1985), *Outer Estates in Britain: Easterhouse Case Study*, Paper 24 (London: Centre for Environmental Studies).

- Chadwick, E. (1842, reprinted 1965), *Report on the Sanitary Condition of the Labouring Population of Great Britain* (Edinburgh: University of Edinburgh Press).

- Checkland, S. (1976), *The Upas Tree – Glasgow 1875–1975* (Glasgow: University of Glasgow Press).

- Coleman, J. (1990), *Foundations of Social Theory* (Cambridge, Mass.: Harvard University Press).

- Connery, S. [director] (1967), *The Bowler and the Bunnet*, available on BFI (2018), *Tales from the Shipyard: Britain's Shipbuilding Heritage on Film*, DVD (London: BFI).

- Connors, D. P. (2009), *The Role of Government in the Decline of the British Shipbuilding Industry, 1945–1980*, PhD thesis, University of Glasgow.

- Coutts, J. (1909), *A History of the University of Glasgow from its Foundation in 1451 to 1909* (Glasgow: University of Glasgow Press).

- Couzin, J. (2003), *Radical Glasgow: A Skeletal Sketch of Glasgow's Radical Tradition* (Voline Press).

- Craig, A. (2003), *The Story of Drumchapel* (Glasgow: Allan Craig).

- Damer, S. (1989), *From Moorepark to 'Wine Alley': The Rise and Fall of a Glasgow Housing Scheme* (Edinburgh: Edinburgh University Press).

- Defoe, D. (1707), *A Tour Through the Whole Island of Great Britain*, Book XII.

- Devine, T. (1990), *The Tobacco Lords: A Study of the Tobacco Merchants of Glasgow and Their Trading Activities, c.1740–90* (Edinburgh: Edinburgh University Press).

- Dodds, S. (2014), *Ten Years of the GCPH: The Evidence and Implications*, Glasgow Centre for Population Health, October.

- Durkheim, Emile (1897), *Le suicide:* étude *de sociologie.*

- Durkheim, Emile (2002), *Suicide* [English translation] (London: Routledge Classics). Faley, J. (1990), *Up Oor Close – Memories of Domestic Life in Glasgow Tenements 1910–1945* (Oxford: White Cockade).

- Ferragina, E., and Arrigoni, A. (2017), 'The Rise and Fall of Social Capital: Requiem for a Theory?', *Political Studies Review*, 15 (3), 355–67.

- Fowle, F. (2011), *Van Gogh's Twin: The Scottish Art Dealer Alexander Reid* (Edinburgh: National Galleries of Scotland).

- Garnham, L. (2018), *Exploring Neighbourhood Change: Life, History, Policy and Health Inequality Across Glasgow*, Glasgow Centre for Population Health, December.

- Garvin, E., et al. (2012), 'More Than Just an Eyesore: Local Insights and Solutions on Vacant Land and Urban Health', *Journal of Urban Health: Bulletin of the New York Academy of Medicine*, 90 (3), 412–26.

- GCPH (2008), *A Community Health and Wellbeing Profile for East Glasgow*, Glasgow Centre for Population Health, February.

- Glasgow Museums (1997), *Th Burrell Collection* (London: HarperCollins). Glasser, R. (1986), *Growing Up in the Gorbals* (London: Chatto & Windus).

- Hill S., and Gribben, C. (2017), *Suicide Statistics: Technical Paper*, Scottish Public Health Observatory, NHS Information Services (ISD), NHS Scotland.

- *Inquiry into Housing in Glasgow* (1986), Glasgow District Council.

- Johnman, L., and Murphy, H. (2002), *British Shipbuilding and the State since 1918: A Political Economy of Decline* (Exeter: University of Exeter Press).

- Johnston, S. (2006), 'The Physical Tourist Physics in Glasgow: A Heritage Tour', *Physics in Perspective*, 8, 451–65.

- King, E. (1993), *The Hidden History of Glasgow's Women: The THENEW Factor*, (Edinburgh: Mainstream).

- Lorenz, E. H. (1991), *Economic Decline in Britain: The Shipbuilding Industry 1890– 1970* (Oxford: Oxford University Press).

- Lukes, S. (1992), *Emile Durkheim: His Life and Work* (London: Penguin Books). McArthur, A., and Kingsley Long, H. (1956), *No Mean City* (Neville Spearman). MacFarlane, C. (2007), *The Real Gorbals Story* (Edinburgh: Mainstream).

- Marshall, A. (1890), *Principles of Economics* (London: Macmillan and Company). Morgan, A. (2010), 'Social Capital as a Health Asset for Young People's Health and Wellbeing', *Journal of Child and Adolescent Psychology*, S2, 19–42.

- Moss, M., Forbes Munro, J., and Trainor, R. H. (2000), *University, City and State: The University of Glasgow since 1870* (Edinburgh: Edinburgh University Press).

- Muthesius, H. (1904), *Das englische Haus* (Berlin: Ernst Wasmuth).

- National Records of Scotland (2018), *Drug Deaths in Scotland 2017*, 3 July. Nichol, N. (1966), *Glasgow and the Tobacco Lords* (London: Longmans).

- Pagden, A. (1988), 'The Destruction of Trust and Its Economic Consequences in the Case of Eighteenth-century Naples', in Gambetta, D. (ed.), *Trust: Making and Breaking Cooperative Relations* (Oxford: Blackwell).

- Perry, R., (1844), *Facts and Observations on the Sanitary State of Glasgow, Shewing the Connections Existing Between Poverty, Disease, and Crime* (Glasgow: Gartnaval Press).

- Peters, C. M. (1990), *Glasgow's Tobacco Lords: An Examination of Wealth Creators in the Eighteenth Century*, PhD thesis, University of Glasgow.

- Potter, A. and Watts, H. D. (2012), 'Revisiting Marshall's Agglomeration Economies: Technological Relatedness and the Evolution of the Sheffield Metals Cluster', *Regional Studies*, May.
- Pulteney, W. A. (1844), *Observations on the Epidemic Fever of MDCCCXLIII in Scotland and Its Connection with the Destitute Condition of the Poor* (Edinburgh: William Blackwood & Sons).
- Putnam, R. (1993), *Making Democracy Work: Civic Traditions in Modern Italy* (Princeton: Princeton University Press).
————, with Leonardi, R., and Nanetti, R. (1993), Making Democracy Work: Civic Traditions in Modern Italy (Princeton: Princeton University Press).
- Ragonnet-Cronin, M., with Jackson, C., Bradley-Stewart, A., Aitken, C., McAuley, A., Palmateer, N., Gunson, R., Goldberg, D., Milosevic, C., and Leigh Brown, J. (2018), 'Recent and Rapid Transmission of HIV Among People Who Inject Drugs in Scotland Revealed Through Phylogenetic Analysis', *Journal of Infectious Diseases*, 217 (12), 1875–82.
- Scottish Violence Reduction Unit (2018), 'SVRU Welcomes Formation of VRU in London', 18 September.
- Smith, C. (2018), *Coal, Steam and Ships: Engineering, Enterprise and Empire on the Nineteenth-century Seas* (Cambridge: Cambridge University Press).
- Smith, R., and Wannop, U. (eds.) (1985), *Strategic Planning in Action: The Impact of the Clyde Valley Regional Plan 1946–1982*.
- Solow, R. M. (2000), 'Notes on Social Capital and Economic Performance', in Dasgupta, P., and Serageldin, I. (eds.), *Social Capital: A Multifaceted Perspective* (Washington, DC: World Bank).
- Stephen, A. M. M. (2015), *Stephen of Linthouse: A Shipbuilding Memoir 1950–1983* (Glasgow: IESIS).
- Valtorta, N. K., Kanaan, M., Gilbody, S., et al. (2016), 'Loneliness and Social Isolation as Risk Factors for Coronary Heart Disease and Stroke: Systematic Review and Meta-analysis of Longitudinal Observational Studies', *Heart*, 102, 1009–16. Wainwright, O. (2018), 'Charles Rennie Mackintosh: "He Was Doing Art Deco Before It Existed"', *Guardian*, 7 June.
- Walker, F. (2001), *The Song of the Clyde: A History of Clyde Shipbuilding* (Edinburgh: John Donald).
- Walpole, S. (1878), *A History of England from the Conclusion of the Great War in 1815*.
- Walsh, D. (2016), *History, Politics and Vulnerability: Explaining Excess Mortality in Scotland and Glasgow*, Glasgow Centre for Population Health, May.
————, Bendel, N., Jones, R., and Hanlon, P. (2010), 'It's Not "Just Deprivation": Why Do Equally Deprived UK Cities Experience Different Health Outcomes?' Public Health, 124 (9), 487–5.
————, Taulbut, M., and Hanlon, P. (2008), The Aftershock of Deindustrialisation Trends in Mortality in Scotland and Other Parts of Post-industrial Europe, Glasgow Centre for Population Health and NHS Health Scotland, April.
- Whyte, B., and Ajetunmobi, T. (2012), *Still the 'Sick Man of Europe'?*, Glasgow Centre for Population Health, November.
- Withey, D. (2003), *The Glasgow City Improvement Trust: An Analysis of Its Genesis, Impact and Legacy, and an Inventory of Its Buildings, 1866–1910*, PhD thesis, University of St Andrews.
- Worsdall, F. (1977), *The Tenement – A Way of Life* (Edinburgh: Chambers). Woodley, J., and Bellamy, C. [directors] (1984), *Red Skirts on Clydeside*, Sheffield Film Co-op.

- Wright, J., and MacLean, I. (1997), *Circles Under the Clyde – A History of the Glasgow Underground* (Capital Transport Publishing).

第七章 日本秋田

註釋

- **日野原重明：**日野原重明是日本醫師暨長壽專家，於 2017 年以 105 歲高齡辭世，著作數以百計，包括 2006 出版的（日本）暢銷書《活得久、活得好》(Living Long Living Good)。關於日野原醫師的一聲，請參見 Roberts (2017)，至於「日野原主義」的影響，可參酌 Bando 等人 (2017)。

- **日本人口統計：**日本人口統資料來自日本「國立社會保障‧人口問題研究所」(National Institute of Population and Social Security Research，簡稱 IPSS)，請參考 IPSS (2017a)。按城市與地區人口高齡化預測的年齡，請參考 IPSS (2013)。關於以性別區分的百歲人瑞數量統計，請見日本厚生勞動省老人保健福利局 (2017)。

- **平均壽命：**life expectancy，又稱生命期望或預期壽命。日本生命表（Life Tables）列出了日本出生世代 (birth cohort) 的平均壽命——請參日本厚生勞動省 (2015)。其他國家對於平均壽命的長期預測來自「世界人口展望」(World Population Prospects) 報告——詳參聯合國 (2017)。

- **莫迪利亞尼和布倫柏格—生命週期模型：**關於「生命週期模型」的起源，請參見 Breit 和 Hirsch (2019) 書中收錄的莫迪利亞尼論文。欲知此模型的含義與重要性，請見 Deaton (2005)。

- **年金：**關於社會保險支出在政府總稅收的占比，可見英國財政部 (2016)。關於高齡化對於醫療系統的負擔，請見 Reich 和 Shibuya (2015)。

- **日本家族傳統，敬老尊賢：**關於家族傳統中的「孝道」(親孝行) 觀念，請見 Yoshimitsu (2011)。欲知儒家思想對經濟結果 (economic outcome) 的影響，例如企業組織，可參 Nakane (1970) 和 Kumagai (1992)。

- **跨世代不平等：**關於跨世代平等的新近報告，請參見 Motoshige (2013)。論年金改革對日本團結觀念造成的風險，有一份早期論文可參考 (Takahashi, 2004)。促進世代團結的政府計畫，請參 Larkin and Kaplan (2010)。

- **兩名古代日本武士：**織田信長生於 1534 年，在日本戰國時代統一大業的過程中扮演重要角色。他不僅是領導有方的統治者，也是經濟策略專家，許多敵人和競爭對手都是他的手下敗將。織田信長於 1582 年遭暗殺身亡，享年 47 歲。德川家康生

於 1543 年，亦曾統一日本戰國。他參與過大大小小戰事，以善於結盟、避免紛爭著稱。1616 年，他因非人為因素過世，享年 73 歲。德川幕府統治日本達 250 年之久。關於日本統一的歷史，請參考 Chaplin（2018）。

◆ **自殺率：**關於日本自殺問題與嚴重程度的個案研究，請見 WHO（2014）。關於秋田的自殺率，以及經濟問題普遍成為自殺原因，詳參 Fushimi 等人（2005）。欲了解日本鄉村老年人的自殺問題，可參考 Traphagan（2004）。

◆ **孤獨死：**日本厚生勞動省（MHLW）持續追蹤記錄各種死因。關於「孤獨死」人數的相關數據並不容易取得，但相關討論可參考厚生勞動省（2011）、部分數據資料請參考 Waterson 和 Tamura（2014）。關於社會資本、連結（connectedness）和孤獨，請見 Hommerich（2014）。

◆ **消失的日本──關於藤里町與津和野：**藤里町的相關資料來自町長給我的紙本文件，有興趣者可上本書網站：www.extremeeconomies.com.。關於「購物難民」觀念的興起，請參見 Odagiri（2011）。

津和野的資料也是當地代表提供給我的。欲參考更多相關資料與圖片，請見 Barrett（2018）。

◆ **民主危機──無競爭的選舉：**又稱「無對手的選舉」。針對人口快速高齡化地區（如秋田）將有許多村莊消失的預測，可參考 Hiroya（2014）；關於日本鄉村政府的危機，請見 Yoshida（2015）和 Hijino（2018）。

◆ **幽靈屋：**關於「幽靈屋」日漸增多、影響如何擴及房市，請參考 Nozawa（2017）；相關廢棄城鎮、工廠和島嶼的照片請參 Meow（2015）。

◆ **蜷川幸雄和埼玉黃金世代劇團：**關於蜷川其人以及他對日本劇場的影響，請參考 Billington（2016）。

◆ **老年消費者的力量：**各種老年族群的規模來自 IPSS（2017a）。關於老年消費者對行銷和產品設計的影響，請參考 Kohlbacher 和 Herstatt（2011）。想知道日本老年人退休後培養非傳統嗜好的更多資訊，參見 Takahashi 等人（2011）。在促進開發新款產品方面，老年消費者所扮演的角色可參考 Kumano（2015）。擔憂高齡勞動力可能降低生產率（和通貨膨脹）的討論，請見 Liu 和 Westelius（2016）。

◆ **3K 工作：**針對日本不受青睞的 3K 工作和勞工短缺問題，可見 Morikawa（2018）。3K 工作對照護體系造成何種影響，以及機器人能扮演何種角色，請參考 Ishiguro（2018）；至於日本因勞力短缺而導致機器人需求更廣，可見 Schneider 等人（2018）。

◆ **PARO 寵物型機器人──發明、成本與影響：**PARO 應用於臨床環境的相關文獻愈來愈多，關於緩解焦慮、壓力和疼痛的潛在益處，參見 Petersen 等人（2017），至於治療憂鬱症和提升社交互動方面的效果，可見 Joranson 等人（2016）。針對機器人的療效和成本效益（cost-effectiveness），有些研究也提出批判──詳參 Moyle 等人

（2017）和 Mervin 等人（2018）。

◆ **奔向 2050 年**：其他國家對於高齡人口的預測，來自聯合國「世界人口展望」（World Population Prospects）資料庫：亦可參考 UN（2017）2050 的相關預測與討論，收錄在皮尤研究中心（Pew Research）的調查（2014）。欲知韓國有何迫在眉睫的挑戰，以及可師法日本之處，請見 Zoli（2017）。論及各國可能「尚未變富就先變老」所引發的疑慮，可參考 IMF（2017）。Poole and Wheelock（2005）則討論此一問題在美國的情形，頗有裨益。欲知這種「長壽危機」目前對日本金融帶來何種衝擊，詳參 IMF（2012）。

參考文獻

- Allison, A. (2013), *Precarious Japan* (Durham, NC: Duke University Press). Bando, H., Yoshioka, A., Iwashimizu, Y., Iwashita, M., and Doba, N. (2017), 'Development of Primary Care, Lifestyle Disease and New Elderly Association (NEA) in Japan – Common Philosophy with Hinohara-ism', *Primary Health Care*, 7 (3). Barrett, B. (2018), 'When a Country's Towns and Villages Face Extinction', *The Conversation*, 14 January.

- Billington, M. (2016), 'Yukio Ninagawa', obituary, *Guardian*, 16 May.

- Breit, W., and Hirsch, B. T. (2009), *Lives of the Laureates: Twenty-three Nobel Economists* (Cambridge: MIT Press).

- Chaplin, D. (2018), *Sengoku Jidai. Nobunaga, Hideyoshi, and Ieyasu: Three Unifiers of Japan* (CreateSpace Independent Publishing).

- Coulmas, F. (2008), *Population Decline and Ageing in Japan – The Social Consequences* (Abingdon: Routledge Contemporary Japan).

- Deaton, A. (2005), 'Franco Modigliani and the Life Cycle Theory of Consumption', Lecture, March.

- Fushimi M., Sugawara, J., and Shimizu, T. (2005), 'Suicide Patterns and Characteristics in Akita, Japan', *Psychiatry and Clinical Neurosciences*, 59 (3), 296–302.

- Gratton, L., and Scott, A. (2016), *The 100-Year Life: Living and Working in an Age of Longevity* (London: Bloomsbury Information).

- Health and Welfare Bureau for the Elderly (2017), 'Hyakusai Korei-sha ni taisuru Shukujo oyobi Kinen-hin no zotei ni tsuite' (About the Celebration and Souvenir for Centenarians).

- Hijino, K. L. V. (2018), 'Japan's Shrinking Democracy: Proposals for Reviving Local Assemblies', *Nippon*, 16 May.

- Hinohara, S., (2006), *Living Long, Living Good*.

- Hiroya, M. (2014), 'The Decline of Regional Cities: A Horrendous Simulation – Regional Cities Will Disappear by 2040, A Polarized Society will Emerge', *Discuss Japan*, Japan Foreign Policy Forum, No. 18, Politics, 20 January.

- Hommerich, C. (2014), 'Feeling Disconnected: Exploring the Relationship Between Different Forms of Social Capital and Civic Engagement in Japan', *Voluntas: International Journal of Voluntary and Nonprofit Organizations*, 26. IMF (2012), 'The Financial Impact of Longevity Risk', *Global Financial Stability Report*, April (Washington, DC: IMF).

————— (2017), Asia and Pacific: Preparing for Choppy Seas, Regional Economic Outlook, April (Washington, DC: IMF).

- IPSS (2013), *Regional Population Projection for Japan: 2010–2040* (Tokyo: National Institute of Population and Social Security Research).

————— (2017a), Selected Demographic Indicators for Japan (Tokyo: National Institute of Population and Social Security Research).

————— (2017b), Population Projection for Japan: 2016–2065 (Tokyo: National Institute of Population and Social Security Research).

- Ishiguro, N. (2018), 'Care Robots in Japanese Elderly Care: Cultural Values in Focus', in Christensen, K., and Pilling, D., *The Routledge Handbook of Social Care Work Around the World* (London: Routledge).

- *Japan Times* (2017), 'After One-year Hiatus, Akita Again Has Highest Suicide Rate in Japan', 23 May.

- Jøranson, N., Pedersen, I., Rokstad, A. M., and Amodt, G. (2016), 'Group Activity with Paro in Nursing Homes: Systematic Investigation of Behaviors in Participants', *International Psychogeriatrics*, 28, 1345–54.

- Keynes, J. M. (1937, reprinted 1978), 'Some Economic Consequences of a Declining Population', *Population and Development Review*, 4 (3), 517–23.

- Kohlbacher, F., and Herstatt, C. (eds.) (2011), *The Silver Market Phenomenon – Marketing and Innovation in the Aging Society* (Berlin: Springer).

- Kumagai, F. (1992), 'Research on the Family in Japan', in *The Changing Family in Asia* (Bangkok: UNESCO).

- Kumano, H. (2015), 'Aging Consumers Reshaping Japanese Market: Consumption Patterns of Japan's Elderly', *Nippon*, 25 November.

- Larkin, E., and Kaplan, M. S. (2010), 'Intergenerational Relationships at the Center: Finding Shared Meaning from Programs in the US and Japan', *YC Young Children*, 65 (3), 88–94.

- Liu, Y., and Westelius, N. (2016), 'The Impact of Demographics on Productivity and Inflation in Japan', IMF Working Paper, WP/16/237, December.

- Meow, J. (2015), *Abandoned Japan* (Paris: Jonglez).

- Ministry of Finance (2016), *Public Finance Statistics Book: FY2017 Draft Budget* (Tokyo: Ministry of Finance).

- Ministry of Health, Labour and Welfare (2011), *Creating a Welfare Society Where Elderly and Other People Can Be Active and Comfortable* (Tokyo: Ministry of Health, Labour and Welfare).

————— (2015), The 22nd Life Tables (Tokyo: Ministry of Health, Labour and Welfare).

- Mervin, M., et al. (2018), 'The Cost-effectiveness of Using PARO, a Therapeutic Robotic Seal, to Reduce Agitation and Medication Use in Dementia: Findings from a Cluster-randomized Controlled Trial', *Journal of the American Medical Directors Association*, 19 (7), 619–22.

- Morikawa, M. (2018), 'Labor Shortage Beginning to Erode the Quality of Services: Hidden Inflation' (Toyko: Research Institute of Economy, Trade and Industry). Motoshige, I. (ed.) (2013), *Public Pensions and Intergenerational Equity*, NIRA Policy Review No. 59 (Tokyo: National Institute for Research Advancement (NIRA)). Moyle, W., et al. (2017), 'Use of a Robotic Seal as a Therapeutic Tool to Improve Dementia Symptoms: A Cluster-randomized Controlled Trial', *Journal of the American Medical Directors Association*, 18 (9), 766–73.

- Nakane, C. (1970), *Japanese Society* (Berkeley: University of California Press). Nozawa, C. (2017), 'Vacant Houses Are Undermining Tokyo', *Discuss Japan*, Japan Foreign Policy Forum, No. 41, Society, 11 September.

- Odagiri, T. (2011), 'Rural Regeneration in Japan', Centre for Rural Economy Research Report, Research Report 56 (Newcastle: CRE).

- Petersen, S., Houston, S., Qin, H., et al. (2017), 'The Utilization of Robotic Pets in Dementia Care', *Journal of Alzheimer's Disease*, 55, 569–74.

- Pew Research (2014), *Attitudes About Aging: A Global Perspective*, Pew Research Center, 30 January.

- Poole, W. and Wheelock, D. C. (2005), 'The Real Population Problem: Too Few Working, Too Many Retired', *Regional Economist*, Federal Reserve Bank of St Louis, April.

- Reich, M., and Shibuya, K. (2015), 'The Future of Japan's Health System – Sustaining Good Health with Equity at Low Cost', *New England Journal of Medicine*, 373, 1793–97.

- Roberts, S. (2017), 'Dr Shigeaki Hinohara, Longevity Expert, Dies at (or Lives to) 105', *New York Times*, 25 July.

- Satsuki, K. (2010), *Nature's Embrace: Japan's Aging Urbanites and New Death Rites* (Honolulu: University of Hawaii Press).

- Schneider, T., Hong, G. H, and Le, A. V. (2018), 'Land of the Rising Robots', *Finance and Development*, 55 (2), IMF.

- *Statistical Handbook of Japan 2018* (2018), (Tokyo: Statistics Bureau, Ministry of Internal Affairs and Communications).

- Takahashi, K., Tokoro, M., and Hatano, G. (2011), 'Successful Aging through Participation in Social Activities Among Senior Citizens: Becoming Photographers', in Matsumoto, Y. (ed.), *Faces of Aging: The Lived Experiences of the Elderly in Japan* (Stanford: Stanford University Press).

- Takahashi, M. (2004), 'The Social Solidarity Manifested in Japan's Pension Reforms', *Shimane Journal of Policy Studies*, 8, 125–42.

- Traphagan, J. W. (2004), 'Interpretations of Elder Suicide, Stress, and Dependency Among Rural Japanese', *Ethnology*, 43 (4), 315–29.

- Ueno, C. (2009), *The Modern Family in Japan: Its Rise and Fall* (Melbourne: Trans Pacific Press).

- United Nations (2017), *World Population Prospects: The 2017 Revision, Key Findings and Advance Tables*, ESA/P/WP/248 (New York: United Nations).

- Wakabayashi, M., and Horioka, C. Y. (2006), 'Is the Eldest Son Different? The Residential Choice of Siblings in Japan', October, NBER Working Paper No. w12655.

- Waterson, H., and Tamura, K. (2014), 'Social Isolation and Local Government: The Japanese Experience' (London: Japan Local Government Centre).

- WHO (2014), *Preventing Suicide: A Global Imperative* (Geneva: World Health Organization).

- Yoshida, R. (2015), 'Vanishing Communities Find Themselves Facing Shortage of Leaders', *Japan*

Times, 24 April.

- Yoshimitsu, K. (2011), *Japanese Moral Education Past and Present* (Cranbury, NJ: Associated University Presses).

- Zoli, E. (2017), *Korea's Challenges Ahead – Lessons from Japan Experience*, IMF Working Paper WP/17/2, January.

第八章 愛沙尼亞塔林

註釋

◆ **瓦西里‧李昂提夫：**本章章名頁這句話引自《機器和人》一文，由哈佛大學經濟學家瓦西里‧李昂提夫為致力研究機器自動化控制 Scientific American 月刊所寫——請見 Leontief（1952）。

◆ **科技引發的兩種恐懼——失業和分裂：**關於科技進步會導致大規模失業潮的風險，請參 Keynes（1930）和 Leontief（1952）。關於這種恐懼的歷史調查報告，請參考 Mokyr 等人（2015）。自動化率 30％的預測（低技術者 44％）——引自 PwC（2018）；亦可參考 Muro 等人（2019）提供的一份美國智庫布魯金斯研究院（Brookings Institution）。關於「數位落差」或新興「數位下層階級」（digital underclass）最新的論述，請見世界銀行（2016）OECD（2018）。美國早期對於數位落差的考量來自 FINA（1995，1998）

◆ **愛沙尼亞的數位成就——稅制、政治體系、數位政府：**欲知愛沙尼亞「數位社會」的時間和事實，請上該國政府網站：www. e-estonia.com；關於政府的長期計畫，請參經濟事務及通訊部（Ministry of Economic Affairs and Communications，2013）和愛沙尼亞國家選舉事務處（State Electoral Office of Estonia，2017）。關於投票人數的相關資料，請上選舉事務處的網站：www.valimised.ee/en

◆ **蘇聯統治下的經濟：**關於蘇聯制度對經濟的影響，包括因食物短缺引起的非法私營農場，請參考 Misiunas and Taagepera（1993）；論及「農業集體化」的資訊，請見 Jaska（1952）。

◆ **愛沙尼亞起飛：**愛沙尼亞在 1990 年代中葉開始「起飛」，相關論述參見 Almi（1996）。其中一位創始者對於「經濟奇蹟」的描述，可見 Laar（2007）。蘇聯解體後，愛沙尼亞進行了更大規模的改革，參見 Roaf 等人（2014）。2018 年的數據圖表來自愛沙尼亞統計局（Statistics Estonia）的網站：www.stat.ee。

◆ **X-Road：**X-Road 常被稱為愛沙尼亞國家數位計畫（e-Estonia）的「中樞」。2008 年更名為「X-tee」，關於該系統的用途和狀態，相關資訊都可即時上網站 www.x-tee.ee/

factsheets/EE/#eng 查詢。此系統允許個人掌控私人數據,相關資訊請見 Priisalu and Ottis(2017);有關私人公司或單位如何使用此系統,請參考 Paide 等人(2018)。

◆ **物流和勞動力市場:**勞動力市場的交通運輸和物流相關資料,來自愛沙尼亞統計局、美國勞工部勞動統計局(Bureau of Labor Statistics)和英國國家統計署(Office for National Statistics)。英國農業學家羅伯特・貝克韋爾(Robert Bakewell)如何改良畜牧業,參見 Wykes(2004)。論及農業機械化、個人農民如何推動改革,以及其重要性,可參考 Fox 和 Butlin(電子數據系統,1979)。關於 17 世紀英國創新力的最新工作和資料,參見 Ang 等人(2013);對農業生產力的評估,請參考 Apostolides 等人(2008)。農業生產力提供何以能促進英國人口增長,請參考 Overton(1996)。

◆ **斯溫暴動:**英國農業勞工對農地作業機械化有何反應,其經典論述是由 Hobsbawm 和 Rude(1968)合著;想知道暴動期間暴民如何使用暴力,其最新相關論述請參見 Griffin(2010)。

◆ **工業革命:**論及珍妮紡紗機在工業革命扮演的角色,請參考 Allen(2007)。關於印度和中國生產棉花之下的棉花改革史和英國史,參見 Riello(2013)。

◆ **製造業就業人口下降:**美國就業方面的變化來自美國勞工部勞動統計局;想探索美國百年史,詳參 Ghanbari 和 McCall(2016)。

◆ **亞瑟・塞繆爾與人工智慧的起源:**關於人工智慧的起源和早期發展,參見 Nilsson(2009)。亞瑟・塞繆爾以機器學習和西洋棋為題的原始論文請見 Samuel(1959);關於「塞繆爾貢獻」的簡短調查報告,請參考 McCarthy 和 Feigenbaum(1990)。在「科技變革」悠久的歷史中,有關人工智慧和機器人的相關資訊可參考 Ayres(1989)。

◆ **電腦晶片與摩爾定律:**關於摩爾定論最早的觀點,請參 Moore(1965)。欲知近來晶片改善速度放慢的相關資訊,請參考 Waldrop(2016),新型晶片代表摩爾式改革會持續下去,相關文章請見 Simonite(2016)。

◆ **納爾瓦:**欲知納爾瓦在愛沙尼亞的獨特角色和歷史,相關研究請見 Smith(2002);針對納爾瓦地緣政治的重要性,以及對俄羅斯可能入侵的擔憂,詳參 Trimbach and O'Lear(2015)。

◆ **有俄羅斯血統的愛沙尼亞人:**關於俄羅斯人移民到愛沙尼亞的歷史和人數,請見 Sakkeus(1994);欲知俄羅斯政策發揮何種作用,請參考 Kahk 和 Tarvel(1997)。關於他們所面臨的挑戰,相關介紹請參 Koort(2014);勞動力市場隔離對失業和薪資的影響,相關資訊請參 Saa 和 Helemae(2017)。最近的研究針對各種社會行為(如生產和就學)所做的綜合論述——請見 Puur 等人(2017);欲知無國籍人士的綜覽,請參考 UNHCR。愛沙尼亞種族背景的當代數據資料,來自該國統計局。

◆ **愛沙尼亞的經濟統計數據——就業、勞動力市場的參與率、薪資:**關於愛沙尼亞勞動力市場近來的表現來自愛沙尼亞統計局——請見 Vannas(2018)。

- **身分證、企業家的挑戰、電子居民**：關於創辦者對於電子居民計畫的描述，請見 Kotka 等人（2015），關於電子居民系統的拓展計畫，則可參考 Korjus（2018）。想參閱獨立研究的話請見 Tammpuu 和 Masso（2018）。
- **愛沙尼亞的語言障礙**：愛沙尼亞語屬烏拉語系（Uralic），與芬蘭語和匈牙利語屬同一語系。俄語屬斯拉夫大語系，是印歐語系的一支，相較於愛沙尼亞語，俄語更接近英語。有人認為在蘇聯統治時期，這就是愛沙尼亞的待遇比拉脫維亞和立陶宛更嚴苛的原因，後兩者的語言都比較接近俄語。關於勞動力市場有不同種族共存，相關內容請參見 Saar 和 Helemae（2017）和 Kruusvall（2015）的論述。
- **仿效愛沙尼亞經驗的國家**：關於愛沙尼亞數位政府計畫在海外的使用情形，請參考此網站：www. e-estonia.ee.。加拿大的案例可參見 Thomson（2019）。
- **最新的就業風險**：論及機器人在職場上的新近研究，參見 Graetz and Michaels（2015）；關於誇大失業風險的傾向，以及新型態就業的預測失準，相關文章請參考 Mokyr 等人（2015）。

參考文獻

- Allen, R. C. (2007), 'The Industrial Revolution in Miniature: The Spinning Jenny in Britain, France, and India', Economics Series Working Papers 375, University of Oxford, Department of Economics.
- Almi, P. (1996), 'Estonia's Economy Takes Off ', *Unitas*, 68, 16–18.
- Ang, J. B., Banerjee, R., and Madsen, J. B. (2013), 'Innovation and Productivity Advances in British Agriculture: 1620–1850', *Southern Economic Journal*, 80 (1), 162–86.
- Apostolides, A., Broadberry, S., Campbell, B., Overton, M., and van Leeuwen, B. (2008), 'English Agricultural Output and Labour Productivity 1250–1850, Some Preliminary Estimates', Mimeo, University of Exeter.
- Ashton, T. (1948), *The Industrial Revolution 1760–1830* (London: Oxford University Press).
- Ayres, R. U. (1989), *Technological Transformation and Long Waves*, International Institute for Applied Systems Analysis, Research Report 89–1.
- Baburin, A., Lai, T., and Leinsalu M., 'Avoidable Mortality in Estonia: Exploring the Differences in Life Expectancy Between Estonians and Non-Estonians in 2005–2007', *Public Health*, 125, 754–62.
- Brynjolfsson, E., and McAfee, A. (2012), *Race Against the Machine: How the Digital Revolution is Accelerating* (Digital Frontier Press).
- Chambers, J. D., and Mingay, G. E. (1966), *The Agricultural Revolution 1750–1850* (London: B. T. Batsford).
- Clark, G. (2002), *The Agricultural Revolution and the Industrial Revolution*, Working Paper, University of California, Davis.
  ———— (2005), 'The Condition of the Working Class in England, 1209–2004', Journal of Political Economy, 113, 1307–40.
- Deane, P. (1969), *The First Industrial Revolution* (Cambridge: Cambridge University Press).

- FINA (1995), *Falling Through the Net: A Survey of the 'Have Nots' in Rural and Urban America*, National Telecommunications and Information Administration, United States Department of Commerce, July.

- FINA (1998), *Falling Through the Net II: New Data on the Digital Divide*, National Telecommunications and Information Administration, United States Department of Commerce, July.

- Fox, H., and Butlin, R. (eds.) (1979), *Change in the Countryside*, Institute of British Geographers (Oxford: Alden Press).

- Ghanbari, L., and McCall, M. (2016), 'Current Employment Statistics Survey: 100 Years of Employment, Hours, and Earnings', *BLS Monthly Labor Review: August 2016*, US Bureau of Labor Statistics.

- Graetz, G., and Michaels, G. (2015), 'Robots at Work', *Centre for Economic Performance Discussion Paper No. 1335*, March.

- Griffin, C. (2010), 'The Violent Captain Swing?', *Past & Present*, 209, 149–180. Hobsbawm, E., and Rudé, G. (1968), *Captain Swing* (London: Lawrence & Wishart). Jaska, E. (1952), 'The Results of Collectivization of Estonian Agriculture', *Land Economics*, 28 (3), 212–17.

- Kahk, J., and Tarvel, E. (1997), *An Economic History of the Baltic Countries* (Stockholm: Almquist & Wiksell International).

- Kattel, R. and Mergel, I. (2018), *Estonia's Digital Transformation: Mission Mystique and the Hiding Hand*, UCL Institute for Innovation and Public Purpose Working Paper Series (IIPP WP 2018-09).

- Keynes, J. M. (1930), 'Economic Possibilities for Our Grandchildren', in *Essays in Persuasion* (1963) (New York: W. W. Norton & Co.).

- Koort, K. (2014), 'The Russians of Estonia: Twenty Years After', *World Affairs*, July/ August.

- Korjus, K. (ed.) (2018), *E-Residency 2.0, White Paper*.

- Kotka, T., Alvarez del Castillo, C. I. V., and Korjus, K. (2015), 'Estonian eResidency: Redefining the Nation-state in the Digital Era', Cyber Studies Programme Working Paper No. 3, University of Oxford, September.

- Kruusvall, J. (2015), Rahvussuhted. Eesti ühiskonna integratsiooni monitooring.

- Uuringu aruanne.

- Laar, M. (2007), 'The Estonian Economic Miracle', *Heritage Foundation*, 7 August.

- Lebergott, S. (1966), 'Labor Force and Employment, 1800–1960', in Brady, D. S. (ed.), *Output, Employment, and Productivity in the United States after 1800* (Cambridge, Mass.: NBER).

- Leontief, W. (1952), 'Machines and Man', *Scientific American*, 187 (3), 150–60. McCarthy, J., and Feigenbaum, E. (1990), 'In Memoriam: Arthur Samuel and Machine Learning', *AI Magazine*, 11 (3), 10–11.

- Ministry of Culture (2014), *The Strategy of Integration and Social Cohesion in Estonia, 'Integrating Estonia 2020'*.

- Ministry of Economic Affairs and Communications (2013), *Digital Agenda 2020 for Estonia*.

- Misiunas, R., and Taagepera, R. (1993), *The Baltic States: The Years of Dependence, 1940–90* (Berkeley: University of California Press).

- Mokyr, J., Vickers, C., and Ziebarth, N. (2015), 'The History of Technological Anxiety and the Future of Economic Growth: Is This Time Different?', *Journal of Economic Perspectives*, 29 (3), 31–50.

- Moore, G. E. (1965), 'Cramming More Components on to Integrated Circuits', *Electronics*, April,

114–17.

- Muro, M., Maxim, R., and Whiton, J. (2019), 'Automation and Artificial Intelligence: How Machines Are Affecting People and Places', Report, Brookings Institution, 24 January.
- Nilsson, N. (2009), *The Quest for Artificial Intelligence* (Cambridge: Cambridge University Press).
- OECD (2018), 'Bridging the Rural Digital Divide', OECD Digital Economy Papers, No. 265 (Paris: OECD).
- Overton, M. (1985), 'The Diffusion of Agricultural Innovations in Early Modern England: Turnips and Clover in Norfolk and Suffolk, 1580–1740', *Transactions of the Institute of British Geographers*, 10 (2), 205–221.

    ———— (1996), Agricultural Revolution in England: The Transformation of the Agrarian Economy 1500–1850 (Cambridge: Cambridge University Press).
- Paide, K., Pappel, I., Vainsalu, H., and Draheim, D. (2018), 'On the Systematic Exploitation of the Estonian Data Exchange Layer X-Road for Strengthening Public-Private Partnerships', in *Proceedings of the 11th International Conference on Theory and Practice of Electronic Governance*, ICEGOV'18, April.
- Priisalu, J., and Ottis, R. (2017), 'Personal Control of Privacy and Data: Estonian Experience', *Health Technology*, 7, 441.
- Puur, A., Rahnu, L., Abuladze, L., Sakkeus, L., and Zakharov, S. (2017), 'Childbearing Among First- and Second-generation Russians in Estonia Against the Background of the Sending and Host Countries', *Demographic Research*, 35, 1209–54.
- PwC (2018), 'How Will Automation Impact Jobs?', *Economics: Insights*, February. Riello, G. (2013), *Cotton: The Fabric that Made the Modern World* (Cambridge:
- Cambridge University Press).
- Roaf, J., Atoyan, R., Joshi, B., and Krogulski, K. (2014), '25 Years of Transition: Post-communist Europe and the IMF', *Regional Economic Issues Special Report*, IMF, October.
- Saar, E., and Helemäe, J. (2017), 'Ethnic Segregation in the Estonian Labour Market', in *Estonian Human Development Report 2016/2017*.
- Sakkeus, L. (1994), 'The Baltic States', in Ardittis, S. (ed.), *The Politics of East–West Migration* (New York: St Martin's Press).
- Samuel, A. L. (1959), 'Some Studies in Machine Learning Using the Game of Checkers', *IBM Journal*, 3 (3), 211–29.
- Simonite, T. (2016), 'A $2 Billion Chip to Accelerate Artificial Intelligence', *MIT Technology Review*, 5 April.
- Smith, D. (2002), 'Narva Region Within the Estonian Republic. From Autonomism to Accommodation?', *Regional & Federal Studies*, 12 (2), 89–110.
- State Electoral Office of Estonia (2017), 'General Framework of Electronic Voting and Implementation Thereof at National Elections in Estonia', Document: IVXV-ÜK-1.0, 20 June.
- *Study of Social Groups in Integration: Summary and Policy Suggestions* (2013), (Tallinn: Tallinn University IISS).
- Tammpuu, P., and Masso, A. (2018), 'Welcome to the Virtual State: Estonian eResidency and the Digitalised State as a Commodity', *European Journal of Cultural Studies*, 1–18.

- Thomson, S. (2019), '"It's Got Us Very Intrigued": MPs to Study How Canada Can   Learn From "Digitally Advanced" Estonia', *National Post*, 13 January.
- Trimbach, D., and O'Lear, S. (2015), 'Russians in Estonia: Is Narva the next Crimea?', *Eurasian Geography and Economics*, 56 (5), 493–504.
- UNHCR (2016), *Ending Statelessness Within 10 Years*, Special Report.
- Vannas, Ü. (2018), 'Employment Rate at Record High in 2017', *Quarterly Bulletin of Statistics Estonia*, 7 June.
- Waldrop, M. (2016), 'The Chips Are Down for Moore's Law', *Nature*, 9 February. World Bank (2016), *World Development Report 2016: Digital Dividends* (Washington, DC: World Bank).
- Wykes, D. (2004), 'Robert Bakewell (1725–1795) of Dishley: Farmer and Livestock Improver', *Agricultural History Review*, 52 (1), 38–55.

第九章 智利聖地牙哥

註釋

◆ **智利是全球不平等路上的領導者：**關於智利不平等的歷史資料來自 Ffrench-Davis（2010）和 Solimano（2012）；跨國趨勢方面的消息摘自 OECD 和《世界不平等報告 2018》（World Inequality Report 2018）。墨西哥甫躋身已開發國家之列，是體現極端不平等的另一個例子，近年來一直在和智利爭奪「OECD 組織中最不平等國家」的頭銜。

◆ **睦鄰政策、國際合作總署（ICA）與芝加哥交換學生協議：**小羅斯福總統在第一次就職演說中概述了睦鄰政策（Good Neighbor Policy），並在後來的演講中擴大此政策的規模——小羅斯福（1933, 1936）。Valdes（1995）仔細探討了國際合作總署和芝加哥－智利交換協議的緣由和運作。在 50 年代中期，ICA 署長提出了該組織的理念和目標，請參考 Stoke（1956）；欲知 ICA 在全美洲活動的例子，請見 ICA（1959）。

◆ **傅立曼和哈柏格，以及兩人對芝加哥幫的影響：**芝加哥學派有個重要的思想基礎來自亨利‧賽門斯在其著作中的〈對自由放任的積極規畫〉（A Positive Program for Laissez Faire），詳參 Simons（1947）。關於芝加哥思想的概述，請參考 Miller（1962）和 Reder（1982）；想知道傅立曼的生平，請參閱其著作《資本主義與自由》（*Capitalism and Freedom*，1982a）。關於「芝加哥幫」的教育背景及他們的影響，請見 Valdes（1995）。在同名電影中可看到芝加哥幫那群年輕人的鏡頭，以及現代的採訪——相關資訊請見 Fuentes 和 Valdeavellano（2015）。

◆ **薩爾瓦多‧阿葉德的經濟計畫：**1970 年至 1973 年間，阿葉德的經濟計畫與效果經過 Larrain 和 Meller（1990）詳細審視。關於銅礦收歸國有的相關資訊，請見

Fleming（1973）。

◆ **皮諾契特政權下的人權侵犯**：針對皮諾契特政權下侵犯人權的行為所做的調查報告，最早於 1991 年出版，隨後在 2004 年、2005 年和 2011 年公開的官方報告中增加對人權侵犯的評估與預測。一切資料都按年份保存在聖地牙哥一家名為「回憶」（Museo de la Memoria）的博物館裡。至於中央情報局（CIA）與皮諾契特政變、阿葉德之死和侵犯人權的綜述已由 CIA（2000）出版。

◆ **「磚頭」**：《磚頭》（El Ladrillo）由智利一家智庫再版上市──請參考 HCEP（1992）。關於「極端實驗」的早期評論請參考 Ffrench-Davis（1983）。

◆ **智利奇蹟**：欲知貿易自由化早期的成功，請見 Ffrench-Davis（2010），亦可參考 Corbo（1997）了解貿易禁令取消的相關資訊。
智利「奇蹟」的概念來自《新聞週刊》的一篇文章──請參閱 Friedman（1982b）。對智利的讚譽以及呼籲其他國家仿效跟進的例子，可見世界銀行（1999）；欲知智利的「典型」政策，可參考 Brookings（2009）。

◆ **減少貧困**：關於貧困減少的統計資料，請參考 Altimir（2001）和 Ffrench-Davis（2010）；關於官方數據如何掩蓋隱性貧困的觀點，詳參 Solimano（2012）。

◆ **所得不均和成長**：關於智利持續存在的貧困問題、不平等加劇情形，請參考 Ffrench-Davis（2010）和 Solimano（2012）。欲知大多數公民都沒有受惠於智利的發展與成長，相關論點請參考拉丁美洲事務委員會（Councilon Hemispheric Affairs，簡稱 COHA，2011）。

◆ **機會平等**：關於機會平等在芝加哥幫計畫中的重要性，請參見公共研究中心（CEP，1992）。欲知大量增設大學與智利教育背景的簡介，可見 Arango 等人（2016）。

◆ **教育隔離**：共同付費的公私立學校極具爭議──請參考 Bellei（2008）。關於重要發現的研究概要可參考 COHA（2008），亦可參考 Hsieh and Urquiola（2006）。有人認為學習成果確實有所改善，而持續支持此體系。關於經濟、居住隔離的相關資訊，請參考 Montero 和 Vargas（2012）。想了解修讀大學課程的學費和輟學率，可見 Arango 等人（2016）。

◆ **喬治歐·傑克森、企鵝革命、「智利之冬」**：這起發生在 2006 年的抗議活動名為「企鵝革命」（Penguins Revolution），詳參 Chovanec 和 Benitez（2008）。關於 2011 年的「智利之冬」抗議事件，請見 Bellei 和 Cabalin（2013），亦可參考 Vallejo（2016）。隨之而來的「免費大學教育」訴求，可見 Delisle 和 Bernasconi（2018）。喬治歐·傑克森和廣泛陣線聯盟（Frente Amplio，英文是 Broad Front）的相關資訊，請看 Mander（2017）。欲知傑克森引述的新哲學例子，請見 Han（2017）。

◆ **競爭醜聞**：關於藥商勾結的事件，請見智利反壟斷監督機構 FNE（2012）；關於競爭醜聞和智利產業高度集中化，請見經濟合作暨發展組織（簡稱 OECD，2010）。

◆ **聖地牙哥的分裂、社會基礎建設和私人保全**：Klinenberg（2018）證明了能促使人

與人之間融合的社會基礎建設（包括圖書館和公園）之間互相關連。關於社會凝聚力、人與人之間的不信任感與個人的不安感，請見 Dammert（2012）；關於私人保全行業的興起，請參考 Abelson（2006）。欲知社會資本和健康之間的關連，請見 Riumallo-Herl 等人（2014）。

◆ **未來——不平等的世界：**關於加劇不平等的因素，請見 OECD（2011）和《世界不平等報告 2018》一書。關於都市化趨勢，請見聯合國（2018）；都市不平等的相關內容，請見 OECD（2018）。

參考文獻

- Abelson, A. (2006), 'Private Security in Chile. An Agenda for the Public Security Ministry', Security and Citizenship Programme, FLACSO-Chile, August.

- Altimir, O. (2001), 'Long-term Trends of Poverty in Latin American Countries', *Estudios de Economía*, 28(1), 115–55.

- Arango, M., Evans, S., and Quadri, Z. (2016), *Education Reform in Chile: Designing a Fairer, Better Higher Education System*, Woodrow Wilson School of Public and International Affairs, Princeton University, viewed 18 January 2019.

- Bellei, C. (2008), 'The Private–Public School Controversy: The Case of Chile', in Chakrabarti, R., and Peterson, P. E. (eds.), *School Choice International: Exploring Public–Private Partnerships* (Cambridge, Mass.: MIT Press).

  ————, and Cabalin, C. (2013), 'Chilean Student Movements: Sustained Struggle to Transform a Market-oriented Educational System', Current Issues in Comparative Education, 15 (2), 108–23.

- Brookings (2009), 'The IMF's Outlook for Latin America and the Caribbean: Stronger Fundamental Outlook', Washington, DC, 21 May.

- CEP (1992), *'El Ladrillo': Bases de la Política Económica del Gobierno Militar Chileno*, (Santiago: Centro de Estudios Públicos).

- Chovanec, D. M., and Benitez, A. (2008), 'The Penguin Revolution in Chile: Exploring Intergenerational Learning in Social Movements', *Journal of Contemporary Issues in Education*, 3 (1), 39–57.

- Chumacero, R., Gallegos Mardones, J., and Paredes, R. D. (2016), 'Competition Pressures and Academic Performance in Chile', *Estudios de Economía*, 43 (2), 217–32.

- CIA (2000), *CIA Activities in Chile*, Central Intelligence Agency, 18 September. COHA (2008), *The Failings of Chile's Education System: Institutionalized Inequality and a Preference for the Affluent*, Council on Hemispheric Affairs, 30 July.

  ———— (2011), The Inequality Behind Chile's Prosperity, Council on Hemispheric Affairs, 23 November.

- Corbo, V. (1997), 'Trade Reform and Uniform Import Tariffs: The Chilean Experience', *American Economic Review*, 87 (2), 73–7.

- Dammert, L. (2012), *Citizen Security and Social Cohesion in Latin America* (Barcelona: URB-AL III).

- Delisle, J., and Bernasconi, A. (2018), 'Lessons from Chile's Transition to Free College', *Evidence Speaks Reports*, 2 (43).

- Díaz, J., Lüders, R. and Wagner, G. (2016), *Chile 1810 – 2010. La República en cifras.*

- *Historical statistics* (Santiago: Ediciones Universidad Católica de Chile).

- Fernández, I. C., Manuel-Navarrete, D., and Torres-Salinas, R. (2016), 'Breaking Resilient Patterns of Inequality in Santiago de Chile: Challenges to Navigate Towards a More Sustainable City', *Sustainability*, 8 (8), 820.

- Ffrench-Davis, R. (1983), 'The Monetarist Experiment in Chile: A Critical Survey', *World Development*, 11 (11), 905–26.

  ———— (2010), Economic Reforms in Chile – From Dictatorship to Democracy (London: Palgrave Macmillan).

- Fleming, J. (1973), 'The Nationalization of Chile's Large Copper Companies in Contemporary Interstate Relations', *Villanova Law Review*, 18 (4), 593–647.

- FNE (2012), *Competition Issues in the Distribution of Pharmaceuticals*, OECD Global Forum on Competition, 7 January 2014, La Fiscalía Nacional Económica. Foxley, A. (2004), 'Successes and Failures in Poverty Eradication: Chile', Working Paper 30806, 1 May.

- Friedman, M. (1982*a*), *Capitalism and Freedom* (Chicago: University of Chicago Press).

  ———— (1982b), 'Free Markets and the Generals', Newsweek, 25 January. Fuentes, C., and Valdeavellano, R. (2015), Chicago Boys, CNTV, November.

- Han, B.-C. (2017), *Psychopolitics: Neoliberalism and New Technologies of Power* (London: Verso).

- Hsieh, C., and Urquiola, M. (2006), 'The Effects of Generalized School Choice on Achievement and Stratification: Evidence from Chile's Voucher Program', *Journal of Public Economics*, 90, 1481.

- ICA (1959), *Working with People: Examples of US Technical Assistance* (Washington, DC: International Cooperation Administration).

- Klinenberg, E. (2018), *Palaces for the People: How Social Infrastructure Can Help Fight Inequality, Polarization, and the Decline of Civic Life* (London: Bodley Head). Larrain, F., and Meller, P. (1990), 'The Socialist-Populist Chilean Experience, 1970–1973', in Dornbusch, R., and Edwards, S. (eds.), *The Macroeconomics of Populism in Latin America* (Chicago: University of Chicago Press).

- Mander, B. (2017), 'Leftwing Bloc Upends Chile's Traditional Balance of Power', *Financial Times*, 24 November.

- Miller, H. L. (1962), 'On the "Chicago School of Economics"', *Journal of Political Economy*, 70 (1), 64–9.

- Montero, R., and Vargas, M. (2012), *Economic Residential Segregation Effects on Educational Achievements: The Case of Chile.*

- OECD (2010), *OECD Economic Surveys: Chile* (Paris: OECD).

  ———— (2011), Divided We Stand – Why Inequality Keeps Rising (Paris: OECD).

  ———— (2018), Divided Cities: Understanding Intra-urban Inequalities (Paris: OECD).

- Reder, M. W. (1982), 'Chicago Economics: Permanence and Change', *Journal of Economic Literature*, 20 (1), 1–38.

- Riumallo-Herl, C., Kawachi, I., and Avendano, M. (2014), 'Social Capital, Mental Health and Biomarkers in Chile: Assessing the Effects of Social Capital in a Middle-income Country', *Social*

Science & Medicine, 105C, 47–58.

- Roosevelt, F. D. (1933), First Inaugural Address, 4 March.
  ———— (1936), Address at Chautauqua, 14 August.
- Sanhueza, C., and Mayer, R. (2011), 'Top Incomes in Chile Using 50 Years of Household Surveys: 1957–2007', *Estudios de Economía*, 38 (1), 169–93.
- Simons, H. C. (1947), *Economic Policy for a Free Society* (Chicago: University of Chicago).
- Solimano, A. (2012), *Chile and the Neoliberal Trap – The Post-Pinochet Era* (Cambridge: Cambridge University Press).
- Stokes, J. M. (1956), 'The International Cooperation Administration', *World Affairs*, 119 (2), 35–37.
- United Nations (2018), *World Urbanisation Prospects – Key Facts* (New York: United Nations).
- Valdés, J. G. (1995), *Pinochet's Economists: The Chicago School of Economics in Chile* (Cambridge: Cambridge University Press).
- Vallejo, C. (2016), 'On Public Education in Chile', *OECD Yearbook 2016* (Paris: OECD).
- Weissbrodt, D., and Fraser, P. (1992), 'Report of the Chilean National Commission on Truth and Reconciliation', *Human Rights Quarterly*, 14 (4), 601–22.
- Winn, P. (ed.) (2004), *Victims of the Chilean Miracle – Workers and Neoliberalism in the Pinochet Era, 1973–2002* (Durham, NC: Duke University Press).
- World Bank (1999), *Chile: Recent Policy Lessons and Emerging Challenges* (Washington, DC: World Bank).
- *World Inequality Report 2018*, World Inequality Lab., Paris School of Economics.

THINKIN' TANK —— 003

作　者	理查・戴維斯 Richard Davies
譯　者	林步昇、洪世民、劉道捷
主　編	林昀彤
協力編輯	鄭淑慧
封面設計	劉孟宗
內頁排版	劉孟宗
出　版	遠足文化事業股份有限公司 拾青文化
發　行	遠足文化事業股份有限公司

地址：231 新北市新店區民權路 108-2 號 9 樓
電話：(02) 2218-1417　傳真：(02) 8667-1065
電子信箱：service@bookrep.com.tw
網址：www.bookrep.com.tw
郵撥帳號：19504465 遠足文化事業股份有限公司
客服專線：0800-221-029

讀書共和國出版集團

社長：郭重興 ｜ 發行人兼出版總監：曾大福
業務平臺總經理：李雪麗 ｜ 業務平臺副總經理：李復民
實體通路協理：林詩富 ｜ 網路暨海外通路協理：張鑫峰
特販通路協理：陳綺瑩 ｜ 印務：黃禮賢、李孟儒

法律顧問　華洋法律事務所蘇文生律師
印　製　呈靖彩藝有限公司
初　版　2021 年 3 月
定　價　560 元
I S B N　978-986-99559-4-2（平裝）

有著作權 侵害必究 / 有關本書中的言論內容，不代表本公司 /
出版集團之立場與意見，文責由作者自行承擔
歡迎團體訂購，另有優惠價。
請洽業務部（02）2218-1417 分機 1124、1135

國家圖書館出版品預行編目 (CIP) 資料

極端經濟：當極端成為常態，反思韌性、復甦與未來布局 / 理
查・戴維斯 (Richard Davies) 著；林步昇，洪世民，劉道捷譯・
初版・新北市：遠足文化事業股份有限公司拾青文化出版：遠足
文化事業股份有限公司發行，2021.03
416 面；17×23 公分・(thinkin' tank ; 3)
譯自：Extreme economies : survival, failure, future - lessons
from the world's limits
ISBN 978-986-99559-4-2(平裝)
1. 經濟社會學　2. 經濟學

550.1654　　　　　　　　　　　　　　　110002156